국민이면 꼭 읽어야 할 교양상식

부정선거로 망하는 나라 이게 민주국가냐?

부정선거로
망하는 나라
이게
민주국가냐?

초판 1쇄 발행 2021년 11월 1일

지 은 이   김기상
발 행 인   권선복
편   집   백예나
디 자 인   김소영
전 자 책   오지영
발 행 처   도서출판 행복에너지
출판등록   제315-2011-000035호
주   소   (07679) 서울특별시 강서구 화곡로 232
전   화   0505-666-5555
팩   스   0303-0799-1560
홈페이지   www.happybook.or.kr
이 메 일   ksbdata@daum.net

값 22,000원
ISBN 979-11-5602-928-1 (03300)

도서출판 행복에너지는 독자 여러분의 아이디어와 원고 투고를 기다립니다. 책으로 만들기를
원하는 콘텐츠가 있으신 분은 이메일이나 홈페이지를 통해 간단한 기획서와 기획의도, 연락
처 등을 보내주십시오. 행복에너지의 문은 언제나 활짝 열려 있습니다.

국민이면
꼭 읽어야 할
교양상식

부정선거로 망하는 나라 이게 민주국가냐?

김기상 지음

대한민국 위기
불신정치
좌익정치
불신국민
불신사회

도서
출판 행복에너지

불신정치, 불신국민, 불신사회:
(대한민국 위기: 불신정치, 불신국민, 불신사회)

　이 책은 조국, 대한민국의 불신정치성, 좌익정치성, 불신국민성, 불신사회성 등의 국가위기를 말한다. ① 민족세습 "독재 통치성"에 왜 정권마다 민주헌정 [배반]에 (제왕적) 권력독재정치로 불신통치 국가위기를 자초했나? ② 설상가상(雪上加霜), 왜 오늘 19대 문정권은 "좌익독재 통치성"에 민주헌정 [반역]에 좌익정부화, 좌익정치로 민주주의를 말살하는 불신정치 국가위기를 자초했나? ③ 19대 문정권은 심지어 왜 "부정선거"(참조: 2장 4소제)로 180석 집권다수당을 만들어 주사파 좌익국회가 "공수처, 5·18, 부동산3법, 검찰개혁, 언론개혁" 등의 좌익성 독재정치를 속전속결(速戰速決), 독재독주(獨裁獨走)를 하게 하나? 인천연수(을), 양산(을), 영등포(을)의 "재검"에서 부정 투표지들이 다발로 나왔는데 왜 선관위(조X주)와 대법관(조X연)이 공조(共助), 증거인멸을 하는가? ④ 왜 민족세습 "분열분쟁 정치성"에 정권마다 사색당파, 당리당략, 당파정치, 트집정치, 쌈질정치로 불신정치 국가위기를 자초했나? ⑤ 왜 민족세습 "과묵성, 회피성, 방관성" 국민성에 [배반정치, 반역정치, 부정선거]를 회피, 방관하여 불신정치를 가중(加重)시켜 국가위기를 자초했나? ⑥ 왜 국민은 거짓과 위선(僞善) 등 불신국민근성(3장/25개 소제목)에 자본주의적 황금만능주의, 이기주의, 우월주의, 배타주의, 사치허영, 오락쾌락주의 등의 불신국민성 국가위기를 자초했나? ⑦ 왜 불신국민성에 "가짜식재, 짝퉁제품, 가짜광고, 먹튀사기, 가짜서류, 가짜대출, 가짜이력, 가짜신분" 등의 가짜사회를 만들어 불신사회 국가위기를 자초했나? 등의 국가 총체적 위기를 말한다.

서울 은평구, 은평 평화공원에 미국인 해군 대위 윌리엄 해밀턴 서위렴 2세(William Hamilton Shaw)의 동상이 있다. 일제 강점시(强占時), 선교사인 아버지, 윌리엄 얼쇼의 외아들로 1922년 평양에서 태어났다. 그는 하버드대 박사과정 중 1950.6.25 전쟁이 터지자 "조국에 전쟁이 났는데 어찌 공부만 하고 있을 수 있냐"며 처자식을 처가에 맡기고 한국 전쟁에 참전, 녹번리 전투에서 29세 꽃다운 나이로 조국, 대한민국을 위해 전사했다. 이것이 한민족과 오늘 한국인들의 가슴에 새겨진 조국이 아니겠는가?

"Old soldiers never die, but just fade away(노병은 죽지 않고 사라질 뿐이다)." 6·25전쟁 시 인천 상륙작전으로 패전국, 한국을 구해준 故 맥아더 장군(Douglas MacArthur: 1880-1964)의 말이다. 6·25 참전용사들이 오늘 한국을 방문하고 한국의 발전상에 "참전의 기쁨과 감격의 눈물"을 흘린다. 저자(著者)도 50년 미국생활을 접고 그립던 조국에서 죽고자 조국에 왔다. 그런데 조국이 왜 이리 혼탁하고 혼란한가? 피땀에 눈물로 한강의 기적을 낳고 오늘 경제대국으로 우뚝 서게 한 선친들(1, 2세대/70세 이상)이 지금 후손들에게 묻는다: "어찌 오늘 조국이 "조문에 추문의 추잡한 나라"(조X. 추X애. 문X인)가 됐느냐? 어찌 3.7만 명의 미군희생에 쟁취한 자유민주를 왜 주사파 좌익들이 오늘 광화문 촛불시위로 탄생하여, 왜 오늘 조국 민주헌정을 [반역하며] 좌익국가를 만드나? 어째서 서독의 땅굴 속에서, 베트남의 총알받이로, 중동의 모래사막에서 땀 흘려 어렵게 쟁취한 경제대국의 자유민주 대한민국을 어째서 아직도 "끝나지 않은 6·25전쟁의 내전(內戰): 좌익과 우익의 분열로 스스로의 조국을 좌익국가로 파멸하느냐? 어째서 오늘 좌익정부, 19대 문정권은 주체사상에 물든 386 좌익들과(오늘 5060세대) 왜 ① 종북정치로 국방과 안보를 파괴하며, 왜 ② 문정권이 민주정부 요소요직에 좌익들을 배치하여 민주정치를 [반역]하며 좌익정부, 좌익정치로 국가정체를 파멸하고, 왜 ③ 문정권이 선관위를 좌익화, 부정선거를 하게 하고, 왜 ④ 문정권이 부정선거에 180석 거대집권 다수당(민주당)을 만들어 좌익국회가 "공수처, 5·18, 부동산3법" 등등의 좌익성 독재법안들을 독재독주하게 하고, 왜 ⑤ 문정권이 대법원을 좌익화, 전국 126지역구 선거무효 소송들을 묵살케 하고, 왜 ⑥ 문정권의 대법원은 "재검"에서 부정선거 증거들이 다발로 나왔는데 증거인멸로 묵살하며 [부정선거 선고] 아닌 [표당락 심판]으로 민주주의를 파멸시하여 국가존망의 국가위기를 자초하느냐?" 지하의 선친들이 통절통곡(痛切痛哭)한다.

북한의 (전)체코대사, 탈북민, 김태산의 우국충정의 글
"이 글 겸손히 듣고 정신 차립시다"
"선동에 부화뇌동하는 짓들을 멈추고 정신차리시라"

나는 북한에서 한국인들은 자원도 없는 악조건에서, 그것도 북한의 상시적 도발 속에서 이렇게 빨리 발전한 나라를 세운 국민들이니, 응당 정치적 각성도 높고, 애국심·단결력 또한 강할 것이라 생각했다. 그러나 한국인들에 실망이 크다. 배워야 할 점은 오직 이승만, 박정희 뿐이다. 현재 국민들의 정치적 수준은 매우 낮고, 애국심, 단결력 따위도 없다. 나를 비난할 사람도 있겠지만 그것은 자유다. 미안하지만 한국인들은 바람 따라 흔들리는 갈대와 같다. 특히 애국자와 반역자를 구분치 못하는 어리석은 국민이다: 첫째로 북한간첩에 속아 공산독재에서 구해준 이승만 대통령을 쫓아낸 국민이다. 둘째로 좌익들에 속아 자신들을 가난에서 구해준 박정희 대통령에 폭동과 데모만 하다 결국 박정희 가족 전부를 매몰시킨 매정한 국민이다. 셋째로 그것도 모자라 좌익들의 선전에 속아 민주대통령을 탄핵하고 대한민국에 공산독재의 총독부를 세운 한심한 국민들이다. 오늘 국회의원들, 교육감, 지방단체장들, 언론방송인들 중에 좌익들이 아닌 자가 누구인가? 이게 어찌 정치적 안목과 애국심이 있는 국민인가? 지금도 윤석열 바람이 불면 "와-", 황교안 바람이 불면 "와-"최재형 바람이 불면 "와-", 철없는 이준석 바람이 불면 "와-" 하고 따라가는 부화뇌동하는 국민이다. 결국 한국인들은 하늘이 내려준 인복을 다 차 버리고, 마지막엔 쓰레기들만 끌어안고 지도자가 없다고 한탄만 한다. 저들 중에 대한민국을 맡길 자가 누구인가? 바보 국민이 바보 대통령을 만든다. [김·노·문]이 어떻게 나라에 개판을 쳤는가? 제발 인간 얼굴이나 종교, 언변술이나 공짜놀음에 속지 말고 애국하는 심정으로 올바른 정치안목을 가져라. 역적들에 부화뇌동하여 자신들을 살려준 대통령들은 모두 내쫓고 죽이고, 나중에는 정권까지 넘긴 국민들이 아닌가? 더러운 정치 야망꾼들을 빨아대며 애국자인 척을 하지 말고 제발 정신들 좀 차려라.

CONTENTS

머리말: 불신정치, 불신국민, 불신사회 · · · · · · · 4

1장

21세기, 오늘의 한국사회

1 끝나지 않은 6·25전쟁 · · · · · · · · 13

2 유럽에서 온 편지 · · · · · · · 19

3 왜 조국은 추락하는가? · · · · · · · 23

4 한국인은 누구인가? · · · · · · · · 30

5 아리랑, 민족애환인가? · · · · · · · 38

6 잘 먹고 잘 살면 선진국인가? · · · · · · · 42

7 선후진국 국민의식 차이 · · · · · · · 50

8 예의도덕이 무너진 한국 · · · · · · · 61

9 독재성과 분열성, 방관성 · · · · · · · 67

10 촛불시위와 민주 정당성 · · · · · · · 75

11 북한공산독재의 오판성 · · · · · · · 80

12 북한 핵소유와 한국미래 · · · · · · · 89

13 한반도 통일은 가능한가? · · · · · · · 95

2장

21세기 한국, 총체적 국가 위기

1 젊은 세대의 위기 · · · · · · · · · 103

2 노인 세대의 위기 · · · · · · · · · 114

3 삶의 가치관 위기 · · · · · · · · · 123

4 부정선거와 민주말살 위기 · · · · · 134

5 한국의 총체적 국가위기 · · · · · · 143

6 좌익통치와 국가위기 · · · · · · · 154

7 좌익국회와 국가위기 · · · · · · · 161

8 국민성과 국가위기 · · · · · · · · 170

9 국민성과 사회위기 · · · · · · · · 178

3장

21세기, 한국인 각종 국민성 위기

1 거짓국민 근성 · · · · · · · · · · 186

2 내집소유 근성 · · · · · · · · · · 191

3 가정오판 근성 · · · · · · · · · · 199

4 한탕주의 근성 · · · · · · · · · · 206

5 이기주의 근성 · · · · · · · · · · 214

6 배타주의 근성 · · · · · · · · · · 222

7 주종배반 근성 · · · · · · · · · · 227

8 세대갈등 근성 · · · · · · · · · · 233

9 예의타락 근성 · · · · · · · · · · 242

10 우월주의 근성 · · · · · · · · · · 249

11 회피주의 근성 · · · · · · · · · · · · · 255

12 자립기피 근성 · · · · · · · · · · · · · 261

13 노동기피 근성 · · · · · · · · · · · · · 268

14 인기주의 근성 · · · · · · · · · · · · · 273

15 과시허세 근성 · · · · · · · · · · · · · 282

16 사치허영 근성 · · · · · · · · · · · · · 288

17 오락쾌락 근성 · · · · · · · · · · · · · 294

18 노사분쟁 근성 · · · · · · · · · · · · · 300

19 연고주의 근성 · · · · · · · · · · · · · 309

20 학벌주의 근성 · · · · · · · · · · · · · 317

21 셀폰중독 근성 · · · · · · · · · · · · · 326

22 외제선호 근성 · · · · · · · · · · · · · 332

23 과거망각 근성 · · · · · · · · · · · · · 339

24 방관주의 근성 · · · · · · · · · · · · · 346

25 욕설댓글 근성 · · · · · · · · · · · · · 352

4장

21세기, 한국인 정치근성 위기

1 통치독재 근성 · · · · · · · · · · · · · 361

2 국회분쟁 근성 · · · · · · · · · · · · · 368

3 좌익정치 근성 · · · · · · · · · · · · · 378

4 선거무심 근성 · · · · · · · · · · · · · 389

5 민주배반 근성 · · · · · · · · · · · · · 394

6 파벌정치 근성 · · · · · · · · · · · · · 402

7 진보보수 근성 · · · · · · · · · · · · · 408

8 적폐정치 근성 · · · · · · · · · · · · · 414

9 검찰권력 근성 · · · · · · · · · · · · · 422

10 편파방송 근성 · · · · · · · · · · · · · 431

11 교육무책 근성 · · · · · · · · · · · · · 440

12 질서파괴 근성 · · · · · · · · · · · · · 451

13 자치관행 근성 · · · · · · · · · · · · · 457

5장

교양과 상식, 성찰의 산책

1 나는 누구인가? · · · · · · · · · · 466

2 문화란 무엇인가? · · · · · · · · · 470

3 정치인과 각료 차이 · · · · · · · 476

4 정부와 지자체 차이 · · · · · · · 481

5 한국정치와 한국미래 · · · · · · 486

6 예산확장과 국가부채 · · · · · · · 493

7 물가인상과 민생고충 · · · · · · · 502

8 한국경제의 경제기반 · · · · · · · · 507

9 한국경제와 한국미래 · · · · · · · 513

10 독도소유와 후손전쟁 · · · · · · · 521

1장

21세기,
오늘의
한국사회

끝나지 않은 6·25전쟁

[끝나지 않은 6·25전쟁]

<u>"아—아, 잊으랴 어찌 오늘 이날 6.25를"</u>

어쩌다가 민족성이 독재성과 분열성에

어찌하여 한반도가 두쪽으로 분단되며

어쩌다가 한민족이 동족상쟁 원수되어

남북분단 생이별에 이산가족 통곡하나

"어제 밤도 면장과 이장도 동네 인민 위원(좌익)에 끌려가 죽었대. 2년 전 가뭄에 논농사 물꼬 때문에 싸웠던 아무개도 끌려가 죽었대. 아무개 누구는 밤중에 갓난애까지 등에 업혀 산으로 끌고 가 밤중에 애까지 죽였대. —————." 6·25전쟁 당시 자고 나면 들리는, 동네 사람들이 수군대는 소리들이었다. 그리고 언제 무엇으로 엮이어 죽을지도 모르는 불안한 죽음에, 죄 없는 사람들마저 밤이면 밤마다 산속으로 숨어 살아야 했던 6·25전쟁 시절이었다. 당시 저자(著者)의 나이가 8살 때였다. 전쟁의 기억들이 생생하다. 후에 인천상륙작전에 국방군(우익)이 점령하며 좌익에 죽임을 당했던 동네 우익들이 이번에는 또 동네 좌익들을 잡아다 일렬로 묶어 어느 산골짜기 움파진 곳에 좌익들을 처넣고 그들에 휘발유를 뿌려 좌익들을 태워 죽였다. 이에 동네 사람들은 "시체들이 불에 타서 누가 누군지 모른다"며 또 수군댔다. 이렇듯 6·25전쟁은 주적(主敵), 북한이 6·25에 남침하여 남한동족을 학살케 한, 동네 좌익, 동네우익들이 서로 죽인 참혹한 민족 동란이었다. 오늘 북한독재 체제하에 북한민들을 보자. 북한민들이 짐승이 아닌 짐승으로 철의 장막 안에서 굶어 죽고 맞아 죽지만 철통보안으로 죽는 시늉도 못하고 죽어가는 북한민들이 아닌가? 발밑에 대한민국, 동족이 살고 있지만 북한민들은 대한민국이 어느 나라인지, 어느 곳에 있는지조차 모르고 산다 하지 않는가? 참으로 북한은 독재세습 독종적 공산국가다. 정(情)으로 살아온 한민족(韓民族)이 어찌 이리 독종적(毒種的) 민족이 되었는가? 따지고 보면 독종적 민족성이기는 남한민들도 마찬가지다. 붉은 악마의 독종기(毒種氣)에 2002년 월드컵 4강의 꿈을 이루지 않았는가?! 박세리의 독종적 골프기질에 박세리 키즈(kids)들이 오늘 세계 골프계를 제패하고 있지 않은가? 작은 한반도의 반쪽, 작은 대한민국이 오늘 경제대국 11위권에 수출대국 6위 국가로 세계에 우뚝 서 있지 않은가? 삼성전자가 세계시장을 석권하고, BTS가, K-pop들이, 기생충에 미나리 영화가 오늘 세계를 울리고 있지 않은가? 이게 두뇌의 우수성인가? 아니면 민족 독종성인가? 설상가상(雪上加霜)으로 오늘 19대 문정권과 주사파, 좌익들이 민주헌정을 "반역한" 좌익독재 정치로 자유민주 민주주의를 파멸하고 있다. 이게 어찌 주사파, 좌익들의 독종적 민족성이 아니고 무엇인가?

끝나지 않은 6·25전쟁, 지금도 대한민국은 전쟁 중이다. 김유미 작가(1960-, 부산대, 시카고대 경영학수료)는 "5·18사태(1980)를 북한의 특수부대와, 남한에 숨어있던 좌익 빨치산의 후손들과, 북한의 주체사상(주사파)에 물든 386세대(오늘 5060세대), 주사파 대학생들의 선동에 넘어간 시민들의 희생사태"라 말한다. 또한 박근혜 전정권을 탄핵한 "촛불시위(2017)도 5·18사태 이후, 이들 주사파, 좌익들이 이미 계획한 국가전복의 시나리오"라 말한다. "5·18에 한(恨) 맺힌 386 주사파들이, 빨치산의 후손들이 세월호 사건을 계기로 좌익분자, 문성근이 이끄는 100만 횃불봉기 선동에 좌익단체들; 민노총, 전교조, 민변 등등의 좌익들의 광화문 촛불시위"라 말한다. 그러면서 김유미 작가는 호국보훈의 달, 특집(2021.06.01)에서 "대한민국 좌익과 우익 간의 내전(內戰)은 아직도 끝나지 않은 6·25전쟁"이라 말한다. 그렇다. 자유민주 대한민국은 아직도 6·25전쟁 중이다. 끝나지 않은 전쟁; 좌익들과 우익들의 끝없는 전쟁에 내전 중이다. 6·25 이전과 이후의 좌우대적의 피 튀기는 싸움들을 들어보자: 1948.04.03 제주 남로당 간첩사건, 1948.10.19 여순 반란사건, 1950.06.25 북한남침 전쟁, 1976.08.18 판문점 도끼살인사건, 1980. 5.18 광주사태, 2002.06.29 연평해전, 2010.03.26 천안함 피격사건, 2010.11.23 연평도 포격사건, 2020.06.16 개성남북 공동연락사무소 폭파사건, 등등으로 북한은 평화로운 남한, 대한민국을 못살게 굴며 괴롭혀 왔다. 휴전협정 정전 중 남한이 먼저 북한에 도발한 적이 있었는가? 단 한 번도 없었다. 그러나 북한은 끊임없는 도발로 무고한 남한민들을 학살해 왔다. 왜 북한은 이토록 동족에 독종적 학살로 도발하는가?

불구하고 오늘 19대 주사파 문정권은 왜 공산주의자들의 거물, 김원봉과 간첩, 신영복을 연설에서 칭찬하며 종북주의, 좌익정부에 좌익정치, 반역정치로 스스로의 국가, 대한민국의 민주주의를 파멸시키며 망국정치를 한다. 문정권은 왜 건국이래 한번도 없었던 73년 전의 사건들; 1948.04.03 제주도 남로당 간첩사건과 1948.10.19 여순반란 간첩사건들을 공식기념일로 정하며 이들 간첩사건들을 칭송하는 것인가? 이게 어찌 좌익사상에 종북정치, 문정권의 좌익정치가 아니라 말할 수가 있겠는가? 어찌 자유민주, 대한민국의 대통령(통치자)이 자유민주, 민주헌정을 "반역하며" 좌익정치, 종북정치, 반역정치로 스스로의 조국을 반역하며 망국케 하는 좌익통치에 정치가 아니란 말인가? 오죽하면 항간에서 문재인 대통령을 간첩이란 말까지 하지 않는가? 자유대한의 통치자가 주적(主敵), 북한을 칭찬하는데 어찌 문정권 스스로가 좌익통치자, 좌익정권, 좌익정부, 좌익정치, 반역정치가 아니라 할 수가 있겠는가? 이게 어찌 아직도 끝나지 않은 6·25전쟁에 좌익과 우익들의 내전(內戰)이 아니란 말인가? 동네마다 6·25전쟁에 죽임당한 좌익후손들이 얼마나 많은가? 지리산 빨치산의 부역꾼으로 끌려가 좌익으로 죽임당한 좌익들의 후손들이 얼마나 많은가? 5·18사태를 거치며 마르크스 사회주의(Karl Marx: 1818-1883, 독일 사회주의 철학자)에 물든 386세대들이(오늘 5060대), 당시 주체사상에 물든 386 주사파 과격분자들이 오늘 남한사회에 얼마나 많은가? 이들이 국가전복 음모에 국보법 위반으로 감옥을 다녀와서 좌익사상에 사회주의적 이상향(理想鄕)건설을 위해 지난 40여 년간 이들이 얼마나 이를 갈아 왔는가? 마침내 이들이 세월호 사건을 핑계로 좌익분자, 문성근의 100만 햇불시위 선동에 민노총, 전교조, 민변들의 좌익단체들과 함께 광화문 촛불시위로 박근혜 전 민주정권을 탄핵시키고 오늘 19대 주사파 좌익 문정권을 탄생시키지 않았는가? 그래서 오늘 이들 좌익들이 자유민주, 민주헌정을 반역하고 좌익정부, 좌익정치, 종북정치, 반역정치로 스스로의 조국, 대한민국의 민주주의를 말살하고 있지 않은가? 이게 어찌 끝나지 않은 좌익, 우익들의 끝나지 않은 6·25전쟁이 아니라 말하겠는가?

대한민국의 민주헌정사, 과거 72년, 12명의 대통령들 중, 북한과 손잡은 3명의 대통령들이 있다: 15대 ㈜김대중, 16대 ㈜노무현, 그리고 오늘 19대 문재인 대통령이 그들이다. DJ는 주적(主敵) 북한을 위해 "햇볕정책"에 "남북연합 1단계통일"을 주장하며 북한에 거금 5억 불을 제공했다 한다. 이에 북한이 핵탄과 미사일을 개발하여 오늘 북한이 남한동족 말살에 "불바다" 운운에 위협한다. 초대한 북한수령, 김정일을 제치고 "혼자서" 노벨평화상까지 받은 비겁한 통치자다. 16대 ㈜노무현 대통령은 평양에서 "우리 민족끼리"를 외치며 북한이 요구하는 서해 NLL까지 내준다 했다 한다. 그러나 이들 두⑵ 통치자들은 스스로의 국가, 민주헌정을 "배반"하지는 않았다. 그러나 오늘 19대 문정권은 아예 스스로의 국가, 대한민국의 민주헌정을 아예 "반역하고" 민주정부를 좌익정부로, 민주정치를 좌익정치, 종북정치, 반역정치로 스스로 조국의 민주주의를 파멸하며 망국정치를 하고 있지 않은가? 불가능한 북한의 비핵화에 불가능한 "평화와 종전선언"만을 외치며 북한이 "삶은 소대가리"라 욕을 해 대도, 국경폭파에 스스로의 국방과 안보를 파괴하며 종북정치로 스스로의 조국, 대한민국의 민주주의를 파멸하며 좌익정치로 망국정치를 하고 있지 않은가? 이제 개헌에 자유를 뺀 민주주의로 "남북 고려 연방제"까지 추진한다는 항간의 소문도 있다.

"끝나지 않은 6·25전쟁"에 오늘 19대 문정권의 좌익국정 행적을 보자: ① 73년 전의 제주 1948.4.3사건과 1948.10.19 여순 간첩 반란사건들을 공식기념화 했다. ② 북경초소 폭파, 군단사단 축소, 병력감소, 철조망, 탱크벽 해체 등으로 주적(主敵), 북한을 위해 종북정치를 했다. ③ 민주정부 요소요직(要所要職)에 좌익들을 배치하여 민주정부를 좌익정부화 했다. ④ 좌익정부에 선관위가 부정선거를 했다(증거: 선거법 151조6항, 5조 위반/ 2장-4소제, 참조). ⑤ 부정선거에 180석 거대집권 다수당(민주당)을 만들어 다수당횡포에 "공수처, 5·18, 부동산 3법" 등 독재법안들을 독재독주 했다. ⑥ 대법원이 선관위와 공조, 전국 126지역 부정선거의 선거무효 소송들을 불법(선거법 225조 위반)에 묵살했다. ⑦ 좌익 방통위가 언론방송을 탄압, 문정권을 위한 편파방송만 했다. ⑧ 빈부격차 파괴, 빈자위주 소득분배 "소득주도(소주성)" 좌익경제에 임금인상, 세금폭등으로 알바생, 영세상인, 중산층을 매몰했다. 빈자위주 퍼주기식 실업지원, 주택지원, 결혼지원, 출산지원, 생계지원, 복지지원등으로 예산탕진, 4차추경, 화폐남발로 5,000조 국가총부채국을 만들었다. 그래서 국민 1인당 1억씩 빚을 지는 국가파산, 국가위기를 초래했다. ⑨ 6·25전쟁에 3.7만의 미군희생에 패전국, 한국을 구국(救國)한 한미혈맹을 파괴하며 좌익외교를 했다. 어찌 이게 문정권이 민주헌정을 "반역한" 좌익정부, 좌익정치, 종북정치, 반역정치가 아니라 누가 감히 말할 수가 있겠는가? 이게 어찌 끝나지 않은 6·25전쟁; 좌익들의 좌익통치에 좌익정치가 아니란 말인가?

유럽에서 온 편지

"지식은 교만이고 무식은 겸손이다"

― 윌리엄 쿠퍼(William Cowper: 1731-1800, 영국시인)

　한국인은 이렇게 후진국민으로 추락하는가? 이 책의 중심 내용의 하나다. 그런데 유럽기자가 "3광, 일무, 일유(三狂, 一無, 一有)"를 말했다. 유럽기자가 귀국한 후 쓴 "유럽에서 온 편지"라 했지만(카톡: 2021.06.14) 신기하게도 저자(著者)가 쓴 글 내용(3장-21제목)과 일치하는 부분이 있어 우선 첫 장에 소개한다. 유럽기자가 본 눈이 참으로 예리하지 않은가? 불평보다 칭찬을 좋아하는 한국인에게는 다소 불쾌할 수도 있겠지만 조국미래를 위해 한국인들이 읽고 자성해야 할 말이 아닌가?! 유럽기자의 말을 인용한다:

　"한국은 3광(三狂), 1무1유(一無一有)의 나라다. 한국인들을 평가

한 글이다. 한국인들 평가한 3광1무1유의 의미가 무엇인가? 3가지에 미쳐 빠져있고, 한 가지는 없고, 한 가지만 있는 국민들이라는 것이다. 3광(三狂); 3가지에 빠져 있는 일들이 무엇인가? ① 첫 번째는 스마트폰에 빠져 있다는 점이다. 전철을 타보면 남녀노소 거의 대부분의 사람들이 저두족(低頭族)들이다. 모두 머리를 숙이고 스마트폰에 빠져 있다. 스마트폰 내용들은 대부분 카톡 게임이나 먹방, 노래방, 심지어 고스톱 게임들이다. 전철 내에서 스마트폰 대신 책 읽는 사람들은 거의 없다. 유럽 사람들은 거의 책을 읽는다. 한국은 공원에 가도 아빠, 엄마는 각자 스마트폰에 빠져 있고, 아이들은 스스로 놀다가 가끔 화단에 넘어지는 경우도 흔히 본다. 가족 간에는 대화가 없고 가정에서도, 가정식탁에서도 스마트폰과 대화한다. SNS의 사용은 4차 산업혁명이나 스마트폰 수익과 상관없다. 삼성전자와 애플을 비교하면 수익이 16:84로 애플이 압도적으로 많다. ② 두 번째는 공짜 돈에 빠져 있는 사람들이다. 공짜 돈을 싫어하는 사람이 어디 있겠는가? 그러나 그 돈의 출처는 알고 받아 써야 하지 않는가? 정부가 코로나19에 몇 차에 걸쳐 주는 돈은 사실은 공짜 돈이 아니라 표 장사 돈이 아닌가? 한국 사람들은 그 돈의 출처를 알고 있는가? 주는 자(者)들의 돈인가? 한국인들은 공짜를 너무 좋아한다. 2016년 6월 스위스 국민들은 정부가 300만 원 정도의 공짜 돈을 지급하겠다는 제안을 국민투표에 붙여 국민이 76.9%로 반대했다. 그들이 멍청한 국민들인가? 너도 나도 공짜 돈만 챙기면 나라는 어떻게 되는가? 공짜 돈은 뇌물이다. 한국인들은 스스로가 부정, 부패를 저지르면서 부정, 부패를 모르는 것이 한국문화이자 한국인의 DNA같아 안타깝다. 또 요즘 돈에 광분한 젊은이들의 "영끌 투자"의 결과는 어떻게 될 것인가? ③ 세 번째는 트롯트에 빠져있다. 어느날 갑자기 트롯트는 방송국들의 단골메뉴가 되었다. TV만 틀면 전부 트롯트다. 많은 가수들이 중복 출연하고 노래도 중복되고 그 얼굴이 그 얼굴이다. 한국인들의 DNA에 "흥과 끼"가 있다는 것을 안다. 한국인들은 음주가무를 즐긴다. 인구비례로 노래방 수는 세계 1위다. 퇴근 후에 집으로 바로 가는 경우는 드물다. 주말이나 휴일에 즐겨야 하는 게 정상이 아닌가? 시도 때도 없이 트롯트에 음주가무는 정신을 황폐하게 하는 게 아닐지? 로마가 망할 때 공짜 빵과 서커스에 취해 망했다고 한다. 한국이 로마의 전철을 밟는 것인가? 지금 한국이 망하고 있다는 것을 국민들은 모르고 있는 것 같다.

그렇다면 1무(一無)는 무엇인가? 그것은 안타까운 말이지만 "생각이 없다"는 말이다. 한국인들은 무사고(無思考)다. 한국인들은 생각하기를 싫어한다. 그래서 진지함도 별로 없다. 유머 중에 이런 게 있다. "일본 사람들은 생각 후에 뛰고, 중국인들은 일단 뛴 후에 생각하고, 미국인들은 뛰면서 생각한다. 한국인들은 뛰다가 잊어버린다." 한국인들은 왜 뛰는 줄도 모르고 생각 없이 무조건 뛴다는 것이다. 한국인들은 오랜만에 친구를 만나면 "요즘 어떻게 지내나?" 하고 묻는다. 대답은 "그냥 아무 생각 없이 지내고 있어"라고 답한다. 아무 생각 없이 지내니 나라가 이런가? 나라가 거덜나며 공산사회주의화 음모가 추진돼도, 안전사고가 나도 그냥 아무 생각 없이 지내는 것인가? 코로나를 빙자해서 공짜 재난지원금을 줘도 그냥 공짜라 돈 받고, 돈 주는 정권을 아무 생각 없이 지지하여 180여 석의 여당국회를 만들어 준 것인가? 그래 놓고 지금은 여당국회의 독재에 갇혀 폭등하는 집값에, 세금폭탄에 왜 야단법석, 징징대고 있는가? 무사고(無思考)의 결과는 안전사고 다발의 불명예다. 한국에서는 야만적이고 원시적 대형사고가 계속 반복해서 일어난다. 아무 생각 없이 대충 일하는 것이 한국인들의 습관이자 문화이기 때문이다. 안전수칙은 안중에도 없다. 생각 없는 국민들이 아닌가?

마지막 1유(一有)는 무엇인가? 그것은 "말만 한다는 것이다". 말로만 하지 행동이나 실행은 거의 없다. 화물과적의 세월호 대형선박사건, 그러나 여전히 과적은 계속되고 있다. 개선에 실행이 없다. 오죽했으면 한국인들 "나토족(NATO)이라 하는가? 나토족은 No Action, Talking Only, 즉 "행동은 없고 말만 한다"는 뜻이다. 특히 인기인, 사이비 언론인, 사기꾼 같은 교수들이 한국인들의 영혼을 파괴하고 있는 것 같다. 이게 한국인들의 모습이지만 자신들은 스스로를 모른다. 안타깝다."

외국인 기자치고는 너무나 당연한 말을 했다. 솔직히 말하면 세계경제 11위국, 대한민국은 지금 추락하고 있다. 국방이 허물어지고, 경제가 추락하고, 사회가 온갖 부조리로 물들어 있고, 언론과 법이 죽고, 사법부도 썩었다. 종북, 386세대(오늘 50-69세), 오늘 586 주사파들이 민주정부 조직 내에 침투되어 좌익정부로 장악하고 좌익권력을 독점하고 민주주의, 대한민국을 파괴하고 있다. 한국인들은 솔직히 이 사태의 심각성을 모르고 침묵하고 있다. 유럽기자가 말하는 생각 없는 한국인들이 아닌가? 나라를 걱정하고 고민하는 국민이, 지식인이, 정치인이, 언론인이, 학생들이, 공직자들이, 학자들이 있는지 궁금하다. 3광(三狂)에 1무1유(一無一有)로 가득 차 있는 대한민국에 무슨 미래가 있겠는가? 역사는 왜 배우나? 과거를 잊지 않기 위해서 배운다. 한국인들은 역사를 좋아한다. 그러나 역사를 잊고 산다. 그런 나라국민이 어찌 역사를 안다 하는가? 국민이 나라를 생각지 않는데 어찌 나라가 추락치 않고 선진국이 되겠는가? 대한민국에 정치가 있는가? 이미 민주헌정을 "배반한" 역대 정권들의 제왕적 독재권력 정치뿐이었다. 그리고 오늘 19대 주사파 문정권이 민주헌정을 "반역한" 반역정치, 사회주의 공산화 정치뿐이다. 한국의 민주주의 정치는 파괴됐다. 유럽에서 보내온 유럽기자의 글에서 한국을 다시금 본다.

왜 조국은 추락하는가?

[한민족의 수난역사]

반만년의 민족역사 민족자존 어디두고

조국수호 대동단결 민족자결 어디갔나

어찌하여 한반도가 좌익우익 두쪽나서

남북분단 이산가족 생이별로 통곡하나

가시떨기 돌담틈에 끼어있는 무궁화야

금수강산 좋은터를 어찌하여 마다하고

모진풍상 세월속에 음지에서 고통속에

피지못할 꽃망울은 어찌하여 맺었는고

아, 누가 이조국을 아름답다 하였는고?

아, 누가 이조국을 사랑한다 하였는고?

조국이 망하는데 왜 수수방관만 하나?

태극기에 대한 충성:

"나는 자랑스러운 태극기 앞에서 자유롭고 정의로운 대한민국의

무궁한 영광을 위해 충성을 다한다"

[반자유민주] 독재통치, 좌익통치 문제

O. 19대 문정권이 민주헌정 "반역"에 자유민주 사망됐다. 자유민주 지켜야

1. 건국이래 역대정권마다 왜 [민주헌정"배만"]에 "독재와 분쟁"정치로 제왕적 권력독재 통치에 사색당파, 당파정치, 작당정치, 술수정치, 트집정치, 쌈질정치로 후진국적 3류정치에 불신정치로 정치를 후진국화 했나?

2. 왜 오늘 19대 문정권은 청와대, 행정부, 입법부, 사법부, 선관위, 방통위를 좌익화하여 장악하고, [민주헌정 "반역"]에 좌익정부, 좌익정치로 자유민주 국가정체성 파멸에 망국정치, 국가위기를 자초하나?

3. 왜 주인(국민)은 민족세습성에 "과묵성, 회피성, 방종성"으로 독재정치를, 또 오늘 문정권의 좌익정치를 [방관], 오늘 국가존망의 위기를 초래했는가?

[대책]

O. 국민교육에 국민의 정치수준이 높아져야 국가독재화, 좌익화 막는다.

1. [국민수준 제고] "인성화, 도덕화, 교양화, 선거정치화, 자유민주화, 법치민주화, 정의사회화, 국가민주화"로 범국민교육, 계몽, 홍보를 의무화, 정례화시켜 선진경제에 맞게 국민성 수준제고, 선진국, 선진국민화하라.
2. [정의사회 구현] 불신정치성, 불신국민성, 불신사회성 탈피, 국민성, 사회성 건전화, 삶의 질을 높이고, 선진국에 선진국민으로 거듭나라.

반만년 민족역사, 한민족(韓民族)은 고대(古代)에서 오늘에 이르기까지 수많은 외세(外勢)와 정변(政變)으로 얼룩진 수난의 민족이다. 조선조만 해도 임진왜란(1592), 병자호란(1636), 임오군란(1882), 갑신정변(1884), 청일전쟁(1894), 러일전쟁(1904) 등으로 일제치하(日帝治下)에서 36년간 얼마나 고통의 수난을 받았는가? 해방(1945)후 5년 만에 또 동족살인의 6·25전쟁(1950)으로 오늘까지 남북분단의 생이별, 이산가족의 슬픔으로 사는 민족이 아닌가? 오죽하면 5천년 역사 중 중국이 한반도를 무려 900여 번이나 침략했다 하지 않는가? 통곡통절(痛哭痛切)할 기구한 한민족, 한반도가 아닌가?!

21세기 초, 한국은 또다시 추락하는가? 추락하는 전조(前兆)에 징조(徵兆)현상들을 분석해 보자. 오늘 한국과 한국민, 한국사회가 위기에 처한 추락전조, 징조현상들이다. 한국의 총체적 국가위기를 말한다. 한 마디로 불신정치, 불신국민, 불신사회, 좌익통치 때문이다. 21세기 초, 19대 문정권(1917-1922)을 맞아 한국은 심각한 추락위기에 봉착해 있다. 이 추락위기의 전조와 징조현상(前兆現像)들을 살펴보자. 예컨대 ① 첫째, 민족세습성; "독재성과 분열성"에 고질적 불신정치 때문이다. 이것이 추락징조, 위기다. 건국 이래 과거 72년간 역대 정권들이 독재성에 "민주헌정을 배반한" 제왕적 권력독재 정치가 독재성이다. 독재성 독재정치와 분열성, 분열정치의 결과가 무엇이었나? 부정부패 비리정치, 적폐정치, 국정농단이 정권마다 줄이어 왔고, 분열성에 사색당파, 당리당략적 파벌정치, 작당정치, 술수정치, 트집정치, 쌈질정치만 해 왔다. 그 결과 불신정치로 한국정치는 후진국 3류정치로 추락해 왔다. 이에 정권 말로(末路)의 비운(悲運)의 결과가 무엇이었나? 12명의 대통령들 중 1명은 하야, 1명은 암살, 1명은 자살, 4명은 감옥살이를 했다. 무려 7명이 비운을 맞았다. 그러나 불신정치는 아직도 계속 중이다. ② 둘째, 국민 정치사상의 양대분열 때문이다. 이것이 추락징조, 위기다. 19대 주사파 문정권이 좌익통치에 국민이 좌익, 우익으로 분열되며 좌익진보 세력과 우익보수 세력으로 정치사상이 양분화, 국민분열로 서로 적대정치를 하기 때문이다. 국가추락, 또는 정변의 징조가 아닌가? ③ 셋째, 자유민주, "민주헌정을 반역한" 19대 주사파 문정권의 좌익통치 때문이다. 이것이 추락징조 위기다. 자유민주 국가정체성 여부에 생존의 문제가 아닌가? 민주냐? 공산이냐? 하는 중대 국가 정체성 변화의 징조에 위기가 아닌가? 민주헌정 배반이 아닌 민주헌정의 반역정치다. 국가존망의 위기가 아닌가? 자유민주의 말살징조 위기다. 19대 문정권의 좌익정치, 좌익정부의 실태가 어떠한가? ㉮ 문정권이 민주정부를 좌익정부로, 민주정치를 좌익정치로 통치, 정치, 국정운영을 했기 때문이다. 이는 민주에 반역정치다. 자유민주주의 파멸로 추락징조가 아닌 정변에 추락위기다. ㉯ 문정권이 민주정부 요소요직에 좌익들을 배치하여 행정부, 입법부, 사법부, 대법원, 선관위, 방통위를 좌익 정부화 장악했다. 예컨대, 청와대에 임X석, 조X등, 행정부에 추 X애, 이X영, 사법부에 대법원장 김X수, 선관위에 조X주, 방통 위에 한X혁 등등이 모두 주사파, 좌익들이다. ㉰ 이들이 청와대 에서 좌익통치를, 법무부에서 검찰개혁을, 선관위에서 부정선거 를, 부정선거로 180석 좌익국회를, 대법원에서 부정선거 동조에 126곳 선거무효 소송들을 묵살했고, 방통위에서 언론방송을 탄 압하여 국민주권인 우익세력의 뉴스보도를 차단하지 않았는가? ㉱ 문정권이 종북정치에 좌익통치로 국경초소 폭파에 국방과 안 보를 북한에 내주지 않았는가? ㉲ 소득주도 좌익경제정책으로 빈부격차 파괴에 소득분배로 임금인상, 세금인상에 빈자위주 실 업, 주택, 출산, 생계, 복지지원으로 오늘 한국의 국가총부채가 5,000조로 국가파산의 위기에 봉착해 있지 않은가? ㉳ 좌익외교 로 종북에 친중외교로 한미혈맹을 파괴하지 않았는가? 이 어찌 문정권이 민주헌정을 반역한 좌익통치, 좌익국정이 아니라 말할 수 있겠는가? 이것이 어찌 국가정변에 국가존망의 위기에 추락 징조가 아니라 말하겠는가?

또 다른 이유, 한국이 추락하는 전조들이 무엇들인가? ④ 고질 적 불신정치에 감염된 고질적 불신국민성 때문이다. 이것이 국가 위기에 추락징조다. 오늘날 한국인들의 국민성이 어떻게 변질되 었나? 한 마디로 국민성이 "거짓성, 위선성, 부정성, 불의성, 사 기성"으로 변질돼 있다. 그래서 이 불신국민성에 사회가 "황금만 능주의, 한탕주의, 이기주의, 배타주의, 회피주의, 방종주의, 방관주의, 사치허영, 오락쾌락주의를 낳으며 불신사회가 됐다. ⑤ 불신국민성에 불신사회현상 때문이다. 거짓사회, 가짜사회가 됐다. 이것이 국가사회 위기의 추락징조에 전조현상이다. 가짜식재/짝퉁제품, 가짜광고/먹튀사기, 가짜서류/ 가짜표절, 가짜이력, 가짜신분 등이 난무하는 불신사회가 돼 버렸다는 사회적 위기다. ⑥ 독재와 좌익통치를 방조하는 국민성에 국가위기 때문이다. 이것이 국가위기에 추락징조다. 민족세습성; 국민의 "침묵성, 회피성, 방종성, 방관성"에 국민이 국가통치와 통치사상, 체제를 수수방관한다는 국가위기에 추락징조다. 국민들이 머슴들, 통치자와 위정자들이 독재성에 제왕적 권력독재 정치를 해도, 문정권이 좌익통치로 국가 반역정치를 해도, 좌익정부에 국방과 안보를 포기해도, 부정선거를 해도, 좌익국회를 만들어도, 선거무효 소송들을 불법으로 묵살해도, 언론방송을 탄압해도, 좌익외교를 해도, 국민들이 이들의 반역정치에 "침묵성, 회피성, 방종성"에 수수방관하여 국가위기를 더욱 부추긴다는 국가위기에 추락징조다. ⑦ 국민갈등과 세대갈등의 국가위기 때문이다. 이 역시 중대한 국가추락의 징조현상이다. ㉮ 첫째가 빈부격차에 따른 국민갈등 위기에 국가위기다. 자유민주, 자본주의에 어쩔 수 없는 경제체제이지만 과거 정권들이 재벌위주의 경제성장과 부동산 시장관리 실패로 빚어진 빈부격차다. 이에 "5장-소제목10"에서 국가개혁 대책으로 "국가알뜰살림 기조; 예산제한, 실업대책, 빈자대책" 등을 제시했다. 또한 "2장-2, 3 소제목"에서 국가통치에 준하는 국가통치 개혁대책을 제시했다. ㉯ 불구하고 오늘날 세대 간의 갈등을 보자. 국가적 위기에 추락징조다. 신구세대간에 신세대는 구세대를 향하여 "컴맹이다. 무식하다에 꼰대로, 꼴통으로" 취급하고, 구세대는 신세대를 향하여 "버릇없다, 싸가지 없다"로 맞서지 않는가? 또 같은 신세대끼리도 부유한 신세대는 노동기피에 자립기피로 먹방, 노래방, 오락방, 여행방 등에 취해 유흥문화와 소비문화로 선대들이 피땀에 눈물로 이룩한 경제대국을 허물고 있지 않는가? 반하여 라면으로 한 끼를 때운 실업청년은 오늘도 "알바" 찾아 거리를 헤매고 있지 않는가? 이들 신세대끼리도 세상을 향한 "공평과 정의"를 외치고 있지 않는가? 이것이 어찌 세대갈등의 국가위기에 추락징조현상이 아니고 무엇인가? 마지막으로 ⑧ 국민 교만성의 국가위기 때문이다. 이 역시 국가위기에 추락징조다. 오늘 한국인들은 경제대국이란 "자만심"에, 배웠다는 "교만심"에, 전자문명국이란 "자존심"에 스스로 교만하고 있지 않는가? 교만과 욕심은 망국징조의 최대, 최악의 징조임을 어찌 국민이 모른단 말인가?

일찍이 미국의 마틴루터 킹 목사(Martin Luther King: 1929-1968)는 "나에게는 꿈이 있다"로 미국인들의 심장을 울렸다. 눈멀고 귀먹고 말 못 했던 미국의 교육자, 사회봉사자 헬렌켈러(Hellen A. Keller: 1880-1968)는 "희망은 성공으로 이끄는 신앙"이라 했다. 한국은 6·25전쟁에 황무지가 된 이 땅에서 선대들, 1, 2세대(70세 이상)들의 피와 땀, 눈물로 오늘 한국에 경제대국의 부(副)를 창조했다. 굶어 죽던 절망을 "잘 살아 보세"의 희망에 서독의 땅 굴속에서, 베트남 전쟁의 총알받이로, 중동사막의 모래바람 속에서 땀방울로 한강의 기적을 낳고 오늘 경제대국으로 오늘 우뚝 서

있다. 어찌 오늘 3, 4세대(20-40대), 젊은이들이 이를 모른다 하는가? 굶어 죽는 판국에 어린 딸이래도 살리려 남의 집 더부살이로 보내 딸, 하나라도 살리려 했던 피눈물 나는 전쟁의 선친들을 왜 모른다 하는가? 어찌 오늘 젊은이들이 선친들의 덕분에 잘 먹고 잘 살면서 좌익에 우익으로 쌈질만 하며 조국, 대한민국의 자유민주를 파멸하느냐? 어째서 아직도 끝나지 않은 6·25전쟁으로 좌익과 우익이 맞서며 "민주냐, 공산이냐"로 반만년 조국역사를 망치려 드느냐? 일찍이 영국시인, 쿠퍼(William Cowper: 1731-1800)는 "지식은 교만이고 무식은 겸손"이라 했다. 어째서 한국인들은 오늘 잘 먹고 잘 산다며, 경제대국이란 "자만심"에, 배웠다는 "교만심"에, 문명국이란 "자존심"에 너무 일찍 샴페인을 터트리며 조국과 민족, 대한민국과 국민을 배반하고 반역하며 망국케 하려 하느냐? 어째서 조국이 좌익정부로 민주주의를 말살하는데도 수수방관만 하고 있느냐? 오죽하면 국민가수, 나훈아마저 "아! 테스형" 노래로 망국의 설움에 노래를 불렀겠느냐? 테스형이 누구더냐? 2,500년 전, 고대 그리스의 철학자, 소크라테스(Socrates: BC470-BC 399)가 "너 자신을 알라" 했던, 오늘 한국인들의 각성이 절실한 소중한 한 마디가 아니더냐? 우매한 조국인, 한국인들이여, 태어난 스스로의 조국은 어디 있더냐?

한국인은 누구인가?

"하늘은 스스로 돕는 자를 돕는다"

— 이솝(Aesop; BC 600, 그리스의 우화작가)

[한민족의 얼과 혼]

요동벌판 제패하던 광개토대왕 기억하자

발해제국 깃발날린 대조영장군 기억하자

과학문자 세계알린 세종대왕을 기억하자

왜적들을 함몰시킨 이순신장군 기억하자

만주벌판 독립전쟁 김좌진장군 기억하자

조국위해 목숨바친 순국열사를 기억하자

가난극복 조국건설 선대조상들 기억하자

붉은악마 축구사강 골프여제들 기억하자

선진경제 선진국민 동방의등불 밝혀보자

[FOCUS] 배달민족/ 배달겨레

한국인들의 정체성(正體性)은 무엇인가? 한민족의 뿌리는 누구인가? 배달민족, 한겨레다. 배달이란 이름은 고조선, "박달나무의 임금, 단군지군(檀國之君)"에서 단(檀)을 박달(朴達), 백달(白達)이라 한바 배달은 백달에서 왔고, 배달민족 또는 배달겨레 역시 단군조선으로부터 내려온 민족이다. 국가와 민족을 사랑한다는 배달민족 또는 배달겨레를 뜻한다. 신교(神敎)의 사상적 가치를 담은, "국가와 민족을 사랑하는" 규원사화(揆圓史話)란 책에서 연유(緣由)됐다 한다. 어째서 한겨레, 한 뿌리, 한 민족이 오늘날 남북분단이 되어 생이별, 이산가족의 아픔으로 살아야 하나?

오늘의 한국인(韓國人)들은 누구인가? 한국어를 공통어로 말하고 쓰는 한민족(韓民族)에 한국인들을 말한다. 흔히 말해 단군자

손, 배달민족, 한겨레, 한 핏줄, 한민족을 말한다. 남북한 국민, 연해주와 중국 조선족 등, 세계 각처에 흩어져 살면서 한국어를 말하고 한글을 쓰는 민족이다. 한민족(漢民族)과 한민족(韓民族)은 어떻게 다른가? 한민족(漢民族)은 한자어(漢字語)로 말하고 쓰는 민족을 말하는 바 예로부터 중국본토에서 살아온 황색인족, 중국족들과 세계 각처에서 사는 중국인들을 말한다. 그러나 한민족(韓民族)의 뿌리는 한민족(漢民族)의 뿌리와 다르다. 한민족(韓民族)은 고려 충렬왕 때 보각국사, 일연(1206~1289)의 삼국유사(三國遺事)의 기록에 의하면 기원전 2,333년에 단군 조선국(檀君朝鮮國)이 건국되고 이 단군조선을 기준하여 그 이전의 구석기 고대시대를 환민족(桓民族)의 환웅천왕(桓雄天王)시대라 했고, 단군조선 이후의 민족을 한민족(韓民族)이라 했다. 민족의 뿌리는 같은 뿌리이나 명칭이 다른 셈이다. 그래서 흔히 한국인들의 한민족(韓民族)은 단군조선 이후의 민족을 뜻하며 "단군자손, 배달민족, 배달겨레, 한민족"이라 부른다. 단군조선의 단군왕은 나라를 진한(辰韓), 마한(馬韓), 번한(繁閑), 셋으로 나누어 통치한바 이를 삼한관경(三韓管境)이라 한다. 거기서 비롯된 것이 한(韓)이고 한(韓)의 뜻은 "하늘, 크다, 밝다"를 의미하며 그래서 한국(韓國)은 곧 "하늘나라, 큰 나라, 밝은 나라"를 뜻한다. 그렇다면 왜 한국인을 "배달민족, 한겨레"라 부르는가? 조선조 19대 숙종왕 때 "북애(北崖)"라는 호를 갖은 사람이 쓴 신교(神敎)에서 전해진 말이라 한다. "국가와 민족을 사랑하는" 민족이란 뜻으로 쓰여진 말로 규원사화(揆圓史話)에서 언급된 말이다. 배달이란 말은 "박달나무의 임금, 단국지군(檀國之君)"의 단(壇)을 박달(朴達) 혹은 백달(白達)이라 한바 배달은 백달에서 왔고, 배달민족 또한 거기서 연유(緣由)됐다고 전한다. 고조선, 단군 시조의 피를 받고 단군조선부터 내려온 단군자손, 한민족, 한겨레, 한 핏줄인 셈이다.

한민족(韓民族), 배달민족의 혼(魂)과 얼이 무엇인가? 그들의 정신과 사상이 무엇인가? 많은 역사학자들에 의하면 배달민족의 정신과 사상은 "성통광명(性通光明)에 홍익인간(弘益人間)"이라 정리했다. 하늘의 밝은 빛으로 인간을 이롭게 하라는 뜻이다. 그래서 한민족의 정신과 사상은 하늘(천: 天)과 자연(自然)과 인간(人間)이 합일(合一)되고 합치(合致)되는 "하늘과 자연과 인간"의 조합정신(組合精神)에 조합사상(組合思想)이라 한다. 칭하여 성통광명에 홍익인간성이 한민족의 정신과 사상이다. 예컨대, 고려시대의 "반야심경(般若心經)"을 보자. 색즉시공(色卽是空), 색(色: 實體)이 있다 하나 색(實體)이 없는 허공(虛空)이라 말 하지 않는가? 공즉시색(空卽是色), 허공(虛空)이되 색(色)이 있는 실체(實體)라 말하지 않는가? 말인즉 하늘과 자연과 인간의 조합, 성통광명성에 홍익인간성, 형이상학적(形而上學的) 정신과 사상이 아니고 무엇인가? 그 결과 원효대사, 의상대사, 서산대사와 같은 위대한 선지자들이 배출되지 않았는가? 조선조 한민족의 유교사상(儒敎思想)은 또 무엇인가? 공자에 의해 맹자, 순자 등에 이어진 사상체계로서 현실생활에서 "인(仁), 의(義), 예(禮), 지(智), 신(信)" 등의 도덕적 덕목(德目)을 중시하는 사상이다. 육체(肉體)를 소체(小體), 정신(精神)을 대체(大體)로 보는 사상이다. 예컨대, 불혹지년, 수신제가 치국평천하(不惑之年, 修身齊家 治國平天下)란 유교사상적 말도 있지 않은가? 나이 40이면 가정과 사회, 국가를 다스릴 줄 알아야 한다는 정신사상 철학이다. 그래서 선조들은 공자 왈, 맹자 왈, 순자 왈로 유교정신사상에 자식들의 교육과 양육을 으뜸으로 했고, 예의범절(禮儀凡節)과 도덕을 지덕체(智德體)교육의 중심에 두고 살았다. 그래서 한민족은 두뇌의 우수성에 민족정기(民族正氣), 민족기상(民族氣象), 민족저력(民族底力)을 지닌 민족이었다.

한민족의 민족정기, 민족기상, 민족저력을 보자. 고대, 중세의 용감무쌍한 선대들을 보자. 만주벌판을 휩쓸던 광개토대왕이, 요동반도를 정벌한 발해국의 대조영장군이, 조선조(朝鮮祖), 과학적인 글자, 훈민정음을 만든 세종대왕이, 23번의 전쟁에 23번을 승전하며 왜병을 물리친 위대한 이순신 장군이 있었지 않았는가? 근세를 보자. 일제치하(日帝治下)에서 2천5백의 군사로 5만 명의 왜병을 물리친 청산리 대첩의 김좌진 장군이, 일제(日帝)에 목숨 걸고 희생한 안중근, 이봉창, 윤봉길, 유관순과 같은 순국열사들이 있었지 않았는가? 근대(近代)를 보자. 자유민주를 위해 목숨 바친 6·25전쟁의 순국전사들이 있었고, 가난의 절망에 "잘 살아보세"로 "한강의 기적"을 낳은, 그래서 오늘 대한민국이 경제대국으로 우뚝 서게 한 故 박정희 대통령과 선친들, 1, 2세대(70세 이상)의 거룩한 희생이 있었지 않았는가? 굶어 죽는 절망에 쌀밥 먹기 희망에 서독의 땅 굴속에서, 베트남 전쟁의 총알받이로, 모래 바람 속 중동사막에서 땀과 눈물로 오늘의 부국(富國)을 이룬 선친들, 1, 2세대의 피와 땀, 눈물이 있었지 않았는가? 그래서 1960년대 세계 최빈국(最貧國)이었던 대한민국을 단 시일,

60년 만에 세계 경제대국 10위권으로 우뚝 세워 놓지 아니 하였는가? 오늘날 세계 속의 대한민국을 보자. 세계 1등급 한국상품들이 세계시장을 휩쓸고 있다. 골퍼여제(golfer女帝)들이, BTS가, K-Pop이 세계에 한류풍을 전하며, "기생충, 미나리" 영화가 영화계의 메카, 미국의 할리우드(Hollywood)에서 4관왕을 차지하며 세계를 놀라게 하지 않았는가? 이것이 오늘날 한민족의 한국인들의 우수한 두뇌에 민족정기, 민족기상, 민족저력이 아니고 무엇이란 말인가?

불구하고 오늘날 21세기 초, 오늘 한국인들은 문맹률이 1% 미만인 경제대국으로 잘 먹고 잘 산다는 "자만심"에, 배웠다는 "교만심"에, 최첨단 전자문명국이란 "자존심"에, 스스로 불신국민성이 됐다. 그래서 물질풍요 속 정신빈곤으로 살며 경제선진에 불신정치로 불신국민성, 불신사회성으로 국가위기를 부추기며 국가를 추락케 한다. 민족성 세습성: "독재성과 분열성"에 제왕적 권력독재통치에 불신정치로 국민성이 거짓성과 위선성, 부정성과 불의성, 사기성(詐欺性)으로 변질됐다. 불신국민성이 황금 만능주의, 한탕주의, 이기주의, 배타주의, 회피주의, 방종주의, 방관주의를 부추겨 불신사회가 되어 사회가 가짜상품, 가짜광고, 먹튀사기, 가짜서류, 가짜이력, 가짜신분들이 범람하는 불신사회가 됐다. 무엇이 국민성을 이 꼴로 만든 것인가? 독재성과 분열성에 민주헌정을 "배반한" 제왕적 권력독재통치가 후진국 3류급 정치로 후퇴시켰고, 오늘 19대 주사파 문정권이 민주헌정을 "반역한" 좌익정치, 좌익정부로 조국의 민주주의를 파괴했기 때문이다. 국민들 역시 민족세습성; "과묵성, 회피성, 방종성"에 빠져 문정권의 좌익정치가 국방과 안보를 파괴해도, 민주정부를 좌익정부로 장악해도, 좌익경제로 국가부채를 5,000조를 만들어도, 심지어 부정선거로 180석 좌익국회를 만들어 국회가 독재독주를 해도, 대법원이 부정선거에 전국126지역 선거무효 소송들을 묵살해도, 국민은 나 몰라라 정치침묵에 회피성으로 수수방관하고 있지 않는가? 그러니 좌익정부 독재와 국민방관성으로 국가망국 정치에 국가위기가 아닌가? "하늘은 스스로 돕는 자를 돕는다(The gods help them that help themselves)"고 고대 그리스의 우화작가, 이솝(Aesop: BC 600)이 2,600년 전 말했다. 어찌 오늘날 한국의 모습이 망국징조에 국가위기가 아니란 말인가?

다행히 한민족, 한국인들에겐 "끝판 저력성"이 있다. 한국인들의 민족정기, 민족기상, 민족저력성이 있다. 15년간 한국생활을 하다가 귀국한 영국기자, 마이클 브린(Michael Breen: 1952-)은 다음과 같이 한국인을 말한다: "한국인들은 비록 부패성, 조급성, 당파성이 강하지만 그래도 훌륭한 장점들을 갖고 있다. 한국인들은 ① 평균 IQ가 105가 넘는 세계 유일한 국민, ② 문맹률이 1% 미만인 나라, ③ 미국과 전쟁을 해도 3일 이상 버틸 수 있는 세계 8강 중의 한 나라, ④ 세계 유일한 분단국인 나라, ⑤ 세계 경제대국 3위, 일본을 우습게 아는 나라, ⑥ 정부조직에 여성부가 있는 세계 유일한 나라, ⑦ K-pop에 BTS가 세계에 한류풍을 유행시킨 나라, ⑧ 지하철의 기술, 청결, 편리가 세계 최고인 나라, ⑨ 세계에서 봉사가 4위인 나라, ⑩ UN이 문자 없는 나라에 한글을 제공하는 나라, ⑪ 최단 시일에 IMF를 극복하고 세계를 놀라게 한 나라, ⑫ 유럽통계에 여자의 미모순위가 최고인 나라, ⑬ 세계 최우수 골퍼 100명 중 30명을 차지한 나라, ⑭ 세계 10대 거대도시에 서울이 포함된 나라, ⑮ 세계 4대 강국을 우습게 아는 배짱 있는 나라, ⑯ 인터넷, TV, 통신망이 세계 최고인 나라, ⑰ 세계에서 가장 많은 발음표현을 할 수 있는 한글을 가진 나라(24개 문자로 11,000의 소리표현/ 일본은 300, 중국은 400에 불과), ⑱ 세계 각국 우수대학에서 우등생들이 한국인인 나라(2위는 이스라엘, 3위는 독일), ⑲ 유대인을 게으름뱅이로 아는 국민인 나라, ⑳ 비판적이고 까칠하나 전문가 뺨치는 정보력을 갖은 한국인들, ㉑ 강대국 사람들에게 "놈"자를 붙여 미국놈, 왜놈, 떼놈, 러시아 놈이라 깔보며 세계를 우습게 아는 자존심이 강한 국민성의 국민, ㉒ 약소국에는 "놈"자 대신 관대한 표현을 하는 국민성(예컨대, 아프리카, 필리핀, 베트남 사람 등등), ㉓ 한중일 3국 중 한국의 진달래가 가장 예쁘고, 인삼의 질도 월등하고, 물맛도 최고이며, 한우처럼 맛있는 고기는 세계 어디에도 없는 나라, ㉔ 아름다운 꿩은 세계 어느 국가에도 없는, 한국만이 갖고 있는 나라, ㉕ 1945년 경에는 한국인들이 필리핀으로, 파키스탄 제철공장으로 견학 갔지만 이제 그들이 역으로 한국을 배우러 오는 나라, ㉖ 산이 높고 골이 깊어 음양이 강하여 한국인들은 중국인들보다 기가 세고, 강한 유전자를 갖은 나라, ㉗ 중국인들은 32,000여 명의 난징대학살을 당하고도 일본인들에 암살시도조차 없었지만 한국은 중국의 1/1000 정도로 당하고도 일본인 고위층을 암살하며 독립운동을 하여 세계만국에 자주독립을 알린 강한 민족이 한국인이다. 그러나 오늘날 한국인들은 중국에 리드(lead)를 당할까봐 걱정한다. 그러나 한국인이 중국인들보다 기가 쎄 중국을 우습게 안다. 세계 IT 강국 타이틀은 아무나 갖는 게 아니지만 한국이 가졌다. 180년 주기로 국가흥망이 다가오는데 지금 한국의 불행이 여기저기서 전주곡이 들린다. 그러나 한국인들은 극복에 도약하리라 본다. 궁즉통 극즉반(窮則通 極則反), 궁하면 통하고 극에 달하면 반전하기 때문이다. 한국은 필리핀이나 아르헨티나, 그리스처럼 추락치 않는다. 대한민국, 파이팅! 힘내라, 대한민국! 마이클 브린의 말에서 한국인들의 민족성, 민족정기, 민족기상, 민족저력을 엿본다. 그러나 오늘 대한민국은 마이클 브린의 말대로 국가존망에 국가위기에 처하고 있다.

아리랑, 민족애환인가?

"Patience is the best policy"(참는 게 상책이다 – 속담)
"Don't be a slave under the time and money"
(돈과 시간에 노예가 되지 말라 – 저자, 著者)

[FOCUS]: 아리랑, 한(限)맺힌 노래
알알이 구슬픈 인생에 한(恨)이 맺혀 아리랑인가? 속이 아리고 쓰려서 아리

랑인가? 민족수난의 아픔들이 아리랑인가? 가난과 수난에 살아야 했던 조
상들의 슬픈 영혼이 아리랑인가? 일제(日帝)의 아픔이, 6·25전쟁의 동족상쟁
이, 이산가족(離散家族)의 아픔이 아리랑인가? 아리랑 가락은 왜 슬픈것인가?
일제(日帝)의 민족수난을 담은 "나운규 감독"의 "아리랑영화(1926)는 기념비적
민족영화다. 지역마다 아리랑노래도 다르다. "정선아리랑, 밀양아리랑, 진도
아리랑"등 민초들의 아픔도 다양한 듯 보인가. 아리랑(我理朗)은 "나를 깨닫고
즐겁게 산다"는 뜻도 있고, 여랑(女郎)을 향한 그리움에 "아리고 쓰려 사모한
다"는 해석도 있다. 그러나 역시 아리랑은 한민족의 구슬픈 노래, 민요다.

　아리랑 가락에 담긴 민족애환(民族哀歡)이 무엇인가? 고적한 산
속에서 홀로 누워 하늘을 본다. 어디선가 아리랑 가락이 뇌리를
스친다. 아리랑 가락, 한민족의 애환(哀歡)이 깃든 노래 가락이 아
닌가? 태고(太古)의 음향들이 아리랑 가락에 실려 속세의 바람들
이 가슴을 후민다. 저 멀리 산자락 텃밭, 밭 갈고 김매는 조상들
의 가난과 수난도 환상으로 보인다. 조공(租貢)에 중국으로 끌려
가며 울부짖는 조상들의 어린 딸들도 보인다. 양반들의 권세에
곤장이 무서워 엎드린 채 말 못하는 민초들의 모습도 보인다. 나
라를 뺏겨서, 나라가 없어서 소련의 연해주에서, 중국의 만주 벌
판에서 조국 하늘만 쳐다보다 죽어간 선대들의 모습도, 한 섞인
한숨소리도 보이고 들린다. 6·25 민족상쟁, 북한 공산군들이 밤
중에 들이 닥쳐 옆집 설이엄마와 어린 설이까지 등에 업혀 산으
로 끌고 가서 대창으로 끔찍하게 죽였다는 소문도 뇌리에 스친
다. 허기져 산야를 떠돌며 아카시아 꽃으로 배를 달랬던, 초근목
피(草根木皮)로 목숨을 유지해야 했던 어릴 적 기억도 뇌리에 스친
다. 초근목피(草根木皮)로 부황(附缸)에 걸려 신음하던 선친들의 음

성도 들린다. 북녘을 하늘을 바라보며 오늘도 남북분단에 생이별에 이산가족(離散家族)의 슬픔을 통절통곡(痛切痛哭)하는 탈북민들의 모습도 뇌리에 스친다. 아리랑 가락이 잠시 뇌리를 멈추며 한(恨) 맺힌 한민족의 조상들의 애환(哀歡)도 같이 멈춘다. 어찌 이 땅, 이 조국의 한민족 조상들은 그렇게 서럽게 살았단 말인가? 민족(民族)의 한(恨), 민족 아픔의 노래가 아리랑이 아니고 무엇이란 말인가? 어째서 한반도에 한민족은 반만년 긴긴 세월 모진풍상(風霜) 속, 강대국(强大國)들의 틈바귀에 끼여 그렇게 서럽게 살아야 했던가? 그래서 한 맺혀 아리고 쓰려서 아리랑 노래가 되었는가? 고적한 산속에서 잠시 아리랑 가락에 취해 한민족의 슬픔들을 헤아려 봤다. 가슴이 아프다.

어째서 한민족의 오천년 역사는 독재와 분열의 서글픈 역사인 것인가? 어째서 세세(世世)마다 가난과 수난을 겪으며 살아가야 했던 조상들의 슬픈 역사였던가? 어째서 백성들이 세세토록 제왕과 신하들의 권세에, 양반들의 텃세로 왜 조상들은 한 세상을 서럽게 살다가 가야 했는가? 어째서 나라가 힘이 없어 일본에 나라를 빼앗기고 한민족의 조상들은 멀고 먼 소련의 연해주에서, 중국의 만주벌판에서 조국을 원망하며 하염없이 조국 하늘만 쳐다보다가 죽어야 했는가? 어째서 남북 몇몇 지도자들은 권력과 집권에 눈들이 멀어 6·25 민족상쟁을 벌이며, 동족이 동족을 죽이는 슬픈 아리랑 가락의 역사를 남긴 것인가? 어째서 북한의 세습 공산독재자는 스스로의 민족, 북한인민들을 철의 장막 속에 가두고 짐승처럼 부려 먹고 철통방어로 짐승처럼 굶겨 죽이는 것인가? 어째서 스스로의 형을 독살시키며 왜 고모부를 고사포로 흔적없이 죽이는 것인가? 어째서 힘없는 스스로의 백성들을 "자유"란 한 마디에 인민재판으로 총살시켜 죽이는 것인가? 어찌 그런 독종적 지독한 나라가 지구상에 또 어디에 있단 말인가? 어째서 한민족은 오늘날까지 이토록 지독한 민족인 것인가? 어째서 오늘 한국인들도 변질된 민족이 되어 부모자식이 서로 버리고, 형제와 형제가 대적하며, 이웃과 이웃을 돈에 돌아 소송하며 살벌하게 살아야 하는 조국, 오늘의 대한민국이 된 것인가?

지금은 세상을 떠났지만 어릴 적 옆집 할매 생각이 난다. 할매가 말할 때는 몰랐지만 지금 할매 말을 생각하니 눈시울이 난다. 어릴 적에 할매가 말했다: "나라를 뺏겨서, 나라가 없어서, 만주 벌판을 헤매며 떼놈들 한테 당하며 서럽게 살았다 했다. 어느 날 조국이 해방됐다는 소리에 갓난애를 등에 업고 머리에 짐을 이고 그 머나먼 길 만주에서 조국을 찾았다" 했다. 당시 말하면서 글썽이던 할매의 눈이 지금도 회상이 된다. 그래도 할매는 계속했다: "나라가 없다는 게 얼마나 서럽고 불행한지, 당해 보지 않으면 모른다"고 했다. "나라가 있어 기댈 곳이 있다는 게 얼마나 행복한 일인지 모른다" 했다. 그래서 오늘 할매의 말을 되새기며 오늘날 19대 문정권의 좌익 정치인들에게 묻고 싶다: "어째서 배웠다는 지성인들이 툭하면 친일파, 친미파, 친중파, 친소파를 찾으며 동족이 동족을 치고받고 싸우며 민주헌정을 반역하여 좌익독재 통치와 분열정치를 하는가? 어째서 작고 작은 이 한반도, 그나마 이 반쪽에서 좌익진보세력과 우익보수세력으로 갈리어 진영논리(鎭營論理)에 쌈질정치만 하는 것인가? 어째서 배웠다는 지성인들이 출세했다, 권력있다, 배웠다는 교만심에 1, 2대 선친들의 피와 땀, 눈물의 경제대국, 대한민국의 국부(國富)를 탕진하는가?" 할매의 말이 기억나 한 마디한다: "어째서 배웠다는 한국의 지성인들은 툭하면 친일파, 친중파, 친미파를 들쑤셔대며 쌈질만 하느냐? 나라가 없었을 때 할매의 등에 업혀 온 할매의 딸도 만주에서 태어났으니 친중파이더냐? 나라가 없었을 때 박정희 대통령도 만주에서 일본군 노릇을 했으니 그도 친일파이더냐? 어째서 배웠다는 지성인들이 지식을 빙자하여 이러쿵저러쿵 해대며 패갈라 쌈질들만 하느냐?" 오늘에 사는 한국인들이여, 더 이상 한민족의 한(恨)과 애환의 역사를 만들지 말기를 하늘을 우러러 기도하노라.

잘 먹고 잘 살면 선진국인가?

"버리는 것이 얻는 것이다"

– 타골(Rabindranath Tagore; 1861– 1941, 인도의 시성, 노벨문학상)

[온고지정(溫故之情)]

내고향이 어디메뇨 고향생각 그립구나

논자락에 쟁기메던 남정네들 어디있나

터밭에서 김을매던 아낙네들 어디갔나
이방에서 몇해인가 타향살이 서럽구나

고향뒷산 진달래는 예나제나 피고지나
퐁당샘물 갈대위에 잠자리들 날고있나
산자락에 뻐꾸기들 구슬프게 울어대나
십수년에 이국살이 옛것들이 그립구나

[FOCUS] 잘 먹고 잘 산다고 선진국인가?

잘 먹고 잘 산다고 선진국에 선진국민인가? 잘 먹고 잘 살아도 삶의 질, 정신문화가 후진적이면 후진국민이다. 어째서 한국인들은 경제대국이라 "자만"하고, 배웠다고 "교만"하고, 전자문명국이라 "자존"하며 선진국에 선진국민인 듯 자만하는가? 한국은 경제선진에 국민성 후진국민이다. 국민성 후진진이 무슨 말인가? 인성화, 도덕화, 교양화, 선거정치화, 자유민주화, 민주법치화, 정의사회화, 국가민주화 교육이 없어 국민수준이 낮다는 말이다. 건국이래 그러한 교육이 단 한 번이래도 있었던가? 바쁘게 살다 보니 흐트러진 불신정치, 불신국민, 불신사회 때문이 아니었나? 독재정치, 좌익정치로, 황금 만능주의에 이기주의, 배타주의, 방종주의로, 먹방, 노래방, 놀이방, 오락방, 쾌락방, 여행방등의 유흥문화로, 선친들의 피땀을 탕진만 하는 오늘 대한민국의 국민들이 아닌가? OECD가 삶의 질이 한국이 꼴찌라 했는가? 어찌 이게 선진국민인가?

　잘 먹고 잘 산다고 선진국민인가? 선진국민, 혹은 후진국민의 호칭(呼稱)은 국가에 따라 불리는 국가의 국민성 수준을 말한다. 국가 한 개인의 인격수준이 아닌 국가의 전체 국민성 수준을 말한다. 국가수준에 따른 국민수준 판단, 관념상의 잣대다. 갑자기

부자가 됐다하여 부자의 인품이 달라지는가? 장기간의 국가 자유민주 발전도, 정치성, 국민성 수준을 판단하여 붙여지는 이름이 선진국민, 후진국민의 호칭이다. 갑자기 부자가 됐다하여 지금까지 해오던 건달매너(manner)가 신사풍(紳士風) 상냥한, 배려깊은 인품(人品)으로 변하겠는가? 오죽하면 돼지 목에 금목걸이라는 표현도 있지 않은가? 한국인의 국민성이 불신국민성, 정치가 불신정치성, 사회가 불신사회성인데 경제대국이라 하여 선진국에 선진국민인가? 정확히 말하면 경제대국에 후진국민이다. 한국인들이 선진국민이라 말을 못하는 이유는 유럽인들이나 미국인들과 같이 국가 경제발전과 번영에 준하는 선진국민 수준이 아니기 때문이다. 선진인이란 기준은 첫째, 국가 자유민주의 정치발전에 따라, 둘째, 정채발전에 따라, 셋째, 경제발전과 번영에 따라, 넷째, 국민교육에 따른 인간성, 교양성, 도덕성, 자유민주화, 민주법치화, 선거정치화, 사회국가화 교육수준에 따라 국가와 함께 붙여지는 호칭이 바로 선진인, 또는 후진인인 것이다.

일찍이 인도의 시성(詩聖), 타고르(Rabindranath Tagore; 1861-1941)는 "버리는 것이 얻는 것이다"라고 말했다. 무슨 뜻인가? 누구든 욕심(慾心)을 버리면 삶과 생활이, 심신(心身)이 편(便)해 진다는 뜻이다. 마찬가지로 정치에 권력(勸力)을 버리면 올바른 정치가 되고, 집권욕심(執權慾心)을 버리면 국가가 발전과 번영을 누린다. 말인즉, 버리면 발전하여 얻는다는 뜻이다. 이는 가정생활, 사회생활, 국정운영도 똑같은 이치다. 욕심과 탐심(貪心)을 버리면 국가 통치도 정치도 건전하여 태평성세(太平盛世)에 백성도 살기 좋은 세상이 된다는 뜻이다. 일제 강점시(日帝 强占時), 일본을 방문한 타고르는 한국인들의 순수성과 예의도덕성에 감탄하여 한국을 "동방의 등불"이라 말했다. 그러나 오늘날 한국사회는 어떠한가? 예의도덕 타락에 순수성, 진실성을 잃었다.

　선진국, 선진인이 되기 위한 조건은 무엇인가? 위에서 일부 말했듯이 예컨대, ① 국가 민주주의적 정치발전과 국가 민주발전이 있어야 한다. 한국은 어떤가? 건국 이래 과거 72년간 제왕적 권력정치, 오늘 19대 주사파 문정권의 좌익정치만 있었을 뿐이다. ② 국가 경제발전과 번영이 있어야 한다. 한국은 어떠한가? 국민 성적 모방산업 사업성에, 두뇌 우수성에 잔머리 쓰기로 갑자기 경제대국이 된 나라다. ③ 정치와 민주, 경제발전에 준하는 범국민적 교육이 없이 경제대국만 된 나라다. 국민교육과 계몽이 없었던 나라다. 그래서 국민이 인성화(人性化), 교양화, 도덕화, 자유민주화, 민주법치화, 선거정치화, 사회국가화 교육화로 교육돼 있지 못한 국민이다. 건국 이래 단 한 번도 범국민 교육화가 있었던가? 그렇지 않다. 그래서 국민의 정치민주 수준은 60년 전에 머물러 있다. 더하여 민족세습성에 국민성이 정치 침묵성, 회피성, 방종성, 방관성만 있지 않은가? 정치인들이 멋대로 정치하는 이유다. ④ 국민성이 정직과 양심, 교양과 상식이 갖춰져 있어야 한다. 한국인들은 어떤가? 특히 정치인들을 보자. 이제 정직은커녕 양심과 상식까지 의도적으로 저버리며 정치를 한다. ⑤ 생활성이 검소하고 겸손하며 꾸밈없는 국민성이어야 한다. 한국은 어떤가? 검소는커녕 거짓성과 위선성, 부정성과 불의성, 사기성(詐欺性)이 생활화 돼 있는 국민이 아닌가? ⑥ 사회성이 평등과 공평, 정의가 지켜지는 사회가 돼야 한다. 한국은 어떤가? 19대 문정권이 말했던 평등과 공평, 정의는 어디에 있는가? 오늘 조X, 윤X향, 김X준 등에서 보는 공평, 정의는 어디에 있는가? ⑦ 가정교육에 올바른 훈육문화가 돼 있어야 한다. 한국은 어떤가? 6·25전쟁 후 가난에 찌들었던 부모세대들이 돈벌기에, 재산벌리기에 바쁜 나머지 자식들에 온당한 가정교육, 가정훈육이 있었던가? 그 결과가 지금 어떠한가? 신세대는 구세대를 향하여 "꼴통에 꼰대"로, 구세대는 신세대를 향해 "싸가지 없다"로 신구세대 간의 갈등만 초래하고 있지 않은가? ⑧ 애국애족(愛國愛族)하는 국민이어야 한다. 한국인들은 어떠한가? 입으로는 애국애족이지만 실제 생활은 극단적 이기주의적이다. "성주" 지역민들을 보자. "사드배치"를 죽어라 반대하고 있지 않은가? 젊은이들이 조국이 역겨워 "이민간다" 하지 않는가? 쓰레기를 멋대로 버리고, 전기는 맘대로 쓰면서, 화장은 멋대로 하며, "우리 동네"에는 죽어도 소각장, 송전탑, 화장터 건설은 반대하는 국민이 한국인들이 아닌가? ⑨ 끝으로 민주시민 정신이 있어야 한다. 한국인들은 어떠한가? 침묵성, 회피성, 방종성, 방관성에 민주정치가 좌익정치가 되든 말든, 부정선거를 하든 말든, 대법원이 헌법무시, 선거무효 소송들을 묵살하든 말든, 한국인들은 이에 반항은커녕 수수방관만 하며 오히려 정부에 복종하며 살고 있지 않은가? 그러니 어찌 한국인들이 선진국민이 될 수 있단 말인가?

한국과 한국인들이 선진국민이 될 수 없는 진정한 이유는 무엇인가? 그 이유는 예컨대, ① 불신정치성 때문이다. 한국적 불신정치는 현대정치사를 통해 고질적 불치병이 돼 왔다. 건국 이래 과거 72년간 한국정치는 민주주의를 "배반한" 무소부지(無所不至), 무소불위(無所不爲)적, 제왕적 권력독재통치와 정치만 해 왔다. 그래서 국가가, 사회가 부정부패 비리가 난무하는 불신사회, 불신국민이 되었다. 더하여 오늘 19대 주사파 문정권이 민주주의를 "반역한" 좌익주의, 사회주의 좌익독재 정치를 하지 않는가? 이 좌익독재 정치에 이제 국민마저 좌익진보 세력과 우익보수 세력으로 이분화(二分化) 분열되어 망국징조(亡國徵兆), 국가위기에 처해 있지 않은가? ② 불신국민성 때문이다. 불신정치에 국민성이 거짓과 위선(僞善), 부정(不正)과 불의(不義), 사기(詐欺)에 오염되어 국민성이 오늘날 자본주의사회에서 황금만능주의, 한탕주의, 이기주의, 배타주의 회피주의, 방종주의, 사치허영주의, 오락쾌락주의, 방관주의로 불신국민성이 됐다. 어찌 이런 국민성이 선진국민이 될 수가 있겠는가? ③ 불신사회성 때문이다. 불신국민성에 사회가 불신사회: 가짜상품, 제품, 가짜광고, 먹튀사기, 가짜서류, 표절, 가짜이력에 가짜신분 등으로 불신사회가 됐다. 오죽하면 전화가 와도 보이스피싱(voice fishing)이 두려워 발신자의 이름이 전화에 뜨지 않으면 전화를 아예 꺼 버리는 국민이 아닌가? 어찌 이런 사회, 이런 국민이 선진국민이라 말할 수가 있겠는가? ④ 예의도덕이 타락됐기 때문이다. 동방예의지국이 동방예의 타락국으로 추락됐다. 이에 이제 구세대는 신세대를 향하여 "버릇없다, 싸가지 없다"로 말하지 않는가? 반하여 신세대들은 구세대를 향하여 컴맹에 "무식하다, 신문화와 신문명에 뒤졌다"로 구세대를 홀대하며 "잔소리꾼에 꼴통, 꼰대"로 취급하지 않는가? 한국사회의 예의도덕이 파괴된 현상이다. ⑤ 신세대간의 빈부갈등 때문이다. 대 이어 부자인 부유층 신세대들을 보자. 노동기피에 자립기피로 유흥문화에 소비문화만 부추기고 있지 않은가? TV를 틀어보자. 온통 모든 방송사들이 먹방, 노래방, 오락방, 놀이방, 여행방 등으로 피와 땀, 눈물로 선친(先親)들이 모은 경제대국, 국부(國富)를 탕진만 하고 있지 않은가? 반하여 대 이어 가난한 신세대들을 보자. 겨우 한끼를 라면으로 때우고 알바와 일거리를 찾아 길거리를 헤매고 있지 않은가? 하루에 15시간씩, 젊은 택배기사가 과로사(過勞死)로 죽고 있지 않은가? 오늘날 신세대들 간의 갈등싸움은 한국의 미래를 가늠한다. 빈부격차에 가정과 사회, 국가를 원망하는 가난한 젊은이들이 얼마나 많은가? 이에 있는 자들의 자만감, 없는 자들의 배신감에 박탈감이 어떠한가? 이 어찌 평등한 기회, 공평한 사회, 정의로운 국가가 되겠는가? 오늘 가난한 젊은 세대들은 19대 문정권을 향하여 평등과 공평, 정의는 어디 있는가를, 청와대 일자리 상황판은 어디 있는가를 외치고 있지 않은가? 공산재국가로 공평히 살자는 폭동이 나지 않을까 걱정스럽다.

어째서 서양권 국가들, 예컨대, 미국, 영국, 독일, 프랑스등과 같은 국가들은 동양권 국가들보다 선진국, 선진국민들이 많은가? 그 이유가 무엇인가? 서양인들의 역사성에서 찾아야 한다. 서양국가들의 민주주의는 하루 아침에 성취된 것이 아니다. 장구한 역사를 통해 정직한 민주주의를 성취했다. 2,400년 전, 그리스 철학자, 소크라테스(Socrates: BC470–BC 399)로부터 제자, 플라톤 (Platon: BC427–BC347)에 이르기까지, 또한 18세기 "영국 존록(John Locke: 1632–1704)의 자유론"과 "프랑스 몽테스크(Montesquieu: 1689–1755)의 법의정신", "루소(Roussaeu: 1712–1778)의 사회계약론"을 거쳐, 19세기 독일 칸트(Immanuel Kant: 1724–1804)의 실존철학과 헤겔(Helgel GWF: 1770–1831)의 변증철학"에 이르기까지 서구권 국가들은 민주 정치사상과 철학들을 얼마나 오래동안 숙지(熟知) 해 왔고 또한 그에 준한 진정한 민주정치를 하려고 서구 정치인들이 얼마나 부단히 노력을 해 왔는가? 반하여 그 동안 동양권 국가들은 오직 독재권력성 정치만 해 오지 않았는가? 서양인들이 민주주의를 배우고 투쟁할 때 동양인들은 불교사상과 유교사상에 "독재성", "제왕적권력독재 정치"와 "분열성", 사색당파 분열정치만 계속해 오지 않았는가? 예컨대, 대한민국을 보자. 민주주의 역사는 고작 1948년, 대한민국 건국 이래 겨우 72년이 됐다. 그나마 민주헌정국을 건국하여 "민족세습적 독재성"에 역대 정권들이 민주헌정을 "배반한" 제왕적 권력독재 정치로, "민족세습족 분열분쟁성"에 사색당파정치로 불신정치를 해 왔다. 불구하고 오늘 19대 주사파 문정권은 어떠한가? 설상가상(雪上加霜)이다. 민주헌정을 "반역한" 좌익정부, 좌익정치로 대한민국 민주주의 국가정체성까지 파괴하는 망국정치를 한다. 그러니 어찌 대한민국에 진정한 민주정치가 정착될 수가 있었겠는가? 그런데 왜 일본과 싱가폴은 동양에서 유일한 선진국에 선진국민들인가? 그 이유가 있다. 일본과 싱가폴은 국민 스스로가 부단한 선진화 정신과 노력으로 선진화에 성공했다. 그러나 한국은 민족세습, "독재성과 분열분쟁성"에 불신정치로, 오늘 비록 경제대국이 됐지만 아직도 국민성이 후진성이다. 그 예가 바로 6·25전쟁의 분열분쟁성, 역대 정권들의 제왕적 권력독재 정치, 오늘 19대 주사 문 정권의 좌익권력 독재정치가 예들이다. 더하여 오늘 국민마저 2분화: 좌익진보와 우익보수 세력으로 민심이 분열돼 있지 아니한가? 더하여 오늘 젊은 세대마저 빈부격차로 가난한 청년들은 "알바와 일자리" 찾기에 거리를 헤매고, 반하여 대 이어 부자인 신세대들은 먹방, 노래방, 오락방, 놀이방, 여행방등의 유흥문화로 선친들의 피와 땀, 눈물만 탕진만 하고 있지 않은가? 이 어찌 경제선진국에 후진국민성이 아니란 말인가?

선후진국 국민의식 차이

"대접받고 싶은대로 남에게 대접하라"
– 성, 눅6:31

[FOCUS] 선후진국 차이

선후진국 잣대는 무엇인가? 국가 경제성, 선진 국민성이다. 한국은 왜 선진국경제에 후진국민인가? 불신정치성, 좌익정치성, 불신국민성, 불신사회성 때문이다. 불신정치성에 부정부패비리 정치를 낳고 좌익정치성에 자유민주 국가정체성마저 무너졌다. 이에 국민성이 거짓성, 위선성, 부정성, 사기성으

로 불신국민성이 됐다. 그래서 사회가 황금만능주의, 한탕주의, 이기주의, 배타주의, 사치허용, 오락쾌락 의식에 사회가 가짜식재, 가짜제품, 가짜광고, 먹튀사기, 가짜서류, 가짜대출, 가짜논문, 가짜이력, 가짜신분까지 난무하지 않는가? 한국은 경제대국에 잘 먹고 잘 산다지만 아직은 선진국민 되기에 역부족이다. 국민성 향상이 절실하다.

[한국과 일본의 선후진국 차이]

일본은 1990년대 이미 국가경제, 국민성이 선진화 됐다. 이유가 무엇인가? 2차 대전 때(1945년) 미국이 원폭투하로 황폐화시키고 미국의 마샬플랜(Marshall Plan)에 의거 1945년 이후 계속 일본을 미국화 선진화 시켰기 때문이다. 반하여 한국은 해방 후(1945) 5년 만에 또다시 민족상쟁, 6·25전쟁(1950)을 맞았다. 전쟁에 황폐화된 1960년대에는 미국보다 50년, 일본보다 30년이 뒤쳐진 세계 최빈국이었다. 그러나 60년 후 오늘 한국은 미국에 5년, 일본에 3년으로 추격했다. 이에 경제선진국에 속하나 불신국민성으로 삶의 질이 OECE 국가들 중 꼴찌다. 그래서 경제선진국에 후진국민이다. 국민성 향상이면 선진국민이 된다. 이 어찌 고속성장 국가가 아닌가?

한국은 왜 경제선진국에 후진국민인가? 선후진국(先後進國) 간의 차이, 그 기준은 무엇인가? 정치성, 경제성, 국민성, 사회성이 기준이다. 국가 전체 발전도(發展度)와 국민 삶의 질 기준을 의미한다. 자유 민주주의에서의 기준은 첫째, 자유 민주주의의 정치수준 여건이고, 둘째, 그 나라의 경제발전 여건이고, 셋째, 그 나라의 국민성 건전여건이고, 넷째, 그 나라의 사회성건전여건이 선후진국적 비교대상이다. 이를 기준하여 한 나라를 지칭할 때 소위 선진국, 개도국, 후진국이라 말한다. 그렇다면 한국은 경제적 여건이 경제대국이라 하여 선진국, 선진인인가? 그렇지

않다. 앞에서도 말한 바, 한국은 경제선진국에 후진정치성, 후진국민성, 후진 사회성에 속하여 구태어 말하면 선진국에 후진국이다. 후진 불신정치성, 후진 불신국민성, 후진 불신사회성 때문이고 설상가상으로 오늘 19대 문정권의 좌익정치가 문제다. 한국이 선진국민으로 도약하지 못한 첫째 이유가 바로 후진국적 3류 당쟁정치, 파벌정치, 작당정치, 권모술수 정치, 트집정치, 쌈질 정치 때문이고 오늘 좌익정치 때문이다. 선진적 자유민주 정치를 못했던 이유는 민족성: "독재성과 분열분쟁성"이 있기 때문에 고질적 불신정치를 해왔기 때문이다. 건국이래 과거 72년간, 역대 정권들이 무소부지(無所不至), 무소불위(無所不爲)적 독재정치, 민주헌정을 "배반한" 제왕적 권력독재 정치를 했기 때문이다. 그 결과 오죽하면 11명의 대통령들 중 무려 7명이 하야, 암살, 자살, 감옥가는 비운을 정권말로를 겪지 않았는가? 둘째 이유는 불신정치 영향에 이 책의 3장에서 제시한 바와 같이 무려 25 소제목 내용의 불신국민성 때문이다. 이는 민족성: "거짓성, 위선성, 부정성, 불의성, 사기성, 과묵성, 회성성, 방종성, 방관성"이 있기 때문이다. 이러한 국민성에 한국인들은 황금만능주의, 한탕주의, 이기주의, 배타주의, 사치허영, 오락쾌락성적 불신국민성이 됐고, 또한 이 불신국민성에 사회가 가짜사회가 되어 사회가 가짜식재, 짝퉁제품, 가짜광고, 먹튀사기, 가짜서류, 가짜이력, 가짜논문, 가짜가 난무하는 불신사회 때문이다. 오죽하면 설상가상(雪上加霜)으로 오늘 19대 문정권이 386세대(오늘 586) 주사파 좌익들과 한국의 자유민주, 민주헌정을 "반역한" 반역정치, 좌익정부, 좌익정치로 스스로의 자유민주주의 민주주의를 파멸하고 있지 않은가? 한국은 오늘 민주냐? 공산이냐?" 하는 국가중대 위기에 빠져있다. 그래서 한국은 비록 경제대국이지만 불신정치성, 좌익정치성, 불신국민성, 불신사회성 때문에 아직 후진국민에 속한다.

선후진국민성: 한국인과 선진인, 미국인과의 민주국민의식을 비교해 보자.

1. 한국 정치인과 미국 정치인의 정치의식 비교

한국인과 미국인간의 정치의식 차이는 어떠한가? ① "정치신분" 의식: 한국 국회의원들은 머슴 아닌 주인의식으로 대출세직, 특권에 특혜직, 권력과 시직으로 안다. 미국 정치인들은 반대다. 국가헌신, 국민봉사로 대의정치, 정도정치, 소신정치(국민을 위한, 국민에 의한, 국민의 정치)를 한다. ② "정치 중독" 의식: 한국 정치인들은 정치중독에 평생정치, 평생 권위적이다. 미국인들은 반대다. 정치가 싫거나, 가정이 원하면 언제든 사표를 낸다. ③ "공천제도" 의식: 한국은 공천을 위해 당리당략에 쌈질꾼으로 이름나기, 방송사 출현에 얼굴팔기에 매진한다. 때로는 비례대표제 의원이 되기 위해 수많은 돈도 중앙당에 헌납한다. 미국은 중앙당이 아닌 지역 경쟁이다. 미국 아예 비례대표제가 없고 쌈질정치는 상상도 못한다. ④ "선거활동" 의식: 한국은 온 시내가 선거광고 천지다. 심지어 유명인에 인기연예인까지 대동, 길거리 유세에 귀가 아프다. 유권자들은 연고와 인맥, 여론따라 아무에게나 표 준다. 후보홍보물은 읽지도 않고 쓰레기통이다. 미국은 후보가 공공지(公共地)에 작은 홍보 팻말만 꽂고 가가호호 방문, 선거홍보활동을 한다. 자금모금과 관리는 엄격하나 홍보자유다. 미국인들은 알아서 후보분석, 후보비교, 후보실적을 비교하여 표를 준다. 길거리 유세는 아예 없다. ⑤ "특권의식": 한국 머슴들은 대출세한 듯 권력과 권위, 특권과 특혜, 과시허세 정치를 한다. 머슴들이 주인무시(국민), 민족

성: "독재성, 분열분쟁성"에 독재, 좌익정치를 하며 국민을 우롱하는 정치를 한다. 미국 정치인들은 권력, 권위, 특권, 과시정치가 없다. 상상도 못한다. 했다면 그게 끝이다. 의사당 식당에서 점심도 일반인과 줄서 사 먹는다. 가난한 의원은 지하 월세방, 심하면 의원회관에서 먹고 자며 소신정치를 한다. ⑥ "특혜의식": 한국은 머슴들이 주인무시(국민), 특혜들(20@이상)을 멋대로 정해 심지어 비행기, KTX 등 모두 무료 1등석, 무료 골프 등 특등대우다. 심지어 명절수당, 가족수당, 전용차량, 운전수, 사무실비용 전부 공짜다. 미국 정치인들은 머슴정치로 특권, 특혜들이 없다. 가난한 자는 시내 월세방에서 자전거로 출퇴근한다. 지방에서 온 가난한 의원들은 아예 의원회관에서 먹고 자며 소신정치 한다. 비행기도 3등칸을 타고 영수증에 환불 받는다. 의사당 식당에서는 점심도 일반인과 줄서 사 먹는다. ⑦ "정치활동" 의식: 한국 머슴들은 민족성: "독재성, 권위성에 분열분쟁성"에 권력유착적, 정경유착적 정치를 한다. 그 결과 사색당파, 파벌정치, 작당정치, 당리당략정치, 권모술수 정치, 트집정치, 쌈질정치가 주 국정활동이다. 그 결과 역대 정권마다, 부정부패 비리정치, 적폐정치, 보복정치, 국정농단 정치가 대세다. 반하여 미국 정치인들은 민주정치에 목을 맨다. 국가헌신, 국민봉사가 첫째 정치목적이다. 둘째는 대의정치, 정도정치, 소신정치를 한다. 정경유착, 권력유착, 부정부패, 비리정치, 적폐정치, 보복정치, 국정농단은 꿈도 못 꾼다. ⑧ "정치인기" 의식: 한국 국회의원들은 정치중독에 재공천, 재당선에 기를 쓴다. 그래서 청문회 스타가 되고자, TV출연으로 얼굴팔기로 자화자찬 쌈질정치만 한다. 미국 의원들은 그 반대다. 지역에서 초대돼 국민들과 지역발전위해 토론하며 국민들과 함께 정치한다. 등등으로 미국 정치인들의 민주정치가 한국의 머슴들, 한국 정치인들의 정치와 극단 반대로 비교된다. 그래서 한국의 머슴들, 정치인들도 특권과 특혜를 모두 폐지해야 순수한 국가헌신, 국민봉사 국회의원이 출현될 수가 있다. 특권과 특혜들이 없어져야, 국회의원이 하기 싫어야 그때야 진정한 한국 정치가 실현된다.

2. 한국인과 미국인과 국민성 비교

한국인과 미국인 간의 삶과 생활에 대한 국민성 차이는 어떠한가? 정반대 현상이다. 예컨대 ① 첫째, "국민 건전성"을 보자. 한국인들은 민족성에 "거짓성, 위선성, 부정성, 불의성, 사기성"이 많고 이들에 익숙해 있다. 미국인들은 그 반대다. 정직성에 누구든 평등, 공정, 정의가 우선이다. 한국인들과 같이 거짓성, 위선성, 부정성, 불의성, 사기성이 없다고 보는 게 일반적 삶과 생활의 견해다. 보이스 피싱(voice fishing)이 두려워 미국인들은 한국인들처럼 "발신자 이름"이 뜨지 않는 전화를 받지 않는 것이 아니다. 한국인들만 그렇다. 불신사회이기 때문이다. ② 둘째, "국민 정치의식"을 보자. 한국인들은 민족성: "과묵성, 회피성, 방종성"에 정치 무관심, 침묵, 회피, 방관으로 불신정치를 수수방관한다. 미국인들은 정치에 참여적, 적극적이다. 부정한 정치에는 즉시 국민항의로 미국의 주류 언론방송이 개입하며 뉴스보도를 한다. 한국은 어떠한가? 오늘 19대 좌익문정권이 부정선거를 했다. 이에 미국계, 부정선거 전문 분석가들과 유튜버(youtuber)들은 부정선거 뉴스를 지난 일 년 내내 뉴스보도 했고, 이에 블랙청년들이 전국적 시위를 했지만, 불구하고 한국의 주류 언론방송사들은 단 한 번도 부정선거를, 시위를 보도한 적이 없다. 이유는 문정권의 언론탄압 좌익독재 정치 때문이었다. 대법원도 전국 126 지역구의 선거 무효 소송들도 불법으로 묵살하는 나라가 아닌가? 현재도 그렇다. ③ 셋째, "자유민주" 국민의식은 어떤가? 한국인들은 헌법자유만 주장하며 자유에 대한 책임이 없다. 그래서 늘 노사분규가 끊기지 않는다. 국가통치보다 개인자유가 앞선다. 사드배치에 성주지역민들이 얼마나 죽기 살기로 사드배치에 정부정책을 가로 막고 있는가? 반하여 미국인들은 개인의 자유보다 국가통치가 먼저라 항상 생각한다. 국가가 있어야 개인이 존재한다는 합리적 사고 때문이다. 그래서 미국은 개인자유는 국가통치에 구속된다. 오죽하면 미국에서는 평일에는 주택 혹은 아파트 내에서 큰소리, 큰 음악을 틀 수도 없다. 토요일만 허가한다. 오죽하면 낚시질에 낚시대가 1대로 제한 하겠는가? 쓰레기도 함부로 투척하면 과태료가 1,000불(120만 원)이다. 심지어 미국 캘리포니아 주, LA

시정부 건축법은 도로변 땅주인이 도로변에 건축을 하고자 할 때는 반드시 미래 도로 확장용 일정부분의 땅을 무상으로 LA시정부에 "기부"해야 한다. 칭하여 "Highway dedication ordinance(도로확장 무상 기부법)"이다. 그렇지 않으면 건축허가도 불허한다. 법원에 소송해봤자 재판도 100% 정부편이다. 정부가 있고 "개인"이 존재한다는 민주주의 원칙 때문이다. 언 듯 보면 독재공산주의 같지만 자유민주를 지키기 위해서는 그만큼 국민이 자유에 책임을 져야 한다는 점이다. 한국정부에서 만약 미국과 같은 "미래 도로확장 기증법"이 있다고 치자. 아마 난리에 폭동이 날 일이다. 그만큼 한국인과 미국인간에 "자유민주"에 대한 국민의식의 차이가 있다. 한국인들은 자유만 주장만 자유에 책임이 없다. 미국은 개인의 자유보다 국가가 우선이다. 자유에 대한 책임이다. 그래서 미국은 자유가 있다하나 실상 자유가 없는 나라다. ④ "입법정신"의 국민의식은 어떤가? 예컨대, 한국정치는 반자유적, 반헌법적, 반민주적, 불의적; 불법들을 국회에서 독재로 마구 제정한다. 예컨대, 세월호법, 5·18법, 부동산 3법, 검찰개혁, 언론개혁 등등이 그렇다. 문제는 법이 상식과 양심, 합리성을 벗어난 법들을 제정한다는 말이다. 예컨대, 국군이 전사하면 고작 갯값, 3천만 원을 보상하고, 세월호 여행참사 유족에게는 8–10억씩을 준다. 국가가 왜 개인여행에 보상하는가? 보상자체가 국민혈세 탕진에 불법이다. 국군이 전사하면 8–10억씩을 주어야 할 것을 거꾸로 일반인 세월호 유족에 준다. 정치가 부패됐으니 정치인들이 국민주권에 반대된 독재법들을 제정한다. 왜 5·18법을 헐뜯으면 3천만 원 벌금에 5년 징역을 보내는 무법천지 법을 만드나? 한국은 독재국가, 좌익국가다. 미국인들은 이런 법들을 만든다면 이는 곧 폭동이다. 발안한 국회의원은 그 즉시 끝장이다. 미국의회에서는 5·18과 같은 독재법, 망국법은 아예 생각조차 없다. 만든다면 미국의 경우는 그 반대다. 예컨대, 군인이 전사하면 8–10억, 세월호의 여행참사 유족에게는 보상조차 없다. 국가가 개인에 여행가라 했는가? 미국에서 예컨대, 5·18 혐오법과 유사한 "백인이 흑인에 노예적 언사, 네그로(Negro)"라고 하는가? 혹은 미국 남북전쟁을 헐뜯는 표현을 했다하여 5·18과 같은 혐오법을 만드나? 그러한 불평등, 불공정, 부정의한 독재법은 만들지 않는다. 그것이 바로 미국인들은 "표현의 자유"라 말한다. 혐오발언에 폭행이 없는데 왜 벌금과 감옥을 가야하나? 한국 정치인들은 왜 이렇듯 민족성: "독재성에 권력성, 권위성에 우월주의자들로" 부당한, 불의적, 불평등한 법들을 만들며 국회가 독재독주하는가? 그래서 정치가 후진국이다. 미국인들은 부당을 지극히 싫어한다. 한때 미국은 철도이탈 사건에 300명이나 사망한 적도 있었다. 그렇다고 한국 정치인들처럼 교통장관을 문책하며 파면시키는가? 절대 아니다. 300명이 죽었어도 교통장관과 상관없는 사고이기 때문에 절대 교통장관의 사퇴소리가 전혀 없다.

3. "평등, 공정, 정의의식"에 대한 한국인과 미국인간의 선후진 국민성 비교

"평등, 공평, 정의"에 관한 한국인과 미국인 간의 선후진 국민의식은 어떠한가? 한국인들의 평등, 공평, 정의의식은 계층에 따라, 예컨대, 권력층, 검찰층, 언론층, 인사층, 부유층(富裕層), 빈자층(貧者層) 등등에 따라 천차만차(天差萬差), 차별적 의식이다. 예컨대, 검찰과 재판을 보자. 통치권력에 눈치와 아부하며 표적수사, 과잉수사, 깃털기소, 몸통은폐, 유전무죄(有錢無罪), 무전유죄(無錢有罪)로 멋대로 수사와 기소, 판결이다. 오죽하면 부정선거, 탈원전 사건들에 민원들이 들어가도 검찰이 수사를 기피하지 않는가? 오죽하면 대법원이 선관위와 공조, 불법인 부정선거를 은폐하며 전국적 126지구의 선거무효 소송들을 불법으로 묵살 하겠는가? 오죽하면 좌익국회가 국가기밀 은폐용, 반인사 숙청용으로 초헌법적, 헌법위에 국각 특권처, "공수처"까지 설치하며 좌익정권을 보호하겠는가? 미국의 경우, 상상도 못한다. 지극히 서민우대적, 상식적, 평등적, 공평적, 정의적 수사와 기소, 재판이다. 오죽하면 대통령도 면전(面前)에서 비평하지 않는가? 그래도 한국과 같이 "괘씸죄"나 "모독죄, 명예 훼손죄"로 소송천국이 아니다. 19대 문정권은 대통령에 "욕해도" 좋다고 말했으나 2021. 4월, 문정권을 비평했다하여 대통령이 대리인을 시켜 "명예훼손죄"로 서민들을 고발하지 않았는가? 미국의 경우, 평등과 공평, 정의와 원칙을 말하는 자에게는 어느 누구도, 어느 권력자도, 어느 수사기관도 한국과 같은 괘씸죄나 명예 훼손죄로 소송치 않는다. 표현의 자유와 진정한 민주법치를 의미한다. 한국은 그 반대다. 공권이 대통령 권력에 눈치보고 아부하며 알아서 대비하고 소송한다. 이렇듯 미국의 자유민주, 법치는 한국인들의 수준보다 훨씬 높다는 사실이다. 민주시민정신, 정의사회, 국가정신이 투철하다는 의미다. 예컨대, 미국 37대 대통령, 닉슨(Richard Nixon: 1913-1994)을 보자. "도청장치" 하나 했다고 탄핵 전에 스스로 사임하지 않았는가? 평등, 공평, 정의, 양심에 의식화가 돼 있기 때문이다. 한국의 경우는 어떠한가? 권력에 주인무시(국민), 머슴들이 광내며 정치한다.

4. 기타 소제별(小題別) 한국인과 미국인의 국민성 비교

위에서 언급한 소제별(小題別), 소재별(素材別) 이외에도 한국인들과 미국인들의 생활소재별 선후진 국민성 비교는 어떠한가? 예컨대, 접대문화, 택배문화, 배려문화, 주거문화, 의료문화, 대중교통, 자연보호 등등의 소제별로 비교할 수 있는 분야가 수없이 많다. 예를 들어㉠ "접대문화" 의식은 어떠한가? 미국에는 밤에 술집, 룸사롱, 카바레 등이 한국에 비해 현격히 없다. 그래서 성추행, 성폭행, 음주운전이 한국과 비해 아주 적다. 문화, 밤문화가 거의 없다. 술도 퇴근길에 직접 술상점(liquor shop)에서 사서 집에서 마신다. ㉡ "택배문화" 의식은 어떤가? 미국엔 아예 택배문화가 없는 셈이다. 한국처럼 밤에도 음식까지 배달해 주는 문화가 아니라는 점이다. 한국의 택배문화는 태만성, 교만성, 소비성을 의미한다. 대개의 경우 미국인들은 검소성, 절약성에 택배회사가 있어도 한국과 같은 택배문화가 없다는 점이다. ㉢ "배려문화" 의식은 어떤가? 한국은 식당 종업원(특히 접대인)에 팁(tip)이 없다. 미국은 음식값의 10% 이상을 식당 접대원(웨이츠레스, waitress)들에 tip을 줘야 한다. 미국의 tip문화는 서빙(serving)에 감사한다는 뜻이다. 배려문화다. 한국은 어떠한가? 접대원을 천히 여기는 근성이 있다. 한국식당은 마치 시장판 같이 시끄럽다. 반하여 미국식당은 조용하다. 타인에 대한 배려문화다. ㉣ "주거문화" 의식은 어떤가? 한국인은 새집을 좋아하지만 미국에는 새집들이 드물다. 거의 대개 100여 년이 넘은 집들이다. 그래서 그들은 5-7년마다 집수리로 단장하며 산다. 반하여 한국인들은 새것을 좋아 하지만 관리가 없다. 그래서 20년이 되면 허물고 재개발을 한다. 검소치 못한 국민혈세 국고낭비다. 그러면서 주택거래 투기만 하여 가난한 사람만 더 가난하게 만든다. ㉮ "의료문화" 의식은 어떤가? 한국은 예약을 안 해도 병원가면 치료 받지만 미국은 반대다. 예약치 않으면 치료를 받지 못한다. 국가의무 의료보험제, 건보(건강보험공단)가 없어서 노약자, 극빈자를 제외하고는 개인이 치료비를 모두 지불해야 한다. 개인주의적 사회이기 때문이다. 의료비도 한국의 3배 이상 비싸다. 그래도 국민들은 불평이 없다. ㉯ "대중교통" 의식은 어떠한가? 한국은 지하철 대중교통망이 세계최고급 수준이다. 대중버스, 택시도 거리에 즐비하다. 반하여 미국은 뉴욕시나 LA시 이외에는 지하철 노선조차 없다. 있어도 이 1, 2개 노선뿐이다. 도심 내 버스교통도 30분마다 온다. 택시는 뉴욕시를 제외하고는 아예 시내 길에서 발견할 수도 없다. 회사에 전화해서 오면 타고 간다. 뉴욕번화가를 제외하고는 길거리 통행인이 많지 않기 때문이다. 미국에 지하철이 없는 이유는 왜 국가가 쓸데없는 지하철 공사에 국민혈세를 낭비하는냐? 하는 철저한 혈세정책에 알뜰정부 살림 때문이다. 이점들이 한국과 다르다. ㉰ "자연보호"에 관한 국민의식은 어떠한가? 미국은 낚시질도 민물, 바닷물 낚시허가증에 낚시대가 1인 1대씩이다. 위반하면 벌금이 500불(60만 원)이다. 산란기에는 아예 낚시가 금지다. 철저한 자연보호주의다. 한국은 어떤가? 1인 수 십대 낚시대에 규정없이 맘대로 잡는다. 산란기에도 제한 이외에는 물고기 새끼들까지 모두 잡아 먹는다. 쓰레기, 담배꽁초도 멋대로 버린다. 정부마저 쓰레기 통 비치도 없다. 알아서 버리라는 말과 같다. 그래서 서울 전철입구에는 담배꽁초 쓰레기장이다. 미국은 반대다. 정부가 해야 할 책임, 쓰레기통을 준비해 놓고 만약 멋대로 버리면 중한 과태료을 물린다. 무단투척이면 벌금이 120여만 원이다. 이렇듯 한국인들과 미국인들의 국민성, 사회성을 분석해보면 선후진 국민성이 분명히 드러난다. 위 소제(小題)나 소재(素材) 외에도 선후진국민을 비교할 수 있는 소재들은 예컨대, "재산투기성, 재산소유성, 자본주의성, 이기주의성, 우월주의성, 배타주의성, 외제선

호성, 사치허영주의성, 오락쾌락주의성, 회피주의성, 방종주의성," 등등에서 수
없이 많다. 그러나 한 가지 중요한 점은 소제나 소재별마다 미국인들의 국민의
식은 한국인들의 국민의식과 정반대에 건전국민성, 건전사회성을 엿볼 수 있
다. 한국인들처럼 "거짓성, 위선성, 부정성, 불의성, 사기성"이 적거나 없기 때
문에 미국인들은 황금만능주의, 한탕주의, 이기주의, 배타주의, 사치허영주의,
외제선호현상, 오락쾌락주의가 거의 없다는 점이다. 그래서 사회에 가짜식재,
짝퉁제품, 가짜광고, 먹튀사기, 가짜서류, 가짜대출, 가짜이력, 가짜논문, 가짜
들이 없다는 점이다. 그래서 사회신뢰성으로 보이스피싱을 의식치 않고 걸려
오는 전화마다 다 받는다는 점이 한국사회와 다르다.

 참고: 한국인들과 선진국, 일본인들과의 선후진성 국민의식을
비교해보자.

한국인과 일본인과의 선후진적 국민성 비교
 ① "재산상속" 의식: 한국의 젊은이들은 양육부터 교육, 결혼에 결혼살림,
부모재산 상속까지 부모에 의지한다. 반하여 일본의 젊은이들은 부모 것은 부
모 것, 내 것은 내 것으로 여긴다. ② "배은망덕" 의식: 한국인은 배은망덕의
경우가 많다. 일본인은 한번 은혜는 여하를 막론하고 평생은혜로 여긴다. ③
"손님대접" 의식: 한국인들은 귀한 손님을 주로 외식으로 대접한다. 일본인들
은 집에서 있는 그대로 공기밥에 단무지 몇 쪽, 김 몇 장으로 검소하게 대접한
다. ④ "사치허영" 의식: 한국여성들은 짝퉁도 명품 이름이면 좋아하며 사서
들고 다닌다. 일본 여성들은 스스로 만들어 갖고 다닌다. ⑤ "집 자랑성" 의식:
한국인들은 대궐 같은 집을 선호하고 자랑한다. 일본인들은 고관들도 20여 평
집에 살며 집에 관해 서로 묻지도 않는다. ⑥ "공금횡령" 의식: 한국인은 공금
을 눈먼 돈으로 안다. 일본인들은 공금을 횡령하면 패가망신(敗家亡身)으로 여
긴다. ⑦ "교통신호" 의식: 한국인들은 신호등에서 사람이 없으면 무시하고 통

과한다. 일본인들은 아무도 없어도 신호를 끝까지 기다린다. ⑧ "주량자랑"의식: 한국인은 주량과 명품 술을 자랑한다. 일본인들은 주량도 자랑도 없다. ⑨ "독서" 의식: 한국인들은 일 년에 책 한 권도 읽을까 말까다. 일본인들은 노숙자도 한 달에 7권을 읽는다. ⑩ "재산욕심" 의식: 한국인들은 한탕에 떼돈을 벌려한다. 일본인들은 근검절약이 부자라 생각한다. ⑪ "약자근성" 의식: 한국인들은 강자에 약하고, 약자에 강하다. 일본인들은 거의 "하이 하이"로 공평히 대우한다. ⑬ "약속"에 대한 의식: 한국인들은 약속시간에 소홀하다. 일본인들은 약속을 칼 같이 지킨다. ⑭ "상냥성"에 관한 의식: 한국인들은 얼굴에 웃음기가 없다. 반하여 일본인들은 누구든 "하이 하이"로 웃으며 상냥하다. ⑮ "계산성"에 관한 의식: 한국인들은 매사에 주먹구구식이다. 일본인들은 일기 쓰듯 꼼꼼히 적으며 계산한다. ⑯ "소송성"에 관한 의식: 한국인들은 툭하면 소송한다. 일본인들은 말로 해결한다. 등등으로 한국인과 일본인을 비교하면 일본인들이 선진인 국민성이 있다는 점을 발견한다. 그러나 어쩐지 석연치 않다. 일본이 과거 36년간 한국을 압제(壓制)한 상호간의 적대감정 때문이다. 선대(先代)들이 일본에 얼마나 많은 수난과 수탈을 당했는가? 한일 간의 앙금의식은 아직도 존재한다. 일본이 독일인과 같이 선진인이라면 왜 일본은 일제치하의 한국에, 위안부에, 강제 징용자들에 어찌 "사과" 없이 뻔뻔스러운가?

예의도덕이 무너진 한국

"어려서 겸손해라, 젊어서 온화해라,
장년에 공정해라, 늙어서 신중해라."

— 소크라테스(Socrates: BC469–BC399, 고대 그리스의 철학자)

[예의지국이 왜 타락국?]

예의도덕 어디갔나 아이들도 추행하고

칠거지악 어디갔나 아녀자도 폭행하네

신세대를 탓할소냐 신문화를 한탄하랴

예의도덕 사라졌네 타락국민 되었도다

돌아가신 조상님들 이꼴저꼴 보지않고

세상꼴을 뒤로하고 저승으로 잘갔수다

이꼴저꼴 본다하면 속이터져 어찌사오

사람꼴에 나라꼴로 세상꼴이 개판이오

[FOCUS]: 예의타락

어째서 동방예의지국(東方禮儀之國)이었던 한국이 예의타락국(禮義墮落國) 으로 변했는가? 왜 오는 한국인들은 왜 인성(人性)에 양심(養心), 도리(道理)에 상식까지 버리고 사는가? 왜 한국인들은 상냥치 못한가? 한국인들은 외국인들에게는 친절하나 왜 한국인들끼리는 냉정한가? 어째서 구세대는 신세대를 "버릇없다, 싸가지 없다"로 잔소리하며, 왜 신세대는 구세대를 컴맹에 "꼰대, 꼴통"이라 홀대하는가? 왜 신구세대의 갈등에 화합이 없는가?

한국은 동방예의지국(東方禮義之國)이었다. 그러나 왜 오늘날 동방예의지국이 예의타락국으로 전락됐는가? 동방예의지국이 무슨 말인가? 예로부터 동양국가들 중에서도 예의도덕에 으뜸인 나라가 한국이었다. 그러나 오늘날 한국인들의 예의도덕은 실종(失踪)되었다. 어째서 동방예의지국(東方禮義之國)이 예의타락국(禮義墮落國)으로 변한 것인가? 한국사회 현실을 보자. 구세대는 신세대를 향하여 "버릇없다, 싸가지가 없다"고 신세대를 나무란다.

신세대는 구세대를 향하여 컴맹에 신문화도 모르는 "꼴통에 꼰대"라며 구세대를 홀대한다. 신세대 자체들도 대이어 부자인 신세대와 대이어 가난한 신세대로 이분화(二分化)되어, 빈부갈등에 사회적 범죄들이 나날이 증가추세다. 이제 신세대들은 구세대, 부모들의 잔소리가 싫고 귀찮다 하여 가출한다. 그래서 혼족에 혼밥시세, 핵가족으로 산다. 심하면 혼족에 부담 없는 비혼(非婚)에 동거생활로 아예 결혼할 생각도 않는다. 이제 동성연애에, 동성결혼으로 산다는 항간의 말도 심심찮게 들린다. 인륜(人倫)과 천리(天理)를 배반하며 속세주의, 말세주의가 아닌가? 또 부부생활을 보자. 아내와 남편 모두가 가장(家長)이 되어 툭하면 고집에 불화, 쌈질에 이혼으로 치닫는다. 오죽하면 황혼이혼까지 등장하겠는가? 가정을 파탄을 밥 먹듯 하는 세상이 아닌가? 어째서 낳아주고, 길러주고, 교육시켜 결혼에 살림까지 차려 준 부모를 학대하며, 심지어 살인하며 부모재산까지 넘보는 패륜(悖倫)을 초래한단 말인가? 어째서 수틀리면 부모 자식 간, 부부간 재산과 보험에 눈 멀어 살인까지 하는 말종 인간세상이 된 것인가? 전철안, 주위를 보자. 쳐다 봤다고 불량 젊은이가 늙은이를 발로 차며 학대한다. 젊은이들은 휴대폰에 중독된 저두족(低頭族)이 되어 소란피는 불량 청년을 말릴 생각은커녕 아예 쳐다 보지도 않는 세상이 됐다. 아예 양심과 상식이 실종된 사회가 됐다. 휴대폰 중독에 저두족이 되어 아예 앞에 서 있는 노인들에게 자리를 양보할 생각조차 않는다. 오죽이나 세상이 험악해 졌으면 10대 아이들이 핏덩이 아이를 낳아 쓰레기통에 버렸다는 뉴스보도까지 나오지 않는가? 오죽하면 학동들이 뒷골목에서 아이들끼리 집단

폭행을 하고, 성추행, 성폭행을 촬영하여 또래끼리 돌려보는 세상이 되었겠는가? 이제 성매매는 주로 십대들의 주특기가 됐다. 세상이 얼마나 살벌해졌으면 젊은 부부가 갓난애를 양육이 귀찮고 싫다하여 아이를 방바닥에 팽개쳐 죽였다는 뉴스보도까지 나오지 않는가? 어째서 층간소음에 이웃과 이웃이 칼부림하며 이웃을 죽여야 되는 말세가 되었는가? 어째서 젊은이가 늙은 경비원을 때려 죽이는 세상이 되었는가? 어찌 이런 말세현상이 지구상 또 어느 나라, 어느 곳에 있단 말인가?

도대체 한국사회가 예의타락국(禮儀墮落國)으로 전락된 이유가 무엇인가? 어째서 한국사회가 오늘날 이토록 사악(邪惡)한 사회로 변한 것인가? 그 이유들을 몇 가지 생각해 보자. 그 이유들은 예컨대, ① 국가불안정성 때문이다. 불신정치성, 좌익정치성, 불신국민성, 불신사회성으로 예의도덕성이 파괴됐기 때문이다. 예의도덕이 파괴돼 있는데 어찌 인간이 인간답게 살 수 있는 사회가 되겠는가? 오늘날 국민 머슴들, 위정자(爲政者)들이 정치에 양심(良心)과 상식(常識)이 있는가? 그러니 불신정치가 당연하지 않은가? 그래서 불신정치에 국민들이 거짓성, 위선성, 부정성, 불의성, 사기성이 만연한 국민성으로 변하여 사회가 황금만능주의, 한탕주의, 이기주의, 배타주의, 사치허영주의, 오락쾌락주의, 회피주의, 방종주의, 방관주의로 변해 있지 않은가? 그래서 사회가 불신국민성에 가짜사회; 가짜식품, 짝퉁제품, 가짜광고, 먹튀사기, 가짜서류, 가짜대출, 가짜이력, 가짜논문, 가짜신분들이 난무하고 있지 않은가? 그러니 어찌 예의도덕에 양심과 상식과 교양을 지키겠는가? ② 잘 먹고 잘 산다는 경제대국에 "자만심" 때문이다. ③ 배웠다는 지식에 "교만심" 때문이다. 지식은 교만이고 무식은 겸손이라 말하지 않는가? ⑤ 국가발전과 번영을 이룬 문명국이란 "자존심" 때문이다. ⑥ 정부의 범국민적 교육; "인성화, 도덕화, 교양화, 자유민주화, 민주법치화, 선거정치화, 정의사회화, 국가민주화 교육"이 건국이래 과거 72년 동안, 단 한번도 교육이 없었기 때문이다. ⑦ 국가적 차원의 정의사회 구현을 위한 교육과 계몽, 홍보활동이 없었기 때문이다. ⑧ 가정과 학교교육의 훈육이 부재(不在)했기 때문이다. ⑦ 학교에서 예의도덕 과목이 실종됐기 때문이다. ⑧ 가정과 학교, 사회에서 서로 대화(對話)가 단절돼 살아 왔기 때문이다. 가정에서, 학교에서, 사회에서 학생들에, 젊은이들에 대한 관심이 실종됐는데, 예의도덕 과목과 교육에서 사라졌는데, 어찌 학생들, 젊은이들이 예의도덕을 지키기를 바라겠는가? ⑨ 정부의 잘못된 교육목표와 정책 문제다. 교육목표가 수능위주, 시험공부에 지식공부가 문제가 아닌가? 어찌 인간근본인 예의도덕, 양심과 도리, 경우와 상식이 실종됐는데 어찌 건강한 가정, 사회, 국가를 바라겠는가? 가정교육, 학교교육, 사회교육, 국가교육이 삶과 생활, 인생 실용주의 교육이 아닌 오직 시험위주, 수능위주 지식교육 뿐인데 어찌 예의도덕 국민성을 바랄 수가 있겠는가? ⑩ 시대사조가 신시대, 신문화, 신문명의 영향 때문이다. 신시대, 신문화, 신문명에 방송사마다 젊은이들에게 "먹방, 노래방, 오락방, 놀이방, 여행방"으로 유흥문화 방송만 해대는데 어찌 젊은이들이 비비꼬며 노래하는 힙합에 댄스문화가 대세가 아니 되겠는가? ⑪ 사회가 자본주의적 황금만능주의에 사로잡혀 인간들이 온통 한탕주의, 이기주의, 우월주의, 배타주의, 회피주의, 방종주의 정신으로 살아가는데 어찌 구습적 예의범절, 고유문화, 미풍양속들이 유지될 수가 있겠는가? 이제 신세대들마저 스스로 "대를 이어 있는 자와 없는 자로 양분화되어 있는 젊은이들은 노동기피, 자립기피로 유흥문화에 빠져 있는데 어찌 대이어 가난한 자들이 이들 부유층에, 불공평한 사회에 불평, 불만이 없겠는가? 어찌 가난한 젊은이들이 취직을 할 수가 없어 겨우 라면으로 한 끼를 때우고 오늘도 직장 찾아 길거리를 헤매는데 어찌 이들이 세상으로부터 소외감, 박탈감이 없겠는가? 그래서 어찌 이들이 국가를 향해, 사회를 향해, 부모를 향해 원망하며 불평, 불만이 없겠는가? 어찌 이들이 감히 주택마련에 결혼, 결혼에 출산, 출산에 양육을 꿈을 꿀 수가 있겠는가? 그래서 오늘날 한국사회는 신구세대 간의 갈등, 신세대 간의 갈등, 빈부격차에 대한 갈등으로 국민마저 좌익, 우익으로 갈리어 국가위기를 맞고 있지 않은가?

일찍이 영국의 벤담(Jeremy Bentham: 1748-1832)은 "최대 다수의 최대 행복은 도덕과 입법의 초석이다"라고 말했다. 오늘날 한국 정부, 교육당국은 예의도덕 회복을 위한 교육목표나 교육방침이 있는 것인가? 어째서 위정자들은 소멸돼가는 예의도덕성 회복 위해 사회 규범적 모범적 행위나 계몽, 교육에는 관심도 없고 오직 정쟁과 당쟁, 권모술수에 작당정치, 당리당략에 트집정치, 쌈질정치만 계속하는 것인가? 어째서 오늘날 19대 주사파 문정권은 설상가상(雪上加霜)으로 민주헌정을 "반역한" 좌익정부, 좌익정치로 이제 국민마저 좌익진보 세력과 우익보수 세력을 분열되게 만들어 국가최대 위기를 자초했는가? 도대체 예의도덕 교육이 무엇인가? 인간들이 삶의 공동체, 공동생활에서 인간들이 인간답게 살아가야 할 사회적 규범이 아닌가? 어찌 오늘 삶과 생활, 가정과 사회를 위한 예의도덕 교육이 실종되어 왜 오늘 혼탁한 가정, 사회, 혼란한 국가를 만들었는가? 인도의 시성(詩聖), 타고르(Rabindranath Tagore; 1861-1941)는 한국인들의 예의범절이 뛰어나고 순수한 사람들이라 하여 "일찍이 아시아의 황금시기에 빛나던 등불, 코리아, 그 등불이 다시 한 번 켜지는 날에 너는 동방의 밝은 빛이 되리라----"고 한국인들을 극찬했었다. 그러나 이제 한국이 동방의 등불이 되기에는 너무나 많은 예의범절, 예의도덕성을 잃어버리고 말았다. 아, 어찌 이게 통재(痛哉)에 애재(哀哉)가 아니겠는가?

독재성과 분열성, 방관성

"뭉치지 않으면 죽는다(join or die)"

— 프랭클린(Benjamin Franklin: 1706-1790, 미국건국의 아버지)

"뭉치면 살고 헤어지면 죽는다"

— 이승만(1875-1965, 대한민국 건국의 아버지)

[FOCUS] 한민족의 독재성, 분열성, 방종성

한민족(韓民族)의 민족성은 무엇인가? 두뇌우수성, 독재성, 분열분쟁성, 침묵성, 회피성, 방관성, 오기성(傲氣性), 저력성(底力性)이다. 이 민족세습성에 오늘 한국인들도 그렇다. 독재와 분열로 망국하고, 오기(傲氣)로 재기(再起)하는 저력성이 있다. 한민족의 5천 년 역사가 그랬다. 망하고 또 오기에 재기하며 흥하는 민족이다. 오늘도 한국이, 한국인들이 그렇다. 비록 오늘 19대 주사파 문정권이 민주헌정을 "반역"하여 민주정부를 좌익정부로 "민주냐, 공산이냐" 하는 국가위기를 자초했지만 그러나 한국은 민족정기에 정권교체로 민주정부, 민주주의를 회복하여 다시 자유민주 국가정체성을 되찾을 것을 확신한다. 그러나 19대 문정권의 좌익정치에 허비한 셈이다.

[반자유민주] 독재통치, 좌익통치 문제:

O. 19대 문정권이 민주헌정 "반역"에 자유민주 사망됐다. 자유민주 지켜야

1. 건국 이래 왜 과거 정권마다 민족성; "독재성"에 민주헌정을 "배반한" 제왕적 독재권력통치로, 왜 "분열분쟁성"에 사색당파, 당파정치, 작당정치, 술수 정치, 트집정치, 쌈질정치로 후진국 불신정치로 정치를 후퇴시켰나?

2. 왜 오늘 19대 문정권은 민주헌정을 "반역한" 좌익통치로 청와대, 행정부, 입법부, 사법부, 선관위, 방통위를 좌익화 장악하여 민주정부를 좌익정부, 좌익정치로 스스로의 조국, 민주주의 국가정체성을 파멸시켰나?

3. 왜 주인(국민)은 민족성; "과묵성, 회피성, 방종성"으로 과거 독재정치를, 오늘 문정권의 좌익정치를 [방관]하여 오늘 국가존망의 위기를 초래했나?

[대책]

O. 교육에 국민이 정치수준이 높아져야 국가독재화, 좌익화 막는다.

1. [국민수준 제고] "인성화, 도덕화, 교양화, 선거정치화, 자유민주화, 법치민주화, 정의사회화, 국가민주화" 범국민교육, 계몽, 홍보를 의무화, 정례

화시켜 선진경제에 맞는 선진국민성 수준향상에 최선을 다하라.
2. [정의사회 구현] 불신정치성, 불신국민성, 불신사회성을 탈피, 국민성, 사회성 건전화로 삶의 질을 높이고, 선진국에 선진국민으로 거듭나라.

한국의 머슴들, 국가 통치자들은 왜 정치 민족세습성; "독재성"을 버리지 못하여 대한민국 건국이래 과거 72년간 각 정권마다 제왕적 독재권력통치로 민주헌정을 "배반"하는 배반정치를 했는가? 왜 머슴들, 국회 정치인들은 정치 민족세습성; "분열분쟁성"을 버리지 못하여 과거 72년간 사색당파, 정쟁당쟁에 파벌정치, 작당정치, 권모술수정치, 트집정치, 쌈질정치만 해오며 왜 스스로의 조국, 대한민국의 민주주의를 왜 고질적 불신정치, 후진국 3류정치 국가를 만들었는가? 왜 또 오늘 19대 주사파 문정권은 설상가상(雪上加霜)으로 민주헌정을 "반역"하여 좌익정부, 좌익정치로 스스로의 조국, 대한민국의 민주주의를 말살하는가? 이에 오늘 조국, 대한민국은 좌익통치에 이제 "민주냐? 공산이냐?" 하는 국가존망의 중대기로에 처해 있다. 어째서 한민족은 5천여 년 세월 동안 정치 민족세습, 국가 통치자와 정치인들의 "독재성(獨裁性), 분열분쟁성(分裂分爭性)에 국가위기를 낳고, 왜 국가위기에 민족세습성인 국민성: 침묵성, 회피성, 방종성, 방관성"에 정치에 침묵하고 정치를 회피하고 방관하여 결국 흥망성쇠(興亡盛衰)적 역사의 비운(悲運)을 자초하는가? 그러나 한민족은 민족세습성: 민족오기성(傲氣性), 민족재기성(再起性)이 있어 망한 후 또다시 흥하는 민족저력성이 있지 않은가? 독재성과 분열분쟁성에 망하고, 오기성과 재기성에 다시 흥하는 한민족의 흥망성쇠(興亡盛衰)의 민족정기, 민족저력이다. 어째서 한반도의 한민족의 정치는 흥(興)하고 망하고, 또 망한 후 오기(傲氣)로 재기(再起)하는 민족저력에 왜 한민족은 꾸준히 서글픈 역사를 반복하는가?

역사에 나타난 한민족의 민족세습 정치성에 "독재성, 분열분쟁성"은 고대로부터 오늘에 이르기까지 한결 반복되었다. 고조선, 고려조, 삼국시대, 조선조, 오늘날이 모두 다 그랬다. 독재정치와 사색당파 분열분쟁정치로 국방이 흔들리며 늘 외세(外勢)와 정변에 시달리며 국가존망(國家存亡)의 위기(危機)들을 수 없이 겪었다. 조선왕조 500년 역사를 보자. 제왕의 권력독재에 신하들이 지역할거(地域割據); 예컨대, 동인, 서인, 북인, 남인 등의 사색당파(四色黨派)로 갈리며 조선왕조가 얼마나 혼란한 정치를 했는가? 툭하면 정변에 신하들의 귀양살이가 얼마나 많았는가? 임진왜란에서 나라를 구한 이순신 장군도 얼마나 수모를 당했는가? 툭하면 왕조의 제왕독재통치에 신하들이 지역할거; 동인, 서인, 남인, 북인 등의 사색당파 분열분쟁 정치로 국가국방이 약해지며 얼마나 많은 외세의 침략에 수난을 당했는가? 1,500년대 임진왜란, 1,600년대 병자호란, 1,800년대, 청일전쟁, 1,900년대 한일합방, 그후 현대사에 1945년 8·15해방 후 또다시 5년 만에 1950년 6·25 민족분열 전쟁에 민족상쟁(民族相爭)으로 오늘까지 남북분단으로 살고 있는 한민족이 아닌가? 한국의 근대와 현대사가 무엇을 뜻하는가? 국가통치자들의 민족세습 통치성; "독재성"에 제왕적 독재정치로 나라가 쇠약(衰弱)했고, 국가 정치인들의 민족세습 정치성: "분열분쟁성"에 정치가 사색당파, 파벌정치, 작장정치, 권모술수정치, 트집정치, 쌈질정치가 되어 나라가 더욱 쇠약(衰弱)했다. 이에 설상가상(雪上加霜)으로 힘없는 백성들은 민족세습 국민성: "침묵성, 회피성, 방종성"에 나라를 수수방관하여 국가존망을 더욱 부채질한 것이 한민족이 아닌가? 제왕적 독재정치와 정치인들의 사색당파 정쟁과 당쟁으로 나라가 쇠약해졌는데 어찌 주변 강국들이 한반도의 한민족을 침략치 않겠는가? 자업자득(自業自得)의 국가 흥망성쇠의 역사가 아닌가? 이렇듯 5천 년 역사의 한반도 한민족의 국가들은 예나 제나 흥망성쇠(興亡盛衰)를 자초하며 반복의 역사를 되풀이해 왔다. 어찌 이게 통곡통절(痛哭痛切)할 일이 아닌가? 오죽하면 상해 임시정부 시절에 임시정부 내(內)에서도 북한파 김원봉, 미국파 이승만, 한국파 김구파 등으로 분열분쟁이 심하여 임시정부 내각총리, 안창호 선생은 "이렇게 분쟁 할려면 차라리 독립치 않는게 낫다"고까지 말을 했다 하지 않는가? 한국 근대사, 6·25전쟁은 왜 발발했는가? 한민족의 독재성에 분열성에 남북 몇몇 지도자들의 권력과 집권욕심에 북한이 남침하며 6·25전쟁이 발발됐고, 이에 오늘 한반도가 남북분단의 동족슬픔에 이산가족의 아픔으로 살고 있지 않은가?!

1948년 대한민국 건국 후 역대 국가 통치자들과 역대 국회 정치인들의 정치역사는 어떠한가? 5천여 년의 반복의 정치역사, 전철(前轍)을 똑같이 그대로 밟고 있다. 역대 통치자들의 제왕적 독재권력 정치와 역대 정치인들의 사색당파 정쟁·당쟁정치, 파벌에 권모술수 작당정치, 당리당략에 트집정치, 쌈질정치는 지난 72년간 계속돼 왔다. 그 결과가 어떠했는가? 11명의 통치자, 대통령들 중 7명이 정권말로의 비운을 겪었다. 그렇다면 오늘 19대 주사파 문재인 정권은 어떠한가? 설상가상(雪上加霜)이다. 아예 민주헌정을 "반역하여" 좌익정부, 좌익정치로 자유민주, 대한민국의 민주주의를 말살하고 있지 않은가? 대한민국의 미래가 "민주국가이냐? 아니면 공산국가이냐?" 하는 중대한 국가위기를 맞았다.

역대 정권들의 통치행위와 정치행위는 어떠했는가? 하나같이 모두 대한민국의 자유민주, 민주주의, 민주헌정을 "배반"하여 독재정치로 고질적 불신정치에 후진국 3류정치로 국가를 추락시켰다. 독재정치, 분열정치, 불신정치만 결과를 낳았다. 불신정치의 이유가 무엇인가? 한 마디로 이유는 민족세습 정치성: 통치자들의 "독재성"과 정치인들의 "분열분쟁성" 그리고 민족세습 국민성: "정치 침묵성, 회피성, 방종성"에 국민마저 불신정치를 수수방관 해 왔기 때문이다. 그 결과가 어떠했는가? 첫째, 정치가 후진국 3류 정치로 추락하여 고질적 불신정치를 낳고, 둘째, 그 불신정치가 결국 불신국민, 불신사회를 낳아 오늘 불신국가를 만들었다. 셋째, 그 결과, 역대 정권들의 정권 말로가 비참했다. 11명의 통치자들 중 1명은 하야, 1명은 암살, 1명은 자살, 4명이 감옥가는 비운을 겪었다. 준하여 오늘 19대 주사파 문정권에 임하여 한국정치는 어떠한가? 설상가상(雪上加霜)이다. 역대 통치자들은 민주헌정에 "배반정치"를 했지만, 문정권은 배반정치가 아닌 아예 민주헌정을 "반역한" 좌익정부, 좌익정치로 민주주의를 파멸시켰다. 불신정치를 떠나 이제 국가최대 국가존망의 위기, "민주냐, 공산이냐" 하는 국가위기를 초래했다.

도대체 역대 통치자들의 민주배반적 제왕적 독재권력통치와 오늘 19대 문정권의 좌익독재통치가 대한민국 헌정사에 무엇을 남겼고 그래서 오늘 한국사회가 어떤 결과들이 초래되었는가 살펴보자. 한 마디로 국가존망의 위기를 남겼다. 예컨대, ①. 민족세습 통치성, "독재성"에 민주헌정에 배반된 통치자들의 독재정치를 남겼고, 민족세습 정치성, "사색당파 정쟁당쟁, 파벌에 작당정치, 당리당략에 트집정치, 쌈질정치 결과만 남겼다. ② 오늘 19대 주사파 문정권이 민주헌정을 "반역한" 좌익정부, 좌익정치로 이제 대한민국이 "민주국가냐? 아니면 좌익 공산국가냐?" 하는 국가존망의 최대위기를 남겼다. ③ 정치성 이외에 국민성이 독재정치와 좌익정치에 수수방관하는 불신국민성을 남겼다. ④ 19대 주사파 문정권에 들어서 주사파 좌익들의 정계장악으로 국민마저 양분화, 좌익화, 우익화되는 국가 최악의 경지에 이르렀다. 6·25전쟁의 좌익후예들이, 지리산 빨치산 후예들이, 김일성 주제사상(주사파)에 물든 5·18사태의 386세대(오늘 586세대), 좌익세력들이 민주정치를 반역한 좌익정부, 좌익정치로 사회혼탁과 혼란이 최악의 경지에 임한 국가존망의 국가위기를 맞았다. ⑤ 민주정치를 배반한 독재정치와 민주정치를 반역한 좌익정치가 끝없는 부정부패 비리정치, 적폐정치, 보복정치, 국정농단을 야기하며 국민마저 국민성이 거짓과 위선(僞善), 부정과 불의, 사기(詐欺)가 만연한 불신국민성을 만들었다. ⑥ 이 불신국민성이 사회를 황금만능주의, 한탕주의, 이기주의, 배타주의, 회피주의, 방종주의, 방관주의, 사치허영주의, 오락쾌락주의를 만들며 불신사회성를 만들었다. ⑦ 불신사회성이 사회를 가짜제품, 가짜광고, 가짜서류, 가짜대출, 가짜논문, 가짜이력, 가짜인간들이 난무하는 불신사회를 초래케 했다. ⑦ 독재정치와 좌익정치가 사회분열과 국민분열을 낳으며 사회계층 간, 세대 간의, 빈부 간의 갈등이 고조되어 오늘 한국사회는 최정점의 사회혼탁과 사회혼란으로 국가존재의 여부가 오리무중(五里霧中), 국가위기를 맞았다.

문제는 민족세습성, 국민성이다. 민족세습에 국민성이 "과묵성(寡黙性), 회피성(回避性), 방종성(傍從性), 방관성"으로 국민들이 과거 민주배반에 독재정치를 수수방관 했듯이, 만약 오늘 문정권의 좌익정부, 좌익정치에도 국민들이 수수방관한다면 대한민국의 미래 국가운명은 중대국면을 자초할 것이 분명하다. 문정권의 좌익정부에 대항하여 자유민주 대한민국의 민주주의를 회복시킬 것이냐, 아니냐에 따라 대한민국의 미래 국운이 결정된다는 말이다. 그러나 오늘 한국사회는 극단적인 혼란상태에 빠져있다. 청년 실업자는 200만 명을 넘었고, 출산율은 가정당 0.8%이고, 코로나19 전염병에 도심은 마비되어 영세상업들이 폐쇄돼 가며 경제는 혼란에 빠져 있다. 소식통에 의하면 한국적 경제대국의 위상이 이미 20위권 밖으로 추락됐다는 말도 들린다. 문정권의 "소주성" 소득분배 좌익경제에 임금인상, 세금폭등으로 알바생, 영세상인들, 중산층이 망했고, 실업지원, 출산지원, 생계지원, 복지지원에 코로나19 재난구조로 이제 국가총부채가 5,000조가 되어 국민 1인당 1억 원씩 빚을 졌다. 사회현상은 신구세대 간, 신세대 간, 빈부차이 간의 갈등으로 사회혼란에 한국사회가 풍전등화(風前燈火)의 최대위기다.

촛불시위와 민주 정당성

"비폭력은 인류의 규범이고 폭력은 동물계의 법칙이다"

― 간디(Mahatma Gandhi; 1869-1948, 인도의 유명한 정치가)

[촛불시위와 좌익정치]

좌파들이 촛불들어 민주정부 탄핵하고

좌익정부 선관위가 부정선거 조작하니

좌익법관 대법원이 부정선거 묵살하네

민주헌정 박살나며 민주주의 사망일세

좌익국회 공수처를 날치기로 통과하고

공수처를 합헌이라 살수처를 옹호하고

검찰개혁 핑계삼아 경찰국가 건설하니

민주국가 사망하며 좌익국가 등천하네

[FOCUS] 촛불시위와 민주정당성

촛불시위 선동과 주체(主體)가 누구인가? 북한의 김일성 "주체사상(주사파)"에 물든 좌익세력들이다. 좌익, 문성근이 세월호 사건을 빌미로 100만 광화문 횃불집회 선동에 십여만 좌익단체들의 광화문 촛불시위다. 소수의 촛불시위가 5천만 국민의 뜻을 대표하나? 민주정권 탄핵이 세월호사건에 정당한 것인가? 언론방송의 뉴스오도에 국민유혹은 아니었나? 국민은 진정 주사파가 북한공산 독재의 주체사상을 추대하는 좌익들임을 몰랐는가? 언론방송도 광화문 촛불시위가 이들 좌익세력의 선동임을 몰랐는가? 몰랐다면 왜 오늘

19대 주사파 문정권의 좌익정부, 좌익정치에 벙어리가 된 것인가? 언론방송도 좌익들인가? 어째서 유튜버들이 문정권의 부정선거, 대법원의 선거무효소송들을 지난 1년간 끊임없이 규탄해 왔는데 어째서 주류 언론방송들은 문정권의 탄압에 벙어리가 돼 있는가? 국민주권, 국민의 언론방송권력이 탄핵받는데 왜 국민은 벙어리인가?

촛불시위와 탄핵의혹

① 촛불시위자 십여만 명이 5천만 국민을 대신하나?

② 세월호사건과 박근혜 정권탄핵이 무슨 상관인가? 여행가라 했나?

③ 왜 언론방송은 좌익편 촛불시위 선동방송에 민주정부, 탄핵케 했나?

④ 왜 주사파 좌익들은 민주반역에 좌익정부, 좌익정치로 조국을 망치나?

⑤ 국가와 결혼, 애국충성한 박근혜가 오히려 청렴한 대통령이 아니었나?

⑥ 박근혜의 죄가 과거(전· 노대통령들)보다 죄질이 더 나쁘단 말인가?

⑦ 경제대국 원조, 박정희를 봐서 따님인 박근혜를 관용할 수는 없었나?

⑧ 왜 죄를 덮어씌워 좌익들이 박근혜를 4년 이상 감옥살이를 시키나?

⑨ 경제대국에 1인당소득, 3만2천 불이 재벌들의 덕분이 아니었나?

⑩ 왜 역대 정권들은 재벌들을 이용하고 재벌들을 토사구팽, 죽이는가?

⑪ 왜 국군전사에 갯값 3천만 원, 세월로 참사에는 8-9억씩을 주는가?

⑫ 어째서 우둔한 국민은 좌익세력에 매몰돼 수수방관을 하나?

박근혜 전 민주정권을 인민재판식 전복시킨 광화문 촛불시위는 정당한 것인가? 그래서 촛불시위에 탄생한 19대 주사파 문정권의 좌익정부, 좌익정치가 자유민주, 대한민국의 민주주의를 말살하는 것이 타당한 것인가? 도대체 촛불시위의 주체자들이 누구였는가? 북한 독재공산의 "주체사상(주사파)"에 물든, 이를 추종하는 주사파 386 세대들(오늘의 5060대)이 아닌가? 군사정권에 반항한 주사파 세력들이 5·18 광주사태(1980)와 6·10 민주항쟁(1987)을 거치며 민주정권의 반공사상과 국보법을 폐지하자며 외쳐대던 좌익세력들이 아니었는가? 이들이 5·18 당시 주사파 좌익들의 전대협(전국대학생 연맹)조직이 확대된 좌익단체들; "민노총, 전교조, 민청련, 민변 등의 좌익진보세력 단체들과 세월호 사건을 빌미로 극단적 좌익들, 예컨대, 문성근의 100만 햇불집회 선동에 집결된 10만 좌익들의 광화문 촛불시위가 아니었는가? 이들이 광화문 촛불시위로 18대 박근혜 전 민주정권을 마치 인민재판을 하듯 탄핵시키고 정권가담자 모두를 투옥시킨 좌익들의 난동이 아니었는가? 이에 오늘 19대 주사파 문정권이 탄생했고 좌익세력들이 문정권과 함께 민주정부 요소요직에 좌익들을 배치하여 오늘날 청와대, 행정부, 입법부, 사법부, 대법원, 선관위, 방통위를 좌익화 국정을 장악하고 오늘 민주헌정을 "반역하여" 좌익정부, 좌익정치를 하는 과거 386(오늘 586)세대, 좌익진보 세력들이 아니었는가? 오늘 이들이 민주정부를 좌익정부로, 민주정치를 좌익정치로 자유민주 대한민국의 민주주의를 파멸시킨 좌익들이다.

이들 좌익세력들의 정체가 무엇인가? 북한의 주체사상(주사파)에 물든 좌익진보 세력들이다. 이들은 5·18사태 당시, 가난한 대학생들로 남한의 자본주의적 빈부격차에 불만을 품어왔던, 그래서 북한의 주체사상에 물들어 유사시 북한정부와 동조하여 자유민주, 대한민국 정부를 전복하려는 음모와 계획을 가졌던 불순분자, 좌익세력이었다. 그 대표적인 인물이 바로 "임수경과 이석기"였다. 남한의 전대협(전국 대학생 좌익단체)은 임수경을 북한 청년대회에 참석시켜 임수경이 북한에서 주체사상의 원조, 김일성 수령과 북한체제를 극찬에 찬양을 하고 돌아와 좌익들의 기세에 후에 국회의원까지 시켰다. 이석기는 "통진당" 대표로 극단적 좌익분자로 유사시 북과 동조, 남한의 방송사들은 물론 수도, 전기, 주요시설을 폭파할 국가전복의 음모와 계획으로 당시 박근혜 민주정권의 법무장관, 황교안에 의해 통진당 해체와 함께 이석기는 투옥됐다. 이석기는 아직도 옥살이 중이다. 언론방송사들이 이들의 광화문 촛불시위에 이들이 좌익세력들이라는 사실을 어찌 몰랐다 하겠는가? 불구하고 언론방송사들은 세월호 사건에 좌익세력의 광화문 촛불시위를 대대적으로 동조, 선동방송으로 국민을 자극하여 결국 촛불시위가 박근혜 전 민주정당을 파멸시키고 박근혜를 투옥시켜 아직도 4년이 넘도록 전 대통령이 옥살이 중에 있다. 그리고 탄핵시킨 좌익진보 세력들이 오늘 19대 문정권과 함께 민주정부 요소요직(要所要職)에 이들 좌익들을 배치하여 오늘 민주정부를 좌익정부화 좌익정치로 대한민국의 민주주의를 파멸시켰다. 민주정부에 좌익들의 배치한 민주국정 파괴조직을 보자. 좌익청와대에 비서실장 임X석, 민정수석 조X 등등, 행정부에 추X애, 이X영 각료 등등, 사법부의 대법원장에 김X수와 2/3에 해당하는 좌익 대법관들, 국회에 당대표 이X찬, 송X길, 정X래, 김X민, 안X석 등등의 좌익분자 수십에 수백명, 선관위장에 좌익 조X주, 방통위장에 좌익 한X혁 등등을 배치하여 문정권은 민주헌정을 "반역한" 좌익화 좌익정부로, 민주정치를 좌익정치로 대한민국의 민주주의를 파멸시켰다. 어찌 이게 문정권의 좌익정부가 아니라 말할 수가 있겠는가? 또한 이들 좌익들이 한국정수행을 보자. 청와대가 좌익통치의 최선봉이 되어, 문정권이 국민무시, 헌법무시, 의회무시로 종북정치로 북경초소 폭파 등에 국방과 안보파괴를 했고, 좌익 선관위가 부정선거로 180석 집권다수당 좌익국회를 만들어 "공수처법, 5·18법, 부동산3법" 등등의 좌익법안들을 독재독주했고, 좌익화된 선관위가 부정선거를 하고, 좌익대법원이 선관위와 공조, 불법으로 선거무효 소송들을 묵살하지 않았는가? 그뿐인가? 좌익 방통위가 언론방송을 탄압하여 유튜버들은 부정선거 뉴스들을 일년 내내 방송하는데 주류 언론방송사들은 탄압에 벙어리가 되어 부정선거 뉴스와 부정선거 시위들을 묵살하며 편파방송만 하고 있지 않은가? 이찌 이게 좌익통치에 좌익정치가 아니란 말인가? 어찌 이게 자유민주, 대한민국의 민주주의란 말인가?

촛불시위가 국가에 미친 영향이 무엇인가? 한 마디로 좌익들의 좌익정부, 좌익정치로 자유민주, 대한민국의 민주주의를 사망시켰다. 그 영향들을 살펴보자. ① 첫째가 소수의 촛불시위가 자유민주, 대한민국의 민주주의를 파괴한 국가위기를 자초했다. 좌익들에 의한 국가 통치이념이 좌익주의로 자유민주의 국가 정체성이 파괴된 경우다. 19대 주사파 문정권의 좌익들이 자유민주 통치이념을 좌익주의적 사회주의적 공산정치로 반역한 망국정치에 국가위기다. ② 둘째는 국가주인, 국민주권이 실종되어 국민이 자유민주를 지키지 못한 국민방조에 망국위기를 자초한 경우다. ③ 셋째는 소수의 촛불시위가 민주정부 체제를 좌익주의, 사회주의 체제로 전락시켜 좌익정부가 됐다는 국가위기다.

주사파 문정권이 민주정부를 좌익정부로, 민주정치를 좌익정치로 반역한 반민주, 반역정치를 한 경우다. ④ 넷째는 소수의 촛불시위로 주사파 문정권이 국민무시, 헌법무시, 국회무시로 국토방위와 국가안보 파괴로 주적(主敵), 북한우대, 반역한 경우다. 민주헌정사 대역죄에 속한다. 북경초소 파괴, 군조직 감축, 군사훈련 중지, 철조망 해체 등등이 그 증거다. ⑤ 다섯째는 소수의 촛불시위로 주사파 문정권이 좌익외교, 종북에 친중주의로 한미혈맹을 파괴하여 한국이 쿼드 동북아시아 방어권에서 제외됐다는 동맹파괴의 경우다. 이제 만약 전작권을 인수받고 주한미군이 철수되면 누가 한국을 북한의 순간적 핵도발 남침을 방어해줄 수 있단 말인가? ⑥ 여섯째는 소수의 촛불시위로 19대 주사파 문정권을 탄생시켜 문정권의 좌익정치에 좌익경제로 오늘 2021년 기준, 국가총부채가 5,000조가 됐다. 이에 남미의 베네수엘라 국가처럼 국가부도의 국가위기다. 자유민주 회복이 없이 만약 좌익집권이 연장된다면 향후 대한민국의 국운은 어찌 될 것인가? 오리무중(五里霧中)이다. 망한 후 통곡통절(痛哭痛切)할 것인가?

북한 공산독재의 오판성

"자유라는 나무는 폭군의 피로 물을 줄때만이 성장한다"
– 드뷰작크(Bertrand De Vieuzac; 1755–1841, 프랑스의 혁명가)

[북한오판]

한핏줄인 북한동포 굶어죽어 돕는다고
햇볕정책 북한지원 동족위해 퍼주더니
핵탄제조 미사일로 남한동포 위협하네
호시탐탐 적화통일 북한지원 웬말인가

싱가폴에 하노이로 북미회담 단절되며
핵탄들을 숨겨두고 비핵화가 불가하니
미국유엔 북한제재(制裁) 손발묶어 강화하니
독재자가 핏발세워 남한말살 욕질하네

[FOCUS]: 한국인의 북한오판성

북한에 대한 한국인들의 오판성이 무엇인가? 왜 한국인들은 설마 전쟁을 방심하며 안이한 생각만 하는가? 6·25전쟁 후 북한이 변한 것이 무엇인가? 미국과 유엔제재(制裁)에도 끄떡없는 북한독재체제가 아닌가? 북한의 비핵화를 왜 믿는가? 남침에 북한의 적화통일이 없다고 왜 믿는가? 왜 북한 퍼주기에 북한이 핵잠수함 개발까지 기회를 주는가? 북한이 핵탄남침에 전쟁을 하지 않는다 어찌 믿는가? 왜 19대 주사파 문정권은 가망 없는 비핵화에 불가능 평화에 종전선언만 외쳐 대는가? 왜 문정권은 국민무시, 헌법무시, 국방과 안보를 파괴하는가? 왜 북한지원에 북한개발을 못해 안달하는가? 퍼주어 북한이 부국강국(富國强國)이 되면 남한체제로 통일하자 하겠는가? 만약 전작권을 인수받고 주한미군이 철수되면 북한의 전쟁도발이 없다고 믿는가?

[대북전략 분석기준]

1. 비핵화 북미협상은 가능할 것인가?
2. 북미협상에서 북한은 미국의 완전 비핵화에 합의할 것인가?
3. 미국은 북한의 단계적 비핵화를 수락할 것인가?

4. 북한의 단계적 비핵화를 믿을 수 있다 보는가?

5. 북한이 핵보유국이 될 거라 믿는가?

6. 비핵화 불이행시 미국이 대북전쟁을 각오할 것이라 믿는가?

7. 북한이 대미전쟁도 각오할 것이라 믿는가?

8. 북한이 대미전쟁대신 대남전쟁을 우선하리라 믿는가?

9. 남북전쟁의 가능성을 믿는가?

10. 북한전쟁도발이 세계 3차 대전의 도화선이 되리라 믿는가?

[대북 전략책]

1. [북한 체제포기]: 절대없다. 핵탄과 정신무장, 미사일을 개발하라.

2. [북한 핵탄포기]: 절대없다. 핵탄에 결사항쟁, 북한남침 대응하라.

3. [평화 조약협정]: 불가하다. 북한의 적화통일, 전국민은 무장하라.

4. [남북 종전선언]: 불가하다. 조약해도 북한은 작심삼일 도발한다.

5. [남한 이적단체]: 수도없다. 종북세력 파멸에 자유민주 사수하라.

6. [부정선거 단죄]: 매국자들 반역자다. 자유민주 조국을 사수하라.

7. [한미혈맹 강화]: 절대고수, 친북, 친중에 왜 한미혈맹 파괴하나?

한국인들은 북한 세습 공산독재, 철의장막, 철통방어적 북한체제를 알고 있는가? 안다면 왜 문정권의 좌익 정치인들은 북한이 욕질을 해대도 북한우대 정치를 하는가? 북한이 부국강국(富國强國)이 되면 남한의 자유체제로 통일하자 하겠는가? 북한 오판성(誤判性)이다. 오판성이 무엇인가? 북한은 대남한, 대미국 전략에서 예측이 불가한 국가이니 북한을 믿지 말라는 말이다. 북한을 오판하지 말라는 것이 북한 오판성이다. 북한이 어떤 나라인가? 역사에, 세계에 없었던 유일무이(唯一無二)한 독종적 세습독재 공산국이다. 인민들을 철의 장막 속에 가둬 놓고 철통보안으로 인민들의 눈과 귀, 입을 틀어막고 짐승처럼 살게 하는 지독한 독재 공산국가다. 북한과 북한민에게는 남한민들이 한 핏줄, 한겨레, 한 동족이란 말이 통하지 않는 국가에 국민이다. 그러니 북한이 핵탄과 핵미사일, 전국민 무장으로 남한침공에 적화통일을 하지 않을 것이란 한국인들의 생각은 어불성설(語不成說)이다. 큰 오산 이다. 한국인들은 "설마 북한이 핵탄으로 동족인 남한민들을 동 족살인을 하겠어?"라며 안이(安易)한 생각에 "설마하며" 북한을 오판한다. 북한 독재체제를 모르고 하는 소리다. 한 예를 들자, 6·25전쟁 때 저자(著者)가 직접 체험한 일이다. 한밤중에 인민군 이 옆집을 기습하여 3살 난 아들(설이)을 어미(선환) 등에 업혀 산으 로 끌고 가 대창으로 3살짜리 아이까지 찔러 죽인 사건을 잘 안 다. 날이 밝자 온 동네가 쑥덕거리며 온 동네가 초상집이 되었 다. 평상시 원수로 지내던 동네인이 인민군에 빌붙어 밀고하여 한밤중에 극악무도(極惡無道)한 학살한 경우다. 6·25전쟁의 동족 살인, 조익과 우익의 한(恨)많은 민족살인의 현장이었다. 도대체 지구상에 북한과 같은 독종적 국가가 또 어디에 있겠는가? 3살 난 아이까지 일부러 등에 업혀 대창으로 찔러 죽였던 잔학한 동 족이 바로 북한체제다. 3대를 멸족시킨 북한이였다.

1990년대 중후반, 북한이 고난의 행군을 맞아 북한동포들이 무려 300만 명이 죽었다 한다. 강변에 시체가 쌓여 썩은 냄새가 천지를 진동할 정도였다 한다. 그러나 북한 독재자에겐 40여 개 의 호화판 별장들이 있고 그를 호위하는 군사가 5만 명이라 한 다. 40여 개의 호화판 별장에는 20세 이하의 기쁨조 처녀들이 그를 맞는다 한다. 국민은 굶어 죽는데 독재자는 애송이 가축들만 잡아먹으며 체제유지에 지독한 세습독재권력으로 그의 이복형, 김정남을 외국공항에서 독극으로 죽였고, 고모부인 장성택을 고사포로 흔적없이 죽였다. 이 어찌 극악무도(極惡無道)한 독재자가 아닌가? 이런 동종적 북한 독재자와 집권자들이 어찌 남한과 미국에 호락호락 하겠는가? 오늘 19대 주사파 문정권에 들어서 종북우대에 북한을 돕지 못해 안달하는 문정권의 좌익들을 생각하면 한스럽다. 오늘 북한은 사생결단(死生決斷)으로 북한체제를 유지하고, 사생결단으로 핵탄과 미사일, 핵 잠수함을 만들어 사생결단으로 호시탐탐 남침만 노린다. 인민들을 굶기고 때려 죽이며 "자유"라는 말 한 마디에 살아서 나올 수 없는 정치수용소로 보낸다. 툭하면 인민재판에 총살시키는 나라다. 한 가정에도 식구 모두가 스파이다. 아버지가 무슨 말들 한 것을 아들이 보위부에 밀고하여 애비를 교화소, 정치 수용소로 보내는 나라다. 그런 나라가 무슨 짓을 못하겠나? 맥도 모르고 판문점에서, 평양을 오가며 퍼주기만 했던 DJ나 노무현, 오늘의 문재인 정권이 한심스럽다. 도대체 상식적으로 생각해 보자. 북한이 6·25전쟁 후 도대체 몇 번이나 평화로운 남한, 대한민국에 도발하여 남한의 무고한 국민들을 죽였는가? 한두 번이 아니다. 예컨대, 푸에불로(Pueblo)호, 미국 해첩선 납치, 판문점 도끼사건, 서해침략 서해전(西海戰), 연평도 포격, 천안함 폭침, 목함 지뢰사건 등등으로 얼마나 많은 무고한 한국인들을 죽였나? DJ나 노무현, 문재인 대통령들은 이에 분한 생각도 들지 않는가? 이들이 북한과 내통하는 북한간첩인가? 그렇지 않고서야 어찌 수십 년간 수십 번씩 당해

가며 무엇을 위해 북한에 퍼주기만 하는가? 혈세탕진할 데가 그렇게 없는가? 왜 북한에 퍼주어 북한이 핵탄, 미사일, 핵잠수함을 만들어 북한 김정은이 선대들의 유훈에 그들의 체제목표: "남침에 적화통일"만 달성케 하나? 왜 오늘 19대 문재인 좌익정권은 판문점, 평양을 오가며 비핵화 없는 북한에 불가능한 "남북평화, 종전선언"만 외치나? 미국이 그렇게 하라 시켰는가? 미국이 어떤 나라인가? 6·25전쟁 때 부산만 남겨 놓고 북한에 점령당한 패전국, 한국을 3.7만 명의 미국목숨을 희생시켜 한국을 구해준 나라가 미국이다. 이제 경제대국에 먹고 살만하다고 미국을 왜 배반하는가? 의리 없는 문정권이 아닌가? 북한으로부터 "삶은 소대가리, 미괴뢰집단의 대변인"이란 욕설을 먹으며 왜 문재인 정권은 북한을 돕지 못해 안달하는가? 이산가족 상봉을 위해서 인가? 이산가족도 더 이상 필요 없게 돼 있다. 6·25전쟁 때한 많은 사람들이 이제 모두 저 세상으로 하직하지 않았는가?

항간(巷間)에서 카톡에 떠도는 소리가 있다. 19대 문정권의 좌익들이 좌익국회로 하여금 "개헌"을 하여 헌법에서 "자유"라는 말을 빼고 "민주주의"만 남겨 중화 인민공화국(중국)처럼 대한민국을 "정치"는 독재를 하고, "경제"는 중국처럼 자유화 하여 "한국과 북한"을 묶어 낮은 단계의 "고려연방제"를 만든다는 소문들이다. 그래서 이미 좌익 문정권과 좌익들이 북한과 같은 마을조직, "인민위원회"까지 만들고 있다는 말까지 항간에 돈다. 소문이길 바란다. 그러나 말에는 "뼈"가 있는 법, 한국의 지독한 "좌익진보 세력"들이 못할 일도 아니다. 이들 좌익국회는 이미 "공수처, 세월호, 5·18, 부동산 3법" 등등의 좌익성 법안들을 만들어 예컨대, 월세임대도 공산독재식으로 "보고"하라는 좌익 독재 법들을 만들지 않았는가? 임대주인의 90% 이상이 임차인들의 보증금을 떼먹지 않고 정상적으로 돌려주는데 왜 10% 사기주인을 잣대로 삼아 전(숲) 임대주인을 상대 좌익성 법안; "보증금보험"을 의무화 들라고 또 공산 독재법을 만들었나? 좌익들이 하는 짓들이 이렇다. 이미 이들은 202년 4·15총선에서 부정선거로 180석 국회좌익 권다수당을 만들었지 않았나? 좌익 대법원이 불법(선거법 225조)에 직무유기로 전국 126지역구의 선거무효 소송들을 묵살해 왔지 않나? 2021.06.28자 인천연수(을) 재검에서 "배추색, 일장기, 인쇄된 사전투표지, 자석식 달라붙은 인쇄지" 등등으로 무더기 부정선거 투표지가 나왔지만 "부정선거 선고"를 해야 할 대법원이 이를 묵살하고 "표당락 선고"를 하려는 꼼수를 쓰고 있지 않은가? 이에 이미 좌익집권당이 부정선거로 당선된 좌익국회 180명을 지키려 안달하고 있지 않은가? 그러니 이 땅의 좌익진보 세력들이 무슨 짓을 못 하겠는가? 스스로의 조국을 망하게 하려는 북한독재자와 같은 독종적 좌익들이 아닌가? 6·25전쟁에 좌익들의 후예들, 언제까지 좌익들의 짓으로 5천년 역사의 자랑스런 조국을 망국케 할 것인가?

첨(添)하여 북한을 믿을 수 없는 이유들을 말한다: ① 첫째가 독재자와 집권자, 북한민 모두가 "사생결단"에 "죽기살기"로 남한과 대항할 정신무장이 돼 있기 때문이다. 지난 70년을 그렇게 세뇌화 됐다. ② 둘째가 북한은 모든 게 다 사생결단적이기 때문이다. 독재자를 위해, 북한체제를 위해, 생존을 위해, 적화통일을 위해 모두가 다 사생결단적이기 때문이다. 오죽하면 발 밑에 남한, 동족의 나라, "대한민국"이 어디에 있는 나라인지도 모르고 사는 북한민들이 아닌가? ③ 셋째가 북한민들에게는 남한과 미국이 철전지 원수로 세뇌화 돼 있기 때문이다. 남한민들은 북한민들을 동족으로 생각하지만 북한민들은 남한민들을 주적(主敵), 철천지 원수로 생각하기 때문이다. ④ 넷째가 김정은의 선친들(김일성과 김정일)의 유훈: "남침에 적화통일"을 핵탄과 미사일, 핵잠수함으로 실행할 단계가 돼 있기 때문이다. 그래서 DJ가 북한 핵탄 개발을 위해 5억불씩이나 준 것이 남한민들에게는 철천지 원수가 된 셈이다. ⑤ 다섯째가 북한은 사생결단, 전쟁을 각오하고 있기 때문이다. 동족도, 미국도 박살낸다는 사생결단의 인민 정신무장 때문이다. 북한은 동족말살(genocide)을 각오하며 "너 죽고 나 죽기"를 각오한 나라이기 때문이다. 이렇듯 북한 독재자, 집권자들, 북한민들이 "죽기 살기로 사생결단"인데 어찌 먹방, 노래방, 오락방, 여행방으로 흐느적거리는 남한의 젊은이들이 북한민들에 대응할 수가 있겠는가? 정신일도하사불성(精神一到何事不成)이란 말도 있지 않은가? "호랑이한테 물려가도 정신만 차리면 산다"고 옛 조상들이 말하지 않았는가?

고로 남한의 좌익세력들에 고한다: "왜 대한민국의 좌익들은 온갖 자유와 민주, 부(副)를 남한에서 누리면서 자유민주 파괴 조국, 남한을 망국케 하는가?" 그리고 19대 좌익 문정권에 고한다: "왜 자유민주국가 통치자가 주권무시, 헌법무시, 의회무시로 국방과 안보를 파괴하며 민주정부를 좌익정부로, 민주정치를 좌익정치로 자유민주, 스스로의 조국을 파멸하는가?" 더하여 국민에게 고하며 묻는다: ① 북한이 핵탄과 미사일, 핵잠수함까지 개발 완수하고 미국까지 꿈쩍도 않고 위협하는데 북한이 남한침공 도발이 없다고 믿는가? ② 북한이 남한동족을 철천지원수로 세뇌화 돼 있는데 북한이 남침에 적화통일을 포기한다고 보는가? ③ 북한은 철의 장막에 철통보안으로 그 어떤 봉기나 붕괴로 허용치 않는 독종독재 국가인데, 그래서 수십 년간 수십 번의 남한도발, 만행이 있었음에도 불구하고 오늘 문정권은 북한에 화해손짓을 하는가? 그렇다고 북한의 남침에 남한도발이 없다고 생각하나? ④ 북한이 사생결단으로 미국과도 맞서며 미국을 위협하는데 "꿩대신 닭"이라고 북한이 미국대신 남한에 핵탄을 쏘지 않는다는 장담이 있는가? ⑤ 북한이 생존과 체제유지를 위해 모든 전쟁준비가 완료된 상태에서 북한이 미국에 "비핵화 선포"를 한다고 믿는가? ⑥ 이미 북한은 60개의 핵탄을 소유했다고 미국이 말한다. 그들이 이 핵탄을 포기 하겠는가? 그들은 전쟁을 하지 않는 한 "핵보유국"임을 세계만방에 공표하고 있다. 위와 같은 질문들에 만약 NO라는 대답들이 나온다면 오늘 19대 문정권과 다음 정권의 통치자들은 북한대응에 총력을 집중해야하는 대북전략책을 세워야 하지 않겠는가? 이제 한국인들도 북한에 대해 "설마성"을 버리고 흐느적거릴 때가 아니다. 기억하는바 북한의 "김영철"은 냉면식사 중에 나타나 "냉면이 목구멍에 넘어가느냐?"하는 막말을 했다. 이게 무엇을 뜻하는가?

일찍이 프랑스의 혁명가, 드뷰작크(Bertrand De Vieuzac; 1755-1841)는 "자유라는 나무는 폭군의 피로 물을 줄 때만이 성장한다"고 했다. 자유는 공짜로 얻어지는 것이 아니다. 폭정과 맞서 싸울 때 피로서 자유를 쟁취한다는 말이다. 오늘날 북한 독재자를 향해, 또한 19대 주사파 문정권을 향하는 말이다. 어째서 과거 (고)김대중(DJ) 대통령은 햇볕정책을 빌미로 북한에 5억 불을 주어 북한이 오늘 핵탄과 미사일, 핵잠수함을 만들게 하여 북한이 남한동족을 위협하게 만들었단 말인가? 어째서 김대중, 노무현 대통령에 이어 오늘 19대 문정권은 좌익정부, 좌익정치, 종북정치로 성공치 못할 남북관계를 사뭇 꼬이게만 한단 말인가? 가만히 있으면 중간이지 않겠는가?

북한 핵소유와 한국미래

[북한 핵소유에 숨은 뜻]
핵탄들을 소유해야 북한체제 살아남네
미사일을 가져야만 미국정부 대항하네
대북제재 문제로다 대미회담 어찌풀꼬
핵탄들을 숨겨놓고 종전선언 위장하세

양키들을 어찌믿나 미사일이 해답일세
북미전쟁 상관없네 잠수함에 핵탄쏘고

사생결단 땅굴전쟁 인민무장 똘똘뭉쳐
미국남한 핵탄으로 피바다로 통일하세

[FOCUS] 북한도발이 몇 번인가?

어째서 19대 주사파 문정권은 왜 친북에 종북정치로 북한의 가망없는 비핵화, 남북평화, 종전선언만 외치는가? 어째서 DJ는 북한에 떼돈을 주어 북한이 핵탄과 미사일을 만들게 했는가? 그래서 왜 국민이 북한의 핵탄과 핵미사일에 기죽어 살아야 하나? 왜 문정권은 국방과 안보까지 포기하며 누구를 위해 종북정치를 하는가? 왜 문정권은 남한엔 탈원전, 북한엔 원전건설에 국가기밀, USB문서까지 주는가? 반역인가? 매국인가? 북한의 벼랑끝 전술에 도발; 도끼살인, 서해해전, 연평도포격, 천안함 격침 등의 북한침공은 왜 무시하며 망각하는가? 자유를 뺀 개헌에 북한과 독재공산국가, 고려연방제라도 세울 참인가? 어째서 문정권은 5천년 역사의 조국과 민족, 자유민주주의를 반역하는가?

북한이 비핵화를 하겠는가? 절대 아니다. 그런데 왜 19대 주사파 문정권은 불가능한 비핵화에 "평화와 종전선언"만 외치며 종북정치를 하는가? 도대체 비핵화가 무엇인가? 비핵화의 단계는 북한이 ① 첫 번째, 핵시설을 폐쇄하고(shutdown), ② 두 번째, 이미 만들어 기존하는 핵탄들을 폐기조취하고(dismantlement), ③ 세 번째, 핵기술자들을 제3국으로 이동시키고(immigration), ④ 네 번째, 핵생산을 불능화시키고(disablement), ⑤ 다섯 번째, 핵보유를 불능케 하고, ⑥ 여섯 번째, 국제 원자력 기구(IEAE)로 하여금 정규적으로 핵사찰을 받게 하는 조취에 조약이다. 이것이 북미회담에서 미국이 그간 싱가폴 회담(2018)과 하노이 회담(2019)에서 일관적으로 주장하는 비핵화 조건들, 완전비핵화 (complete denuclearization) 주장이다. 핵시설폐쇄, 핵탄폐기, 핵기술자 이동, 핵생산 불능화, 핵보유 불가, 핵사찰, 6가지 조건이 완전 비핵화 협상이다. 그러나 북한은 비핵화 용어조차 아전인수격(我田引水格)으로 해석하며 일방적 주장만 한다. 북한은 1994년 제네바 핵협정 때도 폐쇄 단계는커녕 사찰, 검증조차 거부했다. 지금도 국제원자력기구(IAEA)조차 북한의 핵 시설과 핵실험 규모 등을 파악조차 못하게 하고 있다. 그러나 학계는 북한이 현재 최소 60여개의 핵탄을 보유한 것으로 추측한다. 도대체 북한이 기를 쓰고 핵무기를 보유하려는 속셈이 무엇인가? ① 첫째는 북한체제 유지를 위해서다. 독재자가 살기 위해서다. ② 둘째는 북한이 핵보유국으로 세계에 인정받기 위해서다. 한국과 미국, 일본, 중국 등의 주변국을 위협, 제압하기 위해서다. 2020년 기준, 북한은 경제력과 국방력에서 남한보다 열세다. 남한의 우월한 경제력, 국방력을 핵무기로 남한을 위협하고 제압하려는 속셈이다. ③ 셋째는 북한의 선대들(김일성과 김정일)의 유훈에 핵탄개발로 남침에 적화통일을 목적하는 이유다. 동족말살도 마다치 않는 북한 절대독재자의 야만적 속셈이다. 사정이 이러한데 문정권은 친북에 종북정치로 평화와 종전선언만 외치고 있다. 성사가 된다 하더라도 북한이 언제 핵탄과 미사일로 남침에 적화통일을 하지 않는다는 보장이 없지 않은가? 만일 문정권이 북한지원에 북한개발을 한다면 북한이 부국강국(富國强國)된다. 그러면 북한이 남침에 적화통일 전쟁을 하지 않는다는 보장이 있는가? 부국강국에 북한이 남한의 자유 민주체제로 통일하자 하겠는가? 어불성설(語不成說)이다. 그래서 문정권의 무모한 대북정책, 친북에 종북정책을 국민들이 의아하며 반대하는 것이 아닌가? 권불십년(權不十年)이라 하지 않는가? 문정권이 좌익정부, 좌익정치로 스스로의 조국을 망국케 하고자 함인가?

도대체 북미협상에서 북한이 얻고자 하는 목적이 무엇인가? ① 첫째, 미국과 국교 정상화가 목적이다. ② 둘째, 세계가 북한 체제를 인정 해 주길 바라는 것이 목적이다. ③ 셋째, 유엔과 미국제재에서 벗어나기를 바라는 목적이다. ④ 넷째, 핵보유국가가 되는 것이 목적이다. 그래야 주변국과 강대국가들이 북한을 넘볼 수 없기 때문이다. ⑤ 다섯 번째, 북한의 경제발전과 국가부흥을 위해서다. 한국과 미국, 중국, 일본 국가들로부터 경제지원과 경제개발을 지원받는 것이 목적이다. 그래야 굶어 죽는 북한민들을 정신통일시켜 중국이나 베트남과 같은 국가를 모델로 하여 북한독재 공산국가를 발전시키려는 의도가 목적이다. 중국과 같이 정치는 절대독재로, 경제는 자유화 해방시켜 북한의 경제부흥과 국가발전을 도모하려는 목적이다. 공산주의에 자본주의를 접목시켜 수정 공산 독재주의로 경제발전을 성취시켜 보려는 북한의 속셈이다. 중국식 국가발전 모델이다. 중국을 보자. 등샤오핑 이전, 중국은 빈민국으로 4천만 명이 굶어 죽었다. 등소평은 현 시진핑 부친 등, 각료들을 전국에 파견하여 민생을 살피고 또 세계 50여국에 경제 시찰단을 파견하여 경제 부흥책을 강구했다. 그래서 결론을 지은 것이 정치는 절대독재, 경제는 자본주의적 자유경쟁화로 민생고를 해결하고 동시에 국가경제 부흥과 국가발전을 꾀하려는 목적이었다. 오늘날 북한도 중국과 같은 경제발전에 국가발전을 기하려는 북한의 속셈이다.

비핵화 북미협상에서 북한은 미국에 무엇을 요구할 것인가? ① 첫째, 단계별 비핵화다. 북한은 일시에 완전 비핵화를 원치 않는다. 핵탄을 숨겨 놓고, 핵 기술자를 빼돌려, 유사시 또 다른 핵시설에 핵탄개발을 하겠다는 북한속셈이다. ② 둘째, 북한은 적어도 리비아의 독재자, 카다피(Muammar Gaddafi: 1942–2011)가 겪은 카다피의 전철을 밟지 않겠다는 속셈이다. 2003년, 리비아 독재자 카다피는 사전에 완전 비핵화를 선포하고 실시했으나 비핵화 과정이 길고 또한 복잡했고, 보상도 지연되며 결국 카다피의 계속된 부패로 미국과 나토군에 의해 끝내 암살당하는 낭패를 당했다. 북한의 속셈은 적어도 카다피와 같은 전철의 운명을 되밟지는 않겠다는 북한의 속셈이다. 그래서 단계적 비핵화를 주장한다. 미국에 속아 시간을 끌다가 카다피와 같은 개죽음을 당하지는 않겠다는 북한의 속셈이다. ③ 셋째, 북한은 미국과의 국교 정상화를 꾀할 것이란 예측이다. 만약에 북미회담이 성공하여 북한이 미국과 국교 정상화가 되어 북한이 친중동맹을 파괴하기에 이른다면 이는 한반도의 남북통일에 좋은 기회가 될 수 있다. 그러나 북한이 친중동맹에서 벗어날 확률은 1/100도 없다. ④ 넷째, 북한은 북미회담을 통해 북한체제유지의 확실한 보장을 원한다는 점이다. 북한이 핵을 포기할 경우, 확실한 체제보장, 보상과 경제재건으로 국가발전을 꾀하겠다는 북한의 속셈이다. 그래서 북한이 원하는 진정한 비핵화는 두 마리 토끼를 잡겠다는 뜻에 협상전략이다. 예컨대, 하나는 완전 비핵화 협상을 미국과 하되 북한이 시간을 끌며 기존핵탄들을 은폐(隱閉)하려는 북한의 속셈이다. 미국이 이를 우려한다. ⑤ 다섯째, 또 다른 북미회담은 북한으로 하여금 핵개발, 핵축적 기술을 완전히 확보하는데 시간 벌기라는 북한의 속셈이다. 이에 북미회담을 통해 북한이 핵보유국임을 인정받고 세계에 알리고자 하는 북한의 속셈이다. 이는 북한이 늘 한국에 해 왔던 바, 대미 벼랑끝 전술협상이다. 이러한 북한의 속셈은 하노이 2차 북미회담에서 드러났다. 미국이 영변 핵시설 외에 또 다른 핵시설을 지적하자 북한 독재자, 김정은이 화들짝 놀라는 기색으로 곧 회담이 결렬되지 않았는가? 미국 대통령, 트럼프가 북한의 속셈을 알고 하노이 북미회담을 스스로 걷어찬 모습이다. 하노이 북미회담은 그렇게 결렬됐다. 북한의 검은 속셈이 드러난 셈이다.

북미회담이 한국에 미치는 영향이 무엇인가? 막중(莫重)하다. 그러나 북미회담의 미래가 오리무중(五里霧中)이다. 북한의 비핵화 여부에 따라 남북한의 운명이 결정된다. 어떤 경우든 북미회담의 비핵화 회담은 성공할 공산이 적다. 북한은 핵탄과 미사일, 핵 잠수함 보유로 미국과의 전쟁을 기피하고 아울러 핵 보유국가임을 세계에 알리고자 하는 북한속셈이다. 핵탄과 핵미사일로 심리전에서 미국과 대등케 되려는 북한 속셈이다. 불구하고 북미회담이 한국에 미치는 영향은 무엇인가? ① 첫째, 비핵화 회담이 성공할 경우, 북한지원과 개발이다. 남한과 미국을 위시하여 주변국 일본, 중국으로부터 북한지원과 북한개발이 예상된다. ② 둘째, 비핵화에 실패할 경우, 남북관계는 2018년 4월 판문점회담, 9월 평양정상 회담이 그 이전수준으로 돌아가 남북관계가 적대화, 경색화 된다. ③ 셋째, 북미회담의 실패는 곧 북한의 대남도발이다. 이 예고는 이미 적중됐다. 북한은 남한의 탈북민 단체, 자유북한 운동대표, 박상학의 대북전단 살포에 발끈하며 북한수뇌, 김여정이 남한(한국)정부의 대북전단 살포 책임을 물어 2020.6.17에 남북개성 연락사무소를 송두리째 폭파해 버렸다. 이에 19대 주사파 문정권은 주사파 좌익국회를 통해 즉시 "대북전단살포 금지법"을 통과시키며 종북정치, 좌익정치로 민주정치를 반역했다. 도대체 무엇을 위해, 누구를 위해 문정권은 종북정치를 한단 말인가? ④ 비핵화 성공에 북한개발, 지원도 한국경제를 위기에 처하게 한다. 한국경제는 오늘 19대 문정권에 좌익정치, 좌익경제와 함께 국가총부채가 5,000조에 국민 1인당 1억원씩이 빚이다. 국가부도 직전이다. 서울의 한복판, 명동거리에는 폐쇄업소들이 줄지어 있다. 한국의 경제사정이 코로나19에 국가파산 직전인데 더하여 북한지원에 북한개발이 사실화 된다면 한국경제는 더욱 몰락할 것이 뻔하다. 불구하고 설상가상(雪上加霜)으로 북한이 한국정부에 국민연금 200조까지 북한지원을 하라는 요청이 있었다하는 황당한 소문들까지 카톡에 나돈다.

한반도 통일은 가능한가?

[민족의 한: 남북통일]

오천년의 민족역사 한도많은 민족일세

남한에선 사색당파 끝도없는 쌈질정치

북한에선 굶어죽는 인권유린 총살정치

어찌하여 남북한이 이지경이 되었는가

무슨한이 그리많아 민족분열 망국하나

작고작은 한반도라 남북분단 두쪽나서

북한에선 굶어죽고 남한에선 망국정치

민족통일 기약없고 남북통일 가망없네

[FOCUS] 평화통일 가상 씨나라오

역사에 평화통일은 거의 없었다. 극히 어렵다. 거의 전쟁 통한 통일이었다. 북한이 적화통일을 고집하는 이유다. 동서독은 핏줄이 다르지만 상호(相互) 필요(必要)에 통일됐다. 남북한은 집권과 권력욕심에 민족세습성, "독재성, 분열성"에 남북분열됐다. 남북 간 평화적 통일은 없다. 삼국시대도 천년을 유지한 후 전쟁으로 비로소 통일됐다. 남북 간 평화통일은 없는 것인가? 북한 스스로가 남한 자유체제 위한 봉기나 붕괴가 없는 한, 통일은 불가하다.

단기간 내 남북한 평화통일의 유일한 방법

① 유엔 상임이사국(5국)의 보증하에 평화통일 실시한다. ② 북한이 동의하겠나? 동의를 위해, ③ 북한수령, 독재자를 초대 남북한 통일 대통령으로 5년 재임시킨다. ④ 그 후 계속 남한 자유 민주체제에 남북총선으로 대통령들을 뽑는다. ⑤ 초대 북한 통일대통령이 재임 중 독재공산화 하면 어찌 하겠나?

⑥ 보증선 유엔 5국이 즉시 전쟁가동, 축출하는 방법이다. ⑦ 유엔5국은 축출 후 6개월 내에 통일자유민주 회복 후 한국에서 떠난다. 보증선 상임5개국이 전쟁불사, 강제축출로 남북통일을 시키는 방법이다. 북한이 응하겠는가? 예측 불가능하다. 북한독재자에 달려 있다. 진정으로 통일조국을 원하는 대인(大人)이냐? 권력추구 소인(小人)이냐에 달렸다.

자주 민족주의적 남북통일의 불가능성

① 독재공산에 세뇌화된 사생결단, 북한의 국민성 때문이다

② 남북 통치자, 집권자들의 "집권과 권력탐심" 때문이다.

③ 남북 간 이념과 체제, 사상과 정신이 다르기 때문이다

④ 북한의 철의 장막, 철통방어, 사생결단, 체제유지 때문이다

⑤ 북한의 자유민주화, 붕괴나 봉기가 불가능하기 때문이다

⑥ 남북한민의 자주 민족주의적 통일의지가 없기 때문이다

⑦ 북한은 이미 핵탄에 전쟁준비 완료했기 때문이다.

⑧ 북한은 지독한 세습독재 공산국가이기 때문이다

　남북한의 한민족(韓民族), 민족주의에 자주 남북통일은 가능한가? 불가능하다. 이유는 무엇인가? 북한이 지독한 세습독재, 철의 장막, 철통방어적 공산독재국이기 때문이다. 역사에, 지구상에도 거의 없었고, 없는 유일무이한 (唯一無二)한 독종적 독재국가이기 때문이다. 그런데 왜 19대 주사파 문정권은 왜 북한으로부터 "삶은 소대가리, 미괴뢰 집단 대변자"라는 막된 욕질을 들으면서까지 "남북평화, 북한지원, 북한개발"을 못해 안달하는가? 그래서 항간에서 "북한공산 원조 김원봉, 간첩 신영복"까지 칭찬한다 하여 문재인 대통령이 간첩이라는 막말까지 하지 않는가? 누구를 위해, 무엇을 위해 오늘 19대 문정권과 좌익들은 살

기 좋은 "자유민주"를 "반역한" 좌익정부, 좌익정치를 하여 스스로의 5천년 역사의 조국과 민족, 국가와 백성을 반역하는지 도무지 이해가 안 된다. 도대체 민족주의가 무엇인가? 민족주의란 유전적으로 같은 민족이 같은 시공간(視空間)을 통해 같은 문화와 문명, 같은 전통과 풍속, 같은 이념과 사상, 같은 삶과 같은 생활을 하며 서로 뭉쳐 살아가려는 정신사상이 민족성이고 민족주의다. 한 마디로 민족 동질성, 민족 정체성, 민족 시공간성, 민족 삶과 생활성이다. 비슷한 언어, 국수주의(國粹主義的)와 민족주의는 다른 의미가 있다. 민족주의가 민족 동질성, 정체성, 보편성, 시간성을 중시한다면 국수주의는 어떤 역사적 사건을 더 중시 여겨 민족의 우수성을 과시하기 때문이다. 예컨대, 국수주의로 오늘날 일본의 메이지(明治)정신에 극우주의, 이탈리아의 파시즘, 독일의 나치즘 등이 국수주의에 속한다. 이들 국수주의자들은 외래문화에 방어적이고 스스로의 토착주의(土着主義: nativism)를 좋아하며 앞세운다. 지구상에는 단일민족이던 혼혈민족이던 민족주의나 국수주의자들이 많다. 예컨대, 5천년 역사의 한반도, 한 핏줄, 한민족(韓民族)의 주장이 민족주의다. 비록 혼혈족이지만 유대인의 모계와 유대교로 뭉쳐진 유대민족의 민족주의자들도, 이슬람교로 뭉쳐진 이슬람 민족주의자들도 모두 민족주의를 주창하는 민족주의다.

한반도, 한민족의 자주 민족주의적 남북통일은 가능한가? 북한의 세습독재 공산국 때문에 부정적이다. 북한은 절대독재자를 보호하는 철통방어 보위부대 군인이 무려 5만 명이나 된다. 누가 감히 그를 축출할 수가 있겠는가? 한 가족 간에도 서로 밀고(密告)하는 철통보안화 돼 있어 가족 간에도 밀고하고 군대조직에서도 서로 비밀을 밀고하는데, 어찌 북한체제에 반하는 국민봉기나 군인봉기를 기대할 수가 있겠는가? 국가가, 국의 모두가 세뇌화, 비밀화, 조직화로 철의 장막에 철통방어인데 어찌 북한 내 스스로의 봉기나 붕괴가 있을 수가 있겠는가? 사전에 발각되기가 십중팔구이고, 또 발각된 즉 사돈에 8촌까지 3대가 멸족되는데 누가 감히 북한에서 북한 독재체제에 항거하여 북한체제를 붕괴시킬 수가 있단 말인가? 어불성설(語不成說)이다. 북한 현실이 이러한데 자주 민족적 남북통일이 가능하겠는가? 그래서 고구려, 신라, 백제의 3국시대도 신라왕국이 무력통일을 하기까지 무려 천년의 세월이 걸렸다. 북한의 독재체제를 어떻게 감히 남북민족이 원하는 "자유민주" 남한체제로 어찌 남북한을 통일시킬 수가 있단 말인가? 또한 북한의 선대의 유훈에 적화통일을 위해 이미 핵무기 개발을 완수했다. 유사시 사생결단으로 핵탄과 인민무장, 정신통일로 남침에 적화통일 전쟁을 이미 완료돼 있는데, 어찌 이들이 남한의 경제대국과 자유민주 삶과 생활로 통일시키자 하겠는가? 하여 "남침에 적화통일을 시키라"는 선대(김일성과 김정일)의 유훈들도 있지 않은가? 북한사정이 이러한데 어찌 오늘 19대 주사파 문정권은 "평화에 종전선언"만을 외치며 북한지원에 북한개발을 해 주지 못해 안달을 하는가? 도대체 문정권의 정체와 정체성이 무엇인가? 좌익주의에 공산주의자인가? 항간의 소문대로 북한간첩인가? 어째서 문정권은 좌익진보 세력들과 함께 스스로 조국의 자유민주를 "반역하며" 부정선거에 좌익다수당에 주사파 국회로, 좌익 대법원에 좌익방통위까지 좌익정부화, 국정운영을 하며, 스스로 조국의 자유민주를 파멸시키고 왜 또 종북정치로 북경초소 폭파에 국방과 안보를 파괴시키며 스스로의 조국, 대한민국을 국가존망, 망국위기를 초래하는가?

유럽 동·서독 간의 평화통일처럼 남북통일도 가능한가? 불가능하다. 남북한의 문제는 동·서독 간의 통일문제와 전혀 다른 성격이기 때문이다. 다른 이유가 무엇인가? 그 이유는 ① 첫째, 남북 간 통일환경의 문화가 전혀 다르다는 점이다. 그래서 동서독 통일과 같은 통일은 남북 간에 불가능하다. 동서독 통일은 비로 이질민족(異質民族)이지만 유럽문화 민주적, 합리적 사고관념에 서로 통일이 필요하여 스스로 통일을 택했다는 점이다. 이는 유럽 국가들의 장구한 민주주의 역사관념 때문이었다. 동독국민들은 서독의 민주주의에 서독 TV방영을 통해 이미 익숙해져 있었다. 그래서 동독민들은 이미 자유민주, 자유경제, 자율시장 경체체제도 잘 알고 있었다. 그러니 동독민들이 당연히 동독도 서독화 되기를 바랐다. 와중에서 순간의 기회에 담이 헐리며 통일을 이루었다. 동독에 비해 북한은 어떠한가? 전혀 다른 독재공산국이다. 북한은 대북전단에도 개성 남북연락 사무소를 폭파하는 나라가 아닌가? 오죽하면 발아래 동족국가, 대한민국이 어디에 붙어 있는 나라인지조차 북한민들은 "남조선국가"는 알지만 "대한민국"은 모르며 살고 있지 않은가? 남북사정이 동서독 사정과 전혀 정반대로 다른데 어찌 동서독 평화통일을 생각조차 할 수가 있겠는가? ② 둘째, 북한 선대독재자들의 "남침에 적화통일 유언(遺

言)" 때문이다. 북한의 초대 김일성과 2대 김정일의 유언이 적화
통일이 아닌가? 이에 어찌 오늘의 북한세습 독재자, 김정은이 선
친들의 유언을 등한시 하겠는가? ③ 셋째, 북한은 이미 핵탄들을
갖고 있고 또 독재선동에 전국민 무장정신으로 죽기 살기로 전
쟁준비를 완료했기 때문이다. 오죽하면 1990년대 말, 300만 명
이 죽어간 고난의 행군에도 국민을 굶겨 죽이면서까지 핵탄개발
에 집중해오지 않았는가? 그래서 북한은 대한국, 대미국 전략에
서 사생결단, 전쟁준비 완료상태다. 대한민국의 통치 지도자, 정
치인들, 국민 모두가 북한을 직시해야 하는 이유다.

21세기 한국,
총체적
국가 위기

젊은 세대의 위기

"성찰이 없는 삶은 삶의 가치가 없다"

— 소크라테스(Socarates: BC 470 − BC 399, 고대 그리스의 철학자)

[FOCUS] 문정권이 신세대에 남긴 벼락 빚과 국가위기들

1. "빚 위기"다: 2021.04.13 IMF 발표에 의하면 한국의 국가 빚은 5,000조, 국민1인당 빚이 1억 원(4인가족 4억)이다. 빚 증가 속도는 과거 68년간 660조, 문정권 4년간 340조다. 문정권이 경제대국 11위 한국을 20위?로 추락시킨 꼴이다. 왜 문정권은 신세대들과 후손에 [벼락 빚]을 대물림 하나?

2. "실직"위기다: 불로소득에 노동기피, 자립기피로 먹방, 노래방, 오락방에 탕진하는 금수저 신세대들, 라면에 간신히 끼니 때워 일자리 찾는 흙수저 신세대들, 문정권 탄압에 해외로 빠지는 재벌들, 문명에 줄어든 일자리, 늘어나는 대학생, 왜 문정권은 실직자에 혼족을 만들었나? 국가망국, 추락이 아닌가?

3. "19대 문정권의 조익정부"가 위기다: 왜 19대 문정권은 자유민주 "반역"에 좌익정부, 좌익정치로 대한민국 민주주의를 파멸하나? 끝나지 않은 6·25전쟁, 왜 남한에서 좌익들이 나라 망치나? 왜 국방파괴, 부정선거, 대법원 소송묵살, 언론탄압으로 독재공산국을 만드나? 왜 국민은 방관, 말이 없는가?

4. "비혼(非婚)에 인류파괴" 위기다: 집도 없는데 어찌 결혼, 출산, 양육을 하나? 왜 투기정치로 집값만 올려놓고 혼족에 비혼(非婚)으로 동거생활을 하게 하나? 이제 동성연애, 동성결혼까지 장려하여 인류를 파괴하려 하나?

1. [젊은세대여, 피땀흘린 선친들, 박정희 대통령 잊지마오]

오늘의 신문화, 조국 신세대들이여, 희생한 1, 2세대 부모들을 잊지마오
젖동냥 구걸에 2세대를 등에 얹고, 가난에 한이맺혀 불쌍하게 하직했오
고인된 박정희 대통령도 잊지마오, 가난에 죽어가는 국민위해 혁명했고
잘살자며 경부고속 수출길 열었고. 국가를 지키려 아들을 육사에 보냈오
맥도날드뇌물을 소총으로 더 받아, 반공사상에 자유대한, 조국을 지켰오
어찌 어제의 아픔들을 감추려 하오? 어찌 선친들의 희생을 잊으려 하오?
어찌 선친들을 꼰대에꼴통이라하오? 어찌 부모를 원망하며 불평만 하오?

2. 젊은세대여, 오늘의 조국을 버리지 마오

오천년 가난에 부자가 된 대한민국, 어째서 젊은이들은 불평들만 하오?
어째서 젊은이들은 불안하다 하오? 무엇이 궁하고 답답해 이민을 가오?
있는 자식들은 왜 미국에 유학가오? 왜 고관자식들은 미국영주권 받소?
백수에 짜증나 불안해서 그런거요? 핵폭탄에 전쟁이 두려워 그런거요?
문정권 좌익정부 북한될가 두렵소? 좌익국회 쌈질들 꼬라지 때문이오?
졸부들이 눈꼴사나 그러는 것이오? 조국은 조국이오, 조국을 잊지마오
어찌 어제의 아픔들을 잊으려하오? 어찌 오늘의 아픔들을 피하려하오?
어찌 내일의 희망들을 버리려하오? 어찌 조국에 쪽팔린다 떠나려하오?

3. 젊은세대여, 자랑스런 오늘 조국을 보오

태어나 정들어 살다갈 대한민국은, 선대의 피땀으로 경제대국이 되어
우수한 두뇌에 저력있는 민족이고, 고성장 고문명에 위대한 조국이고
고층 아파트가 어디가나 즐비하고, 자동인식 정문들이 스르르 열리며
카드하나로 집에서 음식을 시키고, 수백TV채널로 삶을 즐기는 나라고
화장실에 미국도 없는 비데가있고, 병자가 넘쳐나도 건보로 고쳐주고
몇분안에 버스오는 전광판을 보며, 수많은 전철에 어디든 가는나라고
전철 땅속에서 전화도 펑펑터지며, 단시간 고속철로 땅끝을 갈수있고

카드 하나로 전국을 누빌 수 있는, 반만년 가난에 부자가된 조국이오
어찌 어제의 가난들을 들추려하오? 어찌 어제의 슬픔들만 생각을하오?
어찌 어제없는 오늘있다 하겠으며, 어찌 오늘없는 내일이 있다하오?

오늘 신세대들이 누구인가? 내일의 대한민국 국운(國運)을 책
임질 4세대(2030) 젊은이들이 아닌가? 잘 먹여 잘 키우고, 열심히
학교를 보냈던 오늘의 부모세대, 3세대(4060)의 자녀들이다. 많은
분들이 이제 이미 세상을 떠났지만 6·25전쟁에 굶어 죽던 절망
에 쌀밥 먹기에 희망을 걸고, 먼 서독의 땅굴 속에서, 베트남 전
쟁의 총알받이로, 구슬땀 흘렸던 중동사막에서, "잘 살아보세"를
다짐하며 조국건설에 앞장섰던, 그래서 "한강의 기적과 오늘의
경제대국을 우뚝 서게 한 2세대(7090)이 오늘 신세대들의 조부모
들이다. 이제는 세상을 떠나고 없지만 일제(日帝)의 숱한 수난과
수탈을 견디며, 조국의 해방만 기다리다가 또다시 말년에 6·25
전쟁, 동족상쟁을 만나, 가슴을 치며 서럽게 하직한 1세대(90110)
들이 오늘 신세대들의 증조부모들이다. 오천년 역사를 제일 부자
나라의 역사로 만든 우리들 모두의 선친들이다. 오늘 신세대들
은 죽어도 그들을 잊어서는 안 된다. 증조부모들은 6·25전쟁 때
굶어 죽던 그대들의 조부모들, 2세대들을 젖동냥에 미음으로 간
신히 살렸고, 그들 2세대 조부모들이 이 조국, 대한민국을 부국
강국(富國强國)을 만들었고, 오늘 4세대, 신세대는 그들로부터 이
어진 핏줄이고, 그들로부터 이어받은 존재성(存在性), 정체성(正體
性), 미래성(未來性)을 간직하고 있기 때문이다. 어찌 오늘 젊은이
들이 신시대, 신세대, 신문화, 신문명에 노약자인 그들을 "구세

대에 무식하다, 꼴통이다"로 홀대하고 학대하느냐? 어째서 신세대가 늙은 경비원을 두들겨 패 죽이는 방송보도까지 나오게 하느냐? 어째서 오늘 금수저 신세대들은 유흥문화, 소비문화로 그들의 피와 땀, 눈물(경제대국)을 노동기피에 자립기피로 탕진만 하느냐? 어째서 오늘 신세대는 "조국에 쪽팔려" 이민간다 하느냐? 조국은 누구의 조국이고, 누구를 위해 존재했는가? 서울 "은평공원"을 가보라. "서위렴(William H. Shaw)" 동상이 있다. 선교사인 아버지에 1922년 평양에서 출생했다. 하바드 박사과정 중 조국(한국)이 6·25전쟁이 터지자, 공부를 걷어차고 처자식을 처가에 맡기고 조국, 한국에 나와 조국 위해 싸우다 "녹번리 전투"에서 29세로 조국에서 조국위해 죽었다. 그것이 우리들의 조국이고 미국인의 가슴에도 조국은 그런 것이다.

불구하고 오늘 대한민국의 신세대(4세대: 2040), 조국의 젊은이들은 한국사회의 대위기를 맞았다. 어쩌다 오늘 19대 문정권이 조국의 젊은이들에게 이러한 국가 대위기를 물려준단 말인가? 오늘 조국, 대한민국의 대위기가 무엇들인가? 예컨대 이미 앞에서 말한 ① 첫째, "벼락 빚" 위기다. ② 둘째, "실직"위기다. 이제 삼성까지 감옥살이 시키는, "달면 삼키고 쓰면 뱉는" 토사구팽(兎死狗烹) 문정권이 아닌가? ③ "좌익들"의 위기다. 왜 자유민주 남한에 좌익들이 이리도 많은가? 왜 제 살 먹기로 스스로의 조국을 좌익독재 공산화로 망국케 하나? 문정권이 자유민주 정부를 좌익정부로 만든 지가 벌써 5년이 됐다. 이제 정권교체로 자유민주 회복이 없다면 이제 대한민국은 미래 희망이 없다. 또다시 5천

년 가난의 역사로 되돌아가야 한다. 왜 좌익들은 북한에 가서 살지 않고 왜 온갖 자유민주, 부(副)를 남한에서 좌익질을 할까? 답은 간단하다. 북한에 가봐야 좌익질은커녕 정치수용소나 갈 처지로 남한에서 주사파 좌익들과 쉽게 권력과 집권하며 잘 먹고 잘 살기 위해서다. 비겁한 좌익 정치인들이 아닌가? 이제 추X애는 남북한 대학생들의 교환하자며 주체사상을 세뇌화시켜 좌익세력을 확장을 꾀하는 말까지 한다. 미친 사람들이다. 거짓과 위선자들, 왜 좌익질로 자유민주, 스스로의 조국을 망국케 하나? ④ 넷째, 신세대들의 "혼족에 혼밥신세"의 위기다. 비혼(非婚)"에 인륜파괴적 위기다. 왜 구세대와 구정권들, 오늘 19대 문정권은 투기정치로 "집값만 올려 놓고" 왜 오늘의 신세대들을 혼족에 혼밥신세로 만들었는가? 어째서 오늘 문정권은 출산장려를 말하는가? 살 집도 없는데, 실직인데, 어찌 결혼하여 출산에 양육하란 말인가? 이제 신세대들의 성욕에 책임 없는 비혼(非婚)에 동거생활까지 문정권이 조장하지 않는가? ⑤ 다섯째, "빈부격차"의 위기다. 대물려 넘어가는 금수저, 은수저, 흙수저가 아닌가? 신세대들은 이 문제를 어떻게 풀어야 하나? ⑥ 여섯째, 대물림하는 "불신정치성" 위기다. 민족세습성, "독재성과 분열분쟁성"에 권력독재 통치와 사색당파 정쟁당쟁 정치, 당리당략에 트집정치, 쌈질정치만 하여 한국정치가 고질적 불신정치로 후진국3류 정치국가로 추락되었다. 신세대들과 후손들은 이를 어찌 올바르게 잡아야 하나? ⑦ 일곱째, 구시대가 물려준 "불신국민성" 위기다. 거짓성, 위선성, 부정성, 불의성, 사기성에 한국사회가 오늘 황금만능주의, 한탕주의, 이기주의, 우월주의, 배타주의, 사치허영, 오락쾌락으로 국민불신성이 아닌가? 이를 어떻게 신세대들과 후손들은 건전한 국민성으로 정착시켜야 하나? ⑧ 여덟째, 구세대가 물려준 "가짜사회"의 위기다. 오늘 한국사회가 가짜식재, 짝퉁시장, 가짜광고, 먹튀사기, 가짜서류, 가짜대출, 가짜논문, 가짜이력으로 악명의 사회가 아닌가? 오죽하면 보이스피싱이 두려워 발신자 이름이 뜨지 않으면 전화까지 꺼 버리는, 세상천지에 이런 국가, 이런 국민을 누가 만들어 오늘 이런 불신사회성이 되었는가? 어찌 이를 신세대들에게 돌려줄 수가 있단 말인가? 이를 어찌 신세대와 후손들이 바로 잡을 수 있단 말인가? 구세대를 대신하여 저자(著者)라도 신세대들에 사과와 용서를 받고 싶다.

불구하고 19대 주사파 문정권이 취임당시(2017) 약속했던 국정공약(國政公約)들이 무엇들이었나? 지금 그것들이 도대체 어디에 있는가? 왜 공수표에 공약(空約)들로 거짓말을 했는가? 대통령 자리가 그렇게 좋은가? 국민들은 왜 달콤한 말들에 표를 주나? 정치인들에 한두 번 당해 봤나? 문재인 대통령이 약속한 ① "평등"한 기회, "공정"한 과정, "정의"로운 결과는 어디에 있는가? ② 청와대 일자리 상황판은 어디로 갔는가? ③ 청와대를 광화문으로 옮긴다 했던, ④ 광화문을 소통의 광장으로 만들겠다 했던, ⑤ 퇴근길에 시장을 들리겠다 했던, ⑥ 대통령이 언론방송에 직접 브리핑을 하겠다 했던, ⑦ 권력기관을 완전히 독립케 하겠다 했던, ⑧ 자주국방과 안보를 지키겠다 했던, ⑨ 한미동맹을 강화하겠다 했던, ⑩ 대통령이 나서서 야당과 대화를 나누겠다 했던, ⑪ 삼고초려로 훌륭한 인재를 찾겠다 했던, ⑫ 문정권에서 정경유착을 근절시키겠다 했던, ⑬ 지역과 계층, 세대 간의 갈등을 해소하겠다 했던, ⑭ 차별없는 세상을 만들겠다 했던, ⑮ 약속을 지키는 솔직한 대통령이 되겠다 했던, ⑯ 잘못은 잘못이라 말하겠다 했던, ⑰ 특권과 반칙이 없는 세상을 만들겠다 했던, ⑱ 공정한 대통령이 되겠다 했던, ⑲ 상식이 통하는 세상을 만들겠다 했던, ⑳ 한번도 경험해 보지 못한 나라를 만들겠다 했던 문재인 대통령의 대선공약들은 지금 어디에 있는가? 참으로 고약한 대통령이다. 국민마저 좌익, 우익으로 분열시켜 스스로의 조국을 반역하고 매국한 멍청한 대통령이 아닌가?!

4세대 젊은이들이여, 그래도 피와 땀, 눈물로 잘 먹고 잘 살게 한, 세계 최빈국(最貧國)을 경재대국으로 만든 "선친들"을 잊지 마시오. 이제 노쇠하여 죽음을 기다리는, 어제의 조국건설 역군들이오. 그들을 홀대치 마시오. 어찌 젊은이들이 전철 안에서 자리 양보는커녕 젊은이가 노쇠한 노인을 욕질에 발길질을 한단 말이오? 어찌 젊은이가 늙은 경비원을 때려 죽인단 말이오? 손자손녀가 예뻐서 조부모들이 애들에 뽀뽀하면 왜 그리 기겁하며 노부모들을 구박하오? 손자들에 뽀뽀하면 손자들이 병 걸려 죽소? 노부모들은 그대들의 부모들을 그렇게 잘 길렀오. 오늘날 젊은이들은 바쁜 게 벼슬이오? 부모들에 전화하면 전화기가 고장 나오? 왜 부모들 한 마디에 열 마디로 대꾸를 하는 거요? 아이들의 과외공부가 선친들의 제사(祭祀)보다 더 중하오? 코흘리개 손자들과 해외여행을 가면 조부모, 늙은이들이 질투를 하오? 늙은 부모들이 돈이 없어 여행을 마다하는 줄 아오? 늙은 부모들이 세상구

경을 할·줄 몰라 여전히 밭에서 등 굽어 다리 절며 일만 하는 줄 아오? 늙은 부모들이 쓸 줄 몰라 좋은 옷에 좋은 음식을 마다하는 줄 아오? 가난했던 죄, 못 배웠던 죄, 일만 했던 죄, 돈을 벌어야 했던 죄, 이 모든 죄들이 누구를 위한 죄들이었소? 어째서 오늘 경제대국에 잘 먹고 잘 산다면 늙은이들을 무시하고 홀대하는 것이오? 잘 먹고 잘 사는 덕이 누구의 덕이요?

6·25전쟁과 가난, 가슴아픈 저자(著者)의 기억

6·25전쟁 시 저자(著者)는 7살이었다. 한창 먹을 나이다. 이틀은 굶고 하루도 먹을까 말까한 처참한 형편이었다. 배가 고파 산으로 들로 초근목피(草根木皮)로 연명했다. 그러다 어느 날 몸이 누렇게 뚱뚱 부어 부황에 걸렸다. 간신히 살아난 어렸던 나는 전쟁을 의심하며, "다시는 내 생전에 굶지 않겠다"며 굳게 맹세했다. 7살 아이가 낮에는 땔감일에 농사일을 도왔지만 학교에서 1등을 놓치지 않았다. 고교까지 시골에서 마치고 서울로 대학을 위해 상경했다. 돈 없는 빈털터리에 쌀 한 줌에 빵 한 조각, 연탄 한 장 사기에 신문배달에 봉투붙이기 등 온종일 하루 10시간씩 일하며 때로는 하루에 빵 1개로 버티며 대학을 다녔다. 졸업 후 가난에 청운의 꿈; "미국유학"을 가기위해 담벼락에 "혈서"를 써 붙이고 열심히 공부했다. 장학금도 없었던 때다. 대학 2학년 때 등록금이 모자라 하는 수 없이 깡패들이 우글대는 "해병대(137기)를 갔다. 병역필을 해야 유학에 여권이 나오기 때문도 이유였다. 육군이 36개월, 해병대는 22개월로 병역기간이 짧았기 때문이다. 제대 후 복학하여 대학 졸업 전 미국유학 필수코스, 문교부시험(6과목)을 합격하고 또 미국서 직송되는 토플시험에 모두 합격했다. 그리고 졸업과 동시 문교부 허가금, 단 100불(10만 원)을 손에 쥐고 망망대해, 미국유학길에 올랐다. 그 후 사생결단의 고난과 노력으로 "도시경제학 박사와 전략경영학 박사" 둘을 땄다. 그 외 상상은 "독자들의 상상"에 맡긴다. 정신일도하사불성(精神一到何事不成)이란 말이 있다. 정신만 통하면

무엇이든 성공한다는 말이다. "성찰 없는 삶은 삶의 가치가 없다"고 소크라테스도 말하지 않았는가?! 오늘 신세대들에게 전하고 싶은 말이다.

젊은이들이여, 잘 먹고 잘 살게 해준 고(故) 박정희 대통령도 잊지 마시오. 60년 전, 그대들의 선친들이 굶어 죽던 그 시절에, 가난구제와 조국부흥을 위해 목숨 걸고 5·16(1961)혁명을 한 사람이었오. 대통령이 된 후, 조부모들(2세대, 80-90세)과 "잘 살아보세"로 한강의 기적을 낳고 오늘 대한민국을 경제대국으로 만든 대통령이었오. 누가 그를 독재자라고만 하오? 조국건설을 방해한 지성인들과 야당 정치인들, DJ(김대중)등등이 조국건설에 방해가 되니 그들에 독재했을 뿐이오. 3천만 국민에겐 독재는커녕 눈물로 어루만진 대통령이었오. 오히려 국민은 박정희의 지도력을 따르며 박정희와 같이 조국건설에 앞장을 섰오. 독재를 말한다면 오늘 19대 문정권은 박정희보다 훨씬 더하오. 박정희는 "반공사상"을 국시의 제일로 삼고 좌익들을 싫어 했오. 조국부흥을 위해 말 안 듣는 사람들에 독재를 했지 멀쩡한 국민에 독재를 하지 않았오. 그러나 오늘 19대 주사파 문정권은 아예 국가를 송두리째 좌익으로 바꿔 버렸오. 자유민주 "반역"에 좌익정치로 행정부, 입법부, 사법부, 선관위, 대법원, 방통위 등 좌익정부를 위해 국가 주요기관을 좌익정부화 장악하고 부정선거를 하고, 부정선거로 180석 좌익집권 다수당을 만들어 좌익입법 독재독주를 하고, 대법원이 무려 126지구 선거무효 소송들을 아예 불법으로 묵살해 버렸오. 심지어 6개월 내가 아닌 14개월 후, 천대엽과 조재연 대법관들이 참석한 인천연수(을), 양산(을), 영등포(을)의 재검에서 한

결같이 "배추색, 일장기, 인쇄된, 서로 붙은 등등의 부정표"들이 수 천장이 발견됐지만 양신과 상식마저 버린, 썩은 대법관들은 좌익들이 좌익정권을 돕고 있소. 부정선거로 국회 180석을 지키기 위한 마지막 절규라 생각하오. 비겁한 대법관들이오. 젊음이 무엇이오? "평등과 공평, 정의에 피끓는 젊은이들이 아니오? 제발 19대 문정권과 좌익들을 젊음으로 응징하여 조국의 자유민주를 바로하기를 기원하오.

오늘 저자(著者)는 가슴을 울먹이며, 오늘의 젊은이들에게 몇 마디 하고 싶소: "먹을 게 없어서 보리쌀 한 줌을 넣고 고구마 줄기를 한 솥 가득히 넣고 풀죽을 쑤어 먹어 봤냐고--? 학교가 없어서 공부를 할 수 없었던 전쟁 난리통을 겪어 봤냐고--? 배고픔이 사람을 짐승으로 만든다는 것을 아느냐고--? 전쟁이 끝나고 굶어 죽는 사람들이 하도 많아서 4·19혁명 때 박정희 장군이 목숨 걸고 혁명하여, 난장판인 나라를 다시 잡고, 국민에 희망을 줬다고---, 그래서 박정희가 배고픔을 잊게 해주어 고마웠다고---! 박정희가 독재자라 했는가? 잘 살아 보려고 독재한 게 무슨 잘못이냐고--?" 지금도 1, 2세대가 겪었던 그 수난에 고생들을 생각해 보면 저자(著者)는 눈물이 저절로 흐르오. 도대체 박정희 대통령이 누구였오? 서독 총리 앞에서 "우리 국민 절반이 굶어 죽으니 제발 도와 달라"며 눈물로 애원했던 국가 지도자였오. 아들, 박지만군의 미국유학을 반대하고 대신 나라를 지키라며 육사(육군사관학교)를 보냈던 훌륭한 아버지였오. 미국 맥도날드 회사로부터 M16소총 수입 시 맥도날드가 주는 뇌물대신 소총으로 더 달라며 좌익들을 싫어한 "반공사상"이 투철했던 위대한 국가 지도자였오. 6·25전쟁 시 가난에 굶어 죽던 1, 2세대를 생각하면 너무 눈물이 나오. 박정희 대통령이 부산항구를 수출기지로 삼으려 경부고속도로를 건설할 때 김대중 전대통령과 일당들이 건설을 방해하기 위해 건설도로 한복판에 드러누웠던 그들이 밉소. 더구나 김대중 대통령은 "햇볕정책"을 핑계로 평양을 오가며 북한과 짝짝궁이 되어 북한에 5억 불을 주어 오늘 북한이 그 돈으로 핵탄을 만들어 오늘 남한의 한국과 한국인들을 향해 "불바다" 운운하며 동족을 위협하며 동족살인을 서슴치 않고 있지 않소? 북한의 김일성이 권력과 집권욕심에 그 지독한 독재공산국을 만들어 당시나 지금 좌익과 우익이 끝나지 않은 전쟁으로 조국, 대한민국이 망국화 돼 가고 있음을 어찌 오늘의 좌익들, 젊은이들은 이를 모른다 하오? 그대들 스스로가 주사파, 좌익들이라 한다면 그 지독한 북한에 가서 살 수가 있겠오? 좌익들의 핑계, 남한에서 권력잡고 잘 먹고 잘 살려는 핑계사상, 거짓좌익들이 아니겠오? 거짓과 위선(僞善), 썩은 자들이 아니겠오? 제 혼자 잘 먹고 잘 살기 위해 위선적 좌익질을 하는 썩은 사람들이오. 그런 대통령의 딸, 나라와 결혼했다는, 역대 정권중에서 제일로 청렴하다는 그의 딸 박근혜 전 대통령도 오늘의 좌익들이 촛불 시위에 인민재판으로 벌써 4년 이상을 감옥에서 썩게 하고 있소. 어찌 이게 부모, 애비도 없는 홀애자식들이 하는 짓들이 아니고 무엇이오?! 그러니 어찌 19대 주사파 문정권이 좌익정부, 좌익 정치로 나라를 망국케 하지 않는다 말을 하겠오?

한국의 젊은 신세대들이여, 우리 조국민, 한민족은 끈질긴 민족정기(民族正氣)가 있는 한민족이오. "꿈은 이루어진다"로 2002년 월드컵 축구를 4강에 올려 놓았던 그대들이 아니오? 비록 내일 조국에 종말이 올지라도 스피노자(Spinoza, Baruch: 1632-1677, 네덜란드 철학자)의 말처럼 "오늘 사과나무 한 그루를 조국에 심을" 그대들이 아니오? "아직도 신에게는 12척의 배가 남았다"는 충무공, 이순신 장군(1545-1598)의 후예들이 아니오? "절망은 희망으로 이끄는 신앙"이라며 눈멀고, 귀먹고, 벙어리였던 미국의 헬렌 켈러(1880-1968)의 말처럼 그대, 신세대들은 잘못된 어제의, 오늘의 조국위기들을 박정희 대통령의 꿈을 생각하여 조국을 내일의 선진국, 선진인으로 거듭날 수 있도록 꿈을 갖고 도전하여 성공해 주길 바라오.

노인세대의 위기

"FOR WHOM THE BELL TOLLS(누구를 위해 종은 울리나)"
― 존던(Donne, John, 1572-1631, 영국 시인)
(후에 헤밍웨이가 이를 제목으로 소설을 씀)

[인생무상 부모세대]
6·25전쟁에 굶어죽던 부모들 세대여

얼마나 찌든 수난을 원망하며 살았오
얼마나 많은 세월을 한스럽게 살았오
얼마나 세상을 원망하며 살아야 했오

허구한 날 목구멍에 풀칠할 걱정으로
낮이면 논밭으로 밤이면 길쌈을 하여
자식들먹이랴 가르치랴 모두 다 팔며
못먹고 지친인생 얼마나 고생을 했오

서러워 마오, 바람인듯 세월은 흐르고
꽃다운 청춘, 젊은날들 석양에 기울어
세파에 지친, 육신들이 삐걱댈 지어니
이제 모두 잊고 편히 쉬다 편히 가시오

[FOCUS] 부모세대여, 어찌 세상이 변했다 한숨만 쉬오?

부모세대여, 어찌 그리 한평생 고생만 하고 살았오? 어찌 그리 가난하여 끼니걱정 하면서 한세상을 힘들게 살았오? 어찌 자식들의 양육에, 교육에, 결혼까지 시키느라 찌들게 살았오? 그런데 어찌 오늘 세상이 이렇게 많이도 변해 사람들이 인성(人性)도, 예의(禮義)도, 양심도, 상식도 버린 세상이 됐오? 어찌 자식들이 혼족에 혼밥신세로 비혼(非婚)에 남녀동거로 사는 말세가 됐오? 얼마나 바쁘고 찌들게 대화 없이 살았으면 자식들이 전쟁도, 가난도, 고생도 모르는 오늘이 됐오? 인생사 어찌 이리 헛되고 헛된 것이오? 6·25전쟁이 엊그제 같은데 어언 세월이 흘러 이미 하직한 동료들이 얼마나 많소? 이제 모두 잊고 편히 쉬다 영원으로 돌아가시오!

신구세대간의 갈등: 삶과 생활의 차이(가로안: 신세대들의 성향)

① 구세대는 구습에 구문화, 구문명적이다(신시대, 신문화, 신문명적이다).

② 구세대는 욕심없이, 한탕주의 없이 살았다(호시탐탐 한탕주의다).

③ 구세대는 노동 집약적 삶이였다(두뇌 집약적 삶이다).

④ 구세대는 느리게 살았다(바쁘고 찌들게 산다).

⑤ 구세대는 나쁜 짓하면 동네에서 창피해 살지 못했다(상관없다).

⑥ 구세대는 양심과 상식은 지키며 살았다(양심, 상식을 경시한다).

⑦ 구세대는 배우지 못했어도 인간도리와 예의범절은 중시하며 살았다(도리와 경우, 예의범절을 경시한다).

⑧ 구세대는 윗분들이 잔소리해도 "예" 하고 살았다(한마디에 열 마디다. 개성과 주장만 강하다).

⑨ 구세대는 모든 걸 팔자로 살았다(부정직해도 끝까지 도전적이다).

⑩ 구세대는 없어도 이웃과 나누며 살았다(나는 나, 너는 너다).

⑪ 구세대는 돈을 떠나 "품앗이"로 살았다(돈이 우선이다. 이기적이다)

⑫ 가난해도 자식들을 위해 희생하며 살았다(자식보다 "내"가 우선이다).

⑬ 구세대는 자립의식이 강했다(금수저, 흙수저에 따라 다르다).

⑭ 구세대는 내로남불로 살지 않았다(내로남불이 많다).

⑫ 구세대는 온고지정이 우선이다(온고지정은커녕 이웃도 거들떠 보지 않는다).

이미 세상을 떠나 지하에 계신 1세대(95~110세), 증조부모, 어르들 선친들이여, 살아생전 그 얼마나 가난과 수난, 고생으로 한평생을 사셨오. 일제치하(日帝治下)의 수난과 수탈을 당하시고, 해방된 지 또 5년 만에 6·25 민족상쟁에 얼마나 굶주리다 돌아가셨오?! 얼마나 한(恨) 많은 세월에 한(恨)으로 살다가 세상을 떠났오. 일제에 나라를 뺏겨서 수저에 숟갈까지 일제에 수탈당하며 얼마나 나라를 원망하다 돌아가셨오?! 나라를 없어져 멀고 먼 소련의 연해주에서, 만주 벌판에서 고국의 해방만 바라보다 얼마나 억울하게 세상을 떠났오?! 조국이 해방됐다는 소리에 어린 2

세대(70-90세) 자식들을 등에 업고, 또 머리에 짐을 이고, 조국에 돌아 왔오. 그러나 그도 잠시 잠시, 또다시 5년 만에 6·25 민족상쟁으로 또 얼마나 전쟁에 고생하다 돌아가셨오? 나라가 없다는 게, 살아야 할 울타리가 없다는 게, 동족이 동족을 서로 죽인다는 게 얼마나 가슴에 못 박히는 민족설움에 민족비운(悲運)이겠오? 다행이 6·25전쟁 속에서 젖동냥으로 키웠던 2세대(70-90), 조부모 선친들이 서독의 땅굴 밑에서, 베트남 전쟁의 총알받이로, 중동의 사막에서 벌어들인 피와 땀, 눈물로 후손들(3, 4세대/20-60)을 위해 한강의 기적을 낳고 오늘 자유민주, 대한민국을 세계적 경제대국으로 만들어 놓았오. 2세대가 온갖 고생을 다해 5천년 민족역사에 제일 잘 사는 나라를 만들어 놨으니 그게 얼마나 다행이오. 모두가 선친들의 민족정기, 민족기상, 민족저력이 아니겠오? 그러나 오늘 19대 문정권, 좌익정권에 들어서며 오늘 4세대 젊은이들이 대위기를 맞고 있소. 문정권이 자유민주를 "반역하여" 좌익정부에 좌익정치로 대한민국 민주주의를 파멸시켜 망국정치에 반역정치를 했고 하기 때문이오. 그래서 오늘 선친들의 증손에 손자들이 "빚 위기, 실직위기, 좌익위기, 비혼(非婚)위기"를 맞아 혼족에 혼밥신세로 가엾게 살고 있소. 이를 어쩌면 좋단 말이오?

6·25전쟁의 피난길, 포탄에 맞아 죽어간 싸늘한 엄마의 시체를 붙들고 한 없이 슬프게 울어대던 그 가엾은 전쟁고아는 아직도 살아 있는지? 살았다면 어디서 오늘 2세대로 천대받고 사는지? 그 전쟁 기록영화를 보면 왜 이리 눈물이 나는지 모르겠오!

전쟁 난리에 누군가는 젖동냥으로, 누군가는 미음으로 살아남아야 했던, 그리고 어린 아이들고 목구멍에 풀칠을 해야 했던, 누군가는 남의 집 더부살이로, 식모살이로 보내져 살아남아야 했던 2세들(70-90), 그때 그 시절이 어찌 이리 가엾은 사정들이 오늘에 생각나며 어찌 이리 서글픈지요? 아직도 살아남아 내일 곧 죽음을 맞을 그들인데 어찌 삶이 이리 헛되고 헛된 것인지요? 6·25 전쟁에 황폐화된 이 땅에서 굶어 죽던 그 시절, 배곯아 산야(山野)를 헤매며 풀뿌리, 나무껍질, 초근목피(草根木皮)로 하루 하루를 버티던 전쟁통의 아이들은 살아남았는지? 어디서 무엇하며 살아왔는지, 그리고 어언 70여 년이 지나 허무한 죽음이 내일 앞에 있으니 어찌 이리 가슴이 절여 드는지 슬프기만 하오. 인생사 무상(無常)하기 그지없다 느껴지오. 이제 그들 2세들도 거의 다 세상을 떠났고 남은 노약자 몇 분인지요? 어째서 오늘 4세대(20-40) 젊은이들은 어제 그들의 슬픔을 모른다며 그들이 "못 배웠다, 무식하다, 컴맹이다, 잔소리 많다, 신문화에 꼰대다, 꼴통이다"로 홀대에 학대를 하는 지요? 어찌 오늘의 신세대들은 어제를 모르고 오늘만 안다 하는지요? 어째서 피와 땀, 눈물로 "한강의 기적을 만든, 오늘 경제대국"을 이룩한 그들의 은덕(은덕)을 망각하고, 아예 알 바 없다며 오늘 젊은이들이 노인들을 혹대하며 학대를 하는지요?

2세대 늙은 조부모들이여, 도대체 그대들은 누구를 위해, 무엇을 위해 한 평생 죽도록 일하며 지치고 바쁘게 살았오? 누구를 위해 한평생 피와 땀과 눈물을 흘렸오? 그런데 왜 오늘날 4세대,

신세대들이 조부모, 노약자 그대들을 홀대에 학대를 하오? 4세대 신세대들이 누구의 덕분에 오늘 잘 먹고, 잘 살며, 먹방, 노래방, 오락방, 놀이방 여행방으로 흥에 취해 경제대국을 탕진하오? 어찌 노약자, 그대들, 조부모들이 전철 안에서 자리 양보는커녕 욕질에 발길로 차여야 하며, 왜 불량배 젊은이가 심지어 그대 늙은 경비원을 두들겨 패 죽이는 것이오? 도대체 그대들은 "누구를 위해 종을 울렸오?" 영국 시인, 존 던(Donne, John, 1572–1631)의 시구(詩句)요. 도대체 2세대, 조부모 선친들이여, 그대들은 도대체 누구를 위해, 무엇을 위해 한 평생 희생하며 종을 울리며 살아야 했오? 어찌 오늘의 4세대 젊은이들이 피와 땀, 눈물로 가난을 극복한, 조국건설에 앞장선, 한강의 기적은 세운, 오늘 경제대국을 우뚝 서게 한 그대들을 홀대하고 학대하는 것이오? 어찌 오늘 신세대들의 가슴에는 서럽게 살아 온, 내일 곧 세상을 영원히 떠날, 2세대 그대 조부모들을 "왜 자랑스럽다, 존경스럽다 말하기"는커녕 그대들을 홀대하며 학대만 하는 것이오? 어찌 이들 신세대들이 피땀과 눈물을 흘렸던 조부모 그대들의 인생을 더욱더 서럽고 헛되고 헛된, 회한(悔恨)만 남기는 인생을 만드는 것이오? 어째서 오늘의 신세대들은 이제 곧 "잠깐 보이다 없어질(약4:14)" 그들 스스로일진대 어찌 노약한 늙은 2세대 부모들을 홀대한단 말이오?!

오늘날 2세대, 조부모 노약자들의 위기가 무엇인가? 오늘 사악한 한국사회의 위기가 곧 늙은이들의 위기가 아닌가? 누가 독거노인을 탓할 것인가? 누가 독거노인의 고독한 죽음을 서럽다 하겠는가? 오늘 19대 주사파 문정권에 임하여 한국사회는 대위기를 맞았다. 불신정치성, 불신 좌익정치성, 불신국민성, 불신사회성은 더욱 사회를 삭막하고 살벌한다. 1994년에 있었던 지존파와 막가파의 출현이 재판될까 두려운 세상이 됐다. 이제 막가파를 초월한 "말살파"가 나오지 않을까 무섭다. 어찌 오늘 19대 주사파 문정권이 자유민주를 "반역하여" 스스로의 조국을 좌익정부, 좌익정치로 이렇게 민심이반, 사회혼란, 국가위기를 자초한 것인가? 오늘 노약자들의 위기는 곧 신세대들의 위기가 아닌가? 어째서 오늘 신세대들이 문정권에 임하여 4대위기들: "① 빚 위기, ②실직위기, ③ 좌익위기, ④ 혼족위기"를 맞으며 이에 신세대들이 2세대 노인들에게 일종의 사회적 분풀이를 하게 하는가? 신세대들이 사회위기들에 소외감, 박탈감을 가지며 성격과 성품조차 예민해 지는데 어찌 그 예민성이 노인들의 탓으로 털어지며 홀대에 학대를 하지 않겠는가? 그래서 내일이면 곧 영원으로 떠날 2세대, 노인들에게 한 마디 당부하고 싶다: ① 젊은이들에게 "버릇없다" 핀잔을 마오, 그들이 대들까 무섭소. ② 잔소리도 하지 마오. 한 마디에 열 마디로 대드는 신세대들이오. "예"로 대답하던 시대는 옛날이오. ③ "뼈 빠지게" 일했다 생색도, 기색도 마오. 말 해봤자 알아줄 이도 없오. ④ 추억만 남았다며 서글퍼 하지도 마오. 누가 그대들의 회환을 동정하겠오? ⑤ 죽을 날만 남았다며 서글픈 회한(悔恨)도 하지 마오. 젊은 세대들은 그대들이 빨리 사라지기만 바라오. ⑥ 산전수전(山戰水戰) 고생했다 슬퍼도 마오. 젊은이들에게는 그 말 자체가 불통이요. ⑦ 신시대, 신문화, 신문명이 원망된다 원망도 마오. 신문화, 신문명에 죽고 사는 오늘의 젊은이들이오. ⑧ 손주들이 귀엽다며 손주들에 뽀뽀도 마오. 뽀뽀하면 손주들이 병 걸려 죽는 줄 아는 게 오늘 4세대 신세대들이오. 뽀뽀하면 기겁하며 달려 들지 않소? ⑨ 손주들을 생각하여 옛처럼 딱딱한 음식들을 입안에서 씹어 손주들 입안에 넣어 주지마오. 4세대 부부들이 그 모습을 보면 아마 기절초풍을 하며 구박을 당할 거요. ⑩ 자식들을 옛처럼 끔찍이 생각지 마오. 오늘날 신세대들은 "내리사랑"만 아는, 그래서 마마보이(mama boys), 마마걸(mama girls)들이오. 그들은 "속사랑"은 없고 "겉사랑"만 있어 툭하면 쪽쪽 빨며 사랑표시를 하고, 척하면 쌈질로 이혼하는 세대요. ⑪ 손주들을 보물단지로 귀여워도 마오. 손주들도 크면 할매, 할배는 관심도 없오. ⑫ 제사(祭祀)날, 명절(名節)에 오라, 가라도 하지 마오. 옛날에는 내가 보고 싶어 한 걸음에 달려갔지만 요즘 신세대들은 휴대폰이 있어도, 차가 있어도 전화에 오가기를 싫어하는 세대요. ⑬ 자식들에 제 식구들만 챙긴다, 여행간다, 속상해 마오. 여행가서 자식들 심부름에 쓰러질까 두렵소. ⑭ 가난했던 탓, 못 배웠던 탓, 일만 했던 탓들을 자식들에 말하지도, 생색(生色)도 마오. 말해 봤자 오늘날 4세대 신세대들은 아예 잔소리로 듣지도 않소. ⑮ 옛날에는 가난에 굶었다는 얘기도 하지 마오. 그렇게 말하면 "왜 라면이래도 끓여 먹지"로 복창이 터지는 말들로 대꾸하는 신세대들이오. ⑯ 명절세고 떠나는 자식들에게 이것 저것 싸주지도 마오. 주어 봤자 고맙다는 말도, 기색도 없오. ⑰ 등 굽어 다리 절며 일하지 마오. 뼈 빠지게 일해 봤자 일해서 모은 돈들을 뜯어가기만 하는 오늘의 젊은이들이오. 어찌 그렇게 살며 남은 여생을 헛되이, 서글피 살다 가려하오? "임아 떠나지 마오, 저 강을 건너지 마오"라는 슬픈사연에 영화도 있지 않소? 어차피 그대 조부모, 선친들은 "하루 아침에 잠깐 보이다 없어지는 안개(약4:14)"가 아니겠오? "헛되고 헛된 인생(전1:1)"이 아니겠오? 잠간 보이다 사라지는 구름이 아니겠오?(生也一片 浮雲起, 死也一片 浮雲滅/서산대사)

도대체 오늘날 한국사회의 위기가 어디로부터 발생돼 연유된 것인가? 그래서 왜 신구세대의 갈등을 초래했는가? 그 이유들을 잠시 살펴보자. 예컨대, ① 3세대(40-69세) 부모들이 자식들, 4세대 신세대들을 잘 못 키웠기 때문이다. 바쁘고 지쳐 온전한 가정교육과 훈육이 없었기 때문이다. 돈과 재산에 돌아 자식들에 소홀했기 때문이다. ② 학교 교육이 잘못 됐기 때문이다. 인성과 교양과 도덕이 아닌 시험공부만 강조했기 때문이다. ③ 국민수준을 높이는 정부의 범국민 교육이 없었기 때문이다. "인성화, 도덕화, 교양화, 선거정치화, 자유민주화, 민주법치화, 정의사회화, 국가민주화" 교육이 없었기 때문이다. 건국 이래 과거 72년 간, 범국민 교육과 계몽이 단 한 번이래도 있었는가? 그러니 어찌 사회와 국가가 혼란에 혼탁치 않을 수가 있겠는가? ④ 국가헌신에 국민봉사가 없었던 불신정치 영향 때문이다. 역대 정권들이 제왕적 독재정치에 부정부패 비리정치, 적폐정치, 국정농단만 하며 국회 정치인들이 사색당파, 작당정치, 당리당략에 트집정치, 쌈질정치로 자유민주 대한민국의 민주정치를 불신정치로 후진정치국가로 만들었지 아니했는가? 또 오늘날 19대 주사파 문정권이 민주헌정을 "반역하여" 좌익정부, 좌익정치로 자유

122

민주마저 파괴하지 않았는가? ⑤ 불신정치에 불신국민성을 만들어 사회가 황금만능주의, 한탕주의, 이기주의, 우월주의, 배타주의, 사치허영, 오락쾌락주의로 불신사회를 만들었기 때문이다. ⑥ 불신사회가 가짜식재, 짝퉁시장, 가짜광고, 먹튀사기, 가짜서류에 가짜대출, 가짜논문, 가짜이력이 난무하는 불신사회가 돼 있기 때문이다. 더하여 ⑦ 민족세습성에 국민성이 "침묵성, 회피성, 방종성"으로 불신정치성, 불신국민성, 불신사회성을 수수방관하여 아예 불신국가를 만들었기 때문이다. ⑧ 더하여 신세대들이 신시대, 신문화, 신문명에 치중하여 양심과 상식, 예의도덕이 실종됐기 때문이다 그런데 어찌 사회위기, 국가위기를 피할 수가 있겠는가?

삶의 가치관 위기

"인생은 짧고 예술은 길다"(Life is short, Art is long)
— 세네카(Lucius Seneca: BC5-AD65, 로마 시인)

"할 수 있다는, 할 수 없다는" 생각에서 성공과 실패는 좌우된다

("Can" makes the success, "can't" makes the failure)"

— 저자(著者)

[한국인의 삶]

아름다운 금수강산 예나제나 여전하다

지난해 핀 꽃들이 오늘도 또 피었구나

텃밭에서 일하는 조상들이 보이는도다

새참을 이고가는 아낙네가 보이는도다

구름따라 바람따라 긴긴세월 흘렀구나

소떼몰던 아이들아 힙합노래 들었느냐

밭을매던 아낙네들 비행기를 보았느냐

논을갈던 남정네들 자동차를 타봤느냐

아름다운 산야들은 예나제나 여전한데

세월따라 세상따라 사람들만 변했구나

[행복이란 무엇인가?]

"행복은 늘 곁에 있다"고 괴테(Jhhann Goethe: 1749–1832, 독일문인)가 말한다. "죽음에 이르러 후회 없는 삶을 살았다"면 그것이 행복이라 세익스피어(William Shakespeare: 1564–1616, 영국문인)가 말한다. 죽을 때 행복을 따진들 무슨 소용이 있겠는가? 살아 있을 때 행복을 찾아야 하지 않겠는가? 태어남이 고독(孤獨)이고, 삶 자체가 고행(苦行)이지만 그래도 살아 있는 한 행복(幸福)찾아 즐거운 삶을 살아야 한다.

삶의 가치관이 무엇인가? 오늘날 신시대, 신문화, 신문명을 맞아 삶의 가치관이 어떻게 변했는가? 삶의 가치를 어디에 목적을 두고 어떻게 살아야 하는가? 하는 문제가 삶의 가치관이다. 인간 본능적 욕구는 대개의 경우, 생욕(生慾) → 식욕(食慾) → 물욕(物慾) → 성욕(性慾) 순서로 이어진다. 이에 교육과 경험을 통해 후천적 욕구; 권력욕(權力慾)이나 명예욕(名譽慾), 물욕(物慾)에 사치허영, 오락쾌락 등이 추구되며 삶의 가치관도 달라진다. 인간이 일반 동물들과 다른 점은 동물계에는 물욕이나 권력욕, 명예욕이나 사치허영, 오락쾌락 등의 후천적 욕구가 없다. 인간은 지성(知性)을 갖은 만물의 영장(靈長)이기에 후천적 욕구가 있다. 그래서 정치인들은 삶의 가치관을 출세(出世)와 권위(權威), 명예에 두고 사는가 하면 반하여 일반인들은 대개 삶의 가치관을 부(副)와 명예, 혹은 부(副)와 사치허영(奢侈虛榮), 오락쾌락(娛樂快樂)에 두고 사는 경우가 많다. 출세와 권위와 명예, 그리고 부와 사치허영, 오락쾌락 등은 결국 인간의 삶을 불행하게 만드는 요소(要素)가 될 수 있다. 결국 인간은 삶의 목적을 어디에 두고 사느냐에 따라 삶의 가치관이 달라질 수 있다는 점이다. 또한 오늘날과 같이 시대사조가 변한 신시대, 신문화, 신문명하에서는 오늘에 사는 젊은 신세대들의 삶의 가치관이 바뀔 수가 있다는 말이다. 삶의 가치관이 영원한 것이 아니기 때문이다. 비근(鼻根)한 예(例)로, 예컨대, 오늘날 신세대들은 휴대폰에 중독되어 정신문화, 정서문화, 독서문화, 낭만문화, 문화적 삶의 가치관을 등한시하며 산다. 그렇다고 그것이 신세대들에게 불행한 삶이 되는가? 시대사조적 영향에 삶의 가치관이 달라졌을 뿐이다. 한편 오늘날 TV문화를 보자. 주로 먹방, 노래방, 놀이방, 오락방, 여행방 등의 유흥에 소비문화가 주다. 이에 2세대 노인세대들은 이러한 TV문화를 말세라 비하한다. 삶과 생활의 가치관 차이다. 반면에 신세대들은 삶의 가치관이 변했다며 이들 TV문화를 당연시 여긴다. 삶의 가치관의 시공간의 차이다. 그러나 삶의 가치관 변화의 결론은 오늘

TV문화가 인간을 영혼없는 바보들(idiots)을 만든다는 것은 예나 제나 사실이다. 이같이 삶의 가치관 변화는 시대사조에 따라, 삶과 생활의 변화에 따라, 인간과 자연의 조화에 따라, 옳고 그른 정치와 경제여건에 따라서, 개인사정에 따라서 삶의 가치관은 모두 변하게 나타날 수가 있다는 점이다. 예컨대, 오늘날 정치인들은 왜 비도덕적, 비양심적, 비상식적 정치로 불신정치를 하여 국민성까지 변화시키며 불신국민성을 만드나? 어째서 한국인들은 음주습관(飲酒習慣)에 가정을 파탄하며 삶의 가치관을 변화시키며 불행하게 살아야 하는가? 어째서 한국인들은 한탕주의 불로소득에 사치허영, 오락쾌락 문화를 좋아하며 비현실적, 비실용적 삶을 사는가? 하는 등등의 삶의 가치관 변화는 개인적인 삶의 여건에 따라 가치관이 변화된 현상이다. 그렇다고 그러한 삶들이 불행과 행복이라 인간들이 말할 수 있는 것인가? 이는 공통적 생각과 관념의 차이다. 누군든 개인의 삶에 이렇다 저렇다, 행복이다 불행이다를 결론지을 수가 없기 때문이다. 그러나 고대 로마 제국의 시인, 세네카(Seneca, L. A: BC 4–BC 65)는 "인생은 짧고 예술은 길다(Life is short, Art is long)"로 인생을 말했다. 인간들이 세상에 태어나, 인생사, 이 모습, 저 모습으로 한 세상 살다가 결국 지상(地上)에서 영원(永遠)으로 사라지는 바, 인간은 헛된 삶의 가치관을 두고 살지 말기를 권고하는 세네카의 말일 뿐이다. 사후(死後)에도 어떤 삶의 가치관을 세상에 남기겠는가? 하는 것이 세네카의 말이다. 삶의 가치관에 따라 개인 인생의 행복의 지표가 달라진다.

오늘날 한국인들의 신구세대 간의 삶의 가치관 변화는 무엇인가? 신구세대간의 삶의 가치관을 생각해 보자. 구세대는 비교적 정적(靜的)인 삶을, 신세대는 동적(動的)인 삶을 살았다 말할 수 있다. 그래서 구세대의 삶의 가치관은 구습(舊習)에 보수적(保守的)이지만, 반하여 신세대의 삶의 가치관은 신문화, 신문명적 진보적(進步的)이다. 그래서 구세대는 민족 세습성에 보수성(保守性), 과묵성(寡黙性), 침묵성, 회피성, 방종성, 방관성(傍觀性)으로 정적(靜的)인 삶의 가치관을 갖는다. 반하여 오늘의 신세대들은 신시대 신문화, 신문명에 진보적(進步的), 창조적(創造的), 표현적(表現的), 능동적(能動的), 경쟁적(競爭的)으로 비교적 동적(動的)인 삶의 가치관을 갖는다. 신구세대 간의 삶의 가치관 차이는 정적(靜的)과 동적(動的)이다. 예컨대, ① 첫째, 신구습성(新舊習性)에 따른 삶의 가치관의 변화다. 구세대들은 선대(先代)로부터 구습을 배워 구습적(舊習的), 보수적이다. 반하여 신세대들은 신세대, 신문화, 신문명적, 신습적(新習的), 창조적, 진보적이다. ② 둘째, 부축적(副蓄積)에 대한 삶의 가치관의 변화다. 구세대는 땀 흘려 노동으로 부축적(副蓄積)을 했지만, 반하여 신세대는 두뇌와 문명에 의한 부축적을 추구한다. ③ 셋째, 노동과 문명에 따른 삶의 가치관의 변화다. 구세대는 노동을 위한 인간의 노예로 살았지만, 신세대는 돈과 시간을 위한 기계와 문명의 노예로 사는 삶의 가치관 변화다. 노동과 문명이 준 삶의 가치관의 차이다. ④ 넷째, 부(副)와 소비(消費)에 따른 삶의 가치관의 변화다. 구세대는 가난에 부축적(副蓄積)으로 절약하는 삶의 가치관을 지녔지만, 반하여 신세대들은 구세대의 부축적(副蓄積)에 의존하여 부(副)를 재창출하거나 소비(消費)하는 삶의 가치관의 변화차이다. 그러나 오늘날 대(代)이어 가난한 빈곤층 신세대들은 선대들의 노동의 대가, 부축적이 오늘날 신문화, 신문명하에서 노동의 대가로는 불가능함을 안다. 그래서 오늘날 빈곤층 신세대들 역시 빈부격차에 대한 불만이 심화되어 이들 역시 자포자기하듯 노동기피, 자립기피, 태만주의, 방임주의, 방관주의로 부정적 삶의 가치관을 더욱 초래한다. ⑤ 정신과 정서, 독서문화의 삶의 가치관의 변화다. 구세대는 신문화, 신문명이 없었던 만큼 구시대적 정신과 사상, 정서와 독서문화를 위주로 삶의 가치관으로 살았다. 반하여 오늘날 신세대는 신문화, 신문명, 정보화 시대에 맞춰 정신과 사상, 정서와 독서문화를 회피하며 전자문화 위주로 산다. 정서적 삶과 문명적 삶의 가치관 차이다. 오늘날 손 편지를 본 적이 있는가?

오늘날 발전된 문명이 삶의 가치관을 변화시킨 것들이 무엇인가? 예컨대, ① 첫째, 신문명, 정보통신 발달이 삶의 가치관을 변화시켰다. 예컨대, 유선전화가 아닌 무선전화에 휴대폰 문화가 바로 그 예다. 휴대폰 하나로 모든 정보를 검색하고 해결할 수 있는 신문명 시대가 아닌가? ② 둘째, 컴퓨터 전자기술의 발달이 삶의 가치관을 변화시켰다. 컴퓨터의 발전에 정보들이 초속으로 접속되는 정보통신 시대가 아닌가? 이들 전자화 문화가 세계문화를 접속하며 전통적 고유문화의 삶의 가치관을 변화시킨다. 예컨대, 오늘날 신세대들에 유행하는 힙합에 댄스뮤직이 바로 그 예다. 구세대가 트롯노래 문화라 하면 신세대에겐 힙합과 댄스가 합친 예컨대, BTS, K-pop들의 신뮤직 문화가 대세가 아닌가? ③ 셋째, 한국적 정치불신성이 불신국민성을 초래하며 삶의 가치관을 변화시킨다. 부정부패 비리적 불신정치가 국민성을 거짓과 위선, 부정과 불의, 사기적 행태를 초래하여 불신국민성으로 삶의 가치관을 변화시켰다. ④ 넷째, 한국적 불신국민성이 불신사회성을 초래하여 삶의 가치관을 변화시켰다. 불신국민성에 사회가 불신사회가 되며 사회가 거짓사회, 가짜사회가 되는 삶의 가치관의 변화다. ⑤ 다섯째, 자본주의적 국민의식에 삶의 가치관 변화다. 황금만능주의에 한탕주의, 이기주의 배타주의, 우월주의, 차별주의, 사치허영주의, 오락쾌락주의, 방종주의, 방관주의가 오늘날 한국사회를 지배하고 있는 삶의 가치관 변화가 아닌가? ⑥ 여섯째, 동서문화의 충돌에 이질문화(異質文化)적 삶의 가치관 변화다. 예컨대, 서구화에 이질문화가 된 혼족에 혼밥신세, 핵가족 현상이 그 한 예다. 또한 신세대들이 전유하는 속된 언어문화, 예컨대, 은어, 속어, 혼어, 약어, 영어 등등이 그 예들이다. ⑦ 일곱째, 인구과밀에 치열한 생존경쟁(生存競爭)이 삶의 가치관을 변화시켰다. 예컨대, 4년제 문과대학을 졸업해도 취직을 할 수 없게 되자 다시 2년제 기술대학에 입학하여 기술을 배우는 삶의 가치관을 변화시키지 않는가? ⑧ 여덟째, 빈부간(貧富間)의 격차와 도농간(都農間)의 격차(格差)가 삶의 가치관 변화시켰다. 대(代)이어 부자(富者)되고, 대(代)이어 가난케 되는 자본주의적 폐단, 빈부격차는 물론이고 도시로 몰려든 도시집중 인구과밀에 도농간의 노동격차가 삶의 가치관을 변화시켰다. ⑨ 아홉째, 사회부조리(不條理) 현상이 삶의 가치관을 변화시켰다. 예컨대, 누구는 죽어라 공부해도 명문대에 입학을 할 수 없는데 반하여 누구는 인맥과 연고로 실력이 없어도 명문대에 입학하는 사회적 부조리 (不條理)가 삶의 가치관을 변화시켰다는 점이다. 대 이어 배우가, 대 이어 가수가, 대 이어 연예인이 되는 오늘날 한국사회가 아닌 가? 계층간, 연고간 사회행태가 삶의 가치관을 변화시켰다는 점이다. 국민간 소외감(疎外感), 박탈감(剝脫感), 허탈감(虛脫感)을 주는 삶의 가치관이 변화다. 이렇듯 오늘날 한국인들의, 특히 젊은 신세대들의 삶의 가치관이 신문화, 신문명 여파에 많은 삶의 가치관이 변질되었다. 불신정치성, 불신국민성, 불신사회성들이 오늘날 삶의 가치관들을 얼마나 많이 변화시켰는가?

삶의 가치관 변화가 오늘 한국사회에 미친 영향은 무엇인가? 가치관 변화에 따른 한국인들, 한국사회가 얼마나 변화되었는가? 예를 들어보자. 예컨대, ① 첫째, 생태적 삶의 질의 변화다. 구세대적 대가족제 가정문화에서 신세대적 혼족에 혼밥신세, 핵가족 현상으로 변화되었다. ② 둘째, 삶의 의식적 가치관 변화다. 구세대는 비록 가난했지만 이웃과 정문화(情文化), 배려문화, "품앗이 문화"로 살았다. 반하여 신세대는 극단적 이기주의적 핵가족 문화로 살벌한 삶을 산다. 부부간, 부자간, 형제간, 이웃간 물욕(物慾)에 툭하면 쌈질, 척하면 소송이 대세(大勢)인 소송천국이 돼 있지 않은가? 돈과 재산, 보험에 살인도 불사하는 삶의 가치관으로 변하지 않았는가? ③ 셋째, 사랑문화의 가치관 변화다. 구세대는 표현 없는 "속사랑"으로 살았지만 반하여 신세대는 속사랑은 없어도 "겉사랑"에 잦은 사랑표현으로 산다. 삶의 가치관을 변화다. ④ 넷째, 결혼관(結婚觀)에 대한 삶의 가치관 변화다.

구세대는 결혼과 가정, 출산과 양육이 인생의 필연적 숙명(宿命)이라 생각하며 살았지만 반하여 오늘날 신세대는 결혼을 아예 반대하는 세대가 아닌가? 결혼에 대한 삶의 가치관이 변한 오늘이다. ⑤ 다섯째, 질병관(疾病觀)에 대한 삶의 가치관 변화다. 구세대는 항시 움직이며 일하고 바쁘게 살았지만 병원신세가 거의 없었다. 반하여 오늘 신세대들은 걸핏하면 병원신세다. 질병의식에 건강보험에 대한 삶의 가치관 변화다. ⑥ 여섯째, 수명관(壽命觀)에 대한 삶의 가치관 변화다. 구세대는 노동의 결과로 60이 되면 환갑잔치에 죽을 채비를 했다. 반하여 오늘날은 의술발달(醫術發達)과 건강보험 혜택으로 100세 시대다. 장수하는 삶의 가치관 변화다. ⑦ 일곱째, 노인관(老人觀)에 대한 가치관의 변화다. 구세대는 대가족제(大家族制)에 노인존경으로 살았다. 반하여 오늘은 혼족에 핵가족 신세대들은 노인무시, 노인홀대로 삶에 변화로 사회 가치관이 변했다. ⑧ 여섯째, 범죄관(犯罪觀)에 대한 사회 가치관 변화다. 구세대는 나쁜 짓을 하면 평생 각인되어 죄인심정으로 살았다. 결국 창피(猖披)하여 이사 가서 살아야 했다. 반하여 오늘 신세대들은 죄를 지어도 죄책감(罪責感)이 없다. 그래서 반복된 죄몫으로 감옥을 드나든다. 이렇듯 시대변화에 따른 삶의 가치관이 변화되며 이에 사회관, 국가관이 변화되었다.

선진국민, 미국인과 한국인 간의 삶의 가치관에 따른 의식차이는 어떠한가? 주제에 따라 서로 다른 삶의 가치관을 비교해 보자. 예컨대, ① 삶의 행복관은 어떠한가? 한국인들은 재산 소유의식에 행복관을 둔다(반하여 미국인들은 개인취미 성취, 가정행복에 둔다).

② 삶의 교육관은 어떠한가? 한국인은 취직주의, 사회진출, 출세주의, 재산취득주의에 목표를 둔다(미국인들은 개성주의, 취미주의, 도전주의, 행복주의에 둔다). ③ 공교육 정책관은 어떠한가? 한국은 교육관이 단기화, 획일화, 반복적이다(미국은 백년대계에 평등과 공평에 인성적, 교양적이다. 교육목표와 원칙이 변화가 없다). ④ 정치관은 어떠한가? 한국인의 정치관은 무관심, 침묵적, 회피적, 방종적, 방관적이다(미국인들은 민주적, 시민적, 참여적, 평등적, 공평적, 정의적이다). ⑤ 자유관은 어떠한가? 한국인은 자유 방임주의적이다(미국인들은 자유에 책무적이다. 헌법도 자유도 통치에 구속시킨다. 법과 규제에 복종적이다). ⑥ 애국관은 어떠한가? 한국인은 개인적, 자유적, 방관적이다(미국인은 초등생부터 학업시작 전 운동장에서 국가선서부터 한다). ⑦ 정치관은 어떠한가? 한국 정치인들은 정치에 출세적, 특권적, 특혜적, 권력적, 독재적, 분열적이다. 정권마다 부패정치, 적폐정치, 국정농단이 연속이다(미국 정치인들은 국가헌신에 국민봉사가 주다. 그래서 대의정치(代議政治), 정도정치(正道政治), 소신정치(所信政治), 민주정치, 정의정치를 한다. 한번 민주주의는 영원한 민주주의다). ⑧ 선거관은 어떠한가? 한국인들은 선거와 정치교육이 없어 정치민도가 낮다. 고로 표 행사를 연고에, 인맥에, 인기에, 유명에, 현역에 표를 우선한다. 선정적이다(미국인은 철저한 인물위주, 정치경험위주로 표를 행사한다. 합리적이다). ⑨ 민주관은 어떠한가? 한국인은 민주정신에 민주정치가 희박하다. 방관적이다(미국인은 철저한 민주정신, 민주원칙이다). ⑩ 노인관은 어떠한가? 한국인들은 노인관에 무관심, 묵시적, 무시적, 홀대적이다(미국인은 무조건 노인존중에 노인우대가 필수다). ⑪ 생활관은 어떠한가? 한국인은 빈부의식, 계층의식, 권위의식, 이기의식, 배타의식, 방

만의식, 회피의식, 불신의식 등등으로 평등, 공평, 정의가 불안정하다(미국인은 평등의식, 공평의식, 정의의식이 생활화 됐다). ⑫ 신분관은 어떠한가? 한국인은 체면적, 사회적 신분을 중시한다(미국인은 체면무시, 개인적, 원칙적, 합리적, 이기적이다). ⑬ 사회관은 어떠한가? 한국인의 사회관은 계층별 사회 각계 각층이다(미국인은 민주적, 평등적, 공평적, 정의적이다). 등등으로 한국인과 미국인의 삶에 따른 주제별 가치관이 다르다. 정반대 현상이다. 동서양의 차이, 한국인과 미국인의 가치관이 거의 정반대 현상이다. 이는 한국인들의 국민수준이 낮음을 의미한다. 무슨 이유인가? 한국인들에게는 건국 이래 과거 72년간 범국민적 국민교육: 인성화 도덕화, 교양화, 자유민주화, 민주법치화, 선거정치화, 사회국가화 교육이 전혀 없었기 때문이다.

독일의 문호, 괴테(1749–1832)는 왜 "행복은 가까이 있다"고 삶의 가치관을 말했다. 누구든 스스로의 행복은 스스로가 찾아야 한다는 말이다. 반만년 역사, 한민족(韓民族)의 삶의 가치관; 행복관(幸福觀)은 어떠한가? 개인적 폐쇄적이었다. 외세와 내란에 휘말려 가난과 수난으로 살아온 서양과 다른 동양 민족이었기 때문이다. 대한민국 건국 이래 지난 한국인들은 민족 세습성, 독재성과 분열분쟁성에 민주주의를 "배반한" 제왕적 권력독재 정치만 했고 또 오늘 19대 주사파 문정권이 민주주의를 "반역한" 좌익독재 정치로 민주주의 파괴됐다. 후진국 3류정치로 불신정치만 해왔다. 분열분쟁성에 사색당파적 파벌정치, 작당정치, 당리당략적 불신정치로 불신국민성, 불신사회성까지 초래하며 오늘날 경제대국이란 자만심에, 신시대, 신세대, 신문화, 신문명적 자존심에 국민의 삶의 가치관이 극단적 이기주의, 방종주의로 변화됐다. 이러한 불신정치, 불신국민성, 불신사회설, 경제대국 자만성, 문명국적 자존심에 오늘날 신세대들의 삶의 가치관은 평등과 공평, 정의와 무관한 자유방임주의적 현상으로 변질돼 버렸다. 오죽하면 OECD가 문맹률이 1% 미만인 세계최고 학력국민인 한국인의 삶의 질이 OECD 국가 중 꼴찌라 하지 않는가? 경제대국이란 자만심에, 최고학력국민이란 교만심에, 전자문명국이란 자존심에 불신국가가 돼 버린 느낌이다. 한국인들이 너무 일찍 샴페인을 터트렸는가?

부정선거와 민주말살 위기

"모든 사람들을 잠시 속일 수는 있으나 항상 속일 수는 없다"
– 아브라함 링컨(Abraham Lincoln: 1809–1865, 미국 16대 대통령, 노예해방)

2020. 4.15총선 부정선거 전모와 증거들

주사파 좌익진보 세력, 문정권은 좌익통치로 행정부, 입법부, 사법부, 대법원, 선관위, 방통위를 좌익정부화 했다. 심지어 2020.4.15 총선에서 부정선거에 반역통치를 했다.

부정선거 전모 내용은:

1. 불법 QR코드 투표지를 사용했고(선거법151조6항 위반),

2. 불법 전자개표기를 사용했고(선거법5조 위반),

3. 대법원이 불법(선거법225조 위반)에 126지구 무효소송을 묵살했고,

4. cctv도 없는 사전선거 투표함 창고에 선관위원들이 진입, 투표함을 멋대로 개봉, 뭉치 빳빳한 조작표 투입, 봉하고 싸인 했고,

5. 중앙선관위 서버가 고성능화된 현장컴퓨터가 교신하며 개표 조작했고,

6. 부정선거 소송에 선관위가 각종 증거들을 인멸시켜 소송단의 법적서류 요구에 [배째라는식] 무조건 거부했고,

7. 선관위는 감사원의 불법 선거예산집행 지적을 무시, 선거 후 2021.8. 23에 2중예산낭비에 재검대비 컴퓨터 [점검에 증거인멸]했고,

8. 부정선거 증거들과 함께 소송단들, 시민단체들, 부정선거 시위들, 박주현tv, 이봉규tv, 공병호tv 등의 많은 유튜버들이 부정선거 방송을 했다.

2021.6.28/ 8.23/ 8.30 재검결과/ 부정투표지 대량발견:

① 마지못해 대법원은 14개월 후 2021.6.28자 인천연수(을)재검, 재검결과 대량 부정투표지들: [배초색, 일장기, 붙은 사전투표지, 사전선거150g 인쇄지, 양면불일치 인쇄지]등 대량발견/ 대법관은 사진도 못 찍게 했고,

② 2021.8.23자 양산(을) 재감, 재검결과 대량 부정투표지 증거들; [럭비공 인증, 붙은 사전투표지, 사전선거150g 인쇄지, 찢어져 tape붙인 투표지, 빨간 가로선 투표지, 양면불일치 인쇄지] 등 대량발견/사진도 못 찍게 했고,

③ 2021.8.30 영등포(을) 재검에서도 상과 동일한 부정표들이 다량발견

④ 불구하고 왜 대법원은 부정선거 선고를 표당락 심판을 하나?

⑤ 왜 재검에서 선관위는 (가) 원본 투표이메지파일 (투표사진)을 삭제했고, (나) 왜 원본아닌 전산조작된 [통합선거인 명부]를 제출했나?

⑥ 어째서 국민은 부정투표 증거들에 수수방관만 하는가?

[FOCUS] 부정선거와 민주위기 문제

① 왜 대통령이 [부정선거]로 민주헌정 "반역"에 좌익통치를 하는가?

② 왜 선관위는 부정선거로 180석 [좌익집권 다수당]을 만들어 좌익국회가 속전속결, 독재독주로 민주정치 파괴, 좌익정치를 하게 하는가?

③ 부정선거에 좌익다수당은 왜 좌익성 법안, 입법화를 [독재독주]하나?

④ 왜 선관위가 부정선거 [증거인멸]을 하는가?

⑤ 왜 선관위가 좌익화, [불법 QR코드 투표지(선거법 151조6항)와 전자개표기(선거법5조 위반)]를 사용, 전산조작 [통합선거인명단(선거법 44조위반] 부정선거로 자유민주에 반역하는가?

⑥ 왜 대법원이 좌익화되어, 왜 불법(선거법225조 위반)으로 전국 126지역구 선거무효 소송들을 14개월 이상 [묵살] 했는가?

⑦ 왜 검찰은 부정선거 수사민원(17개)을 묵살하며 [수사]치 않는가?

⑧ 왜 대법원은 부정선거 [민원]들을 [묵살]하며 국민주권을 침해하나?

⑨ 왜 대법원은 인천연수(을) 재검에 부정선거 증거들을 묵살하며 부정선거 선고를 기피하며 [당락심판]으로 대치하려 하는가?

[대책]

① 선관위를 [독립화], 소속직원 직선에 수장을 뽑고 독립운영케 하라.

② 선관위는 [감시감사제] 도입하여 민주선거에 최대방어, 보장하라.

③ [부정선거방지]: QR코드, 전자개표 폐지, 일련번호 명기식 수투표·수개표 하라.

④ 부정선거와 언론방송 탄압에 가담한자는 [2대에 걸쳐 공직채용 금하라.]

⑤ [검찰을 독립화], 헌법과 국정공정, 질서를 위해 부정선거를 수사하라.

⑥ [사법부·독립화], 부정선거의 근원을 차단하고 민주선거심판 하라.

국회 부정선거법 발의제안

① 사전 우편 투표제 전면개혁

② QR 코드화 투표지 폐지

③ 전자개표 폐지

④ 수투표, 수개표 엄수

⑤ 투표, 개표, 검표 완전 개방의 선거법 수정에 헌법수정이 절대적이다. 그 래야 진정한 민주주의가 보장된다.

　오늘 19대 주사파 문정권의 부정선거 실태가 무엇인가? 어째서 문정권은 민주정부 요소요직(要所要職)에 주사파 좌익들을 배치하여 자유민주, 민주헌정을 "반역하고" 행정부, 입법부, 사법부, 대법원, 선관위, 방통위 모두를 좌익화, 좌익정부, 좌익정치로 스스로의 조국, 대한민국의 민주주의를 파멸시키는가? 소문대로 북한의 첩자인가? 반역자에 조국 매국자인가? 어째서 민주선봉, 민주선거에 앞장서야 할 선관위가 좌익이 되어 2020. 4.15 총선에서 부정선거까지 하여, 왜 180석 좌익집권 다수당을 만들고 이들 주사파 좌익국회가 좌익성 법안들을 속전속결(速戰速決), 독재독주(獨裁獨走)케 하여 스스로의 민주정부, 민주정치를 파멸시키는가? 어째서 국민을 지켜야한 주류 언론방송사들은 무엇이 무서워 좌익 문정의 탄압에 짓눌려, 항간의 모든 유튜버(youtube)방송들은 부정선거 폭로가 연일 연속인데 왜 유독 주류 언론방송사들만 입을 다물고 있는 것인가? 어째서 국민의 눈과 귀, 국민의 주권을, 국민의 알권리를 지켜야할 방송사들이 아예 부정선거를 외면하며 편파방송으로, 오늘 자유민주 조국이 좌익정부, 좌익정치로 국가존망의 위태로운 위기에 처해 있는데 수수방관만 한단 말인가?

　19대 주사파 문정권의 부정선거 실상이 무엇인가? 2020. 4·15 총선에서 부정선거의 의혹과 징후가 선거직후부터 발생했다. 주류 언론방송사들은 문정권의 탄압에 입을 다물고 부정선거 뉴스보도는커녕, 전국적 부정선거 시위들도 눈을 감았다. 반하여 미국계 유튜버(YouTuber) TV방송사들은 매일 연속 부정선거 증거들을 화면에 비추며 설명과 함께 방영들을 했다. 그리고 전국 126지구에서 부정선거에 선거무효 소송들이 대법원에 제소되었다. 그러나 좌익화된 대법원은 좌익 대법원장 김X수 지휘 하에 6개월내가 아닌 선거법 225조를 위반하며 14개월 이상 소송들을 묵살했다. 분명한 좌익정부, 문정권의 부정선거였다. 이에 "한성천" 전 중앙선관위 노조위원장은 ① Bar코드를 QR코드 투표지사용, 자체가 선거법 151조 6항위반, ② 개표전자기 사용자체가 선거법 5조 위반, ③ 개표참관 원칙을 위반, ④ 투표용지 번호가 불투명하여 부정선거가 맞다고 주장했다. 동시에 박주현 변호사tv, 이봉규tv, 공병호tv, 한상대tv 등등의 많은 미국계 유튜버 방송들이 부정선거 의혹에 증거들을 영상에 비추며 부정선거 방송을 했다. 이에 블랙청년들, 국토본(국가투쟁본부)들, 시민들은 전국적 부정선거 시위를 단행했다. 마침 2020.8.15 해방일을 맞아 "사랑제일 교회"의 전광훈 목사가 주도하는 광화문 시위가 발발하자 문정권은 코로나19 전염병 핑계로 경찰차벽을 치고 극렬히 저항, 탄압했다. 그 후 전광훈 목사는 정권탄압에 투옥되었고 코로나19 전염병이 증가하면서 시위들도 잠잠해 졌다. 불구하고 아직도 유튜버들의 열렬한 부정선거 폭로방송은 계속 중이다.

인천 연수(을)의 부정선거에 따른 선거무효소송을 대법원이 선거법 225조를 위반하며(6개월내) 묵살해 오다가 드디어 14개월 만에 재검을 실시했다. 천대엽 대법관들이 참석하여 2021.06.28

에 인천 연수(을), 조재연 대법관이 08.23에 양산(을), 08.30에 영등포(을)을 순차적으로 재검을 했다. 위 3곳의 재검들에서 모두 부정 투표지들이 대량 발견되었다. 사전선거 투표함에서 예컨대, ① 불법 QR코드 투표지(선거법 151조 6항위반), ② 전자개표 행위(선거법 5조위반), ③ 6개월을 넘긴 14개월만의 재검(선거법 225위반)은 물론, 현장검증에서 부정 투표지들이, 예컨대, ④ 배추색 이중색깔 투표지, ⑤ 일장기식 인장마크 투표지, ⑥ 컴퓨터 인출지가 아닌 인쇄된 사전선거 투표지, ⑦ 겹겹이 붙은 인쇄 투표지, ⑧ 접어져 있지 않은 100장 묶음의 빳빳한 투표지, ⑨ 글자나 선들이 흑색아닌 색깔 투표지, ⑩ 럭비공 인장이 인쇄 투표지등 수천장들이 각곳에서 똑같이 발견되었다. ⑪ 이에 원고측, 변호인단들이 피고, 선관위에게 원본 이미지(image)파일, 원본 통합선거인 명부를 요구했지만 선관위는 대법관앞에서 아예 ["삭제했다," "없다"]로 부정선거를 인정하는 답변을 했다. 이 얼마나 어처구니 없는 부정선거의 현장증거들인가? ⑫ 이렇듯 증거들이 대량 발견 되었음에도 불구하고 천대엽, 조재연 두 대법관들은 원고측 변호인단들이 증거사진들도 "찍지 못하게", "인쇄지 감정도 못하게" 하며 법관들이 불법에 부정행위들을 했다. ⑬ 이들 대법관들은 부정 투표지 증거들이 수 천장씩 발견됐음에도 불구하고 "부정선거 선고"를 하지 않고 "표당락 심판"을 하며 부정선거 증거들을 묵살한다. 어찌 이들이 사법부의 최고명예직 대법관들이란 말인가? 소인배(小人輩), 모래배(謀利輩), 시정잡배(市井雜輩) 대법관들이 아니고 누구란 말인가? 이들이 왜 부정선거를 덮으며 스스로의 조국, 민주주의를 파멸하는가? 왜 스스로 국가 민주주의를 파멸하며 국민을 속이고 천인공노(天人共怒)할 역사의 대역죄인들이 되려 하는가? 왜 이들이 감옥살이를 스스로 자초하는가? 이들의 속내는 무엇인가? 19대 문정권의 퇴임만 기다리며 어물쩍 넘어가려는 조국의 반역자, 매국자들이 아니고 무엇이란 말인가? 이들의 대역죄가 영원히 묻힐 수 있다고 믿는 것인가? 왜 민주주의를 반역한 국가의 대역죄인이 되고자 자초하는가? 왜 19대 문정권과 좌익들을 보호하려 하는가? 어찌 이들이 전국 126지구의 선거무효 소송들을 덮을 수 있다고 믿는 것인가? 어찌 이들이 대한민국의 민주주의를 부정선거로 말살한 역사의 대역죄인, 철천지 원수로 남기를 바라는 것인가? 참으로 어리석은 소인배들이다.

다음은 검찰총장, 윤X렬과 김X환 대법관에 제출한 "부정선거 수사, 부정선거 판결"을 촉구하는 저자(著者)의 민원들이다. 불구하고 이들은 수사도 심판도 묵살해 버렸다. 대한민국의 민주주의는 이제 사망했다.

2020. 12. 27
윤X열 대검총장님 귀하/大韓民國 大檢察廳
대검찰청 총장실/서울 특별시 서초구 반포대로 157(우번: 06590)

글 드림이 광영(光榮)입니다. – 중략(中略) – 다음과 같은 내용으로 부정선거 수사위한 민원(民願)을 청구하오니 대한민국의 검찰총장, 최고의 명예를 지켜주시기 바랍니다.

1. 민주주의 파괴에 관하여:

2020. 04.15 총선에서 좌파 선관위가 부정선거로 좌익집권 연장을 위해 180석 거대 집권다수당을 만들고 국민무시, 헌법위반, "공수처, 5·18, 부동산 3법" 등의 좌익성 법안들을 독재독주 통과 합니다. 공수처가 무엇입니까? 탈원전 등 국가기밀을 은폐하고 좌익정치를 도모하는 특권처가 아닌지요? 어찌 5.18을 헐뜯으면 3천만 원 벌금에 감옥을 가야 하는지요? 어째서 5·18 공적조서(功績調書)도 없이, 명단발표도 없이 5·18 유공자로 추대되어 국민혈세 탕진에 부당한 유공자들이 보상과 혜택을 누려야 하는지요? 왜 국군이 순국하면 갯값, 5천만 원을 주고, 세월호 여행참사 유족에겐 금값, 8–10억씩을 주는 망국법을 만들게 하는지요? – 중략(中略) –. 어째서 대검찰청은 부정선거를 수사조차 하지 않습니까? 즉시 수사하여 조국, 대한민국의 민주주의를 지켜 주시길 바랍니다.

2. 부정선거 조작과 증거들에 관하여:

① Bar Code 아닌 QR코드 사용자체가 불법입니다(선거법 151조6항). ② 전자개표기 사용자체가 불법입니다(선거법 5조). ③ 왜 사전선거 우편투표지가 서울, 부산, 경주를 거쳐 구리시 물류창고에서 소멸됩니까? ④ 왜 사전선거 부정 투표지 6장을 전 민경욱 의원(인천연수을)에 주었다하여 공익제보자가 투옥돼야 합니까? ⑤ 왜 CCTV도 없는 창고에서 투표함을 멋대로 개봉, 유령표를 넣고, 선관원이 멋대로 봉인하고 싸인하는 영상이 나돕니까? ⑥ 선관위 중앙서버가 투표현장, 전자 개표기와 교신하며 투표지를 초속으로 바꿔치기는 영상이 나돕니까? 다행이 충남 부여지구, 정진석후보(국민의 힘)는 현장에서 부정선거를 발견하고 즉시 재검표로 당선됐다 합니다. ⑦ 왜 대법원은 헌법시효(6개월)를 초과, 불법(선거법 225조)으로 전국 126 지역의 선거무효 소송들을 묵살합니까? 이는 분명한 불법에 직무유기에 반민주, 국정농단입니다. ⑧ 왜 선관위가 부정선거에 재검표 대비, 증거인멸, 표 맞추기, 서버이동, 투표지 이미지 파일삭제 등으로 증거인멸을 하는데 대법원은 이에 동조하며 부정선거를 묵

살합니까? ⑨ 이 모든 부정선거 증거들은 인천 연수을(전 민경욱의원)의 선거무효 소송단이 확보하고 있으며 "박주현 변호사tv, 이봉규tv, 공병호tv 등등 유튜버들이 지난 1년간(2020. 4. 20–2021. 4. 20) 부정선거 증거들과 함께 방송 공개했습니다. ⑩ 부정선거 차량시위 9대도 왜 허가했음에도 광화문 통로를 저지탄압 합니까? 이 어찌 헌법위반, 자유민주 파멸이 아닌지요. 이에 민원을 청구하오니 즉시 수사촉구 바랍니다.

민원인/ 김X상 올림

2020. 11. 17(순국선열의 날에)

김X환 대법관님께:

대한민국 대법원, 대법관실내(室內)/ 서울시 서초구 서초로 219

글 드림이 광영(光榮)입니다. – 중략(中略) – 2020.4.15 총선에서 부정선거를 하여 전국 126 지역구에서 부정선거에 선거무효 소송들을 6개월 이내 "신속히 처리해야 된다"(선거법 225조)고 돼 있는바 왜 대법원은 이들을 묵살하는 지요? 즉시 심판하시어 부정선거에 대한 재검심판을 내려 주시기 민원합니다. 그래서 대법관, 사법부의 최고명예직을 지켜 주시길 바랍니다.

1. 민주주의 파괴에 관하여:

(위) 대검찰청에 제출한 민원내용과 동일한 내용(위 참조)

2. 부정선거 조작과 증거들에 관하여:

(위) 대검찰청에 제출한 민원내용과 동일한 내용(위 참조)
감사합니다.

민원인/ 김X상 올림

한국의 총체적 국가위기

"절망 없는 삶은 희망도 없다."

― 앨버트 까뮈(Albert Camus: 1913-1960, 프랑스 사상가, 실존주의자)

[FOCUS] 오늘 21세기, 한국의 총체적 국가위기]

21세기 초, 한국은 국가위기에 처해 있다. 국가위기가 무엇인가? ① 민족세습 정치성; "독재성과 분열분쟁성"에 정권들의 권력독재정치와 사색당파 정쟁정치, 작당정치, 당리당략정치, 트집정치, 쌈질정치의 불신정치 위기다. ② 19대 문정권이 민주헌정을 "반역한" 좌익정치, 좌익정부 위기다; 국방안보 파괴, 좌익국회, 부정선거, 대법원의 부정선거 묵살, 언론방송탄압, 한미혈맹 파괴의 국정위기다. ③ 문정권의 5,000조 국채총부채 위기다. ④ 민족세습 국민성; "정치침묵, 정치회피, 정치방종"의 방관위기다. ⑤ 불신정치에 불신국민성의 오염위기다; 거짓과 위선, 부정과 불의, 사기성에 황금만능주의, 한탕주의, 이기주의, 우월주의, 배타주의, 오락쾌락주의 국민성 위기다. ⑥ 불신사회성 오염위기다; 거짓사회; 가짜식품, 짝퉁상품, 가짜광고, 먹튀사기, 가짜서류, 가짜이력, 가짜논문 등의 불신사회성 위기다. 한국적 총체적 국가위기다.

[국가 총체적 위기대책]

1. 역대 정권들의 권력통치, 좌익정치에 불신정치 문제들:

① 왜 민족세습 [독재성]에 민주헌정 [배반한] 제왕적 독재정치를, 왜 민주헌정을 [반역한] 좌익독재정치로 좌익정치를 하나?

② 민족세습 [분열분쟁성]에 민주정치 [배반한], [반역한] 사색당파, 파벌정

치, 작당정치, 술수정치, 트집정치, 쌈질정치로 불신정치만 하나?

③ 왜 민족세습성에 국민성은 [과묵성, 회피성, 방종성]에 정치침묵, 회피,
방종에 독재정치, 좌익정치를 묵과하는가?

[대책]

① 머슴들; 정치인들의 정치사명; 국가헌신과 국민봉사 정치를 하게 하라

② 정치인들의 정치소명; 대의정치(代議政治), 정도정치(正道政治), 소신정치(所
信政治)의 실천에 소명을 다하라.

③ 정치인들의 특권과 특혜들을 전면 철폐하여 정치중독을 근절하라

④ 정치인 자질과 민도수준 향상를 위해 범국민교육: [인성화, 도덕화, 교양
화, 선거정치화, 자유민주화, 민주법치화, 정의사회화, 국가민주화 교육]
을 연 1회 의무화, 정례화 하라.

⑤ 정의사회 구현운동과 계몽, 홍보를 의무화 하라

2. 19대 주사파 문정권의 좌익통치 문제들:

① 왜 민주헌정 [반역]에 좌익정부, 좌익정치로 자유민주 파멸하나?

② 왜 민주헌정 [반역]에 청와대, 행정부 · 입법부 · 사법부 · 선관위 · 방
통위에 좌익들을 배치하여 민주정부를 좌익정부화, 자유민주를 파멸 하
나?(좌익들: 청와대 임X석, 조X등, 행정부 추X애, 이X영등, 사법부 김X수 대법원장과 대
법관들, 선관위 조X주, 방통위 한X혁 등등)

③ 왜 주인, 헌법, 민주무시 북경초소파괴로 [국방안보]를 파괴했나?

④ 왜 선관위를 좌익화, [부정선거]를 하게 하나?(선거법 151조6항, 선거법 5조
위반: 2장-4소제 참고).

⑤ 왜 부정선거로 180석 집권다수당을 만들어 국회를 독재독주하나?

⑥ 왜 대법원을 좌익화, 전국 126 지역 선거무효 소송들을 묵살하나? (선거
법 225조 위반). 왜 인천연수(을) 재검에 "배추색, 일장기 인쇄지 등의 부정

투표 증거들에 부정선거 선고 아닌 표당락심판을 하나?

⑦ 왜 빈부격차 파괴에 빈자위주, 소득주도 좌익경제로 최저 임금인상, 세금폭등에 알바생, 영세상인, 중산층을 매몰시키나? 왜 실업, 출산, 주택, 복지, 양육지원에 심지어 기저귀 값까지 주며 5,000조 국가 총 빚을 만들어 국민 1인당 1억씩의 빚을 지게 하나?

⑧ 왜 문정권은 인사청문회가 거부한 37명 각료들을 강제임명 하나?

⑨ 왜 문정권은 [낙하산인사]로 국가 공관직을 코드화 국정운영을 하나?

⑩ 왜 문정권은 방통위를 좌익화, 언론방송 탄압에 편파방송을 하나?

⑪ 어째서 미국계 유튜버 tv들은 부정선거와 부정선거 시위들에 뉴스보도가 난리인데 왜 주류 언론방송들만 정권탄압에 벙어리인가? 왜 YTN은 인천연수(을)재검에 부정선거 증거들을 [이상무]로 보도하나?

[대책]

① 대통령 권력제한: 국가비상권, 입법부와 사법부 탄핵권, 법안비토권 각료임명 해임권에 제한시켜라(전공권들과 공관들은 독립화).

② 인사청문회에서 거부한 국방·외교·안보각료는 [강제임명]을 금하라

③ 선관위, 검찰, 감사원, 국정원을 [독립화], 통치권력 개입을 막아라

④ 대법원, 사법부를 [독립화], 통치권력 개입을 막아라

⑤ 전국가 공직기관을 [독립화], 대통령의 코드화 낙하산 인사를 막아라

⑥ 독립화된 기관들은 소속전직원 직선에 수장을 뽑고 제도개혁하라

⑦ 독립화된 각 기관들은 공정인사에 [상시감시, 감사제도화]하라

⑧ [국민수준 제고]: "인성화, 도덕화, 교양화, 선거정치화, 자유민주화, 법치민주화, 정의사회화, 국가민주화" 범국민교육을 의무화, 정례화하라.

⑨ [정의사회 구현]: 불신국민성, 불신사회성 탈피, 건전사회 구현하라.

3. 21대 주사파 국회의 독재독주 불신정치 문제들:

① 왜 집권다수당 횡포에 [좌익 국회정치, 독재정치]로 독재독주 하나?

② 왜 [부정선거]에 180석 집권다수당, [좌익국회]를 만들어 좌익성 입법들; "공수처, 5·18, 부동산 3법"등을 좌익화, 독재독주 하는가?

③ 왜 출세의식에 [특권, 특혜, 과시정치]로 불신정치만 하나?

④ 왜 민족세습 [독재성과 분열분쟁성]에 독재정치, 좌익정치, 사색당파 정쟁당쟁, 작당정치, 술수정치, 트집정치, 쌈질정치로 불신정치만 하나?

⑤ 왜 주인무시, 특권에 특혜들(20개 이상)로 정치중독 정치만 하나?

⑥ 왜 기밀은폐, 숙청용 특권처, [공수처]를 만들어 국정농단을 하나?

⑦ 왜 좌익 정치인들이 [공적조서(功績調書)], [명단발표]도 없이 5·18 유공자인가? 왜 5·18법을 헐뜯으면 3천만 원 벌금에 감옥가는 독재법인가?

[대책]

A. 국회의원 신분개혁:

① 의원임기제: 정치중독 근절을 위해 의원직을 4년임기, 3선에 제한하라

② 정치사명: 국가헌신, 국민봉사/ 대의정치, 정도정치, 소신정치화 하라

③ 국회의원을 [장관급 월급제]로 특권, 특혜들, VIP대우 전면 폐지하라

④ 정치중독 근절: 사무원, 차량제공, 차량유지비, 명절수당, 교통특혜(비행기·KTX·1등무료), 가족수당, 의료, 복지, 골프등 특혜들, 전면 폐지하라.

⑤ 의원회관 사무원을 2년마다 순환근무화, 중복근무화를 피하라

⑥ 의정활동비: 영수증제로 확인환불하고 해외연수를 연1회 제한하라

B. 국회 의회제도 개혁:

① 비례대표제: 영구 폐기하라

② 공천제철폐: 출생지역 후보등록제한, 자유경선에 당선 후 당적케하라

③ 부정선거방지: QR코드+전자개표 폐지, 일련번호 기입식 수투개표하라

④ 국회 청문회: 편들기, 인기위주, 도전, 혐오발언, 쌈질청문 폐지하라.

4. 대법원, 선관위, 방통위, 검찰, 감사원, 국정원 [독립화] 문제:

① 왜 선관위가 좌익화, 선거법 151조6항 위반(QR코드투표지), 5조위반 (전자개표기)으로 부정선거하여 민주선거를 파멸하나?

② 왜 대법원이 좌익화, 선관위와 공조, 전국 126지구 부정선거에 선거무효 소송들을 불법(선거법 225조위반)으로 소송들을 묵살하나? 왜 인천연수(을),양산(을), 영등포(을) 재검에서 대량부정표들(2장-4소제 참조)을 부정선거 선고 아닌 표당락 심판을 하나?

③ 왜 대법원은 부정선거 묵살, 선거무효 민원들을 묵살 하는가?

④ 왜 검찰은 부정선거 수사묵살, 수사요청 민원들을 묵살 하는가?

⑤ 왜 검찰은 정치권력을 [깃털수사]에 몸통은폐로 정치수사를 하나?

⑥ 왜 검찰과 경찰은 정권아부, 과잉수사, 표적수사, 부당수사를 하나?

⑦ 왜 [민주경찰]은 차벽치며 민주시위에 국민주권을 탄압하나?

⑧ 왜 방통위가 언론방송 탄압, 유튜버tv들은 부정선거 뉴스보도에 난리인데 왜 주류언론방송들만 정권탄압에 벙어리로 편파방송만 하나?

⑨ 왜 [국정원]이 정권에 빌붙어 국가기밀 정보들을 권력에 이용하나?

[대책]

① 대법원, 선관위, 검찰, 방통위, 감사원, 국정원을 [독립화], 운영케하라

② 전 공직기관(예; 경찰, 해양청)을 [독립화], 독자운영케 하라

② 독립화된 각기관은 소속전직원 직선에 수장을 뽑고 제도개혁하라

③ 독립화된 각기관은 공정인사에 의거 [상시감시 감사제도 도입]하라

④ 권력개입한 자는 직계가족 2대를 걸쳐 공직채용을 금하라

⑤ 대법원은 부정선거선고와 표당락심판을 구별, 정당한 사법판결을 하라

5. 부동산 · 주택시세 폭등 안정화 정책(문제들):

① 왜 부동산 정책의 부실과 부재로 주택시세앙등만 초래하나?

② 왜 공시가와 거래가가 공존하며 부동산 세율기준이 불공평한가?

③ 왜 [실소유 장기거주자]에 세금폭탄으로 민생고를 부추기나?

④ 왜 개발 초부터 정치인들의 강남땅 투기정치로 주택시세만 올려놨나?

[대책]

① 조세기준: 공시가 폐지, 거래가 기준에 조세 형평, 공정을 기해라

② 부동산 소유, 장기거주위해 거래량에 따라 차등세률제 도입하라

③ 강남학군과 학원 재조절, 정부지원에 지방이전, 인구분산화 하라

④ 청와대, 정부청사, 국회, 대기업 본부 등, 지방이전에 인구분사화하라

⑤ 공급확대: 유휴지, 유휴건물, 폐쇄건물 이용공급과 재건축에 집중하라

⑥ 10평형 공공주택 전문공급에 청년우대, 결혼, 실업대책을 지원하라

⑦ 지방세율을 낮춰 서울주택 소유자들을 지방유도, 인구분산시켜라

⑧ 지방특징화, 상업, 산업, 교통화로 지방유도, 인구분산정책화 하라

⑨ 서울인구감소: 20–30년 후 주택수급, 공실수급대책을 세워라

⑩ 은행대출제: 시세10%계약, 40년상환, 고정저리, 보증보험제도화 하라

⑪ 대출인계제: 주택구입시 기존 은행대출계약을 자동인계토록 하라

⑫ 능력차등구입제: 임대중 원분양가에 은행인계, 맞춤월부제 개발하라

⑬ 투기징벌: 신분막론 투기자는 2대에 걸쳐 공직채용을 금하라

6. 국민의 불신국민성, 불신사회성, 정치방관성 문제들:

① 왜 국민은 거짓과 위선, 부정과 불의, 사기에 동화(同化)되어 불신국민성; 황금만능주의, 이기주의, 우월주의, 배타주의, 사치허영, 오락쾌락주의에 사회위기를 자초하나?

② 왜 불신사회성에 가짜식품, 짝퉁제품, 가짜광고에 먹튀사기, 가짜서류에 가짜대출, 가짜이력, 가짜신분으로 불신사회, 국가위기를 초래하나?

③ 왜 국민은 독재정치·좌익정치·부정선거 등을 방관, 민주정치 파괴하나?

[대책]

① 범국민 국민교육: 인성화, 도덕화, 교양화, 선거정치화, 자유민주화, 법치민주화, 정의사회화, 국가민주화" 교육을 연 1회 의무화, 정례화로 국민수준(민도), 정치수준을 향상하라.

② 민주배반, 반역정치, 부정선거 등에 범국민 고발권을 확대, 엄벌하라

21세기 초, 한국은 총체적 국가위기에 처해 있다: 독재정치의 위기, 좌익정치의 위기, 국회 불신정치의 위기, 선관위의 부정선거 위기, 대법원의 부정선거 심판묵살 위기, 주택시세 폭등위기, 불신국민성 위기, 불신사회성 위기 등, 한국은 총체적 국가위기, 난세지난(亂世至難)에 국가존망(國家存亡)의 기로에 처해 있다. 이들 국가위기들의 [문제점]들과 [문제의 해결 대책]들은 위 표안에 제시했다. 그러나 총체적 국가위기들을 다시 간략해 보자: 예컨대, ① 첫째, 정권들의 무소부지(無所不至), 무소불위(無所不爲)적 제왕적 권력독재 정치다. 민주헌정을 "배반한" 독재정치의 국가위기다. 그 결과 한국정치는 후진국 3류 정치, 고질적 불신신정치가 됐다. ② 둘째, 설상가상(雪上加霜)으로 오늘 19대 문정권이 민주헌정을 "반역한" 좌익정부, 좌익정치의 국가위기다. 배반이 아닌 반역정치로 망국정치 위기다. ③ 셋째, 문정권이 선관위를 좌익화, 부정선거로 민주정치를 파괴한 국가위기다. 선관위가 QR코드 투표지(선거법 151조6항 위반), 전자개표기(선거법 5조 위반)으로 무법천지 선거부정을 한 국가위기다. ④ 넷째, 문정권이 대법원을 좌익화, 전국 126지역의 부정선거에 선거무효 소송들을 불법(선거법 225조 위반)으로 묵살한 국가위기다. ⑤ 다섯째, 부정선거에 180석

거대집권당(민주당)을 만들고 주사파 좌익국회가 "공수처, 5·18, 부동산 3법"등등의 좌익성 독재법안들을 날치기식 독재독주 하는 국가위기다. ⑥ 여섯째, 문정권에 들어서 가파른 주택시세 앙등을 초래하여 주택시장 교란의 국가위기다. ⑦ 일곱째, 그리고 불신정치와 동화(同化)된 불신국민성의 국가위기다. 국민성이 불신정치와 동화(동화)되며 거짓과 위선, 부정과 불의, 사기가 만연한 국민성을 오염시켜 국민성이 황금만능주의, 한탕주의, 이기주의, 우월주의, 배타주의, 사치허영주의, 오락쾌락주의로 변한 불신국민성의 위기다. ⑧ 여덟째, 불신사회성의 국가위기다. 불신국민성에 사회가 가짜식품, 짝퉁제품, 가짜광고에 먹튀사기, 가짜서류에 가짜대출, 가짜이력, 가짜신분들이 난무하는 불신사회성의 위기다. 어찌 이 모두가 국가 총체적 국가위기가 아닌고 무엇인가?

총체적 국가위기에 수반하는 부수적 국가위기들은 또 무엇들인가? 부수적 위기들을 말해본다면, 예컨대, ⑨ 아홉째, 국민분열의 국가위기다. 문정권의 좌익정권, 좌익정부, 좌익정치의 출현으로 국민이 "좌익과 우익"세력으로 양대화 분열화, 아직도 끝나지 않은 6·25전쟁에 내분전쟁(內分戰爭)을 겪는 국가위기다. 전쟁 시 죽임을 당한 좌익의 후손들이, 지리산 빨치산 부역자들의 좌익 후손들이, 주체사상에 물든 386주사파 좌익들이(오늘 5060대) 지난 40년 간, 확대된 전대협, 민노총, 전교조, 민청련, 민변, 등의 좌익세력과 함께 세월호 사건을 빌미로 광화문 촛불시위로 박근혜 전 민주정권을 탄핵시키고 19대 문정권이 탄생하여 문정권이 민주정권을 "반역하여" 좌익정부, 좌익정치로 좌익과 우익의 국민을 분열시켜 국민분열, 국가위기를 초래했다. ⑩ 열째, 문정권의 민주헌정을 "반역한" 좌익정부, 좌익정치에 국가정체성, 민주주의 파멸에 국가위기다. 문정권이 민주정부 요소요직(要所要職)에 주사파 좌익들을 배치하여 행정부, 입법부, 사법부, 대법원, 선관위, 방통위를 좌익정부화 장악하고 대한민국의 자유민주, 민주주의를 파멸시킨 국가위기다. 이에 오늘 19대 문정권의 좌익정부, 좌익정치 행적들을 살펴보자: 예컨대, ㉮ 북경초소 파괴 등 국방과 안보를 파괴했고, ㉯ 국회 인사청문회에서 거부된 37명의 친문 인사들을 강제임명 했고, ㉰ 좌익 선관위가 부정선거를 했고, ㉱ 부정선거에 180석 좌익집권 다수당을 만들어 국회가 좌익독재 법안들을 독재독주 했고, ㉲ 좌익 대법원이 전국 126곳의 선거무효 소송들을 묵살했고, ㉳ 좌익 방통위가 언론방송을 탄압하여 정권 편에 편파방송 했고, ㉴ 산하 국가 공관장들을 좌익 코드화 낙하산 인사로 좌익국정을 했고, ㉵ 검찰개혁과 언론개혁으로 공권탄압과 헌법자유를 탄압했고, ㉶ 좌익외교로 한민혈맹을 배반하는 등, 좌익정부, 좌익정치로 스스로의 조국, 대한민국의 민주주의를 파멸시켰다.

도대체 총체적 국가위기를 맞게 한 이유들이 무엇인가? 위에서 일부 이미 언급했지만 다시 요약하여 살펴보면, 예컨대, ① 첫째가 민족세습 정치성; "독재성과 분열분쟁성" 때문에 국가위기를 초래했다. 독재성에 제왕적 권력독재와 좌익독재 정치를 했고, 그에 사색당파 정쟁정치, 당리당략에 트집정치, 쌈질정치로 고질적 불신정치를 했기 때문에 위기를 초래했다. 그 결과 민주헌정사, 정권 말로의 비운(悲運)들이 무엇이었나? 11명의 통치자들 중 무려 7명이 비운을 겪었다. ② 둘째, 19대 문정권이 민주헌정을 [반역한] 좌익정부, 좌익정치로 대한민국의 정체성; 민주주의를 파괴했기 때문이다. 위에서 문정권의 좌익정권의 행적을 ㈎에서 ㈜항까지 언급했듯이 문정권이 좌익정부화 좌익정치로 무려 9가지 이상의 국가위기들을 초래했기 때문이다. ③ 셋째, 민족세습 국민성; "과묵성, 회피성, 방종성"에 국민들이 정치침묵, 정치회피, 정치방종으로 국민들이 정치를 수수방관했기 때문이다. 정권들이 제왕적 독재정치를 해도, 19대 문정권이 민주헌정 배반정치를 해도, 좌익 선관위가 부정선거를 해도 국민들이 수수방관했기 때문에 국가위기를 초래했다. ④ 넷째, 고질적 국민의 불신국민성 때문이다. ⑤ 다섯째, 고질적 불신사회성 때문이다. ⑥ 여섯째, 신구세대 간의 문화적 갈등과 신세대 간의 빈부격차의 갈등 때문이다. 구세대는 신세대를 향하여 "버릇없다, 싸가지가 없다"로 불평하고, 신세대는 구세대를 향하여 "컴맹이다, 잔소리 많다에 꼰대에 꼴통"으로 구세대를 부르며 적대하지 않는가? 대이어 부자인 금수저 신세대들은 노동기피, 자립기피로 먹방, 노래방, 오락방, 놀이방, 여행방 등의 유흥에 취해 선친들의 피와 땀, 눈물을 탕진하며 불로소득에 태만하지 않는가? 반하여 대이어 가난한 흙수저 신세대들은 라면으로 한 끼를 때우고 일자리 찾아 거리를 헤매지 않는가? 빈부격차에 금수저, 흑수저 간의 갈등이 얼마나 심한가? ⑦ 일곱째, 국민성; "설마성" 때문이다. 설마성이 무엇인가? 안이한 방심이다. 예컨대, "설마 오늘날 19대 문정권이 좌익정치로 북한식 독재 공산국가를 만들겠어?" 하는 식의 국민의 방심 때문에 국가위기를 초래했다. "설마가 사람을 잡는다"는 말도 있지 않은가? ⑧ 여덟째, 범국민 교육 부재 때문이다. 국민수준이 높아져야 정치수준이 높아지는 게 아닌가? 정부의 범국민 교육; "인성화, 도덕화, 교양화, 선거정치화, 자유민주화, 민주법치화, 국가사회화 교육"이 전혀 없었고, 없는데 어찌 국민이 정치를 수수방관치 않겠는가? ⑨ 아홉째, 맑스-레닌주의적 사회주의와 북한 주체사상에 물든 주사파, 좌익들 때문이다. 386 주사파 세대(오늘 5060대)들과 좌익에 죽임을 당한 후손들이, 19대 문정권과 함께 좌익정부, 좌익정치로 대한민국의 민주주의를 파멸하고 있지 않은가? ⑩ 열째, 인간성과 도덕성; 양심과 상식이 무너졌기 때문에 국가위기를 초래했다. 오늘날 한국사회의 혼탁성을 보자: 부자간, 형제간, 이웃 간에 툭하면 불화에 척하면 소송천국이다. 돈과 재산, 보험에 부자간, 부부간, 형제간, 이웃 간에 살인까지 하는 "소돔과 고모라"의 말세가 아닌가? 양육이 귀찮다 하여 젊은 부부가 어린아이를 방바닥에 팽겨쳐 죽이는, 젊은이가 노인경비원을 패 죽이는 방송뉴스들도 보지 않는가? ⑪ 열한 번째, 치열한 생존경쟁(生存競爭)의 삶의 여건 때문에 국가위기를 초래했다. 밥먹고 살기도 바쁜데, 취직도 어려운데 누가 부정선거에 항거하여 시위를 벌이겠는가? ⑫ 열두 번째, 한국의 비현실적, 비합리적 시험위주, 지식교육 때문에 국가위기가 초래됐다. OECD가 한국을 문맹률이 1% 미만인 최고 학력국민이라 했는가? 그런데 왜 OECD가 한국인의 삶의 질이 OECD 국가들 중 꼴찌라 하는가? 44대 미국의 오바마

(Barack Obama: 1961–) 대통령이 한국 교육열을 배우라 역설(力說)했는가? 역설(力說)인가? 역설(逆說)인가? 시험공부가 어찌 삶과 생활에 도움이 되는가? 등등으로 오늘 한국사회 총체적 국가위기들을 초래한 이유이다.

좌익통치와 국가위기

"절대권력은 절대적으로 부패한다"
― 액톤(Lord Acton; 1834–1902, 영국의 사학자)

[좌익정치]

좌파들이 선동하여 촛불시위 승천하니
박근혜와 꼬봉들이 줄줄이들 감옥가네
좌익들이 득세하여 좌익정치 독재하니
좌익정치 좌익정부 자유민주 말살하네

좌익수장 문재앙이 종북정치 일삼으니
선관위가 부정선거 대법원이 묵살하며
좌익소굴 집권당이 다수당에 칼춤추네
추한여자 추미애가 검찰총장 기죽이네

북괴간첩, 김원봉에 신영복을 존경하고, 제주 4.3 남로당 간첩사건을 기념하는 통치자가 좌익인가? 우익인가? 3권분립 민주조직 요소요직(要所要職)에 좌익들을 배치하여 청와대, 행정부, 입법부, 사법부, 대법원, 선관위, 방통위가 좌익정부화, 좌익정치를 하는 체제가 "자유민주인가? 좌익정부인가?" "통치자인가? 반역자인가?" 어찌 이를 자유민주 대한민국이라 할 수가 있나? 4·15(2020)총선에서 심지어 부정선거를 하고, 부정선거에 180석 집권다수당에 좌익국회가 독주하고, 좌익 대법원이 126지역 선거무효 소송들을 불법에 묵살하고, 좌익 선관위가 부정선거 증거인멸을 하고, 검찰이 부정선거를 기피하고, 좌익 방통위가 언론방송을 탄압하여 좌익정부, 좌익정치를 하는데 어찌 19대 문정권이 좌익정권이 아니란 말인가?

[대통령의 좌익통치 문제]

O. 왜 민주헌정을 "반역하여" 좌익독재정치로 조국을 망국케 하나?

① 대통령이 [당권유지], [당권의지(依支)]로 왜 독재통치, 좌익통치를 하나?

② 왜 주인, 민주헌정, 의회무시, 멋대로 [국방과 안보]를 파괴 하는가?

③ 왜 국회 인사청문회가 거부한 각료들을 [강제임명]을 하나?

④ 왜 [낙하산 공관장 인사]로 국정을 망치는가?

⑤ 왜 [선관위가 부정선거]로 좌익국회, 망국 독재정치를 하게 하나?

⑥ 왜 대법원이 불법(선거법 225조)에 선거소송들을 [묵살] 하나?

⑦ 왜 방통위가 좌익정권 위주, [언론방송을 탄압]케 하나?

[대책]

O. 대통령 권력제한만이 제왕적 독재정치, 좌익독재정치 방지된다.

① 대통령 권력을 [국방 · 외교 · 안보 통치권, 비상권, 입법, 사법부 탄핵권, 입법 비토권]에 각료임명, 해임권에 권력을 제한 하라.

② 국방·외교·안보각료는 [강제임명] 금하고, 낙하산 공관장 임명을 금하라.

③ [사법부, 선관위, 방통위와 검찰, 감사원, 국정원]을 [독립화]시켜 소속 직원직선에 [수장선출]하고, 내외인사 동률로 공정업무 감시감사제 수행하라.

④ 낙하산인사 방지, [전 국가공관들을 독립화]시켜 소속 직원직선에 [수장선출]하고 독립운영에 내외인사 동률로 공정업무 감시감사제 수행하라.

21세기 초, 2021년, 오늘날 19대 주사파 문재인 정권을 왜 좌익정부, 좌익정치, 반역정치자라 말하는가? 자유민주 민주헌정을 "반역한" 좌익정부, 좌익정치로 스스로의 조국, 대한민국의 민주주의를 파멸시켜 좌익통치와 정치를 해 왔기 때문이다. 민주주의 파괴에 반역정치의 역사성 때문이다. 문정권의 반역정치, 좌익정치, 좌익정부의 실체와 실태, 증거들이 무엇인가? 실체와 실태, 증거들을 살펴보자. 예컨대, ① 첫째, 국가통치 반역의 위기를 초래했기 때문이다. 자유민주 통치이념과 통치체제를 반역했기 때문이다. 3권분립 민주정부 조직 요소요직(要所要職)에 좌익들을 배치하고 행정부, 입법부, 사법부, 대법원, 선관위, 방통위를 좌익정부화 좌익통치로 좌익국정을 했기 때문이다. 청와대를 좌익들; 임X석, 조X 들로, 행정부를 조X, 추X애, 이X영 들로, 사법부를 대법원장에 김X수외 좌익 대법관들로, 선관위와 방통위를 조X주, 한X혁 등들로, 국회가 좌익들; 이X찬, 송X길, 김X민, 정X래, 안X석 등등의 좌익실세들로 예컨대, "공수처, 5·18, 세월호, 부동산 3법"등들의 좌익입법들을 독재독주로 통과시켜 좌익정치를 했기 때문이다. ② 둘째, 국방과 안보를 파괴한 국가위기를 초래했기 때문이다. 국민무시, 헌법무시, 의회무시로 통치권을 남용하여 북경초소파괴, 군단, 사단해체, 북경철조망, 탱크벽 해체, 군사훈련 중지 등으로 국방과 안보를 파괴했기 때문이다. ③ 셋째, 좌익경제에 국가파산의 경제위기를 초래했기 때문이다. 소득주도(수주성) 좌익경제 소득분배로 임금과 세금을 올려 영세상인, 중산층을 망하게 했고, 또 빈자위주(貧者爲主), 실업, 결혼, 출산, 생계, 복지지원에 재정적자에 화폐남발로 국가총부채가 5,000조(가계부채, 1765조, 국가부채 1,983조, 기업부채 1,233조)로 국가파산의 위기를 초래했기 때문이다. 좌익경제에 부도위기다. ④ 넷째, 좌익외교로 한미혈맹의 파괴를 초래했기 때문이다. 친중주의 좌익외교로 한민동맹을 파괴했기 때문이다. 6·25전쟁에 패전국인 한국을 180만 미군참전에 3.7만 명의 미군목숨을 희생되며 한국을 구해준 한미혈맹을 배반했기 때문이다. ⑤ 다섯째, 부정선거로 민주선거 파괴를 초래했기 때문이다(2장-4소제목 참조). 좌익집권 연장을 위해 2020.4.15 총선에서 부정선거로 180석, 좌익집권 다수당을 만들어 좌익익국회로 좌익정치를 했기 때문이다. ⑥ 여섯째, 대법원이 민주심판을 파괴했기 때문이다. 선관위와 좌익 대법원이 동조하며 부정선거를 증거인멸하고 또 대법원이 불법으로 전국 126 지역의 재검선거 소송들을 묵살했기 때문이다. 불법인 QR코드 투표지를 썼고(선거법 151조6항 위반), 불법인 전자개표기를 사용했고(선거법 5조 위반), 대법원이 선거무효 소송들을 묵살(선거법 225위반) 했기 때문이다. 일곱째, 결사, 집회, 헌법자유 파괴했기 때문이다. 전국적 부정선거 시위들을 코로나를 핑계로 심지어 블랙청년들의 9대차량 서울진입까지 탄압했기 때문이다. ⑧ 여덟째, 문재인 대통령 스스로가 좌익주의자 임을 표명했기 때문이다. 북한 공산당의 원조, 김원봉과 신영복을 칭찬

했고, 제주4·3남로당 간첩사건(1948), 여순간첩사건(1948)등을 공식기념화 하여 스스로가 좌익임을 표명했기 때문이다. 평양방문 시 스스로를 "남측 대통령," 남한국민을 "남측 사람들"이라 표현하며 스스로가 북한우대, 좌익주의자임을 자칭했다는 점이다. ⑨ 아홉째, 주적(主敵)인 북한우대에 종북정치를 초래했기 때문이다. 북한이 남한의 통치자, 문재인 대통령을 향해 "삶은 소대가리, 미괴뢰 집단의 대변자"라 욕설을 퍼부어도 끝내 북한우대에 종북정치로 평화와 종전선언을 홀로 외쳤기 때문이다. ⑩ 열째, 탈원적 문서로 이적행위를 초래했기 때문이다. 문정권은 자국(自國)에는 탈원전 정책을, 북한에는 원전건설에 USB까지 제공하는 이적행위를 했다는 점이다. 400페이지 원전문서를 없애며 월성1호기 탈원전 정책을 했지만 한편 북한에게는 핵탄원료, 플루토늄(#94원소)을 생산케 하는 원전건설 문서를 제공한 이적행위를 했다는 점이다. 이게 어찌 문정권의 좌익정권에 좌익정부, 좌익정치, 반역정치가 아니고 무엇인가?

대한민국의 자유민주, 민주주의는 무엇이고 또 오늘 19대 주사파 문정권의 자유민주, 민주헌정을 "반역한" 좌익정치의 실증이 무엇인가? 자유민주, 대한민국의 통치이념과 통치체제를 좌익통치, 좌익정치로 반역했기 때문이다. 어째서 문정권은 자유민주, 민주주의를 반역하여 좌익정부로 좌익정치를 해 왔는가? 어째서 국민 역시 대한민국, 국가 정체성, 민주주의가 파멸돼도 수수방관만 해 왔는가? 문정권의 반역실증이 무엇인가? 대한민국의 통치이념과 통치체제의 반역이다. 대한민국의 통치이념은 자유민주, 민주주의이고 대한민국의 통치체제는 자유민주(自由民主), 삼권분립(三權分立) 민주체제다. 대한민국 헌법은 1948년 대한민국 건국시(建國時) 제정되었고, 헌법1조 1항은 "대한민국은 민주공화국"이고, 1조 2항은 "대한민국의 주권은 국민에 있고, 모든 권력은 국민으로부터 나온다"고 명시돼 있다. 민주공화국이란 뜻은 자유와 민주를 기초로 하는 국가와 국민을 뜻한다. 이를 미국의 16대 대통령, 아브라함 링컨(Abraham Lincoln: 1861-1865, 노예해방)은 "국민에 의한, 국민을 위한, 민의 정치"라 말한다. 한국식으로 말하면 "대의정치(代議政治), 정도정치(正道政治), 소신정치(所信政治)"다. 민주주의 정반대는 좌익주의 또는 사회주의 혹은 공산주의다. 좌익주의, 좌익정부, 좌익정치를 의미한다. 좌익정치 자체가 대한민국 통치이념에 반역정치이고 조국과 민족, 국가와 국민을 반역하는 행위다. 고로 주사파 19대 문정권은 좌익정부, 좌익정치로 대한민국의 민주주의를 파멸시킨 반역자다. 국가통치를 주사파 좌익주의로 민주정부룰 좌익정부로 행정부, 입법부, 사법부, 대법원, 선관위, 방통위를 좌익들과 좌익국정화 통치를 했고, 심지어 선관위가 민주에 역행하는 부정선거를 했고, 부정선거에 좌익국회가 다수당이 되어 좌익입법안들을 독재독주하기 때문이다. 대법원이 좌익화, 선거무효 소송들을 불법에 묵살했고, 방통위가 좌익화, 언론방송을 탄압하여 편파방송을 했기 때문이다.

문정권의 좌익주의 실체가 무엇인가? 사회주의 내지 공산주의다. 좌익주의, 좌익정치에 사회주의, 공산주의를 의미한다. 사회주의의 엄격한 제도는 공산주의다. 그러나 둘다 모두 자유와 재산을 통제하고 독재정치와 좌익경제 정책을 취한다. 그러나 공산주의는 사회주의보다 더 강한 좌익성 제도체제로 자유와 재산을 모두 국유화한다. 사유재산을 허용치 않는, 개인의 자유가 없는, 통치에 자유와 민주가 없는, 다 같이 일해 다 같이 배급받아 먹고 사는, 공산공분(共産共分)의 통치이념과 그에 따른 독재체제가 공산주의다. 북한과 같이 일인지하(一人之下) 독재정치에 바로 세습독재 공산주의 국가다. 국민을 철의 장막 속에 가두고, 비밀정치, 철통방어적 독재공산정치를 하지 않는가? 그러나 공산주의를 수정하여 중국과 같이 "정치"는 독재로, "경제행위"는 자유로 하는 것은 수정공산주의다. 원래 사회주의 좌익사상은 독일의 사회철학자, 칼 마르크스(Karl Marx: 1818-1883)의 자본론(Das Capita)에서 근거된다. 이를 사회주의자, 소련 혁명가, 레닌(Vladimir Lenin: 1870-1924)이 수정하여 "마르크스-레닌주의"로 소련의 볼세비키(Bolshevik Revolution, 1917) 혁명을 주도하고 사회주의 공산정치를 했다. 그러나 이 역시 70년을 끝으로 소련의 사회, 공산주의는 망했다. 불구하고 북한의 세습독재 공산주의 국가는 여전하다. 그 이유가 무엇인가? 그만큼 혹독한 인권유린에 독재체제를 유지하기 때문이다. 그래서 북한을 칭하여 지구상에 둘도 없는 유일무이(唯一無二)한 "철의 장막, 철통방어" 독재세습 공산국이라 한다. 그러나 북한도 오늘 21세기 초, 공산공분(共産共分)의 독재체제에 경제성장이 역성장(逆成長)을 초래하며 공산공분이 아닌 공산무분(共産無分)에 배급조차 없는 극빈국(極貧國)이 돼 버렸다. 도대체 19대 문재인 정권의 정체성이 무엇인가? 좌익진보 세력과 함께하는 반민주 좌익주의자들이다. 어찌 자유민주 통치이념과 통치체제를 좌익정부, 좌익정치로 자유민주, 스스로의 조국, 대한민국의 민주주의를 좌익통치로 망국케 한단 말인가? 자유민주, 민주주의를 파멸시키는 좌익주의자, 반역자가 아닌가? 그러나 권불십년(權不十年)이 아닌가? 문정권의 좌익정부, 좌익정치가 자유민주를 사랑하는 대한민국의 국민이 어찌 문정권의 좌익정치를 지속케 하겠는가? 미련한 대통령이 아닌가?! 이를 두고 일찍이 영국의 사학자, 액톤(Lord Acton; 1834-1902)은 "절대 권력은 절대적으로 망한다"했다. 문정권의 무모한 좌익정부, 좌익정치 도전이 한심하다. 준하여 민족세습성, "과묵성, 회피성, 방종성, 방관성," 국민성으로 한국인들이 문정권의 좌익정부, 좌익정치에 수수방관한 점이 참으로 애석하다.

좌익국회와 국가위기

"이 나라는 하나님의 보호 아래 새로운 자유가 탄생하리라. 그래서 국민의
정치, 국민에 의한 정치, 국민을 위한 정치는 이 땅에서 멸망치 않으리라."

(With blessed by the God, New Liberty will be born in this nation. Therefore, the
government of the people, by the people, for the people shall not perish from the earth)

- 아브라함 링컨(Abraham Lincoln; 1809-1865,

노예해방을 시킨 미국의 16대 대통령/ 1863년 Gettysburg의 연설에서)

[좌익국회(亂雜) 독재정치]

국회나리 출세하여 나랏일들 한답시고

어깨힘에 목을추켜 권세과시 꼴갑떠네

좌익정치 작당지어 트집잡고 발목잡아

좌익국회 정쟁당쟁 쌈질하며 망국하네

촛불시위 혁명했다 좌익정권 득세하여

좌익정치 부정선거 반역정치 일삼으며

국토방위 파괴하고 안보정치 북한주니

태극기에 촛불시위 국가위기 망국일세

[입법부, 국회 좌익정치 문제]

O. 왜 건국이래 국회정치는 불신정치, 후진국정치로 조국을 망국케하나?

① 왜 오늘 좌파들이 [좌익정치, 독재정치]로 자유민주, 파괴정치만 하나?

② 왜 [부정선거]에 집권다수당이 [좌익국회]가 되어 좌익정치로 좌익독재성 입법들: "공수처, 5·18, 부동산 3법"등을 입법, 독재독주로 망국케 하나?

③ 왜 머슴들이 출세의식에 [특권, 특혜, 과시허세정치]로 불신정치만 하나?

④ 왜 민족세습성: [독재성과 분쟁성]에 사색당파, 당파정치, 작당정치, 권모술수정치, 트집정치, 쌈질정치로 불신정치, 망국정치만 하나?

⑤ 왜 주인무시, [수많은 특혜들(25@)]을 스스로 정해 국민혈세 탕진하나?

⑥ 왜 국가기밀 은폐용 [특권처, 공수처]를 만들어 권력남용, 망국케 하나?

⑦ 왜 [공적조서(功績調書)], 명단발표]도 없이 5·18 유공자로 추대되어 보상혜택을 받고, 왜 5·18법을 헐뜯으면 3천만 원 벌금에 감옥가야 하나?

⑧ 왜 국민은 민족세습성: "과묵성, 회피성, 방종성"에 국민은 [수수방관]하며 제왕적 독재정치, 좌익독재정치를 허용하나?

[대책]

1. 국회의원 신분개혁:

O. 의원이 되기가 싫은 정치풍토가 돼야 진정한 국가 국회의원이 출현된다.

① [의원임기제]: 정치중독 근절을 위해 의원직을 4년 임기, 3선에 제한하라.

② [정치철학]: 대의정치(代議), 정도정치(正道), 소신정치(所信)를 지켜라.

③ 머슴을 [장관급 월급제]로 정하고, 특권, 특혜들, VIP대우 전면 폐지하라

④ [정치중독 근절]: 사무원, 차량제공, 차량유지비, 명절수당, 교통특혜(비행기·KTX·1등무료), 가족수당, 의료, 복지, 골프 등, 특혜들을 전면 폐지하라.

⑤ [순환근무]: 의원실 사무원을 국가직으로 2년마다 중복금지 순환제로 하라.

⑥ [의정활동비]: 영수증제로 확인환불하고 해외연수를 년 1회 제한하라.

2. 국회 의회제도 개혁:

O. "독재성, 분쟁성"이 사멸돼야 건전한 민주국회가 탄생된다.

① [비례대표제]: 국고낭비, 무용지물, 비례대표제를 영구 폐기하라

② [후보이동금지]: 후보이동등록 금지, 출생지 고정에 입후보 등록케 하라

③ [공천철폐]: 공천폐지, 출생지역 자유후보, 경선자유로 당선후 당적케 하라.

④ [부정선거방지]: QR코드, 전자개표 폐지, 일련번호 기입식 투표, 수개표 하라.

⑤ [국회 청문회]: 편들기, 인기위주 도전발언, 쌈질청문 개선 혹은 폐지하라.

오늘날 국회정치가 어떠한가? 한 마디로 주사파 좌익들의 좌익 국회, 좌익정치들 뿐이다. 국민의 머슴들, 국회의원들이 좌익사상에 좌익주의 국회정치를 하며 특권남용에 특혜만 누리는 무소부지(無所不至), 무소불위적(無所不爲的) 좌익정치만 한다. 집권연장을 위해 부정선거까지 하며 180석 거대 집권다수당을 인위적으로 만들

어 국민무시, 헌법무시로 "공수처법, 부동산 3법, 5·18법, 세월호법 "등등의 좌익성 입법들만 독재독주하며, 다수당의 횡포에 정쟁당쟁, 당리당략에 권모술수정치, 작당정치, 트집정치, 쌈질정치로 국회가 불신정치의 소굴이 됐다. 오죽하면 관광차 안에서 관광객들이 국회의사당을 가르키며 "도둑놈들 소굴"이라 막말을 하겠는가? 이들의 좌익정치, 부패 불신정치로 대한민국의 민주주의 정치는 사멸돼 버렸다. 예컨대, "공수처법"이 무엇인가? 좌익국가 기밀은폐, 고위층 반인사 숙청법이다. 좌익정치, 좌익정부 보호막 장치다. 왜 국가헌법이 있는데 헌법위에 또 다른 특권처, 공수처를 설치하는가? 부동산3법이 무엇인가? 공산당식 부동산 신고 거래제도다. 월세임대에 월세신고까지 하라는 공산정치다. 건물임대 주인들의 98% 이상이 임차인들의 보증금 반환을 문제없이 환원을 해 주는데 고작 2%의 불량임대주 때문에 독재공산당식 "보증금보험"을 들라 하는가? 이제 좌익국회가 토지공개념제도에 재산강탈, 국유화정책이 일초 전이다. 5·18법은 또 무엇인가? 5·18을 헐뜯으면 3천만 원 벌금에 투옥시키는 독재법이다. 이제 말만 해도 투옥시키는 좌익국회가 됐다. 세월호법은 또 무엇인가? 국군이 전하하면 갯값, 3천만 원을 보상하고 세월호 여행참사에는 금값, 8-10억씩을 주는 독재법이다. 이들 국회좌익 정치인들에게 "호국보훈"이란 개념은 있는 것인가? 그러니 항간에서 이제 "좌익국회가 개헌하여 헌법에서 "자유"를 빼고, "민주주의"만 남겨 마치 중화인민공화국(중국)처럼 공산독재국을 만들어, 이제 사유재산을 국유화시키고, 마을마다 인민위원회를 설치하는 "고려연방제 대한민국"을 만든다는 소문들이 카톡에 나돌겠는가?

불구하고 오늘 대한민국의 국회정치 작태를 보자. 국회가 집권 다수당(민주당) 좌익국회가 되어 국민의 머슴들인 주제에, 국회의원들이 국회의원직을 대출세직(大出世職), 권세직(權勢職), 특권직(特權職), 특혜직(特惠織)으로 착각하며 오만방자한 좌익 권력정치, 과시정치, 허세정치로 소인배(小人輩), 모래배(謀利輩), 시정잡배(市井雜輩) 정치를 한다. 머슴들인 주제에 국민무시, 헌법무시, 스스로 잘난 척 멋대로 특권과 특혜들을 정하여 주인무시(국민), 머슴들이 멋대로 정치를 하여 고질적 불신정치로 한국정치가 후진국 3류 정치로 추락됐다. 어째서 이들, 머슴들이 항공기, KTX 1등석만 무료로 골라 타며 특권(特權)에 권력정치, 과시정치, 특혜정치만 해야 하는가? 어째서 머슴들이 국회 청문회에서, 국정감사에서, 각료들을 쥐 잡듯 하며 큰 소리로 고함치며 오만방자한 정치를 해야 하는가? 어째서 이들이 정치사명(死命)과 소명(召命); "국가헌신, 국민봉사"는 없는가? 어째서 이들이 정치기본; "국민을 위한, 국민에 의한, 국민의 정치," 칭하여 대의정치(大義政治), 정도정치(正道政治), 소신정치(所信政治)는 없고, 민족세습성; "독재성에 분열분쟁성"에 사색당파 정쟁·당쟁 정치, 당리당략에 권모술수정치, 파벌정치, 작당정치, 트집정치, 쌈질정치만 일삼는 것인가? 설상가상으로 어째서 오늘날 국회는 19대 주사파 문정권과 함께 좌익국회, 좌익정치로 대한민국의 민주정치를 파괴하며 좌익정치로 망국정치만 계속하여 자유민주, 대한민국의 민주주의를 파멸시키는 것인가? 어째서 머슴들이 주인(국민)위에 군림하며 권력정치, 과시정치, 허세정치로 불신정치에 망국정치로 국가존망의 위기를 초래하는가? 어째서 이들이 입으로는 국민과 국가를 팔며, 위선정치에 부정과 불의정치, 소인배(小人輩), 모리배(謀利輩)정치만 하는가? 오죽하면 집권다수당이 "공수처법"에 반대표를 던졌다하여 자당원(自黨員)인 금태섭 의원을 제명처분(除名處分)하는 부당과 불의, 독주정치를 하겠는가? 예나 제나 한국국회의 고질적 불신정치로 국민성마저 불신국민성으로 변질되어 불신국민성에 불신사회로 한국사회가 혼탁에 혼란으로 내일이 오리무중이다.

　오늘날 국회의원의 특권과 특혜들을 보자. 가소(可笑)롭고 가관(可觀)이다. 어째서 국민의 머슴들이 국민의 허가도 없이 멋대로 특권과 특혜들을 정하여 스스로 혜택들을 누리며 오만방자한 정치를 한단 말인가? 이들이 스스로 만든 국회의원 특혜들이 무려 25가지 넘는다. 국회의원 1인에 연관되어 지불되는 금액이 무려 연 11억 7000만 원 이상이다. 예를 들면, ① 국회의원 연봉이 1억4000만, ② 의정활동비 연9300만, ③ 차량유지비 연430만, ④ 차량유류비 연1320만, ⑤ 정근수당에 명절수당 연1400만, ⑥ 관리업무수당 연720만, ⑦ 정액급식비 연150만, ⑧ 전화및 우편표 연 1,000만, ⑨ 정책발간과 홍보비 연1300만 ⑩ 정책자료발송비 연440만, ⑪ 공무출장비 연450만, ⑫ 항공기, KTX등 1등석 교통비 무료, ⑬ 입법정책 개발비 연2200만, 연2회 해외시찰, ⑭ 65세부터 연금 연1440만, ⑮ 가족수당 연70만, ⑯ A등급 보험혜택, ⑰ 변호사, 의사, 약사, 관제사 등의 겸직허용,⑱ 국회 내 헬스, 병원비 가족포함 무료, ⑲ 진료비 가족포함 무료, ⑳ 골프장 우대등 호화판이다. 여기에 ㉑ 의원실 사무원 연봉만 4억4500만 (4급 보좌관2명 연봉이 각각 8,600만 원씩, 5급비서 1명 연봉이 7,600만 원, 6급비서

1명 연봉 3,600만 원, 7급비서 1명 연봉3,100만 원, 9급비서 1명 연봉2,400만 원), ㉒ 사무원 매식비 연600만. ㉓ 사무실 용품비 연500만이다. 여기에 ㉔ 정치후원금 연 1억 5천만, 선거 시는 3억까지 모금하는 특혜도 있다. 이외에도 ㉕ 의사당 옆 2,200억짜리 의원회관, ㉖ 전용 레드카펫, ㉗ 강원도 고성에 500억짜리 국회의정 연수원 등등으로 오늘날 한국 국회정치인들의 특혜들은 세계에 유일무이(唯一無二)한 호화판이다. 그래도 해마다 연봉들만 올린다. 그러면서 좌익정치에 반역정치만 하는 패거리 트집정치, 쌈질정치만 한다. 그러니 건달에 시장잡배들도 국회의원이 되려고 죽기 살기로 기를 쓰지 않는가? 이제 특권과 특혜 없는, 일반 각료급 월급만 받는 국회의원들을 추대하여 국회의원직을 마다하는 국회 정치 풍토를 만들어야 진정한 국회정치인이 출현된다.

미국 국회의원들
① 애국정신에 애국정치를 한다.
② 국가사명과 소명: "국가헌신과 국민봉사" 정신이 강하다.
② 정치사명: "대의정치, 정도정치, 소신정치"에 최선을 다한다.
③ 특권에 특혜가 없고 월급제로 겸손, 검소, 공직생활을 한다.
⑥ 의정활동비도 사무 아닌 공무에만 영수증제로 제출 환불받는다.
⑧ 청문회도 상대방 배려와 인격존중에 소곤거리듯 질문 한다.
⑨ 정치중독이 없고 사적, 가정이유에 언제라도 사직서를 낸다.
④ 가난한 의원은 지하아파트에 거주하며 자전거로 출퇴근한다.
⑤ 시골에서 온 더 가난한 의원은 아예 의원회관에서 먹고 잔다.
⑦ 의사당 점심식사도 일반인과 줄서서 차례대로 사 먹는다.

도대체 오늘 주사파 좌익 국회의원들의 좌익정치 실체는 무엇인가? 북한의 주체사상(주사파)에 물든 주사파 좌익진보 세력의 정치인들이다. 이들이 오늘 좌익사상에 좌익국회 정치계를 장악했다. 이들 주사파 좌익 정치세력들이 누구인가? 5·18사태(1980) 당시 자유민주, 자본주의적 빈부격차에 불만을 품었던, 그래서 북한의 김일성 "주체사상"에 물들었고, 또는 독일의 맑스즘(Karl Marx: 1818-1883); 사회주의 사상(Das Capita, 자본론)에 빠져 있었던, 가난했던 당시 386세대(오늘 5060), 대학생들이었다. 이들은 당시 "전대협"(전국대학협회)을 조직하고, 좌익 진보단체들인 민청년, 범청년, 민노총, 전교조, 민변등과 좌익시민단체들과 연계조직하며 또 확장하여 좌익사상에 좌익정부의 허상(虛想), 유토피아(utopia) 좌익국가를 꿈꿨던 좌익주의 불순분자들이었다. 6·25전쟁의 경험도, 조국건설의 땀방울도 흘리지 않았던, 그러나 좌익사상에 감옥살이를 했던, 그리고 감옥살이 오기(傲氣)에 무임승차로 좌익 정치인이 되어 오늘날 좌익진보 세력으로 정치계를 장악한 좌익 지성인들이다. 그 대표가 바로 법정선고로 해체된 "통진당"의 과격 좌익분자, "이석기"다. 그는 한국의 민주정부 전복을 목적으로 유사시 북한과 남한의 방송국, 수도, 전기등의 주요 산업시설들을 파괴할 음모를 꾸몄던 좌익과격분자다. 오늘 전대협과 좌익단체들을 등에 업고 오늘 정치계를 장악한 좌익진보 세력들이 바로 청와대 임X석, 조X, 행정부의 이X영, 추X애, 사법부 대법원장 김X수, 선관위장 조X주, 방통위장 한X혁, 그리고 오늘 주사파 좌익국회을 이끄는 이X찬, 송X길, 정X래, 김X민, 안X석, 등등으로 셀 수도 없다. 이들은 좌익사상, 좌익주의, 공산주의에 맹종하는 좌익분자들이다. 좌익사상에 좌익정치로 북한과 같은 공산공분(共産共分)의 사회주의, 공산주의를 지향하는 좌익진보 세력들이다. 이들은 자유민주, 대한민국에서 온갖 자유와 민주, 부(副)를 누리며 오늘 국회에서 좌익정부, 좌익정치로 자유민주, 스스로의 조국, 대한민국의 민주주의를 말살하는 위선적 좌익정치 무리들이다. 문정권과 함께 좌익정부, 좌익정치로 반만년 역사의 조국과 민족, 오늘의 자유민주 대한민국을 좌익정치로 국가존망의 좌익화 위기를 조장하는 세력들이다.

도대체 이들은 왜 좌익정치, 좌익정부로 스스로의 조국, 대한민국을 망국케하는가? 그 이유가 무엇인가? 대략 살펴보자. 예컨대, ① 첫째, 한(恨) 많은 좌익후예들이기 때문이다. 아직도 한국은 "끝나지 않은 6·25전쟁" 때문이다. 이제 국민마저 좌익진보, 우익보수로 양분화되어 민심이반에 국로분쟁으로 스스로의 국가를 망국케 하고 있지 않은가? ② 민족세습성; "독재성에 정치중독성" 때문이다. 권력과 권위정치, 과시와 허세정치에 맛들려 중독돼 있기 때문이다. ③ 민족세습성; "분열분쟁성" 때문이다. 민족적 두뇌우수성에 서로가 잘나서 서로가 대적하며 분열분쟁으로 사색당파 정쟁과 당쟁정치를 하기 때문이다. ④ 민족세습성; 국민성이 "과묵성, 회피성, 방종성, 방관성"이 있어 국민이 정치에 무관심, 정치침묵, 정치회피, 정치방종하여 불신정치를 더욱 불신정치를 하게하는 반민주 국민성 때문이다. ⑤ 국민정치 수준(민도)가 낮기 때문이다. 과거 72년간 정부의 범국민(凡國民)적 민도향상(民度向上) 교육: "인성화(人性化), 도덕화(道德化), 교양화(全人教養化), 선거정치화, 자유민주화, 민주법치화, 정의사회화, 국가민주화 교육이 있었는가? 그래서 머슴들이 주인(국민)을 얕보고 깔보며 국민무시, 국민농락, 멋대로 정치를 해 왔기 때문이다. 이에 건국이래 과거 72년간, 제왕적 독재정치 하에서 정치인들이 부정부패, 비리정치, 적폐정치, 보복정치, 국정농단이 얼마나 수없이 많았는가? 그리고 또 오늘 19대 문정권이 좌익정치에 반역정치를 해도, 심지어 민주헌정 파괴에 부정선거를 해도, 대법원이 부정선거를 묵인 묵살해도, 국민들은 "나 몰라라" 수수방관하고 있지 않은가? 그러니 어찌 국가가 임진왜란에 병자호란, 한일합방에 일제치하, 남북분열에 6·25 민족상쟁이 없을 수가 있겠는가? 참으로 우매한 국민에 한심한 정치인들이다.

국민성과 국가위기

"건강한 육체가 건강한 정신을 갖는다"

(Sound body, sound mind: "mens sana in corpore sano.")

― 유베날리스(Decimus Junius Juvenalis: 50?~130?, 고대 로마 풍자시인)

한국인의 국민성 구성
1. 민족세습 국민성:
민족세습 불신정치성 → 독재성 + 분열분쟁성

민족세습 국민성 → 과묵성 + 회피성 + 방종성 + 방관성

2. 현실사회 국민성:

현실사회 국민 → 거짓성 + 위선성 + 부정성 + 불의성 + 사기성

결과:

불신국민성 → 황금만능주의+한탕주의+이기주의+우월주의+배타주의

+사치허영+오락쾌락+유흥소비

불신사회성 → 가짜식재+짝퉁제품+가짜광고+먹튀사기+가짜서류 가짜대출+

가짜논문+가짜이력 → 거짓인간+거짓사회

한국인 국민성 결과:

불신정치성+불신국민성+불신사회성

  도대체 국민성이 무엇인가? 국민이 가진, 국민이 느끼는 독특한 성격이 국민성이다. 한 국민이 현실사회에서 공통적으로 행동하고 느끼고, 서로 공감하고 인정하는 생활상의 관념(觀念), 사고방식(思考方式), 습성(習性)이 국민성이다. 국민 대다수가 공감하고 인정하는 역사적 정신과 사상, 현실사회적 국민취향(趣向)과 성향(性向)을 말한다. 고로 국민성은 민족 역사성과 현실 국민성을 포함한 "인간성, 도덕성, 교양성, 정치성, 경제성, 사회성, 문화성은 물론 특정부문, 예컨대, 자유민주성, 민주법치성, 선거정치성, 정의사회구현성, 국가민주성" 등등에 국민이 지닌 독특한 국민취향과 성향을 말한다. 불신국민성이란 또 무엇인가? 국민성에 대한 부정적 성향을 말한다. 불신국민성이란 국민들이 해서는 안 되는, 잘못된, 국가와 사회에 해가 되는, 국가발전에 해가 되는 국민의 취향과 성향을 불신국민성이라 한다. 불신국민성은 어디에서 연유되는가? 민족세습성이나 현실생활성에서 연유된

다. 예컨대, 한국인들의 민족세습성에서 연유된 국민성은 주로 "독재성, 분열성, 분쟁성, 침묵성, 회피성, 방종성, 방관성" 등이다. 또한 현실생활성에서 연유되는 국민성은 거짓성, 위선성, 부정성, 불의성, 사기성 등이다. 고로 역대 정권들의 습관적 "제왕적 권력독재 정치"에 사색당파적 정쟁당쟁 정치, 파벌정치, 작당정치, 당리당략적 트집과 쌈질정치는 민족세습성에서 연유된다. 반하여 현실생활, 사회에서 연유된 거짓과 위선, 부정과 불의, 사기성은 당대의 국민성으로 그 국민성의 결과가 예컨대, 황금만능주의, 한탕주의, 이기주의, 배타주의, 사치허영, 오락쾌락 등등이다. 그렇다면 오늘 19대 문정권의 주사파, 좌익들의 좌익정부, 좌익정치는 어디에 속하나? 당대의 거짓과 위선, 부정과 불의적 정치성을 뜻한다. 이는 당대의 국가 정체성이 "자유민주" 국가이기 때문이다. 이를 반역한 정치가 오늘 19대 좌익들의 좌익정치, 좌익정부의 거짓과 위선, 부정과 불의성 때문이다. 한국 정치는 역사적으로 민족세습성; "독재성"에 의해 제왕적 독재 권력정치를 했고, "분열분쟁성"에 사색당파 파벌에 작당정치, 트집에 쌈질정치를 해 왔다. 또한 민족세습성에 국민성이 "과묵성, 회피성, 방종성, 방관성"에 위정자들이 부정한 제왕적 독재정치를 해도, 오늘 좌익정치를 해도, 또는 부당한 부정선거를 해도, 대법원이 불법으로 부정선거 선고를 표당락심판으로 꼼수를 써도 민족세습성; 침묵에 회피, 방종에 수수방관으로 묵인해 와서 사태를 더욱 악화시킨다. 결론적으로 한국인의 국민성은 ① 민족세습성에 불신정치가 됐고, ② 민족세습성에 사색당파 분열분쟁 불신정치가 됐고, ③ 민족세습성, 국민성에 불신정치를 묵인하고 방관하여 더욱 악화된 불신정치를 낳아 정치가 추진국 3류정치로 추락됐고, ④ 현실생화, 사회성에 연유된 거짓과 위선, 부정과 불의, 사기성에 국민성이 황금만능주의, 한탕주의, 이기주의, 배타주의, 사치허영, 오락쾌락 등으로 빠져 불신국민성이 됐고, ⑤ 이러한 정치불신성, 불신국민성에 사회가 거짓사회; 가짜식재, 짝퉁제품, 가짜광고, 먹튀사기, 가짜서류, 가짜이력, 가짜논문 등을 낳은 불신사회성이 됐다는 점이다. 심각한 국민성 국가위기를 말한다. 이게 어찌 한국 국민들의 국민성 위기가 아니고 무엇인가?

한국인의 불신정치성, 불신국민성, 불신사회성이 초래한 오늘 한국현실은 어떠한가? ① 첫째, 민족세습화 정치성, "독재성과 분열분쟁성"에 제왕적 권력독재정치, 오늘 19대 문정권의 좌익정치에 사색당파 정쟁, 당리당략 트집정치, 쌈질정치로 후진국 3류정치다. ② 둘째, 민족세습화 국민성, "과묵성, 회피성, 방종성, 방관성"에 독재정치와 좌익정치 묵인이다. ③ 현실사회 국민성, "거짓성, 위선성, 부정성, 불의성, 사기성"에 불신국민성, "황금만능주의, 한탕주의, 이기주의, 우월주의, 배타주의, 사치허영, 오락쾌락주의"가 됐다. ④ 넷째, 불신국민성에 사회가 거짓사회, "가짜식품, 짝퉁제품, 짝퉁시장, 가짜광고, 먹튀사기, 가짜서류, 가짜대출, 가짜논문, 가짜이력, 가짜인간, 거짓사회가 됐다. 설상가상으로 오늘 19대 주사파 문정권에 이르러 국민마저 "좌익진보"세력과 "우익보수"세력으로 2분화(二分化) 분열되어 오늘 한국의 자유민주, 국가 정체성이 "민주냐? 사회주의냐? 공산주의냐?” 하는 국가운명의 중대기로(岐路), 국가위기에 처해 있다.

  불신정치성, 불신국민성, 불신사회성이 미치는 오늘 한국사회 현실은 어떠한가? ① 가정을 보자. 훈육에 정이 넘치던 옛 가정은 사라진지 오래다. 아예 가정생활, 부부생활은 먹고 잠만 자고 가는 여관방이 됐다. 아이들이 상전이고 늙은이들은 “꼰대”에 천덕꾸러기가 됐다. 아이들 공부등살에 가족들은 노예가 됐다. 한 가정에 둘(2)이 가장(家長)으로 가정불화가 잦아 툭하면 부부쌈질에 척하면 이혼이 다반사(茶飯事)다. 결혼관, 가정관이 파괴되며 가족의미가 혼족에 혼밥신세, 핵가족화로 변질되며, 비혼(非婚)에 책임없는 동거생활, 동성연애, 동성결혼까지 한다. 결혼과 출산을 기피하며 인륜(人倫)과 천륜(天倫)을 파괴하고 있다. ② 어린 학생들을 보자. 순진해야 할 애들이 애어른이 되어 못하는 짓들이 없다. 교사들이 학생이 무서워 눈치를 보는 시대가 됐다. 패거리, 불량배 학생들이 뒷골목에서 또래 여자들을 성추행에 성폭행하기를 밥 먹듯 한다. 오죽하면 십대 아이가 아이를 낳아 쓰레기통에 버리는 비정한, 무책임한 살벌한 사회가 되지 않았는가? ③ 신구세대의 갈등과 차별은 어떠한가? 구세대는 신세대를 “버릇없다, 싸가지 없다”로, 신세대에 구세대를 “잔소리꾼에 꼰대”로 취급한다. 잔소리가 듣기 싫다하여 가출에 혼족, 혼밥신세에 핵가족이 증가일로 대세다. 핵가족 증가에 주택가격만 앙등시켜 부동산 시장의 광란과 대란을 맞았다. ④ 신세대들은 어떠한가? 대이어 부자인 신세대들은 먹방, 노래방, 놀이방, 오락방, 여행방 등에 유흥문화에 선진들의 땀과 눈물, 국고만 탕진한다. 대이어 가난한 신세대들은 실업난에 생활고로 라면으로 끼니를 때운다. 신세대 젊은이들마저 2분화 분열로 분열된 국가위기가 아닌가? 1994년에 강남의 부유층 유학파, 야타족, 오렌지족만 골라 처참하게 죽였던 "지존파"가 또다시 출현될까 염려된다. ⑤ 문정권하에서 3기 신도시개발, 광명시와 시흥시의 땅투기 현상을 보자. LH 국가 공직자들과 정치인들이 땅투기에 한탕주의로 오늘 국가혼란이 아닌가? ⑥ 오늘날 부자간, 부부간, 형제간, 이웃 간의 사회적 불화는 어떠한가? 돈과 재산, 보험금에 불화에 쌈지로 소송천국이 됐다. 심지어 돈에 돌아 부자간, 부부간까지 살인까지 서슴치 않는 극단적 이기주의로 변했지 않은가? ⑦ 정치는 어떠한가? 권력독재 정치, 오늘 19대 문정권의 민주에 반역정치, 좌익정치로 내로남불, 적폐정치, 국정농단에 여전히 사색당파정치, 작당정치, 트집정치, 쌈질정치는 여전하다. 망국정치에 망국징조가 아닌가? ⑧ 인간성 실종현상(失踪現像)은 어떠한가? 아예 양심과 상식이 소멸된 인간사회가 됐다. 범국민적 국가교육; 인성화, 도덕화, 교양화, 선거정치화, 자유민주화, 민주법치화, 국가사회화 교육이 없다. 불신국민성에 불신사회성, 국가위기성이 가속화 돼 있다. ⑨ 예의 도덕성은 어떤가? 오죽하면 젊은이를 처다 봤다고 젊은이가 늙은이를 두들겨 패는, 전철 안에서 젊은이가 늙은이를 자리싸움에 욕설에 발길질까지 하는 뉴스보도가 있겠는가? 오죽하면 젊은이가 늙은 경비원을 두들겨 패 죽이는 사회현상도 있지 않은가? ⑩ 빈부격차에 불신국민성은 어떤가? 황금 만능주의, 한탕주의, 불로소득주의, 우월주의, 갑질주의, 사치허영, 오락쾌락, 유흥주의로 한국사회가 한 마디로 소돔과 고모라적 말세현상이 아닌가? 가난에 한(恨)풀이, 극단적 이기주의가 아닌가? ⑪ 국민 국가성은 어떤가? 망국정치에 수수방관이다. 민주정부가 좌익정치에 좌익정부가 돼도, 민주주의에 부정선거를 해도, 좌익국회가 부정선거로 집권연장에 집권다수당 횡포에 독재독주를 해도, 대법원이 부정선거를 묵살해도, 언론방송이 좌익정부화 편파방송을 해도, 국민들은 정치침묵, 불신정치 회피로 수수방관만 하지 않는가? 불신국민, 불신정치, 불신사회에 망국징조, 국가위기가 아니고 무엇인가? 이제 국민들은 보이스 피싱(voice fishing)이 두려워 전화조차 받지 못하는 한국사회가 돼 있지 않은가?

한국인들의 불신국민성의 근본적 원인은 무엇인가? ① 민족세습성 때문이다. ② 상습적, 고질적 불신정치 때문이다. 정치인들이 불신정치로 부정부패 비리, 적폐정치, 국정농단 정치를 하는데 어찌 불신국민성이 되지 않겠는가? ③ 민족세습 국민성, "과묵성, 회피성, 방종성"에 독재정치, 좌익정치를 수수방관했기 때문이다. ④ 6·25전쟁 후, 가난의 한에 돈과 재산, 집마련 집착의식 때문이다. 굶어 죽은 1, 2세대(75세 이상)의 선친(先親)들이 얼마나 많았는가? 이에 어찌 가난의 한에 돈과 재산에 집착치 않겠는가? ⑤ 가정훈육과 교육이 없었기 때문이다. 돈벌기에 바빠, 찌들게 살면서 자식들 교육과 훈계를 제대로 했는가? ⑥ 신시대, 신세대, 신문화, 신문명 때문이다. 신시대, 신문화, 신문명에 어찌 신구세대간, 신세대간의 갈등들이 없겠는가? ⑦ 신문화에 동서문화와 문명의 충돌로 한국인들의 삶과 생활의식이 변화

됐기 때문이다. ⑧ 정부의 범국민교육; 인성화(人性化), 도덕화(道德化), 교양화(敎養化), 선거정치화, 자유민주화, 민주법치화, 정의사회화, 국가민주화 교육이 전혀 없었기 때문이다. 그래서 국민수준, 정신수준은 60여 년 전 그대로가 아닌가? ⑨ 인구과잉과 도심지 인구과밀에 치열한 생존경쟁 때문이다. 서울인구가 얼마인가? 인구는 많고 취업자리는 줄고, 그러니 어찌 취업을 하겠나? 실업천국이 아닌가? 혹 출산장려만이 정책인가? ⑩ 배웠다는 교만에 노동기피에 자립기피로 국민성이 어찌 건전하길 바라는가? 오죽하면 "교육은 교만이고 무식은 겸손이다"라며 영국시인 쿠퍼(William Cowper: 1731-1800)가 말하지 안했는가? ⑪ 언론방송사들의 국민유혹, 선동에 편파방송 때문이다. 방송행위들이 모두 먹방, 노래방, 오락방, 놀이방, 여행방 등으로 온통 유흥에 소비만 부추기고 있지 않은가? 하기야 문정권이 언론방송을 탄압하니 어찌 언론방송이 바로 서겠나? ⑫ 실직에 실업자 증가 때문이다. 취직을 할 수가 없어 굶고 사는데 어찌 주택마련에 결혼, 결혼에 출산을, 출산에 양육을 꿈꾸겠는가? 청년남녀 60% 이상 모두 결혼을 기피한다 하지 않는가? ⑬ 천정부지(天井不知)로 오른 주택시세 때문이다. 오죽하면 신세대들이 영끌모아 빚내어 주식투기를 하겠는가? 등등으로 오늘날 불신정치성, 불신국민성, 불신사회성에 한국은 불신국가에 불신국민성 위기다.

국민성과 사회위기

[동방의 등불]

"일찍이 아시아의 황금시기에 빛나던 등불, 하나였던 코리아(Korea),

그 등불 다시 한번 켜지는 날에 너는 동방의 밝은 빛이 되리라"

– 타고르(Rabindranath Tagore: 1861-1941, 노벨문학상)가

일제강점시, 일본방문차 한국기자에 한 말.

[FOCUS] 불신국민성과 사회위기

과거 제왕적 권력독재정치가, 오늘 19대 주사파 문정권이 민주반역 좌익정치가 불신정치성, 불신국민성를 낳았고, 이 불신정치성과 불신국민성이 불신사회를 낳았다. 그래서 오늘 국민성이 거짓과 위선, 부정과 불의, 사기성으로 변질돼 국민의식이 황금 만능주의, 한탕주의, 이기주의, 배타주의, 유흥오락주의, 방만주의로 변했고, 이러한 국민의식이 한국사회를 거짓사회; 가짜식품, 가짜제품, 가짜광고, 먹튀사기, 가짜서류, 가짜대출, 가짜계약, 가짜논문, 가짜이력, 가짜신분을 범람케 했다. 불신정치, 불신국민, 불신사회가 국가위기가 됐다. 오죽하면 보이스피싱(voice fishing)이 두려워 발신자 이름이 뜨지 않으면 아예 전화를 꺼버리는 한국사회, 불신사회가 아닌가?

오늘날 한국사회의 위기가 무엇인가? 왜 한국인들은 불신국민성에 불신풍조(不信風潮), 불신사회를 자초하는 것인가? 불신사회성에 불신사회가 무엇인가? 국민이 서로 신뢰하며 평등(平等)하게, 공정(公正)하게, 정의(正義)롭게 살아가야 할 공동사회에서 국민의 인간성, 도덕성, 교양성이 실종(失踪)되어 국민적 양심(良心)

과 도리(道理), 교양(教養)과 상식(常識)이 없는 불신사회를 자초(自招)한 국민성을 불신사회성이라 하며 이러한 사회 부조리(不條理) 현상을 불신사회라 한다. 불신정치와 불신국민성으로 극단적 자본주의 사회, 이기주의적 사회에서 발생하는 사회 부조리 현상이다. 사람들의 과도한 자본주의적 재산추구 욕심(慾心)이 부정부패비리적 정치를 낳고, 이 죄(罪)들이 과하면 사회가 불신사회가 되는 불신 인간상(人間像), 불신 사회상(社會像), 불신 국가상(國家像)을 말한다. 삭막하고 살벌한 사회를 말한다. 오늘날 한국이 그렇다. 이는 사회적 위기에 국가위기다. 불신사회성의 국민성은 무엇인가? 거짓성과 위선성(僞善性), 부정성(不正性)과 불의성(不義性), 사기성(詐欺性)이다. 불신사회성의 사회현상은 무엇인가? 자본주의적 황금 만능주의, 한탕주의, 이기주의, 우월주의, 배타주의, 오락쾌락주의, 유흥주의, 소비주의, 회피주의, 방종주의, 방관주의적 현상들이다. 불신사회성의 사회 경제활동 현실은 어떤 결과를 가져오나? 가짜들이 판치는 사회현상이 나타난다. 예컨대, 가짜식품, 가짜제품(짝퉁들), 가짜광고, 먹튀사기, 가짜서류, 가짜대출, 가짜계약, 가짜논문, 가짜이력, 가짜신분 등 가짜들이 판치는 사회현상이 나타난다. 오늘의 한국사회가 그렇다. 한국사회가 불신국민성에 불신사회성으로 몸살을 앓고 있다. 어찌 이게 한국사회의 위기라 말하지 않을 수가 없겠는가?

오늘날 한국사회의 불신풍조, 불신현상들은 어떠한가? 한국사회의 불신풍조를 말하기 전에 우선 전제(前提) 되어야 할 원칙이 하나 있다. 어느 사회이든 선량한 국민들이 더 많다. 한국사회도 그렇다. 그러나 한 마리의 미꾸라지가 흙탕물을 치듯이 사회 불량자들의 악덕행위가 TV뉴스나 매스컴에 빈번히 보도될 때 사회적 불신풍조로 비춰지며 확대해서 해석되는 경우가 많아진다. 이는 16세기 영국의 경제학자, 그레샴(Thomas Gresham: 1518–1579)은 "악화가 양화를 구축한다(Bad money will drive good money out of circulation)"는 "그레샴 법칙"에서 말한 바와 같다. 시장에는 결국 다 헤진 나쁜 화폐들만 남게 된다는 말로 "속뜻"은 "자질이 높은 사람은 조직에서 사라지고 자질이 낮은 사람만 조직에 남는다"라고 영국왕실에 조언한 말이다. 한국사회의 불신풍조도 이와 같다. TV뉴스나 매스컴에서 빈번히 보도되는 사회 불신풍조는 한국사회가 불신사회이기로 보기 때문이다. 오늘날 한국사회의 불신풍조가 어떠한가? 몇 가지 예를 들어 생각해 보자. 이들이 한국사회 불신풍조를 대변하고 있지 않은가? 예컨대, 가정을 보자. 애들은 보물단지, 상전(上典)이고 늙은이는 천덕꾸러기다. 올바른 양육, 교육, 보호 없는 보물단지로 여긴다. 부모들이 아이들을 마마보이(mama boys), 마마걸(mama girls)들로 양육한다는 말이다. 힘든 인생을 살아온 경로사상(敬老思想)은커녕 노인홀대에 노인학대 풍조다. 오죽하면 젊은이가 늙은 경비원을 두들겨 패 죽이는 TV뉴스 보도까지 나오지 않은가? 아내가 가장(家長)이 되어 남편들은 돈대는 기계가 됐다. 어째서 오늘 툭하면 가정불화에 이혼하는 소송천국이 돼 있는가? 오죽하면 황혼이혼도 날로 증가한다 하지 않는가? 어째서 돈과 재산에 눈이 멀어 부자간, 형제간에 불화에 심하면 살인까지 하는가? 오죽하면 애비가 친딸을 성폭행에 강간하는 막된 세상이 돼 있지 않은가? 오죽하면 십대 미혼모가 갓난애를 낳아 쓰레기통에 버리는 뉴스까지 나오겠는가? 오죽하면 아이 양육이 싫다하여 아이를 방바닥에 패대기쳐 죽이는 세상이 되었는가? 어째서 대이어 부자인 신세대들은 먹방, 노래방, 오락방, 놀이방, 여행방에 유흥과 소비를 하여, 어째서 라면으로 겨우 끼니를 때우고 알바와 일자리를 찾아 거리를 누비는 대이어 가난한 신세대들의 가슴을 울리는가? 어찌 이게 "평등과 공정, 정의"로운 사회, 올바른 사회인 것인가? 1994년 강남의 부유층과 권력층, 유학파, 야타족, 오렌지족만 골라 무참히 죽인 지존파를 아는가? 좋은 차들만 타고 다니던 사람들을 처참히 죽인 막가파를 아는가? 오늘 한국사회의 위기에 이제 이판사판 패거리 학살파가 나올까 두렵다. 어찌 이게 오늘 한국사회의 위기가 아닌가?

어째서, 왜 한국사회가 이토록 불신사회가 돼 버렸는가? 도대체 그 이유가 무엇인가? 잠시 생각해 보자. 예컨대, ① 자본주의, 극단적 이기주의, 재산추구의식 때문이다. 한국인들은 왜 재산욕심이 과(過)한 것인가? 6·25전쟁 후 굶어 죽던 가난의 한(恨)에서 기인(基因)되었다. 가난에서 벗어나 보려는 사생결단(死生決斷)의 과욕근성, 국민성 때문이다. ② 시험위주, 수능위주에 잘못된 교육정책 때문이다. 시험공부, 수능시험이 삶과 생활에 무슨 도움이 되는가? ③ 국가의 범국민(犯國民) 교육: "인성화, 도덕화, 교양화, 자유민주화, 민주법치화, 선거정치화, 정의사회화, 국가민주화 교육"이 과거 72년간 전혀 없었기 때문이다. 경제대국에 국민수준은 60여 년 전 그대로다. 그러니 소인배(소인배) 정치인들이 국민무시, 국민농락 정치를 어찌하지 않겠는가? ④ 머슴들, 통치자와 정치인들이 불신정치를 해 왔기 때문이다. 이들의 부정부패비리, 적폐정치, 국정농단이 국민성을 불신국민성으로 물들게 하지 않았는가? ⑤ 서울인구의 과밀에 치열한 생존경쟁(生存競爭) 때문이다. 인구는 과밀한데 취직자리는 없고 오히려 고용창출에 필요한 재벌산업들을 정권이 핍박하여 재벌들이 해외이전을 하니 일자리는 더욱 줄어들 수 밖에 없는 것이 한국재계다. ⑥ 주택시세 앙등 때문이다. 천정부비(천정부지)로 오른 오늘의 주택시세에 어찌 오늘 젊은이들이 주택마련에 결혼, 결혼에 출산, 출산에 양육을 감히 생각할 수가 있겠는가? 혹여 계속 감소돼가는 오늘의 서울인구 사정을 감안한다면 20여년 후의 서울 주택시세들의 폭락과 공실률 감소가 예상된다. 오늘 정부가 이런 현상까지 예측하고 있는지 조차 궁금하다. ⑦ 한탕주의적 불로소득 때문이다. 한탕주의에 부자가 되려는 불신국민성 때문이다. 특히 돈이 돈을 번다는 부유층의 불로소득이 문제다. 부유층 신세대들은 노동기피, 자립기피로 유흥문화; 먹방, 노래방, 놀이방, 오락방, 여행방에 소비만 하고 있지 않은가? ⑧ 오늘 19대 주사파 문정권의 실정(失政) 때문에 더욱 불신사회가 가속화 되고 있다는 말이다. 소득주도(소주성) 좌익경제로 있는 자들의 재산과 소득을 뺏어 없는 자들에게 나눠 준다면 없는 자들이 부자가 되는가? 재산착취를 하면 누군가는 벌어야 하지 않는가? 어째서 무조건 재정적자에 국채남발로 국가빚은 5,000조 만들어 국가부도가 코앞인 경기위기까지 자초하는가? ⑨ 한국인의 문맹률이 1% 미만이라 세계최고 학력국민이라 했는가? 그런데 왜 OECD가 한국의 삶의 질이 OECD 국가들 중 제일 꼴찌라 하는가? ⑧ 인간성과 도덕성이 실종됐기 때문이다. 일찍이 인도의 시성(詩聖), 타고르 (1861-1941)는 한국을 향해 "동방의 등불"이라 말했다. 한국이 동방예의지국(東方禮義之國) 이었음을 칭찬한 말이다. 그러나 오늘 한국사회는 예의타락국(禮儀墮落國)이 아닌가? 이렇듯 오늘 한국사회가 어찌 위기가 아니란 말인가?

불구하고 한국적 불신사회 위기적 대책은 없는가? 예컨대, ① 첫째, 국가 범국민 교육이 급하고 절실하다. "인성화, 도덕화, 교양화, 자유민주화, 민주법치화, 선거정치화, 정의사회화, 국가민주화 교육"을 의무화, 정례화 시켜야 한다. 그래야 후손들이 나은 삶을 산다. ② 둘째, 19대 문정권의 좌익정부, 좌익정치를 즉시 중지하고 자유민주, 경제자율시장을 급히 회복해야 한다. 왜 좌익정부, 좌익정치, 사회불안을 가중화시키는가? ③ 셋째, 주택시세 안정과 하락정책을 써야 한다. 주택시세가 1/3 정도는 하락해야 젊은이들이 결혼하고 출산하여 후손들의 삶이 안정된다. ④ 넷째, 과밀한 서울인구 분산정책을 써야 한다. 강남의 학군과 학원을 재배치하여 인구분산해야 한다. 서울에서 살기 싫은 서울을 만들어야 인구분산이 된다. 부동산은 국가자산의 2/3를 차지하는 국가기간 산업임을 잊으면 안된다. ⑤ 다섯째, 불신정치를 개혁해야한다. 정치가 출세와 권력, 특권과 특혜직이 돼서는 안된다. 하기 싫은 직으로 변해야 된다. 정치인들은 국가사명과 소명에 국가헌신과 국민봉사가 기본이고 국가정치는 대의정치, 정도정치, 소신정치가 기본이다. 그러한 정치풍토를 조성해야 한다. ⑥ 정의사회 구현교육에 운동, 계몽과 홍보를 해야 한다. 불신풍조 불신사회에서 벗어나야 미래가 기대된다. 정의사회 구현교육과 운동, 계몽과 홍보를 의무화, 정례화(定例化)시켜야 한다. ⑦ 국가살림을 알뜰예산에 알뜰지출로 건전재정을 유지해야 한다. 매년예산 증액을 전년대비 0.01%로 제한하고 매년예산에서 0.05%를 실업자, 결혼자, 출산자, 노약자를 위해 생계와 복지혜택을 제공해야 한다. 기본소득이 아닌 기본 생계대책을 세우라는 말이다.

　미국의 심리학자, 에리히 프롬(Erich Fromm: 1900~1980)은 "과거의 위험은 인간이 인간의 노예로 사는 것이었지만 미래의 위험은 인간이 로봇의 노예로 사는 위험이다"라고 말했다. 갈수록 인간사회는 인간이 만든 문명에 인간이 노예가 되고 있다. 더구나 오늘날 온난화 현상으로 인간말세를 예고하고 있지 않은가? 인간의 삶이 갈수록 절망적이다. 이에 프랑스의 극작가, 까뮈(Albert Camus: 1913~1960)는 "절망없는 삶은 희망도 없다"고 말 했지만 이 역시 옛말이다. 오늘날 젊은이들이 어째 어제, 1, 2세대(70세 이상)가 겪었던 가난의 절망을 그래서 쌀밥먹기 희망으로 피땀을 흘리는 고생을 한다 하겠는가? 그러나 청년실업자, 혼족에 핵가족, 가난한 젊은이들은 희망을 가져야 한다. 그래야 2,600년 전 고대 그리스의 우화작자 이솝(Aesop: 600 BC)이 말한 "하늘은 스스로 돕는 자를 돕는다"라고 했지 않은가? 노력하는 자에 반드시 성공이 있다. 2002년 월드컵에서 "꿈은 이루어진다"로 한국이 축구4강에 오르지 아니했나?! 꿈을 갖고 부단히 노력하자.

3장

21세기,
한국인 각종
국민성 위기

거짓국민 근성

"지식은 힘이다."

— 베이컨(Francis Bacon; 1561–1626, 영국의 철학자)

[가짜인간, 가짜세상]

어쩌다가 국민성이 거짓성에 부정성에

불의성에 사기성에 불신국민 되었는가

어쩌다가 황금주의 한탕주의 이기주의

배타주의 국민성에 불신사회 되었는가

가짜식품 짝퉁제품 가짜광고 먹튀사기

가짜서류 가짜이력 가짜논문 가짜이력

가짜인간 가짜세상 가짜들이 판을치는

거짓사회 가짜사회 가짜국가 되었는가

[FOCUS] 한국인의 거짓습성

한국인들의 거짓습성, 거짓생활, 거짓문화가 심각하다. 선진인이 될 수 없는 이유다. 인성과 도리, 양심(良心)과 상식까지 무너진 사회가 됐다. 국민성이 황금 만능주의, 한탕주의, 이기주의, 배타주의, 회피주의, 방종주의, 방관주의, 사치허영, 오락쾌락주의로 불신국민성이 됐다. 그 결과 가짜식품, 가짜제품, 가짜광고, 가짜서류, 가짜대출, 가짜논문, 가짜들의 거짓생활이 됐다. 오죽하면 보이스피싱(voice fishing)이 두려워 전화도 받지 않는 불신국민, 불신사회가 아닌가? 어째서 한국은 경제대국에 후진 국민성인가?

왜 한국인들은 거짓습성에 거짓근성이 심한가? 어째서 국민성이 거짓성, 위선성(僞善性), 부정성(否定性), 불의성(不義性), 사기성(詐欺性)에 동화(同化)되어 스스로의 국민을, 사회를, 국가를 불신국민, 불신사회, 불신국가를 만드는가? 그래서 왜 경제대국, 선진국에 불신국민성, 불신사회성으로 후진국민성이 되어 선진국 진입을 어렵게 하는가? 어째서 경제대국에 후진국민 대우를 받아야 하나? 어째서 경제대국이란 "자만심"에, 배웠다는 "교만심"에, 전자 문명국이란 "자존심"에 스스로 잘난 체, 선진국민인 체 우월주의로 오만한 것인가? 잘 먹고 잘 살면 선진국, 선진국민인가? 선진국이면 선진국민다운 면면(面面)이 있어야 하지 않는가? 물질의 풍요 속에서 정신빈곤으로 살면서 스스로의 사회를 혼탁하게, 혼란하게, 살벌하게 산다면 어찌 그것이 선진국에 선진국민이라 말할 수가 있는가? 정신과 정서생활이 부재(不在)한 삶과 생활에서 휴대폰에 중독되어 사는 국민이 어찌 선진국국민이라 할 수 있겠는가? 거짓성, 위선성, 부정성, 불의성, 사기성"이 습성화되어 불신국민성에 불신사회성이 사회에 만연한데 어찌 그게 선진국에 선진국민이라 부를 수 있는가? 불신국민성에 사회가 "황금만능주의, 한탕주의, 이기주의, 우월주의, 배타주의, 사치허영, 오락쾌락, 외제선호주의"로 혼탁한데, 또한 불신사회성에 사회가 "가짜식재, 짝퉁제품, 가짜광고, 먹튀사기, 가짜서류, 가짜대출, 가짜논문, 가짜이력, 가짜신분들"이 난무하고 있는데 어찌 그게 선진국에 선진국민이라 자부할 수가 있는가? OECD가 한국의 문맹율이 1% 미만이라 했는가? 그런데 왜 OECD가 한국인들의 "삶의 질은 OECD 국가들 중 꼴찌"라 하는가? 어찌 배웠다는, 경제대국이란, 문명국이란 한국인들의 삶의 질이 꼴찌란 말인가? 무엇이 잘못돼 있는가? 불신국민성, 불신사회성 때문이다. 그래서 비록 경제대국에 선진국이지만 선진국민이 아닌 후진국민인 것이다. 그런데 왜 경제대국에 선진국민이라 오만하게 사는가?

도대체 한국인들이 불신국민성, 불신사회성을 자초한 근본적 이유들은 무엇인가? 그 이유들을 대략 살펴보자: 예컨대, ① 첫째, 민족세습 거짓습성과 거짓근성 때문에 불신국민성이 초래됐다. 조선조 양반권세에 한 마디 잘못에 곧장 맞아 죽을 판인데 어찌 "거짓으로 둘러대는" 거짓습성이 없었겠는가? 그 민족세습 거짓성이 오늘 한국가정, 한국사회에 뿌리를 잡고 있지 않은가? 예컨대, 전화가 왔다. 전화 받는 어린아이에게 옆에서 아빠가 "아빠 없다"를 눈짓으로 지시한다. 아이가 전화에 아빠 없다로 답한다. 어릴 적부터 거짓근성에 습성화된 한국인들이 아닌가? 거짓습성을 스스로 만들어 불신국민성을 초래했다. ② 둘째, 고질적 불신정치 때문이다. 민족세습성에 잉태된 불신국민성이 정치인들의 불신정치와 서로 작용, 불순하게 동화(不純同化)되며 국민성이 스스로 "거짓과 위선, 부정과 불의, 사기성"으로 변질된 불신국민성을 자초했기 때문이다. ③ 셋째, 자본주의적 불신국민성 때문이다. 근본적 불신국민성이 자본주의적 황금만능주의와 서로 작용, 불순하게 동화되며 불신국민성이 "자본주의적 황금만능주의, 우월주의에 이기주의, 배타주의, 사치허영주의, 오락쾌락주의"로 변질되는 불신국민성으로 정착돼 있기 때문이다. ④ 넷째, 불신사회성 때문이다. 불신정치성, 자본주의적 불신국민성이 서로 작용, 불순하게 동화(不純同化)되며 불신사회성; 가짜사회, 즉 가짜식재에 짝퉁제품, 가짜광고에 먹튀사기, 가짜서류에 가짜대출, 가짜이력, 가짜신분들이 난무하는 불신사회를 만들었기 때문이다. 민족세습 국민성; "과묵주의, 회피주의, 방종주의, 방관주의"가 불신정치성, 자본주의적 불신국민성, 불신사회성과 불순하게 동화되어 고정 관념화, 가정관, 사회관으로 이미 정착됐기 때문이다. 그래서 가정과 사회, 국가가 늘 혼탁하고 혼란하다. ⑤ 다섯째, 범국민, 대국민 교육부족과 부재(不在) 때문이다. 건국 이래 과거 72년간 한국에 "인성화, 도덕화, 교양화, 정치선거화, 자유민주화, 민주법치화, 정의사회화, 국가민주화 교육"이 있었는가? 단 한 번도 없었다. 그래서 국민수준(민도)와 정치수준이 낮아 국민성 습성에 불신정치성, 불신국민성, 불신사회성의 향상 고정관념으로 습성화 정착돼 있기 때문이다. 그러니 오죽하면 서울대 교수에 법무장관을 한 조X이란 한국사회의 최고 지성인이 자식들의 명문대 입학을 위해 "표창장"까지 위조하지 않는가? 이를 두고 영국의 철학자, 베이컨(Francis Bacon: 1561- 1626)은 "지식은 힘이다"라고 말 했는가? 우수한 두뇌에 잔머리에 술수를 쓰는 엘리트(elite)들이 어찌 지식인이라 부를 수 있겠는가? ⑥ 여섯째, 인간성, 도덕성이 파괴돼 있기 때문이다. 인간의 양심과 상식마저 파괴된 한국사회이기 때문이다. 4차원적인 신문화, 신문명이 초래한 인간성, 도덕성적 국민성 퇴조현상(退朝現像) 때문이다. 오늘 신세대들이 정신, 정서문화를 등한시하며 휴대폰 중독문화와 TV의 유흥오락문화에 동화되어 살고 있지 않은가? 불신국민성이 더욱 심화되는 현상에 이유다. ⑦ 일곱째, 지식위주(知識爲主), 암기위주 한국식 비현실적, 비인간적, 비도덕적, 비합리적 교육이 가정과 사회에 적응치 못하는 실용적 교육이 되고 있지 않기 때문이다. 지식교육이 삶과 생활에 도움이 되는가? 한국교육은 대학입시용, 취직시험용 공부가 아닌가? ⑧ 여덟째, 한국인들이 오늘 경제대국이란 "자만심"에, 배웠다는 "교만심"에, 문명국이란 "자존심"에 스스로 도취돼 있고 스스로를 잘난 체 과대평가하기 때문이다. 스스로 잘난 체, 샴페인을 너무 일찍 터트린 경우다.

"거짓 국민성"에 국제망신 당한 사실적 한 예를 들어보자: 미국이민을 가기 위해 김씨라는 자가 주한 미대사관의 이민인터뷰 통지를 받았다. 인터뷰를 위해 김씨가 미 대사관을 찾았다. 인터뷰 도중이었다. 미영사가 메모된 호적등본을 보더니 김씨에 물었다: "이 호적등본이 진짜요?" 김씨가 그렇다고 대답했다. 영사의 얼굴을 찌푸리며 또 물었다: "이 호적등본 서류를 어디서 받았어요?" 김씨가 동사무소에서 받았다고 거짓말을 했다. 그러자 영사가 버럭 화내며 말했다: "조회를 해보니 이건 가짜래요. 사기로 처벌 감이요"라며 큰 소리를 쳤다. 옆에 있던 통역관 여자분도 창피한 듯 얼굴이 붉어지며 김씨를 뚫어지게 쳐다봤다. 이민서류에 가짜 호적등본으로 국제적 망신을 당한 예다. 이 사실이 미국사회까지 알려지며 그 후부터 미국사회에 필요한 모든 한국으로부터 오는 서류들은 무조건 "주한 미국 대사관의 공증"을 맡아오라는 사회관습이 돼 버렸다. 한국인들의 불신국민성에 불신사회성이 미국사회에서 불신관행화 된 경우다. 세계 어느 선진국민들이 관공서 문서까지 조작하는가? 오죽하면 한국의 최고 지성인들, 정치인들의 표절과 거짓논문들이 한국사회에서 다반사(다반사)로 사회적 물의들을 낳고 있지 않은가? 오죽하면 정부각료가 "표창장"까지 위조하는 나라가 아닌가? 한국인들은 스스로 불신정치성, 자본주의성과 스스로 불순화, 동화되며 스스로 불신국민성, 불신사회성을 자초했다. 그래서 스스로 불신국민, 불신사회가 됐다. 오죽하면 보이스피싱(voice fishing)이 두려워 전화조차 받지 않는 국민이 한국인들이 아닌가? 한국인들은 왜 교만과 자만, 자존으로 스스로의 무덤을 파는가?

내집소유 근성

"인간은 정신문화 보다 물질문화로 산다.
그래서 인간은 돈과 시간에 노예가 된다."

(MAN LIVES MORE LIKELY BY THE MATERIAL CULTURE, BUT BY THE SPIRITUAL,
THUS, MAN SEEMS MORE LIKELY A SLAVE UNDER THE MONEY AND TIME)

―저자(著者)

[집타령, 돈타령]
가난해서 허기진배 죽기살기 돈벌어서
가난고생 벗어나세 셋방살이 그만하세

밤낮으로 일을해서 새끼들을 가르치고
가난해서 못배운죄 자식새끼 가르치세

돈없으면 괄시받고 집없으면 혼사없네
가난인생 불쌍하네 악착같이 돈을벌세
졸부들만 살판났네 사치허영 쾌락일세
돈있으면 팔자펴네 기를쓰고 돈을벌세

[FOCUS] 물욕에 황금만능주의

왜 한국인들은 "내집소유," 집착의식이 강한 것인가? 왜 한국인들은 투기로
스스로 주택가격만 올려 놓는 황금 만능주의에 이기적인가? 왜 한국인들은
과(過)한 물욕(物慾)과 성욕(性慾)으로 패가망신(敗家亡身)을 하는가? 왜 한국의
부유층들은 황금 만능주의, 한탕주의, 우월주의, 이기주의, 배타주의, 불로소
득주의, 사치허영주의, 오락쾌락주의, 회피주의, 방종주의, 방관주의로 불신
사회를 만드나? 어째서 대이어 부자인 금수저 자식들은 부모의지에 자립기
피, 노동기피로 먹방, 노래방, 오락방, 여행방등으로 유흥문화에 소비문화만
부추기는가?

[주택시세 폭등의 원인과 안정대책]

폭등원인

: 19대 문정권은 무려 23차례에 걸쳐 주택시세 앙등근절 정책을 폈다. 그
러나 주택시세는 1년에 무려 5억씩이나 더 올랐다. 이에 신세대들은 영
끌모아 주식투자에 한 몫을 잡으려 안달한다. 왜 이리 시세만 뛰는가? 이
유는 살 사람(수요)은 많고, 주택공급은 전년대비 1/2로 감소된 이유다. 지
을 땅도 없다. 무엇이 잘못 됐나? 1970–80년대 강남개발 시부터 부동산
투기를 잡았어야 했다. 그러나 정치꾼들의 투기판으로 부동산 정책실패,
실기(失機)를 했기 때문이다. "공시지가 폐지," 거래가 지준, 거래시마다 과

중세금제가 실시” 됐어야 했다.

안정대책

: 공급우선정책: ① 공급계획을 세워라. ② 서울소재 유휴지, 유휴건물, 폐건물을 정밀조사, 건축에 공급확대하라. ③ 서울시내 재건축 개발사업을 활성화, 속성화시켜라. ④ 10평형 공공임대 주택건설에 청년결혼, 실업자에 우선 공급하되 월세를 60만 이하로 책정하라. ⑤ Buy Back제도(거주중 구입케 하되 원분양가에 20%계약에 잔액 80%를 40년 은행장기저리로 월납부액을 80만원 이하) 가능케하라. ⑥ Loan Assumption제도 (은행대출계약은 다음구입자에 자동인계되는 대출계약)를 활성화 하라.

수요조절정책

: ① 강남의 학군과 학원을 재조정, 인구분산화하라. ② 서울 재개발 지역 건설을 활성화시켜라. ③ 정부지원에 강남학군과 학원가를 재조정, 분산 이동에 분산인구정책을 써라. ④ 청와대, 정부청사, 대기업본부를 [세종시]가 아닌 주변시(예, 김포, 인천 등)로 분산이동화, 인구분산화 하라(세종시로 옮기면 세종시가 투기장이 된다). ⑤ 공시가 지양, 점차 실거래가로 유도, 실거래 시마다 누진적 과세제도 정착화 하라. 장기소유 장기거주자의 과세를 낮추라(왜 실소유 장기거주에 시세기준 세금만 올리는가?) ⑥ 10년 후 서울인구 감소에 따른 주거대책; 수공급 대책을 세워라(2021기준 서울인구가 960만, 감소 중이다). 그때 공급과잉에 주택시세 추락에 공실률 대란이 염려된다.

왜 한국인들은 “내집마련 소유집착 의식”이 강한 것인가? 이에 어째서 불안감과 강박관념으로 한평생 사는가? 왜 집 없는 자들은 소외감(疏外感), 박탈감(剝奪感)으로 불행하다 생각하는가? 왜 집이 없으면 혼사조차 꺼려 하는가? “내 집마련 소유집착성”이 도대체 무엇인가? 말 그대로 “내 집마련” 주택취득의 강한 욕구다. 이런 소유집착 의식이 부동산 주택시장에 어떤 결과를 초래하나? 주택가격을 끊임없이 계속 오르게 한다. 1970-80년대 강남지구 개발시로부터 오늘에 이르기까지 주택시세가 계속 천정부지(天井不知)로 오르기만 했다. 가격앙등 현상을 보자: 1995년 기준, 강남 역삼동에서 집 한 채 값이 고작 3억 원 정도였다. 그것이 25년이 지난 오늘 2021년 기준, 3억 원짜리가 30억이 됐다. 무려 10배(1,000%)나 오른 셈이다. 그 당시 땅 한 평당 시세가 고작 600만 원이던 것이 오늘 2021년에 평당 최소 4,500만 원이 됐다. 무려 7.5배(750%)나 뛴 셈이다. 사정이 이러한데 어찌 오늘 신세대들이 "내집마련", 불안감정에 강박관념으로 영끌 모아 어찌 주식투기를 하지 않겠는가? 어찌 부동산 투기로 떼돈을 번 부자(富者)들이 불로소득에 사치허영, 오락쾌락을 즐기지 않겠는가? 19대 주사파 문정권에 들어서 무려 23번의 부동산 시세안정 정책을 썼다. 불구하고 강남지역이 1년 사이 무려 5억씩이나 앙등됐다. 25평 강남지역의 아파트가 15억에서 20억이 됐다. 강북지역에서는 5억짜리가 11억이 됐다. 이에 놀란 20대 신세대들이 영끌모아(영혼까지) 영끌 주식투기, 한탕주의로 주택시세를 따로 잡기에 안달이다. 이에 Kospi 주가가 3달 만에 1700선에서 3100선으로 급등했다. 어째서 한국인들은 내 집 마련에 목숨을 거는가? 어째서 한국인들은 주식투기나 부동산 투기에 한탕주의로 떼돈을 벌고 또 그 떼돈에 또 다른 부동산 취득에 재산증식으로 부자(富者)에 더 부자가 되려고 안달을 하는 것인가? "무소유"를 주장했던 고(故)법정스님(1932-2010)의 뜻을 알만도 하다. 과욕은 돈도, 사람도, 재산도, 행복도 모두 잃게 한다는 스님의 말이 아닌가? 과욕(過慾)에 탐욕(貪慾)으로 왜 불행한 삶을 사느냐는 것이 스님의 말이다. "욕심이 잉태한 즉 죄를 낳고 죄가 많은 즉, 사망에 이른다(약1:15)"는 성언(聖言)도 있지 않은가? 불구하고 한국인들은 대체로 부동산 소유의식이 강한 국민이란 신문기사와 함께 강남의 어떤 부자(富者)는 개인이 소유한 부동산 건물만도 수십 채에 달한다고 했다. 도대체 강남의 그 부자는 어떻게 그 많은 부동산을 가질 수 있었던가? 초기 강남에 투기로 투자한 몇 채의 부동산 값이 몇 년 사이에 수십 배로 값이 오르자 한 채를 팔아 또 다른 부동산 5채 이상을 구입할 수가 있어 그렇게 계속 부동산들만 구입하여 수십 채를 갖게 됐다는 것이었다. 이 같은 사례들이 본보기가 되어 너도 나도 부동산 한탕주의 투기심리가 강박관념으로 남으며 한국인들은 언제 어디서나 개발지역으로 예상만 되면 무조건 땅투기를 하는 국민성으로 정착되었다. 오죽하면 최근 정부의 신도시 발표(광명시와 시흥시)에 내부정보가 유출되며 LH 직원들, 공직자들, 심지어 국회의원들까지 땅투기 의혹으로 줄줄이 조사받고 줄줄이 감옥 가지 않는가? 집값이 너무 올라 신세대들이 내집마련에 주식투기에 영끌투기를 한다. 결혼에 너무 오른 집값에 살 집이 없으니 오죽하면 신세대들이 결혼을 기피하며 혼족에 혼밥신세, 핵가족으로 살아야 하겠는가?

어째서 한국인들은 타국민(他國民)보다 특히 "내집마련, 부동산 투자"에 관심과 욕심이 많은 것인가? 특히 부동산 소유, 부동산 투자욕구 ① 첫째, 가난하게 살았기 때문이다. 특히 6·25전쟁 때 못 먹어 굶어 죽은 사람들이 얼마나 많았는가? 가난의 설움, 가난의 한(恨)이 있기 때문이다. 가세(家勢)를 일으켜 자식들만큼은 출세시키려 했던 것이 선친들의 꿈이 아니었는가? ② 둘째, 서울인구는 과밀한데, 강남에 학군과 학원가로 인구가 몰리는데 어찌 강남의 주택시세가 오르지 않겠는가? ③ 셋째, 과밀한 서울인구에 (수요)에 건축할 땅이 없어 주택건설, 주택공급이 턱없이 부족하기 때문이다. 수급원칙이 아니던가? ④ 넷째, 수출증가에 경제성장으로 소득증가 때문이다. 소득이 있는데 어찌 투자처, 부동산을 찾지 않겠는가? ⑤ 다섯째, 이미 1970~1980년대 강남개발로 인하여 부동산 한탕주의 투기로 이미 많은 이득을 본 경험들이 있기 때문이다. 국민성이 한탕주의로 대중화 됐기 때문이다.

선진국인 미국인들의 "내집마련" 주택소유 욕구현상은 어떠한가? 한 마디로 미국인들은 한국인들처럼 "내집마련에 죽자 살자"가 없다. 내 집장만에 소유 집착성이 없다. 미국인들의 삶은 삶의 질에 목표를 둔다. 재산소유가 부자가 아니다. 미국인들은 하루를 벌어 하루살이를 할지언정 자기중심적 삶을 산다. 18세가 되면 자동으로 가출하여 스스로 벌어 대학가고, 스스로 벌어 결혼한다. 결혼 후 둘이 벌어 월부로 TV를, 냉장고등, 생활가구들을 산다. 집을 구입해도 자기돈 20%, 집을 담보잡고 은행이 80%를 대출한다. 그래서 30년을 원금과 이자를 계속 매월 납부해야 30년 후에 자기소유의 집이 된다. 미국인들은 30년 월부납에 노예가 되길 원치 않는다. 스스로의 인생이 돈에 노예로 속박되어 살기를 원치 않기 때문이다. 그래서 미국인들은 "내집마련"에 "소유집착 의식개념"이 아닌 "사용개념"으로 대개의 경우, 임대하여 월세로 산다. 미국은 전세 제도도 없다. 모두 월세제도다. 물론 결혼하여 자식들이 생기면 자식들 양육과 교육을 위해 집을 사는 사람들도 많다. 그러나 자식이 성장하여 가출하면 집 관리가 귀찮다하여 도로 아파트 임대로 다시 돌아가는 경우가 많다. 그래서 미국에서 집소유로 사는 사람들은 미국인구의 40%정도다. 그 외는 모두 임대에 월세로 산다. 그래서 미국의 경우, 한탕주의 투기가 없다. 얼마나 광대한 땅에 광막한 국가인가? 광막한 땅에 주택을 지어 팔려고 해도 수요공급 원칙에 따라 살 사람들이 별로 없다. 주택정책도 원형확산적 주변지구 개발이다. 땅이 넓으니 사뭇 뻗어 나가라는 부동산 정책이다. 그래서 미국에는 도심지에도 4층 이상의 고층건물이 없다. 변두리로 도시가 뻗어나가라는 도시계획에 부동산 개발정책이다. 한국과 정반대다. 물론 뉴욕 맨해탄가의 빌딩들은 꾸준히 가격이 오른다. 건축할 땅은 없고 많은 사람들이 몰려 살기 때문이다. 한국의 서울과 흡사하다. 미국인들이 한국인들과 다른 점은 주택마련에 불안정감, 강박관념이 없다는 점이다. 미국인들은 악착같이 돈벌어 악착같이 집을 사는 삶도, 인생도 아니기 때문이다. 그러나 미국에 사는 한인동포들은 또 다르다. 한국과 같이 우선 내 집마련부터 한다. 월세로 사는 것이 싫고 한국식 소유관념 때문이다.

한국인들의 "내집마련 소유집착 의식"이 주는 국가 사회적 영향은 무엇인가? 황금 만능주의, 이기주의, 우월주의, 배타주의, 사치허영, 오락쾌락적 불신국민성과 불신사회성을 초래한다는 점이다. 예컨대, ① 한탕주의에 국민성이 거짓과 부정, 불의와 사기성이 만연한 불신국민성이 된다. ② 한탕주의에 불로소득으로 비정상적, 비상식적, 비생산적 국민경제가 된다. 당연히 빈부격차가 따른다. ③ 한탕주의 불신국민성에 사회가 거짓사회, 가짜사회가 되는 불신사회를 초래한다. ④ 주택세세 앙등에 물가상승을 초래하여 민생고(民生苦)만 가중시킨다. 세계 도시중 물가가 비싸기로 한국이 세계 5위다. 싱가폴, 홍콩, 스위스, 일본, 한국순이다. 뉴욕물가와 물가수준은 같은데 소득은 뉴욕의 1/2이다. 서울 땅값이 세계 1위로 높다. 사정이 이러한데 어찌 사람들이 찌들게 살지 않겠는가? 그래서 삶의 질이 꼴찌다. ⑤ 내 집마련 소유집착성에 한국인들의 국민성이 비양심적, 비도리적, 비상식적, 비도덕적, 비인간적으로 인간성 퇴화현상을 초래했다는 점이다. 그래서 불신사회로 부정부패(不正腐敗), 비리(非理), 거짓과 부정(不正), 불의(불의)와 사기(詐欺), 절도와 강간, 추행과 폭행 등이 난무하는 사회를 초래했다. ⑥ 재산집착성에 삶과 생활 가치관이 파괴되어 가족 간, 이웃 간 분쟁과 불화로 한국이 소송천국이 됐다. ⑦ 재산집착성에 졸부(猝富)들의 출현으로 윤리도덕이 파괴되며 사치허영, 오락쾌락, 저질성 문화와 함께 유흥문화, 소비문화를 부추기는 국민성에 분신사회성이 됐다. 이렇듯 내 집마련 집착의식이 빈부격차를 초래하며 한국사회를 황금 만능주의, 이기주의, 우월주의, 배타주의, 방종주의, 방관주의, 사치허영, 오락쾌락주의를 만들었다.

가정오판 근성

"아내는 끊임없이 남편에 복종함으로서 남편을 지배한다."

― 풀러(Thomas Fuller;1608–1661, 영국 유명목사)

[가정불화]

큰소리로 말을하면 큰소리로 돌아오고
짜증내어 말을하면 신경질로 대적하니
큰소리에 신경질은 가정불화 원인이라
큰소리를 자제하여 가정화평 찾아보세

신경질에 대꾸질은 부부싸움 근원이고
불화들이 쌓여가면 부부정이 불신되네
불신들이 누적되면 부부생활 끝장이라
지는것이 이기는것 부부행복 화평이네

[FOCUS] 한국인의 가정오판성

왜 한국의 신세대들은 가정 오판의식: 결혼기피, 출산기피를 하며 왜 결혼생활, 가정생활을 부정하는가? 결혼치 않겠다는 여론이 60%, 출산율이 0.8%로 세계 꼴찌가 아닌가? 한국에 미래가 있는가? 왜 아내의 득세에 남편들이 기죽어 가정불화에 이혼을 밥 먹듯 하는가? 왜 결혼과 출산, 양육을 기피하며 혼족에 혼밥신세, 핵가족으로 한 평생인가? 왜 혼족에 책임없는 비혼(非婚)에 동거생활, 동성연애, 심지어 동성결혼까지 하며 천리(天理)와 인륜(人倫)을 어기는 것인가?

가정오판 의식에 근성이 무엇인가? 결혼생활, 부부생활, 가정
생활에 대한 오해의식과 오판근성이다. 어째서 오늘날 젊은이들
은 결혼기피, 출산기피, 양육기피로 혼족에 혼밥신세로 사는가?
어째서 혼족에 홀로 살면서 책임 없는 비혼(非婚)에 동거생활까지
하며 사는가? 혹시 결혼기피 가정오판 의식이 아닌가?

배우자 선택하기	이혼방지법
1. 결혼광고를 하라	1. 이혼 후 독거고충을 생각해 봐라
2. 상대에 진실을 보여라	2. 이혼 후 생활대책을 생각해 봐라
3. 재산보다 사람을 보라	3. 이혼 후 자식들을 생각해 봐라
4. 상대방의 부모를 보라	4. 이혼 후 성적욕구를 생각해 봐라
5. 상대방의 친구을 보라	5. 이혼 전 필히 상담인을 찾아 상담하라
6. 중매자를 믿지 마라	6. 욱하는 성질을 죽이고 져 주어라

결혼이란 무엇인가? 남녀, 서로 다른 개체(個體)가 합하여 동심
일체(同心一體)가 되어 한평생 부부생활, 가정생활을 원만하게 이
끌며 행복한 삶을 사는 것이 결혼이다. 그런데 왜 오늘 젊은 부
부들은 툭하면 부부불화에, 척하면 가정불화로 이혼을 밥 먹듯
하는 것인가? 결혼치 않겠다는 신세대들이 남자가 대략 60%, 여
자가 대략 70%라 한다. 그래서 한국이 세계에서 제일 낮은 출산
율, 가정당 0.8명 출산한다. 신시대, 신문화, 신문명적 시대사조
의 여파가 아닌가?

오늘날 젊은 세대가 결혼과 출산을 기피하는 이유가 무엇인
가? 한 마디로 결혼비에 주택마련, 출산에 양육비가 장난이 아니

기 때문이다. 예컨대, ① 첫째, 주택마련의 경제적 부담이다. 신세대들이 주택을 구입할 돈이 어디 있는가? 서울에서 원룸(방하나) 월세도 5천만 원 보증에 월세 100만 원이 필요하다. 부부, 둘이서 벌어도 월세 주택비, 생활비, 양육비가 힘겹다. 또한 출산하면 아이 양육에 직장생활을 지속할 수가 있는가? 그래서 결혼을 기피한다. ② 둘째, 양육과 생활부담 때문이다. 출산에 양육에 직장을 어찌 감당하겠는가? 양육을 하자면 직장을 그만두어야 하는데 어찌 남편 홀로 월세에 생활비, 양육비등을 감당할 수가 있겠는가? 그래서 결혼도, 출산도 기피한다. ③ 셋째, 혼족에 혼밥신세, 핵가족 생활이 편하기 때문이다. 오늘날 신문화, 신문명적 삶과 생활이 얼마나 편한가? 그 결과 한국인의 출산율이 세계에서 꼴찌, 가정당 0.8로 한 가정에 한 아이도 출산치 않는다는 OECD 보고다. 결혼과 출산율을 높이려면 어떤 대책이 요구되는가? ① 첫째, 원만한 결혼주택 마련이 필수적이다. 결혼할 부부에게 염가로 제공되는, 예컨대, 4천만 원 보증에 월세 30만 원 이하의 공공주택 제공이 필수적이다. ② 둘째, 부부의 양육 노동분담이 필수적이다. 남편도 가정생활의 최소 1/3은 공조해야 한다. ③ 셋째, 국가가 출산비, 양육비를 최소 1/2씩을 지원해야 한다. ④ 넷째, 부부 모두 양육휴가가 필수적이다. 아이가 유치원에 보내질 때까지 부부교대로 1년 1회 6개월 단위, 양육휴가가 절대적이다. 직장에서는 무월급으로, 대신 정부가 1/2의 월급지원을 하는 제도가 필요하다. 그래야 양육과 생활, 직장근속(職場勤績)이 되지 않겠는가? 그래야 결혼에 주택, 출산, 양육 복지 정책이 올바르게 되지 않겠는가?

오늘날 결혼생활, 가정생활의 실태가 어떠한가? 가정오판 의식이 말이 아니다. 아내들이 가장(家長)이 되어 가권(家權)을 잡고 남편들의 기를 꺾어 남편을 죽이는 경우다. 아내의 기준에, 아내의 마음에, 아내의 생활에, 아내의 재산으로 지배되어 툭하면 부부싸움에 가정불화로 척하면 이혼하는 경우다. 가정오판에서 생기는 일이다. 부부생활, 가정생활은 부부 간의 평생 공동체다. 자성(自省)하며 마음과 육체, 가정생활을 공동체로 만들어 가려는 부단한 노력이 필수적이다. 특히 한국인들에게는 남편소유로 재산화 돼 있지 않는가? 공동재산으로 하는 것이 오늘 시대적 요구다. 어째서 오늘날 가정불화, 고부갈등으로 이혼까지 해야 하나? 이를 두고 ˮ아내는 끊임없이 남편에 복종함으로써 남편을 지배한다ˮ고 영국의 유명한 풀러 목사(Thomas Fuller; 1608-1661)가 말했다. 같은 의미로 독일의 천재시인, 괴테(Johann W. Goethe; 1749-1832)도 "가장(家長)이 가정을 확실히 지배하는 가정만이 평화가 깃든다"고 말했다. 이들의 말은 모두 역발상적(逆發想的) 표현이다. ˮ아내들이 남편에 순종하는 가정생활은 가정에 평화가 깃든다ˮ는 말로 해석된다. 비록 아내가 가권을 쥐고 가정살림을 할지언정 아내가 남편의 기를 꺾지 않고 공경한다면 남편이 아내에게 얼마나 더 잘 하겠는가?하는 역발상 의미란 말이다. 풀러목사나 괴테의 말을 되씹어 보면 그들의 말이 공처가가 아닌 애처가로 가정화목을 가져올 수 있는 역발상 방법이란 의미가 있다. 오늘날 여권신장(女權伸張)이 되어 아내들이 가권을 갖고 가장위에 군림하여 가정불화가 잦은 시대가 아닌가? 아내들이 남편의 마음도, 부부생활도, 가정생활도, 경제권도 모두 남편무시, 남편을 지배하며 산다면 어찌 부부싸움, 가정불화, 고부갈등이 빈번치 아니 하겠는가? 그래서 가정이 불행하게 살지 않는가? 부부싸움을 한다 해도, 가정불화가 잦다 해도 어느 한쪽이 지고 산다면 가정파탄은 하지 않는다. 어째서 아내들이 남편의 말 한 마디에 열 마디로 대들며 싸움을 자초하는가? 어째서 남편들은 민족성에 가장의식(家長意識)으로 "욱하는 성질"을 내어 가정파탄을 자초하는가? 부부지간, 일심동체에 누가 누구를 지배하려 드는가? 흔히 서양식 "레이디 퍼스트(lady first)"란 말이 있다. 이를 동양권 여자들이 오판하는 경우가 있다. lady first라 해서 뭐든지 여자 우선, 여자중심이란 말은 아니고 비록 남편이 가장위치에 있더라도 여자는, 아내는 유리와 같이 약하여 깨지기 쉬우니 유리처럼 여자를, 아내를 다루라는 뜻이다. "무조건 여성 우선"이란 해석이 아니다. 아내가 남편에 순종하고 잘할 때 남편은 "아내를 더 소중하고 우선으로" 유리그릇 다루듯 사랑하게 된다는 말이다. 이렇듯 누가 우월권이 아닌 "서로 배려하는 마음"으로 살라는 뜻에서 서양적 lady first다.

한국인들은 왜 가정생활에서 가정불화가 잦고 많은가? 가정오판 의식 때문이다. "자기고집(SRC-Self Reliance Criteria)" 때문이다. 예컨대, ① 자존심고집 때문이다. ② 열등의식, 과욕고집 때문이다. ③ 가부장적 사고방식 때문이다. ④ 신구세대 간의 갈등고집 때문이다. 고부간의 갈등이 이에 속한다. ⑤ 타인과 비교하는 버릇 때문이다. "누구는 그런데" 식으로 남과 비교하는 언행(言行)이 불화의 근거가 된다. 이에 선대들은 "밖으로 도는 여자는 쪽박신세다"란 속담도 있다. 아내들이 세상에 노출되면 아내들이 세상을 알게 되고, 이 남자, 저 남자들을 남편과 비교하는 습성에서 가정불화가 잦다는 점이다. 생각에 비교는 자유지만 이를 "티"내면 가정불화로 치닫게 된다. ⑥ 마마보이식 자기고집이다. 오죽하면 "홀애자식"이란 말도 있지 않은가? 유아독존(唯我獨尊)적 혼족생활에서 갖는 스스로의 고집에 오판의식이다. 한집에서 대가족제(大家族制)로 살 때는 어른들이 혼내고, 달래고, 훈계하고 살았지만 오늘날과 같이 마마보이나 홀로족들에게는 누가 옆에서 인생 조언을 해 주겠는가? 그래서 홀애자식이라 말한다. ⑦ 한 가정에 두 가장(家長) 자체가 가정생활 오판의식이다. 어찌 한 가정에 두 가장이 존재하여 서로 주장하면 어찌 그 가정이 화목하겠는가?

부부싸움, 가정불화를 방지할 대책은 없는가? 부부싸움은 상호 자존심과 오해(誤)의식에서 발생한다. "자존심 상처"가 주원인이다. 그래서 부부싸움은 부부간 자존심 대결이다. 부부간 대화에서, 싸움에서, 불화에서 남편과 아내는 서로 "자존심"을 세워줘야 한다. 아내가 자존심에 한 마디에 열 마디로, 큰소리로 대적한다면 어느 남편이 화가 나지 않겠는가? 남편은 또 아내 말을 들어 주며 "욱"하는 성질을 필히 자제해야 한다. 부부싸움은 서로 부딪쳐 성질나서 싸우게 되는 경우가 허다하다. 남편이 "욱"하는 한 마디에 아내가 더 "큰소리"로 대적하면 절대 안 된다는 말이다. 말인즉 "낮은 말소리"로 대화 접근법을 찾아야 한다. 대화가 없는 부부생활은 남이나 다를 바가 없다. 싸움을 했어도 잘못한 점은 즉시 자존심을 버리고 스스로 사과하는, "미안하다"는 표현을 습관적으로 해야 한다. "잘못했다는, 미안하다"는 사람에게 누가 더 이상 큰소리를 내겠는가? 그러나 한국 남편들은 민족세습성에 "독재성, 과묵성"이 있다. 큰소리를 내 보지만 결국 후회를 하는 약한 남편들이다. 민족세습성이다. 오늘날 신시대, 신문화, 신문명시대에 누가 민족세습성에 부부생활, 가정생활을 하겠는가? 해봤자 손해인데 누가 큰소리로 대들며 싸우겠는가? 그것이 설령 양자(兩者)의 성격이 극과 극일지라도 사는 동안 서로 맞춰가며 사는 게 결혼생활, 부부생활이 아니겠는가? 한국인, 남편, 남자들에겐 민족세습성, "과묵성"도 문제다. 대화로 풀어야 한다. 대화 없는 부부생활은 부부생활이 아니다. 정(情)이 떨어져 마음만 멀어질 뿐이다. 마음이 멀어지면 결과는 무엇인가? 이혼이다. 그래서 일찍이 인도의 시성(詩聖), 타고르(Rabindranath Tagore:1861-1941)는 "지는 게 이기는 것"이라 말했다. 약한 게 여자이고 아내이니 아내에 져 주라는 뜻이다. 져 주는 것이 결국 이기는 것이 부부싸움이란 말이다. 속담에 "부부싸움은 칼로 물 베기"란 말도 있지 않은가?

　이혼방지 대책은 무엇인가? 이혼을 방지하는 최선책은 "이혼에 대한 심사숙고"다. 이혼 후의 삶과 생활을 상상하라는 말이다. 예컨대, ① 첫째는 이혼 후의 정신적 고통을 생각하는 점이다. 홀로 된 삶과 생활, 고충과 고독은 어찌 감당할 것인가? ② 둘째는 이혼 후 자식들에 대한 정신적 고통을 생각하는 점이다. 이혼으로 자식들을 파멸시킬 것인가? 사춘기 아이들에 더욱 그렇다. 참고 사는 게 낫다는 말이다. 선대들도 그렇게 살았다. ③

셋째는 이혼 후 생계대책, 경제적 고통을 생각하라는 점이다. 남편과 같이 했던 경제적 부담을 어찌 홀로 감당할 수가 있겠는가? ④ 이혼 후 성적욕구의 고충을 어떻게 감당할 수 있는가를 생각해 보라는 점이다. 성욕(性慾)의 본능을 어찌 해결하겠는가? 더욱 나이가 젊다면 이를 어찌 감당하겠는가? 이혼 후 책임 없는 동거생활, 동성연애, 동성결혼을 하겠는가? 천륜(天倫)을 무시한 생각이다. 이러한 생각에 잠겨볼 때 이혼은 막된 처사다. 인생실패다. 차라리 지고 사는 게 이혼보다 훨씬 낫지 않을까? "나는 생각한다. 고로 나는 존재한다." 프랑스의 철학자, 데칼트(Rene Decartes: 1596-1650)의 말이다. 생각하여 스스로를 찾아야 한다. 그것이 가정오판이 아닌 행복이다.

한탕주의 근성

"돈에 한방의 기회는 악의 근원이다"
— Samuel Butler(버틀러; 1612-1680, 영국의 풍자시인)

"욕심이 잉태하면 죄를 낳고, 죄가 과하면 사망에 이른다."(약1:15)

[한탕주의]
제왕들이 큰탕치니 신하들이 열탕치고

졸개들이 수탕치니 국민들이 쪽박나네
기업들이 흙탕치니 졸부들이 잡탕쳐서
나라안의 집값들이 끝모르고 올라가네

부동산에 큰탕치고 주식사서 한탕치니
자식유학 걱정없네 세계여행 살판났네
사람잡는 국세청이 자금출처 수사하니
죄상들이 들어나며 줄줄이들 감옥가네

[FOCUS] 한국인의 한탕주의

한국인들은 왜 땅투기, 집투기, 한탕주의로 스스로 땅값, 집값을 올려 후손들의 삶을 빈곤케 하나? 왜 투기로 조국경제를 망치나? 한탕주의로 1995년도 강남에서 3억짜리 아파트 한 채(24평)가 24년 후 오늘 무려 25억 짜리가 됐다. 덩달아 강북도 1.5억짜리가 10억이 됐다. 한탕주의 결과가 무엇인가? 사회부조리(社會不條理), 불신국민성을 초래했다. 한탕주의는 국가경제의 적이다. 어째서 한국인들은 "내 집마련"에 광적(狂的)인 것인가? 집이 투기대상이기 때문이다. 한탕주의는 곧 가격앙등이 아닌가? 너무 오른 집값에 이제 신세대들도 겁이 나, 영끌대출(영혼)에 주식투기의 한탕주의 대세가 아닌가? 한탕주의로 거짓과 부정(不正), 불신(不信)과 사기가 만연한 불신국민성이 불신사회성을 만들고 있지 않은가?

왜 한국인들은 땅투기, 집투기, 한탕주의로 스스로 시세만 올려 후손들의 삶을 황폐화 시켜 빈곤케 하는가? 어째서 한국인들은 주택을 "영구 안식처"로 생각지 않고 주택을 투기대상으로 삼으며 귀찮은 이사만 연속하는가? 도대체 한탕주의가 무엇인가? 단시일에 물건이나 부동산을 사고 팔고 하여 시세차익, 큰 묏돈, 떼돈을 벌려는 불순한, 부정한 생각에서 거래되는 행위다.

주로 개발지역의 땅을 사서 한탕주의로 큰 시세차익을 노리는 부정한 거래행위가 주다. 예컨대 3억에 샀다가 1년 내에 5억에 팔았다 하자. 단 시일에 시세차익 2억의 이윤을 남기는 경우다. 양도세 50%를 납세하고도 무려 단 시일에 1억을 버는 경우다. 이렇듯 강남에서 24년 전에 24평 아파트 가격, 3억짜리가 24년간 계속 올라 오늘 25억 짜리가 됐다. 무려 8.3배(830%)가 뛴 셈이다. 강북도 1.5억짜리가 오늘 10억이 됐다. 무려 6.6배(1630%)가 뛴 셈이다. 이에 신세대(20-39세)들의 "내 집 마련의 꿈"은 매몰 되었다. 이에 오늘 신세대들은 천정부지(天井不知)로 오른 주택가격에 당황하고 겁나 이제 이들이 영끌모아(영혼까지) 영끌 대출에 빚들을 내어 영끌 주식투기를 하지 않는가? 한탕주의 국민성이 이제 신세대들에까지 옮겨 붙으며 대한민국 미래가 어둡지 않은가?

한국적 한탕주의적 근원이 무엇인가? 또 오늘의 한탕주의 현상은 어떠한가? 오늘 한국사회의 부동산, 특히 강남지역을 주택시세가 천정부지(天井不知)로 앙등했다. 이에 국민원성이 하늘에 닿았다. 오늘 정부의 신도시 개발(광명, 시흥)을 기하여 개발을 주도한 LH공사의 내부정보 유출에 공직자들, 정치인들이 줄줄이 땅투기에 소환되며 국가비상이다. 원래 한탕주의적 근성은 서울 인구과밀 현상을 강남으로 이전키 위해 1970-80년대 강남권 개발에서 정치꾼들의 투기에 한탕주의가 시작됐고 그것이 오늘날, 2021년까지 끊임없이 계속되며 끊임없이 시세들만 올려 났다. 설상가상(雪上加霜)으로 19대 문정권이 들어서며 주택시세 안정을 위해 무려 23번의 부동산 정책들을 내놓았지만 2020-2021년 한 해 동안 무려 시세가 5억씩이 오르며 주택시장의 대파국을 가져왔다. 이에 국토부가 주택공급 대책으로 건축할 만한 서울과 인근의 땅을 이 잡듯 뒤졌지만 주택개발할 땅이 없어 태능의 골프장까지 주택을 짓겠다고 발표하는 단계에 이르렀다. 그러나 지금 건축을 해도 무려 1년 후에는 공급된 전망에서 주택시세는 계속 오르고 있다. 주택가격의 급상승에 겁에 질린 신세대들도 주택가격을 따라 잡기 위한 영끌대출로 영끌주식 투기에 한탕주의가 또 한창이다. 이들의 영끌 주식투기에 코스피(Kospi) 주가지수가 무려 3개월 만에 1,700선에서 3,100선까지 오르는 광란의 주식시장을 초래했다. 주식시장 붕괴가 불 보듯 뻔 한데 안타깝다. 한국적 금융대란에 국가위기가 오리무중(五里霧中)이다. 이렇듯 한탕주의는 국민성을 거짓과 부정(不正), 불의(不義)와 사기(詐欺)를 조장하며 불신국민성을 만든다. 한탕주의 결과는 국민성을 돈에 돈, 황금 만능주의를 초래하며 이에 이기주의, 우월주의, 배타주의, 사치허영주의, 오락쾌락주의, 방종주의, 방관주의를 낳으며 한국사회가 불신사회성이 되는 원인을 제공했다. 이 한탕주의를 두고 영국의 풍자시인, Butler (Samuel Butler: 1612-1680)는 "돈의 한방의 기회는 악의 근원이다"라 말 했다. 한 번에 떼돈을 벌려고 하는 국민성은 악의 근원, 죄(罪)를 의미한다. 이에 또 성경은 "욕심이 잉태하면 죄를 낳고, 죄가 과(過)하면 사망에 이른다(약1:15)"고 말하고 있다. 한탕주의에 얼마나 많은 주택가격 앙등에 물가고를 재생시켜 얼마나 많은 민생고(民生苦)를 부추기는가?? 한국은 한탕주의에 불신국민성, 불신사회성을 만들었다.

한탕주의적 주택가격 앙등현상이 신세대들의 삶에 어떤 영향을 주는가? 한탕주의 주택가격 앙등에 신세대들의 "내 집마련의 꿈"을 파괴시켰다. 신세대들이 월급 300만 원을 한 푼도 쓰지 않고 69년을 저축해야 69년 후에도 변하지 않은 집값, 예컨대, 25억짜리 주택 한 채를 살 수 있다. 말인즉 이제 신세대들이 또 다른 한탕주의로 단 시일에 떼돈을 벌지 않으면 서울에서 아파트 한 채를 구입하기란 불가능해졌다는 말이다. 불과 26년 전 1995년도, 강남 역삼동의 1평 땅값이 평균 600만 원이었다. 그것이 오늘 2021년, 평당 4,500만 원이 됐다. 무려 7.5배(750%)가 오른 셈이다. 주택은 어떠한가? 1995년 24평 아파트 한 채 값이 강남 역삼동에서 3억이었다. 그게 오늘 2021년, 25억이 됐다. 무려 26년 만에 8.3배(830%)다 뛴 셈이다. 이는 오늘 신세대들이 또 다른 투기로 떼돈을 벌지 않는 한 강남에서 "내 집마련"은 불가능함을 말한다. 한국적 불신국민성; 투기에 한탕주의가 계속되는 현상이다.

도대체 주택시세가 끊기질 않고 오르기만 하는 이유는 무엇인가? 왜 그런 것인가? 예컨대, ① 첫째, 한탕주의 때문이다. 한탕주의로 예컨대, 강남에서 20억짜리 아파트를 구하면 다음 해에는 또 다른 누군가가 한탕주의로 25억에 사야 한다는 점이다. 한탕주의에 값만 뛰게 하는 이유다. ② 둘째, 수요공급의 불균형 때문이다. 서울 땅이 늘어나는가? 인구수(수요)에 비해 지을 땅이 없다. 그러니 당연히 지어 놓은 건물 값이 오를 수밖에 없는 부동산 경제원리다. 수급불균형 구조다. ③ 셋째, 물가고 때문이다. 임금과 건축자재가 계속 인상되는데 어찌 건축단가가 오르지 않겠는가? ④ 넷째, 정부의 인구분산 정책의 실패 때문이다. 도심 과잉인구에 따른 인구분산 정책이 부족했다는 점이다. ⑤ 다섯째, 정부의 인구집중의 원인분석과 대책이 없었기 때문이다. 예컨대 강남에 유명 고등교, 송파구의 유명 사립학원들이 즐비하여 사람들이 몰려드는데 비해 정부의 주거대책은 없었거나 실패한 경우다. ⑥ 여섯째, 주택공급의 확대대책이 없었기 때문이다. 주택을 건축할 땅이 없다면 유휴지나 폐쇄된 건물을 전용하여 주택수요를 감당 했어야 했다. 또는 주택 재재개발 사업에 규제를 완화시켜 주택공급에 만전을 기했어야 했다. 그러나 19대 주사파 문정권은 이에 실패했다. ⑦ 일곱째, 신세대위주, 결혼위주의 공공임대 아파트 건축에 실패했다는 증거다. ⑧ 여덟째, 정부의 green belt(녹색) 지역의 효율적인 이용대책이 없었다는 점이다. 불가피한 지역을 완화시켜 건축부지를 공급확대를 했어야 했다. ⑨ 아홉째, 정부의 강력한 투기대책이 없었다는 점이다. 투기 이후의 대책이 아니라 투기이전에 투기행위에 강력한 벌칙, 기밀유지, 토지환수, 세율확대들 등등이 신도시 개발에 따른 보안대책이 함께 했어야 했다. 이 또한 정부실책이다. ⑩ 열 번째, "내 집마련"의 소유개념 의식을 사용개념 의식으로 국민성을 전화시켜 국가가 이에 장려하는 보상정책을 강구했어야 했다. 예컨대, 세계에 없는 한국적 전세제도를 배제하고, 장단기 임대제도로 국민의식을 전화시키는 정책 등을 말한다. ⑪ 열한 번째, 정부가 주택거래상에 따른 장기은행대출 활성화 정책에 실패했다는 점이다. 예컨대, 자기자본 20%에 은행대출 80%로 30~40년

저리 월납부에 매매시 전주인의 은행대출을 인계받고 주택을 구입할 수 있는 주택구입 특정화 정책을 실행했어야 했다. ⑫ 열두 번째, 현존하는 공시가와 거래가의 2분화가 애초부터 잘못 되었다. 처음부터 공시가 없는 실거래가격으로 통일되어 거래 시마다 중과세가 붙는 세율조정 정책으로 차별화 했어야 했다. 정치꾼들의 투기농간으로 이 거래가위주 세율정책이 없었다. 25년 전에 강남에서 주택을 산 사람이 오늘날까지 그 주택에서 살고 있는데 어찌 옆집의 집값이 계속 올랐다 하여 장기 소유에 장기 거주자도 오른 시세로 각종 과세율을 적용하여 무고한 서민들만 세금인상으로 죽이느냐? 하는 점이다. 왜 투기로 거래되어 옆 집의 빈번한 거래로 시세가 25억짜리라 해서 장기소유에 장기 거주자도 25억 짜리로 근거하여 각종 부산세, 예컨대, 재산세, 종부세, 보유세 등으로 세금폭탄을 맞아야 하느냐? 하는 점이다. 한탕주의적 투기대책이 미흡했다는 점이다. 한 나라의 경제재원의 2/3가 부동산인데 어찌 부동산을 이리 소홀히 다룬 것인가?

불구하고 한탕주의가 국가와 사회에 미치는 영향은 무엇인가? 득(得)은 없고, 실(失)만 초래한다. ① 첫째, 한탕주의 투기로 비생산적 불로소득을 조장(助長)하여 국가경제 위축을 초래한다. ② 둘째, 한탕주의로 빈부격차(貧富格差)만 초래한다. 대를 이어 부자이고, 대를 이어 가난케 된다. 문정권에 이르러 빈자위주 퍼주기식 지출에 코로나 19 재난구조로 5,000조의 국가총부채가 됐다. 국민 1인당, 어린아이까지 빚이 1억씩이다. 국가부도 직전이다. ③ 셋째, 한탕주의에 주택가, 물가고만 부추겨 국가경제 성장에도 불구하고 국가경제의 위상순위가 상승치 않는 결과를 초래하고 있지 않은가? ④ 넷째, 한탕주의적 불신국민성, 거짓과 부정, 불의와 사기가 만연한 불신사회를 초래했다는 점이다. ⑤ 다섯째, 한탕주의에 빈부격차만 상승시켜 빈부격차에 국민갈등, 민심이반으로 국론분쟁에 국민의 삶이 불안정하다는 말이다. 2019년 여론조사 의하면 국민의 75%가 부자에 대한 불만이란 통계다. 예컨대, 소득상위 20%는 여행자금으로 700만 원, 소득하위 20%는 여행자금을 70만 원으로 소비하는 소득에 소비현상 격차를 초래한다. 이에 얼마나 많은 사회불만, 국민갈등을 초래하는가? ⑥ 여섯째, 한탕주의 불로소득에 생산성 감소로 수출부진에 국가경제성장, 하락을 초래한다. 재적적자와 국가총부채만 증가시킨다. 오늘날 19대 주사파 문정권에 들어 가계부채가 1,765조, 공공부채가 1,233조, 국가부채가 1,833조로 국가총부태가 이미 5,000조이 이른다. 국가파산이 코앞이다. 이같이 한탕주의가 국가 경제발전을 방해하며 국민성이 한탕주의에 황금 만능주의적, 이기주의적, 빈부격차적, 사치허영적, 오락쾌락적, 유흥주의적, 우월주의적, 배타주의적 불신국민성에 불신사회성을 초래했다.

[주택과 부동산구입 투자기법]

주식은 투기지만 부동산은 투자다.

1. Location First: 첫째, 둘째, 셋째도 장소가 투자다.
2. External Appearance: 외관상 멋있는 건물을 사라
3. Quick Decision Making: 재빠른 투자결정을 하라

4. Internal Utility: 실내가 넓고 쓸모 있는 건물을 사라

5. Value Consideration: 시세보다 저렴한 건물을 사라

6. Management Effectiveness: 관리가 쉬운 건물을 사라

7. Income Status: 운영상 소득성 있는 건물을 사라

8. Investment Diversity: 지역분산으로 분산투자를 하라

9. Long Range Investment: 장기소유 목적에 투자 하라

10. Selling Time Strategy: 남이 팔 때 사고 살 때 팔라.

11. Lending to Value Strategy: 대출액은 최대한 낮춰라

이기주의 근성

"인간은 태어나면서부터 사회적 동물이다"

– 아리스토텔레스(Aristoteles; BC 384 – BC 322, 그리스의 철학자)

[보람 있는 삶]

1. 배려하라	2. 양보하라
3. 베풀어라	4. 상냥하라
5. 예의를 지켜라	6. 모범을 보여라
7. 교만하지 말라	8. 욕심내지 말라

[FOCUS] 한국인의 이기주의

왜 한국인들은 극단적 이기주의로 사는가? 왜 "나 먼저, 우리 먼저"로 배타

적인가? 왜 한국인들은 서로 잘났다 분쟁주의적, 우월주의적, 배타주의적인가? 왜 민족세습 국민성; "과묵주의, 회피주의, 방종주의"로 좌익정부를 수수방관하여 국가위기, 국가후퇴를 자초하는가? 왜 위정자들은 독재성에 권력주의에 이기주의적, 권력유착에 정경유착으로 불신정치를 하고, 왜 분열분쟁성에 사색당파, 파벌정치에 작당정치, 당리당략에 트집정치, 쌈질정치로 망국정치를 하나? 왜 한국인들은 이기적 출세에 연고에 인맥주의, 유명에 인기만 노리나?

왜 한국인들은 이기주의로 왜 배타적인가? 왜 이기주의로 불신국민성, 불신사회성을 자초하여 스스로 불신국민, 불신사회를 만드는가? 도대체 이기주의가 무엇인가? "나와 우리 가족만을" 알며 "타인과 이웃을, 사회"를 무시하며 배격하며 배려할 줄 모르는 사회생활 관념과 행태가 이기주의다. 한국인들은 왜 이기주의적인가? 민족역사에 가난했던 민족의 한(恨) 때문인가? 6·25 전쟁 후 굶어 죽던 경험 때문인가? 하기야 스스로가 가난에 굶어 죽는데 누굴 위해 베풀겠는가? 그래서 한국인들은 황금만능주의에 한탕주의, 우월주의에 배타주의, 사치허영주의, 오락쾌락주의, 과묵주의에 회피주의, 방종주의에 방관주의로 사회를 삭막하게 만들며 서로 배격하며 사는가? 불구하고 소수(小數) 불량배들의 행태라 하지만 어째서 동방예의지국이었던 한국인들이, 오늘 젊은이들이 피와 땀, 눈물로 경제대국을 구축한 2세대(70세 이상), 늙은이들을 홀대에 학대하며 사는가? 어째서 젊은이가 심지어 늙은 경비원을 두들겨 패 죽이는가? 어째서 귀찮다는 이기주의에 갓난애들을 방바닥에 패대기를 쳐 죽이는 것인가? 어째서 오늘의 젊은이들은 돈과 재산, 보험에 눈 멀어 부자간, 부부간에도 살인까지 하는가? 어째서 오늘 한국 국민들은 돈에 돌아 툭 하면 쌈질에 척하면 소송으로 소송천국의 국가를 만드나? 어째서 바로 옆집 아파트에서 시체 썩는 냄새가 나야 그때서야 신고를 하는 이웃간 말세가 되었는가? 어째서 국민성이 정치 무관심에 과묵주의, 회피주의, 방종주의에 방관주의로 19대 주사파들이 좌익정치를 해도, 심지어 부정선거를 해도, 부정선거에 대법원이 선거무효 소송들을 불법으로 묵살을 해도, 부정선거에 주사파 다수당을 만들어 주사파 국회가 횡포에 독재독주를 해도, 어째서 국민들은 내 알 바 아니라는 수수방관으로 스스로의 민주주의를 파괴하며 망국케 하는가? 2,300여년 전, 고대, 그리스의 철학자, 아리스토텔레스(Aristoteles; BC 384-BC 322)는 "인간은 태어나면서부터 사회적 동물이니, 너 자신을 알라"고 했다. 사회에 우아독존(優雅獨尊), 유아독존(唯我獨尊)이 있는가? 불가하다. 그러나 한국인들은 이기주의(利己主義)에 "스스로와 가족, 우리만 알며" 살고 있지 않은가? 불신국민성에 불신사회다. 왜 이러한 불신풍조적 사회가 되었는가? 한국인들의 인간성, 양심성, 도덕성, 상식성, 교양성, 겸손성(謙遜性), 검소성(儉素性)이 파괴됐기 때문이다. 그 결과 오늘날 한국의 부유층(富裕層)들은 부축적(副蓄積)에 더욱더 탐심적 이기주의적(利己的)이고, 또한 지식층, 인사층들은 우월주의(優越主義)에 더욱더 잘난체 자화자찬(自畵自讚的)만 하는 오만불손(傲慢不遜)으로 산다. 한국사회는 이미 고유한 미풍양속의 전통문화; 인성적, 도덕적, 인정적, 정서적 문화는 소멸된 지 오래다. 젊은이들의 신시대적, 신문화적, 신문명적 이기주의, 우월주의에 배타주의, 차별주의로 사는 시대문화가 됐다. 불신문화에 불신국민이 된 셈이다. 한국사회가 갈수록 삭막하고 살벌해지고 있다. 이러한 한국적 사회현상은 선진적 사회현상과 대치되는 경우다. 한국이, 한국인들이 어찌 선진국, 선진인이 되기를 기대할 수가 있겠는가?

　오늘날 한국사회의 이기적 사회현실은 어떠한가? 젊은이들의 삶과 생활의식이 변질된 사회가 됐다. 노동집약적 삶과 생활, 사회문화에서 벗어나 두뇌의존적, 인구과밀에 치열한 자본주의적 생존경쟁으로 산다. 그 결과 신세대들은 구세대에 비하여 더욱 더 생존경쟁적, 자본주의적, 황금 만능주의적, 한탕주의적, 이기주의적, 우월주의적, 배타주의적, 차별주의적으로 살벌하게 산다. Cultural complex(복합문화)와 신문명의 복잡성에 스트레스(complex stress)로 산다. 황금 만능주의적 사고방식으로 산다. 출세에 권력이면 돈과 재산도 모을 수 있다는 생각으로 산다. 돈만 있으면 자식들도 명문학원에 명문대학에 갈 수 있고, 돈만 있으면 인맥에 정치도 할 수 있고, 돈만 있으면 연예계에 배우도 될 수 있고, 돈만 있으면 좋은 배우자도 고를 수 있고, 돈만 있으면 뭐든지 성공할 수 있고, 돈만 있으면 편이한 삶과 생활에 행복도 가질 수 있다고 믿으며 산다. 잘못된 자본주의적, 이기주의적 삶과 생활로 산다. 그래서 이기주의적 사회가 됐다. 이러한 신문화적, 신문명적, 이기주의 사고방식으로 살아가는 오늘 한국사회의 젊은이들이다. 반이성적, 반정서적, 반사회적, 반국가적 국민성이 돼 버렸다. 자유민주에 부속된 자본주의적 폐단으로 사는 사회가 됐다. 자본주의가 황금만능주의, 극단적 이기주의, 배타주의를 낳으며 사회적 병폐(病弊)를 초래하는 사회가 됐다. 자본주의 사회적 병폐가 무엇인가? 일찍이 독일의 사상 철학자, 칼 마르크스(Karl Heinrich Marx: 1818-1883)가 그의 저서, 자본론(Das Capita)에서 자본주의적 사회적 병폐를 지적하며 사회주의, 공산주의를 주장했다. 이에 소련의 혁명가, 레닌(Vladimir Lenin: 1870-1924)이 "맑스-레닌주의적" 이상주의(utopia)를 꿈꾸며 볼세비키 혁명(1891)을 일으켜 소련이 사회공산주의를 했으나 이상주의적 꿈은커녕, 서민들이 탄압받는 굶주린 나라가 되어 소련의 이상주의적 사회주의는 결국 70년을 끝으로 1991년에 붕괴되고 말았다. 이에 비하여 민주주의적 자본주의 국가들은 시장자율 자본주의적 경제구조 하에서 얼마나 많은 경제발전을 이룩하며 장수(장수) 하는가? 그 대표가 대한민국이다. 그러나 오늘 19대 문정권의 좌익들은 민주주의를 반역하고 사회주의적 독재정치로 오늘 한국이 사회주의 국가로 변하며 이미 국가부채가 5,000조가 되며 국민 1인당 1억씩을 빚을 지며 산다. 얼마나 비참한 좌익주의에 사회주의적 살벌한 이기주의적, 배타주의적 삶과 생활, 사회인가?

도대체 자본주의적 단점과 장점이 무엇인가? 우선 자본주의적 단점부터 생각해 보자. 자본주의가 예컨대, ① 인간을 삶을 자본시화(資本視化)하며 사회적 병폐, 사회 피폐화(疲弊化) 시킨다는 단점이다. 자본이 인간과 인간을 지배하는 경우다. ② 황금 만능주의에 인간의 삶이 자본지상주의로 변질시킨다는 점이다. 자본주의적 황금만능주의에 한탕주의가 범람하는 병폐된 사회를 만든다는 점이다. ③ 빈부격차의 결과를 낳아 민심이반(民心離反)에 국론분쟁(國論分爭)을 초래한다는 점이다. 민주항쟁시 빈부격차에 반감을 품은 주사파 386 학생들이(오늘 5060) 오늘날 한국정계를 좌익정부로 장악하여 민주주의를 반역하며 자유민주를 파괴하고 있지 않은가? 자본주의가 사회주의, 공산주의를 초래한다는 점이다. ④ 극단 이기주의를 초래하여 사회부조리(不條理)현상을 초래하는 사회적 병폐다. 돈이면 만사해결(萬事解決)이란 그릇된 국민의식을 낳는다. 오죽하면 유전무죄(有錢無罪), 무전유죄(無錢有罪)란 말도 있지 않은가? ⑤ 불로소득(不勞所得)을 초래하여 국가경제를 위축시키는 단점도 있다. 한탕주의에 돈이 돈을 버는 불로소득이 속출하며 빈부격차에 부유층들의 사치허영―오락쾌락주의를 초래한다는 점이다. ⑥ 자본주의에 사회적 비용이 따른다는 점이다. 영국의 정치경제학자 아담스미스(Adam Smith: 1723-1790, 국부론)는 재벌이 있는 곳에 불평이 있게 마련이라며 "1인의 재벌에 500명의 빈자(貧者)가 있어야" 한다고 주장한 경제학자다. 빈자들을 위한 사회적 비용이 얼마나 크겠는가? 오늘 19대 주사파 문정권이 소득주도 좌익경제 정책에 빈자위주 "퍼주기식 지원책"으로 오늘 한국이 5,000조의 국가채무로 국가부도가 코앞이 아닌가? ⑦ 불신국민성, 불신사회성을 조장(助長)시킨다는 사회적 병폐다. 자본주의적 이기주의에 오늘날 한국사회가 가짜식품, 제품(짝퉁), 가짜광고에 먹튀사기, 가짜서류에 가짜대출, 가짜이력, 가짜논문까지 가짜들이 판치는 사회가 돼 있지 않은가? 불신국민성에 불신사회성이 돼 버렸다. ⑧ 정치가 이기주의적 부정부패 비리정치로 불신정치를 초래한다는 병폐다. 역대 정권마다 민주주의 "배반에" 제왕적 권력독재 정치로 얼마나 많은 부정부패 비리정치, 적폐정치를 자행해 왔는가? 오늘날 19대 주사파 문정권이 민주주의 "반역에" 좌익정부, 좌익정치로 민주국가 정체성마저 파괴하고 있는가?

반하여 자본주의 장점은 무엇인가? ① 자본주의가 경제성장을 지속시켜 경제발전에 국가발전, 국가번영을 기여했다는 점이다. 칼 마르크스(Karl Marx: 1818-1883)는 자본주의가 노동착취로 사회적 병폐를 초래한다고 했지만 한국은 자율경쟁에 재벌들의 수출경쟁으로 경제대국이 됐다. 재벌덕분에 국민 1인당소득이 3.2만불이 됐고, 이들의 납세가 전국민 납세의 30% 이상을 대신하고 있지 않은가? 재벌들이 없었다면 국민 1인당 소득은 2.2 만불이 돼 있지 않을까 생각한다. 북한을 보면 잘 알 일이다. 아직도 손으로 모(벼)를 심고 있지 않은가? 왜 정치권력이 괘씸죄로 재벌들을 핍박만 하는가? 역대 대통령들이 재벌들로부터 뜯어 간 돈들이 얼마인가? DJ가 무슨 돈이 있어서 광주에 궁전, 22개의 기념관을 지었겠는가? 무슨 돈으로 노무현 대통령은 봉화마을에 궁전마을을 세웠겠는가? 역대 통치자들이 권력에 집권, 돈으로 썩어 있지 않은가? 기업들이 세금내는 것만도 국민세금의 30%는 차지한다. 재벌과 기업들이 오늘날 국가발전과 번영에 얼마나 많은 기여를 하는가? ② 자본주의 산업화가 고용창출을 낳으며 국가발전에 기여한다. 예컨대 삼성전자가 베트남에 해외이전하여 베트남 국가에 얼마나 많은 고용창출로 베트남 국가에 기여하는가? 베트남에서 5만명의 고용창출을 제공하며 베트남 정부의 혜택을 받고 있지 않은가? ③ 자본주의적 부축적(副蓄積)이 사회에 환원되는 기여성(寄與性)이 있다는 장점이다. 예컨대, 미국의 부호, 빌게이츠(Bill Gates: 1955, 마이크로 소프트 창업자)는 한때 서울대학교에 연구비 2천만불을 희사한 적도 있지 않은가? 2021 오늘 삼성의 고(故) 이건희 회장은 개인이 소장한 2조원 상당의 고전예술 명품들을 국가에 헌납하지 않았는가? 달면(주면) 삼키고 쓰면(안 주면) 죽이는 권력정치가 아닌가? 따지고 보면 빈부격차가 재벌산업의 탓으로 돌리기엔 역부족 경제논리다.

진정 자본주의 문제는 무엇인가? 권력유착, 정경유착, 관경유착 등이다. 자본주의의 횡포다. 역대 자본주의적 문제를 살펴보자. 역대 정권마다 권력과 재벌이 유착한 권경유착이 얼마나 많았는가? 검찰과 사법부의 권경유착이 얼마나 많았는가? 돈 받고 허가주고, 돈주고 8도강산 개발을 누비는 돈주고 국책산업에 돈을 버는 재벌들이 얼마나 많았는가? 이에 사회적 부조리현상들이 얼마나 많았는가? 관권이 재계와 유착한 관경유착이 얼마나 많았는가? 이들이 얼마나 많은 사회적 물의로 뉴스화, 보도된 적이 얼마나 숱한가? 오늘 LH직원들이 광명시, 시흥시의 신도시 개발정책이 LH 직원들이 정보를 빼돌려 얼마나 많은 공직자, 정치인들이 투기에 걸려 얼마나 많은 사회적 물의로 국가가 시끄러웠는가? 이들의 자본주의적 이기주의에 불신정치성, 불신국민성, 불신사회성이 초래되며 국가정치가 얼마나 후퇴되어 왔는가? 불신정치에 오염되어 국민성이 불신국민성을 낳으며 황금만능주의, 한탕주의, 이기주의, 우월주의, 배타주의, 사치허용에 오락쾌락 주의로 얼마나 한국사회가 불신사회, 가짜사회가 돼 있는가? 이런 것들이 자본주의적 장점이고 단점들이다.

배타주의 근성

[자아성찰(自我省察) : 성언]

1. 비판을 받지 않으려면 비판하지 말라(마7-1)
2. 남의 눈에 티만 보지 말고 내 눈의 대들보를 보라(마7-4)
3. 오른손이 한 일을 왼손이 모르게 하라(마5-39)
4. 손이 실수하거든 손을 잘라 버려라(마18-8)
5. 으뜸이 되고자하면 먼저 종이 돼라(마20-27)
6. 교만은 멸망의 선봉, 겸손은 존경이 우두머리다(잠16-18)

[FOCUS] 한국인의 배타주의

왜 한국인들은 배타주의적으로 서로 불신하며 사는가? 사회 각계각층마다 이기주의, 차별주의, 배타주의로 국민분열을 초래하며 우월에 배타주의적인가? 왜 코앞에 사람이 지나가도 인사하지 않는 굳은 인간성으로 배타주의적 삶을 사는가? 왜 서로 무시주의로 사는가? 민족성 세습성에 침묵주의, 회피주의, 방종주의, 방관주의 때문인가? 왜 한국인들은 "끼리끼리 문화"에 끼리끼리로 사는가? 무엇에 불신되어 배타주의적인가? 작은 땅, 작은 국가에서 왜 각계 각층; 상위층, 부유층, 하위층, 빈자층, 지식층, 무식층, 인사층, 유명층, 인기층, 등등으로 층층문화에 배타주의적으로 사는가? 왜 한국인들은 타인에 대한 칭찬과 배려는 없고 자화자찬(自畵自讚)에 칭찬 받기만을 좋아하

　왜 한국인들은 민족 세습성 "과묵주의, 회피주의, 방종주의" 에 배타주의적으로 사는가? 왜 코앞에 지나가는 사람에게도 인사조차 없이 무시하며 고개 돌리는 배타주의적인 삶인가? 배타주의가 무엇인가? 말 그대로 "타인(他人)을 배척하는" 주의다. 자신의 위치나 능력, 혹은 처지(處地)가 타인보다 우월하다는 자만감(自慢感), 교만감에 타인(他人)을 무시하며 배척하는, 또는 상관치 않는 태도와 처사(處事)가 배타주의다. 스스로 잘났다 남을 깔보는, 남과 상관없이 대인관계를 회피하는 습성이나 정신사상, 고정관념적 삶과 생활이 배타주의다. 어째서 한국인들은 겸손성(謙遜性), 검소성(儉素性), 소탈성(疏脫性)이 없는가? 왜 스스로 잘난 체 자화자찬(自畵自讚)에 타인에 대한 배려는 인색하고, 칭찬 받기만을 좋아하는가? 왜 민족성 세습성에 국민성이 우월주의에 배타주의, 이기주의에 침묵주의, 회피주의에 방종주의, 방관주의로 타인을 무시하며 배타주의적으로 사는가? 왜 한국인들은 상냥함이 없고 왜 항상 얼굴이 굳어 있고, 굳어 사는가? 자고(自古)로 성인(聖人)들은 인간과 인생사(人生事)에 관하여 주옥(珠玉)같은 말들로 인간들을 훈계한다. 그러나 인간은 신(神)이 아니기 때문에 성인(聖人)들의 말대로 살 수는 없다. 인간이기 때문에 이기주의(利己主義), 우월주의(優越主義), 배타주의(排他主義)로 산다. 그러나 한국인들은 배타주의, 그 도(度)가 지나치다. 배타주의가 무엇인가? 일종의 쇼비니즘(Chauvinism)이다. 맹목적 무시주의, 차별주의다. 애국주의에 국수주의(國粹主義), 남성 우월주의, 여성 비하주의 등이다 Chauvinism의 예들이다. 니콜라스 쇼빈(Nicolas Chauvin)이란 나폴레옹의 한 병사(兵士)가 나폴레옹 제국이 망한 후에도 나폴레옹을 신(神)처럼 신봉했다는 데서 나온 말이 "쇼비니즘"이다. 무조건적 우월주의에 타인 무시주의, 배척주의다. 쇼비니즘을 넓은 뜻에서 보면 광신적, 호전적, 애국주의, 국수주의 이념이다. 그러나 좁은 뜻에서 보면 개인적 우월주의, 타인 무시주의다. 한국인들에게도 쇼비니즘적 민족성 세습화에 과묵주의, 회피주의, 방종주의, 방관주의가 일종의 타인에 대한 배척주의가 아닌가?

한국인들의 배타주의적 국민근성은 어디서 연유돼 왔는가? 무슨 이유로 국민성이 배타주의적인가? 민족세습성에 국민성이 "무관심주의, 침묵주의, 회피주의, 방종주의, 방관주의"로 습관화 돼 버렸기 때문이다. 그래서 얼굴이 무표정, 언행이 과묵주의, 회피주의, 방관주의가 아닌가? 그래서, 예컨대, 사람이, 이웃이 코앞을 지나가도 처다 보고 무시해 버리는, 인사는커녕 고개를 돌리는 국민성이 돼 버렸다. 반하여 서양인들, 특히 미국인들은 비록 모르는 사람이 자기 집 앞을 지나갈 때도, 얼마 좀 멀리 떨어진 거리에 있음에도, 항상 자동적으로 나오는 말이 "hello(안녕하세요?)" 인사다. 동방예의지국(東方禮義之國)이라는 한국인들이 어찌 서양인들, 미국인들보다도 예의성, 인사성이 없단 말인가? 왜 그런 것인가? 민족역사에 툭하면 정변(政變)에, 척하면 외세에 시달린 한민족이 아니었는가? 외세에 정변에 무슨 말을 하여 변(變)을 당한단 말인가? 그래서 이웃 지인(知人)들에게는 예의범절, 인사성이 밝았으나 반하여 낯선 외부인들에게는 상호

신분노출을 꺼려하며, 과묵성, 회피성, 방관성으로 살아온 민족이 아니었나? 그렇게 인간관계의 친화성(親和性)이 없이 살아온 민족근성이 있기 때문에 배타주의적 삶과 생활로 산다.

　배타주의적 한국인들의 사회현상은 어떠한가? 예컨대, ① 배타주의는 국민성을 무표정, 무상냥, 무정서 문화를 초래했다는 점이다. 배타주의, 무시주의, 차별주의가 오늘날 한국사회에 기반화 돼 있어 이것이 자본주의와 맞물리며 사람과 사회를 무시한 황금 만능주의에 이기주의, 우월주의에 배타주의로 불신국민성이 돼 버렸다. ② 배타주의에 동방예의지국(東方禮義之國)이 타락국(墮落國)이 되는 사회현상 초래다. 무시주의, 배타주의에 인사불성이 돼 있는데 무슨 예의범절이 있겠는가? 인사성마저 소멸됐다. 지인(知人)외는 인사조차 하지 않는 부도덕, 무례한 사회가 됐다는 점이다. ③ 배타주의적 사회악(社會惡), 적대감정만 부추기는 사회현상을 초래한다는 점이다. 욕설댓글들이 그 예다. 배타주의에 사회악이다. 자기만 옳고 남은 옳지 않다는 불신 국민성이다. 적대감정의 결과가 무엇인가? "남이야 죽든 말든, 형제가 살든 말든, 나와 내 가족만 살면 된다"는 이기주의적, 배타주의적 국민성 사회악이 됐다는 점이다. ④ 배타주의가 "내로남불" 사회현상을 초래한다는 점이다. 정치도, 사회도 내로남불로 쌈질정치에 더욱더 불신국민성만 초래한다는 점이다. ⑤ 배타주의에 "끼리끼리 문화"만 초래한다는 점이다. 예컨대, 좌파끼리, 우파끼리, 전라도끼리, 경상도끼리, 친문끼리, 반문끼리, 동창끼리, 유식층끼리, 부유층끼리 등등으로 "끼리끼리 단체문화

(Collective society)"를 초래한다는 점이다. 요즘 정치권에서 유행하는 내로남불 정치사례들이 얼마나 많은가? 배타주의가 그룹문화(group culture)를 초래하는 사회현상이다. 예컨대, 청와대끼리, 여당끼리, 좌파끼리, 정치인들끼리, 배우끼리, 예능인끼리, 개그맨끼리, 학연끼리, 동창끼리, 지방인끼리 등등으로 얼마나 많은 배타주의적 쇼비니스트들이 한국사회를 지배하고 있는가? ⑥ 배타주의가 불신국민성, 불신정치성, 불신사회성을 가속화, 가중화시킨다는 점이다. 한 예로 2020년 한 해 내내 시끄러웠던 "조국" 사태가 그 한 예다. 조국사태에 국민마저 좌익진보와 우익보수로 민심이반에 국력소모가 얼마나 많았는가? 서울대 교수에 청와대 민정수석, 몇 일간의 법무장관이란 한국사회의 최고 지성인이 멋대로 우월주의에 배타주의로 얼마나 많은 사회적 물의를 일으켰는가? 자식들의 명문대 입학을 위해 표창장까지 위조한 거짓과 부정, 위선으로 얼마나 많은 불신국민성을 야기 했는가?

쇼비니즘적 배타주의가 한국사회에 미치는 병폐적 영향이 무엇인가? 쇼비니즘적 배타주의가 더욱 살벌한 사회를 만든다. 이제 한국인들이 사람들을 믿지 못하는 불신사회가 돼 버렸다. 배타주의가 국가와 사회에 미친 영향들이 무엇인가? 예컨대. ① 배타주의적 사회불신을 초래했다. 오죽하면 "믿는 도끼에 발등 찍힌다"는 속담까지 있지 않은가? ② 배타주의가 사회 극단이기주의를 초래했다. 남이야 죽든 말든 상관없는 스스로만을 위한 극단적 이기주의를 초래했다. 옆방 사람이 죽던 말던, 그러나 시체가 썩어 냄새가 나야 비로소 경찰에 신고하는 사회 극단적 배타주의, 극단적

이기주의를 초래했다. 사회적 동물, 인간이 고립된 상태가 돼 버렸다. 인간이 사회로부터 고립되어 불면증에 정신 공황장애로 심지어 자살까지 하는 뉴스보도가 얼마나 빈번한가? ③ 배타주의가 사회적 윤리도덕 무관주의(無關主義), 무시주의(無施主衣)를 초래했다. 권력행세, 갑질행태, 노인홀대, 노인폭행, 성추행, 성폭행, 등등이 그 예들이다. 쇼비니즘적 배타주의에 혐오증세, 공격증세, 강박 관념증세에 있는 사람들이 무지기수다. 오죽하면 TV방송 뉴스보도에 조현병, 정신병 등의 상상이 불가한 사건들을 언론방송들이 얼마나 빈번히 보도하고 있는가? 오죽하면 30대 젊은이가 노인 경비원을 때려 죽이는 배타주의적 광란까지 발생하겠는가? ④ 배타주의가 국정 방관주의로 국가발전을 방해한다. 좌익정치로 사회주의가 돼도, 부정선거를 해도, 좌익국회가 좌익법안들을 통과시켜도, 대법원이 선거무효 소송들을 묵살해도, 국방과 안보가 파괴돼도, 국민들은 수수방관만 하지 않는가? 부정선거로 거짓국가가 되어 민주주의가 말살돼도 국민들은 배타주의적 방관주의에 수수방관하며 국가위기를 자초하지 않는가?

주종배반 근성

"돈이 권력을 크게 흔들 수 있는 곳에서는 국가의
올바른 정치나 번영을 바랄 수 없다."

― 토마스 모어(Thomas Moore: 1478~1537, 영국의 정치가, Utopia로 유명)

[머슴들이 판치는 나라]

국민들이 주인이고 국회나리 머슴인데

머슴들이 권세떨며 주인무시 과시정치

제멋대로 특혜정해 제맘대로 특권정치

국가정치 후진되네 혈세낭비 탕진하네

머슴들이 건방떨며 나랏일을 한답시고

국군전사 갯값주고 세월유족 금값주니

오일팔에 유공자들 공적없이 보상받고

오일팔을 헐뜯으면 삼천만 원 감옥가네

[FOCUS] 한국인의 배반의식

왜 한국은 머슴들인 정치인들이 주인무시, 주인농락으로 머슴들이 주인 위에 군림하며 민주 "배반에 반역"으로 권력정치, 좌익정치를 멋대로 하는가? 어째서 머슴들이 주인무시, 주인농락, 주종배반, 반역정치를 하는가? 주인들은 왜 머슴들이 멋대로 특권정치, 특혜정치에 수수방관만 하는가? 주객전도(主客顚倒)가 아닌가? 그래서 한국인, 주인들은 정치민도가 낮다는 말이다. 어째서 한국의 정치인들은 머슴들인 주제에 민족세습성; "독재성과 분열분쟁성"에 멋대로 권력에 특권, 특혜로 정치하여 주인을 농락하며 적폐정치만 계속하는가? 어째서 주인(국민)들은 민족세습성 "침묵성, 회피성, 방종성"에 머슴들의 국민배반 정치, 적폐정치를 수수방관만 하는가? 그러니 오늘 19대 문정권이 머슴인 주제에 주인무시, 헌법무시, 의회무시로 판문점에 평양을 멋대로 오가며 자유민주 "반역"에 국방안보 파괴, 좌익정치, 좌익경제, 부정선거, 좌익국회 독주정치, 선거무효소송 묵살, 언론방송탄압 등으로 주인반역 정치를 하고 있지 않은가?

왜 국가주인(국민)인 한국인들은 머슴들(대통령, 정치인)이 주인 무시, 헌법무시, 민주헌정 무시로 머슴들이 민족세습성; "독재성과 분열분쟁성"에 "배반정치"로 제왕적 권력독재 정치를 해도, 사색당파 작당정치, 트집정치, 쌈질정치를해도, 또 오늘 19대 주사파 문정권이 "반역정치"에 좌익정치, 좌익정부로 민주주의를 말살해도 어째서 주인들은 주종관계를 무시, 수수방관만 하는가? 어찌 이들의 통치와 정치행태가 주인무시, "배반정치, 반역정치"에 주인무시 정치가가 아니란 말인가? 왜 머슴들은 스스로의 조국, 대한민국의 민주주의를 파멸시키며 역사의 죄인, 배반자들, 반역자들로 남으려 하는 것인가? 도대체 주종관계(主從關係)가 무엇인가? 주인과 머슴(하인)관계다. 국민이 주인이고 대통령과 국회 정치인들은 하인들(머슴들)이다. 국가통치와 정치를 국민대신 잘 하라며 국민이 뽑고 국정을 위임한 주인에 머슴들이다. 그런데 역대정권들은 머슴들인 주제에 왜 자유민주를 "배반"한 권력독재 통치를 했고, 또 오늘 19대 주사파 문정권은 자유민주를 "반역"한 좌익통치로 주인무시, 주인의 나라, 대한민국의 정체성을 파멸하는가? 주제파악도 모르는 무식한 통치자와 정치인들이 아닌가? 왜 대통령이 왕조시절의 왕권의 독재자가 되어 국가를 파괴하는가? 왜 신하들이 조선조 권력관습에 민주통치와 정치를 조선조 시절정치로 착각하며 주인 위에 군림하며 머슴들이 멋대로 정치를 하는가? 왜 오늘 19대 문정권하에서 국회 머슴들은 좌익국회를 독재독주하며 자유민주를 사멸시키는가? 어째서 머슴인 통치자가 주인무시, 민주헌법무시, 멋대로 제왕적 권력독재 통치와 정치로 좌익정부화, 좌익정치를 하는데 어째서 주인인 국민들은 민족세습성; "과묵성, 회피성, 방종성"에 이들을 수수방관하여 스스로의 조국을 망국케 하는가? 이들 정치인들의 사명(死命)과 소명(召命)이 무엇인지, 주제파악으로 이들이 "국가헌신과 국민봉사"를 다 하지 않는가? 왜 이들 머슴들이 위임정치 기본; "대의정치(代議政治), 정도정치(正道政治), 소신정치(所信政治)"를 하지 않고 사색당파, 당리당략 정쟁당쟁 정치, 작당정치, 트집정치, 쌈질정치만 하는가? 어째서 머슴들이 잘난 체 특권정치, 특혜정치, 과시허세 정치만 하며 주제파악을 잊고 주인에 오만불손(傲慢不遜)한 배반정치, 반역정치로 조국과 민족, 국가와 주인을 배반에 반역하느냐? 그래서 한국정치를 왜 후진국 3류정치로 후퇴케 했고 하느냐? 어째서 주인(국민)들은 오만불손한 머슴들의 권력정치와 좌익정치를 묵과하며 정치침묵에 정치회피, 정치방종으로 수수방관만 하여 스스로의 국가, 대한민국의 민주주의를 파괴케 하느냐? 어째서 주인(국민)들이 주제파악도 못하며 머슴들에 아부하며 주인들이 되레 머슴들에게 90도로 인사하는 주인체면에 주객전도(主客顚倒)가 되어 주인노릇도 못하는 것이냐? 그러니 지나가는 관광차 안에서 관광객들이 국회의사당을 가르키며 "도둑놈들 소굴"이라 욕을 하지 않는가? 주인들이 무식한 것인가? 철부지인가? 얼뜨기인가? 아니면 살살이 꾼, 아첨꾼인가? 대한민국의 국민들은, 정치인들은 주종관계(主從關係)조차 모르는 철부지들로 변신된 것인가? 어째서 주인인 주제에 민주헌법 1조 1항; "대한민국은 민주공화국"이고, 2항; "모든 주권은 주인에 있고 모든 권력은 주인으로부터 나온다"는 헌법조차 모른단 말인가? 안다면 어째서 머슴들로부터 90도로 인사를 받아야 마땅함에도 불구하고 되레 머슴들에 90도로 절을 한단 말인가? 주인이 머슴들에게 아첨하며 인사하는 나라가 세상천지에 어디 있는가? 이것이 미국의 16대 대통령, 아브라함 링컨(Abraham Lincoln; 1809-1865)이 말한 "주인을 위한, 주인에 의한, 주인의 정치"; 즉, "대의정치(大義政治), 정도정치(正道政治), 소신정치(所信政治)"란 말인가? 어째서 머슴들이 모리배(謀利輩)정치, 소인배(小人輩), 시정잡배(시정잡배) 정치로 주인을 모독하는 통치와 정치를 한단 말인가?

　과거와 오늘, 주인무시, 주인농간, 머슴들의 정치작태(政治作態)가 어떠했고 어떠한가? 머슴들의 정치작태가 심각하다. 예컨대, ① 건국 이래 과거 72년간 역대 하인들이 무소부지(無所不至), 무소불위(無所不爲)적 제왕적 권력독재통치로 "민주헌정을 배반"했다. 그 결과가 어떠했는가? 부정부패 비리정치, 보복정치, 적폐정치, 국정농단의 불운한 자유민주 배반정치만 있었다. 그 결과 11명의 상머슴들 중 무려 7명이 정권말로에 비운을 당했다. ② 오늘 19대 주사파 문정권, 왕초머슴의 통치, 정치행적은 어떠한가? 아예 민주헌정을 "반역하고" 좌익정부화, 좌익 독재통치와 정치로 스스로의 조국, 대한민국의 자유민주를 말살시켰다. 좌익정치로 국방과 안보파괴, 좌익경제로 국가총부채 5,000조를 남기며 국민 1인당 빚이 1억씩이다. 어린아이까지도 1억씩이다. 종북정치로 왜 불가능한 비핵화에 평화와 종전선언만 주장하며, 종북정치와 좌익외교로 6·25전쟁에 패전국, 한국을 구해준 한미혈맹을 파괴했고, 왜 부정선거로 좌익국회 정치로 조국의 민주주의를 사멸시키는 것인가? 이제 대한민국은 민주주의가 파멸된 아예 좌익독재 국가, 북한과 같은 "인민 민주주의 공화국"이 될 판이다. 과연 문정권의 정권말로는 어떠한 결과를 초래할 것인가? 2022년 5월, 만약 보수세력의 정권교체로 또 한 번 피바람이 몰아치는 난국이 될것이 예상된다.

주종관계(主從關係)가 회복되는 국가통치와 정치, 국정운영의 묘책(妙策)은 없는 것인가? 주종관계의 회복은 진정한 민주주의 회복이다. 한국인들에 의한 대한민국의 민주주의 회복에 진정한 민주주의 통치와 정치는 민족세습성; 정치인들의 "독재성과 분열분쟁성"에, 또한 민족세습 국민성; "침묵주의, 회피주의, 방종주의, 방관주의"에 불가하다. 백마탄 진정한 국가 지도자가 출현되지 않는 한 불가하다. 민족세습성 때문이다. 그래서 주인인 국민들의 국민성이 민족세습성 자유민주 사수에 수수방관하기 때문이다. 민주주의 회복대책은 없겠는가? 답은 국민들의 정치민도(民度)와 정치인들의 정치수준을 높이는 "백년대계적(百年大計的), 미래지향적(未來指向的) 범국민(犯國民) 교육의 향상"뿐이다. 그 예들을 살펴보자. ① 첫째, 주인(국민)의 교양수준을 높혀야 한다. 이를 위해 인성화(人性化), 도덕화(道德化), 교양화(敎養化), 선거정치화, 자유민주화, 민주법치화, 정의사회화, 국가민주화 교육"에 전념해야 한다. 그래야 헌법 1조와 2조를 지킬 수 있는 국민이 된다는 점이다. 교육받아 국민들이 스스로 각성되어 특히 선거와 정치를 잘 감시해야 한다는 점이다. ② 둘째, 민주 시민정신을 제고(提高)시켜야 한다. 국민들이 민주시민정신(市民精神)과 정의사회구현 정신으로 사회적 임무와 책임을 다하며 이에 필요한 교육과 운동,

계몽과 홍보에 전념해야 한다. 주인(국민)들의 정치무관심, 정치회피, 정치방종, 정치수수방관은 반드시 근절되어야 한다는 점으로 유사시 국민들이 통치자와 정치머슴들을 혼을 내줘야 한다는 점이다. 그래야 잘못된 통치와 정치를 바로 잡을 수가 있다는 말이다. ③ 셋째, 지역공동체를 설치하고 주민이 단합하여 풀뿌리 민주주의 교육과 제도부터 실시해야 한다. 풀뿌리 시민정치가 무엇인가? 지역주민들이 스스로의 지역보호, 지역관리, 지역정치로 민주주의와 사회안전을 스스로 지키는 일이다. ④ 넷째, 정의사회(正義社會) 구현(具現)운동과 교육, 계몽과 홍보가 꾸준히 실시돼야 한다는 점이다. 주인들 스스로가 알고 각성해서 민주다운 민주국가, 민주사회, 선진국가, 선진인으로 거듭나야 한다는 점이다.

세대갈등 근성

[서글픈 삶]

"삶이 그대를 속일지라도, 슬퍼하거나 서러워마오
슬픈 날을 참고 견디면, 즐거운 날이 오고 말지니
마음은 미래를 바라느니, 현재는 한없이 우울한 것
모든 것이 하염없이 사라지나니, 지난 것 모두 그리움 된다."

— 푸쉬킨(Alexander Pushkin: 1799–1837, 러시아의 귀족시인)

[세대갈등]

신문명에 신문화는 젊은이들 세상이라

늙은이들 구세대요 젊은이들 신세대니

구습문화 배척하며 늙은세대 홀대하네

세대차이 세대갈등 신구세대 차별이네

젖동냥에 키운자식 원망하면 무엇하오

땀방울로 재산모아 오냐오냐 길렀더니

자식들이 잘난체로 예의범절 타락했네

훈계없는 자식교육 부모들의 탓이로세

[FOCUS] 한국인의 세대갈등

왜 한국은 신구세대의 갈등이 심한가? 왜 신세대가 구세대를 "컴맹에 꼴통에 잔소리꾼"으로 홀대에 학대를 하는가? 왜 구세대는 신세대를 "버릇없다. 싸가지 없다"로 적대시 하는가? 왜 신세대 간에도 대 이은 금수저, 흙수저로 서로 대적 하는가? 어찌 자유민주, 자본주의에서 똑같이 잘 살기를 바라는 것인가? 꿈과 도전에 노력으로 이겨내야 하지 않겠는가? 가난의 절망에서 잘 살아보기로 선대들은 서독광부로, 베트남전쟁의 총알받이로, 중동사막의 노동꾼으로 피땀에 눈물로 경제대국을 세운 선친들이 아닌가? 어찌 오늘의 신세대들은 그들의 피땀과 눈물을 가볍게 생각하는가?

[독거노인들의 죽음]

노인 독거율 68%, 노인 빈곤률 46%, 노인 우울증 33%, 한국 노인세대의 현실이다. 2021 기준, 독거노인이 159만, 해마다 40% 정도 늘고 있다. 2019년 기준 고독사의 사망이 2,536명, 이 역시 해마다 40%정도씩 늘고 있다. OECD 국가 중 꼴찌다. 노인들에 제공되는 정부의 기초생활 지원금이 고작 월

30만 원이다. 비하여 신세대 청년들에는 월 50만 원 실업지원에 더하여 주택 월세비까지 지원해 주지 않는가? 피와 땀, 눈물로 경제대국을 이룩한 노인세대를 왜 이리 경시하며 홀대하는가? 왜 이들이 생활고에 굶고, 질병 걸려 죽어야 하는가? 왜 오늘 대 이은 금수저의 신세대들은 먹방, 노래방, 오락방, 놀이방, 여행방으로 선친들의 피땀과 눈물을 탕진하는가? 왜 대 이은 흙수저들은 라면 한 끼로 일자리 찾아 거리를 헤매야 하나?

　어째서 한국은 세대 간의 갈등이 심한 것인가? 왜 같은 신세대들 간에도 금수저에 흙수저로 서로 적대(敵對)하며 살아야 하나? 도대체 신구세대의 갈등이 무엇인가? 신세대는 구세대를 향하여 "컴맹이다. 무식하다. 잔소리많다, 그래서 꼴통에 꼰대다"로 구박하며 홀대하는 현상인 것인가? 반하여 구세대는 신세대를 향하여 "버릇없다. 싸가지 없다. 신문화, 신문명에 잘 난 체 한다"로 적대하며 살아야 하나? 왜 대 이어 부자인 금수저들은 먹방, 노래방, 오락방, 여행방, 놀이방, 여행방으로 흙수저들을 기죽이며 살아야 하나? 왜 대 이은 흙수저들은 취직도 할 수 없는 현실에 한숨 쉬며 살아야 하나? 왜 한국사회 오늘은 신구세대간, 신세대 간에 서로 적대심에 대적하며 사는 살벌한 사회가 되었는가? 일제 36년간의 강점기의 수난과 수탈을 당한, 그리고 해방 후 6.25 전쟁에 배곯아 죽어야 했던 신세대들의 선친들, 1세대(95세 이상) 증조부모들은 이미 세상을 떠났다. 그리고 6·25 전쟁에 굶어 죽던 2세대(7세이상) 노인세대는 서독의 땅굴 속에서, 베트남 전쟁의 총알받이로, 중동사막에서 노동하여 한강의 기적을 낳고 오늘의 대한민국을 경제대국 10위권으로 우뚝 서게 했다.

그러 이들마저 이미 2/3가 세상을 떠났다. 그들 2세대, 오늘 신세대들의 조부모들이 누구였는가? 내일 언제 세상을 하직할지 모르는 노인들로 오늘 신세대들이 그들을 전철안에서 자리양보는커녕 심지어 천대받고 매맞아 죽어가는 불쌍한 노인들이다. 이들 노인들은 6·25전쟁에 황폐화된 조국 땅에서 세계 최빈국(最貧國)이 되어 굶어 죽어야 했던 세대였다. 굶어 죽는 절망에서 "밥 먹기에 희망"을 걸고 (고)박정희 대통령과 함께 "잘 살아보세"로 한강의 기적을 낳고 오늘 경제대국을 이룩한 세대가 바로 2세대 노인들이다. 이들은 오늘 신세대(2040)의 조부모인 노인들이고 신세대들의 부모들(4060세대)의 부모들이다. 조부모세대, 2세대 늙은 노인들이 얼마나 더 산다고 오늘 신세대들이 이들 조부모 노인들을 홀대하고 학대하는가? 어찌 오늘 신세대들이 이들을 향하여 신문화, 신문명에 "무식하다며 이들이 "무학력에 컴맹이고 잔소리가 많다며 꼴통에 꼰대"로 취급하며 이들 조부모 노인들을 경시하며 홀대에 학대하는가? 어째서 전철 안에서 젊은 불량배들이 자리양보는커녕 "쳐다 봤다며" 늙은 노인을 욕질에 발길질로 노인들을 학대하는가? 어째서 신세대들이 오늘 고개숙인 저두족(低頭族)이 되어 휴대폰에 중독된채 노인들에 자리를 양보하기는커녕 노인들을 경시하는가? 어째서 젊은이가 늙은 경비원을 패 죽이는 방송보도까지 있게 하는가? 어째서 신세대들은 버릇없이 노인세대를 홀대하며 학대하는가? 그래서 왜 스스로의 조국, 한국사회와 국가위기를 자초 했는가? 어째서 심지어 잘 먹고 잘 살게 한 3세대 부모세대 마저 빈부격차에 앙심을 품고 북한 주체사상(주사파)에 물들어 오늘 19대 문정권과 함께 스스로의 조국, 대한민국의 민주주의를 좌익정치로 파괴하는가? 오늘 4세대, 신세대들이 경제대국에 잘 먹고 잘 살며, 대학까지 졸업한 것이 도대체 누구의 덕이었는가? 그런데 왜 배웠다는 "교만심"에, 잘 먹고 잘 산다는 "자만심"에, 문명국이란 "자존심"에 조부모들을 "문명에 컴맹이다, 못 배워서 무식하다, 잔소리가 많다로 꼴통에 꼰대"로 홀대하며 핍박하는가?

오늘 4세대, 신세대들의 교육이 무엇이었나? 시험공부였는가? 인생공부였는가? 삶에 보냄이 되는 실용적 교육이었는가? "모진 고생보다 나은 교육은 없다"고 영국의 정치가, 디즈레일리(Benjamin Disraeli; 1804-1881)가 말했다. "교육은 교만이고 무식한 지혜는 겸손이다"라고 말한 쿠퍼(William Cowper; 1731-1800, 영국 시인)의 말을 기억하는가? 어찌 오늘 신세대들이 피와 땀, 눈물로 얼룩진 2세대, 조부모들의 인생을 얼마나 알겠는가? 스스로 잘난 체 허세를 떠는 것이 아닌가? 어찌 노인들의 인생의 아픔과 슬픔을 신세대들이 알겠는가? 안다면 선진국들의 선진인들과 같이 "경노사상"이나 가져야 할 것이 아닌가? 오늘 신세대들의 노인경시에 노인홀대, 학대는 그들의 피땀과 눈물을 배은망덕 하는 경우다. 어제의 증조부모들, 조부모들의 존재가치를 잊고 그들을 적대시 거부하는 행위는 후진국의 후진국민, 후진 신세대들이 하는 짓이다.

신구세대 간의 갈등의 근본적 원인이 무엇인가? 몇 가지 예를 들어 생각해 보자. 예컨대, ① 가난때문이었다. 1, 2세대, 구세대들은 삶의 환경과 삶의 방식이 잘 먹고 잘 사는 신세대들의 삶의 환경과 생활방식이 다르기 때문이다. 삶과 생활의 가치관 변화 때문이다. 이에 어찌 신구세대간 갈등이 없겠는가? ② 신구세대 간의 교육수준 때문이다. 교육을 받을 수도 없었던, 그래서 무식해야 했던 구세대와 오늘 신세대의 대중적 대학졸업 수준과 다른 차이에서 오는 신구세대간의 갈등 때문이다. 그래서 신세대들이 구세대를 향하여 "무식에 컴맹이다. 잔소리에 꼴통, 꼰대"로 건방지게 잘난 체 하는 잘못된 갈등의식 때문이다. ③ 오늘날 경제대국에 물질의 풍요 때문이다. 굶어 죽던 1, 2세대들의 가난과 오늘 신세대들의 물질풍요의 삶의 환경에서 오는 갈등의식 때문이다. 물질풍요 속 정신빈곤 생활로 사는 오늘의 신세대들의 삶이 구세대들에게 얼마나 사치스런 삶인가? 물질풍요에서 정신사상 빈곤으로 사는 신세대들의 착각에서 오는 신구세대 간의 갈등 때문이다. ④ 오늘날 인간성과 예의도덕성, 양심과 상식이 소멸된 사회현상 때문이다. 오늘 젊은 신세대들은 신문화, 신문명에 익숙한 나머지 예의범절, 도덕성이 소멸돼 있지 않은가? 그러니 어찌 구세대가 신세대를 향하여 "인사 없다. 예의 없다. 싸가지 없다"로 불평을 하지 않겠는가? 이에 어찌 신구세대간의 예의도덕성 갈등의식이 없겠는가? ⑤ 국가의 범국민적 교육이 없었기 때문이다. 건국이래 과거 72년간 국가 국민교육; "인성화(人性化), 도덕화(道德化), 전인화(全人化), 교양화(敎養化), 자유민주화, 민주법치화, 선거정치화, 정의사회화, 국가민주화" 교육이 있었는가? 전혀 없었다. 신세대들의 시험공부에 대학입시, 취직공부만 있었다. 이에 문맹율이 1% 미만인 나라에 한국인들이 세계 최고 학력국민이라 했는가? 그런데 왜 OECD는 한국인의 삶의 질이 OECD 국가들중 최고 꼴찌라 하는가? 시험공부가 삶과 생활에 무슨 도움이 되었는가? 배웠다는 국민성이 거짓과 위선, 부정과 불의, 사기만 부추긴 불신국민성, 불신사회성만 조장한 결과가 아닌가? ⑥ 경험적 삶과 생활방식이 다르기 때문이다. 오늘 신세대들이 1, 2세대, 선친들의 인생고생, 인생경험, 후대를 위한 희생정신을 안다 하겠는가? 전쟁과 빈곤을 아는가? 경험해 보지 못한 신구세대 간의 갈등이 아닌가? ⑦ 신세대들의 노동기피, 자립기피에 태만성 때문이다. 대 이어 금수저 신세대들은 왜 노동기피, 자립기피로 먹방, 노래방, 오락방, 놀이방에 유흥에 소비만 하나? 왜 한탕주의에 불로소득으로 사는가? 반하여 왜 대 이은 빈곤한 흙수저 신세대들은 일자리 찾기에 한숨을 쉬어야 하지 않는가? 이러한 사회적 부조리에 신구세대간, 어찌 불평불만이 없겠는가? ⑧ 삶과 생활의 가치관 변화 때문이다. 어제 구세대들은 대가족제로 살았으나 오늘 신세대들은 혼족에 혼밥 신세, 핵가족으로 살지 않는가? 그러니 오늘 신세대들이 비혼(非婚)에 책임없는 "동거생활"을 예사롭게 하고 있지 않는가? 심지어 천륜(天倫)을 무시하는 동성연애에 동성결혼까지 하지 않는가? 이에 신구세대 간의 삶의 가치관 변화에 어찌 갈등이 없겠는가? ⑨ 이질문화(異質文化)의 갈등 때문이다. 구세대는 예의도덕, 미풍양속, 전통문화를, 신세대는 힙합에 댄스문화를 선호하지 않는가? 이에 어찌 신구세대 간의 문화적 이질문화적 갈등이 없겠는가? ⑩ 대화부족(對話不足), 대화단절에서 오는 갈등 때문이다. 오늘 대가족제가 아닌 혼족에 핵가족에서 어찌 대환단절에 대화부족을 경험하지 않겠는가? 대화부족과 대화단절이 당연히 신구세대 간의 갈등을 초래하지 않는가? 그러니 신구세대 간의 대화단절에서 어찌 상호 이질감(異質感), 소외감(疎外感), 박탈감(剝脫感), 적대감(敵對感)이 서로 없겠는가? 이렇듯 신구세대 간의 세대갈등은 어쩔 수 없는 시대사조(時代思潮)의 결과다.

구세대 간의 갈등이 한국사회에 미친 영향들이 무엇인가? 사회적 변화다. 예를 들어 생각해 보자. 예컨대, ① 첫째는 삶의 환경과 생활방식을 변화시켰다. 구세대적 삶의 가치관은 가부장제(家父長制) 대가족제다. 오늘 신세대들은 혼족에 핵가족제다. 더하여 여권신장(女權伸張)이 확대되어 가부장제(家婦長制)가 말살됐다. 이에 따른 삶과 생활의 방식차이가 얼마나 많이 변했는가? 그래서 오늘 가정문화를 보자. 아이들은 보물단지, 노인들은 천덕꾸러기다. 아내들이 가장이고 남편들이 돈대는 기계다. 황금 만능주의에 극단적 이기주의로 부자간, 형제간, 이웃 간에 툭하면 물질주의적 불화에 척하면 소송천국이다. 심지어 돈과 재산에 눈 멀어 부부간, 부자간, 형제간, 이웃간에 살인도 서슴지 않는 사회로 변해 있지 않은가? 잔소리가 싫다고 혼족에 핵가족이 되어 천륜(天倫)을 어기며 비혼(非婚)에 남녀 동거생활까지, 심지어 동성연애, 동성결혼까지 마다 하지 않는가? 가정관, 결혼관, 부부관, 생활관, 재산관, 사회 가치관이 변했다. ② 둘째가 인간성, 도덕성, 교양성을 변화시켰다. 사회가 사악하고 살벌한 사회로 변했다는 점이다. 오늘날 성추행, 성폭행, 살인사건들, 사회악들이 얼마나 많은가? 그래서 한국사회가 오늘 소송천국으로 변해 있지 않은가? 십대들을 보자. 저속어; 은어, 속어, 혼어, 약어들을 쓰며 성추행, 성폭행들이 얼마나 많은가? 심지어 방송국의 아나운서도 "뉴있저"(뉴스가 있는 저녁)로 십대들을 닮아 자기들만 쓰는 용어로 방송까지 하지 않는가? 젊은이들이 독서가 아닌 휴대폰 중독에 저두족(低頭族)이 되어 노인들에게 자리양보를 거부하고 있지 않은가? ③ 셋째는 신시대, 신문화, 신문명에 사회적 변화다. 4차원의 전자문명, 정보통신화 사회변화에 신구세대의 갈등을 심화시켰다는 점이다. ④ 네 번째는 자유민주, 자본주의가 빈부격차를 부추기며 사회계층 변화를 심화시켰다는 점이다. 대이어 부자인 금수저 신세대들은 먹방, 노래방, 오락방, 놀이방, 여행방 등으로 유흥문화와 소비문화를 부추기고 있지 않은가? 빈부격차에 따른 사회적 변화를 의미한다. 재산증가에 불로소득, 재산증식으로 빈곤층들은 대 이어 빈곤케 되는 사회 부조리 현상이 아닌가? 졸부들의 외세선호사상, 사치허영, 오락쾌락이 얼마나 많고 빈부간에 얼마나 많은 불평과 불만을 초래하는가? 자본주의적 빈부격차로 오늘 한국사회가 빈부간의 갈등; 황금 만능주의, 한탕주의, 우월주의, 이기주의, 배타주의, 사치허영주의, 오락쾌락주의, 방종주의 등으로 사회가 변해 있지 않은가? 이에 신구세대간의 삶의 가치관, 가정관, 결혼관, 사회관, 노인관 등이 얼마나 많이 변해 있는가? 사회가 이러한데 어찌 노인세대가 신세대들의 대우를 받을 수가 있겠는가? 그러나 일찍이 아일랜드의 시인, 캠벨(Joseph Campbell; 1879–1944)은 "성단의 흰 초처럼 노인의 얼굴은 아름답다(As a white candle in a holy place, so is the beauty of an aged)"고 말했다. 시대가 변했어도 노인들의 인생고행에 존경과 찬사를 표하는 말이다.

예의타락 근성

"불쌍한 부모, 나를 낳고 고생하셨다"

— 공자(Confucius; BC551-BC 479, 중국의 사상 철학가, 시경(詩經)에서)

[동방예의 타락국]

신문화가 웬수인가 예의범절 어디갔오

신문명에 돌았느냐 미풍양속 어디갔오

부모님들 자식들에 무엇들을 가르쳤소

학교에서 학생들에 무엇들을 가르쳤소

예의도덕 미풍양속 우리민족 전통이고

부모존경 예의범절 우리민족 자랑이오

예의도덕 타락되면 세상꼴이 뭐가되며

어제없다 무시하면 어찌내일 있을손가

[FOCUS] 한국인의 예의도덕 타락성

왜 오늘 한국인들은 예의도덕 실종에 예의범절 타락국민으로 사는가? 어째서 동방예의지국(東方禮義之國)이 오늘날 예의타락국으로 전락된 것인가? 왜 오늘 한국인들은 예의범절(禮儀凡節)은 고사하고, 양심도리(良心道理), 상식까

지 실종된 국민이 됐는가? 어째서 가정, 학교 교육에서 인간화, 도덕화, 교양화 교육이 실종된 것인가? 왜 국가는 범국민적 인성화, 도덕화, 교양화, 선거정치화, 자유민주화, 민주법치화, 정의사회화, 국가민주화 교육을 단 한 번도 실시한 적이 없는가? 그래서 왜 불신정치, 좌익정치, 불신국민, 불신사회를 만들었는가? 이에 왜 후진국민으로 사는가?

　　왜 한국인들은 예의도덕 실종에 예의도덕 타락국민으로 삭막하게, 살벌하게 사는 것인가? 어째서 동방예의지국(東方禮義之國)이었던 한국이 오늘날 왜 예의타락국에 국민이 되어 삶과 생활, 사회적 불행을 자초하는가? 도대체 예의도덕이 무엇인가? 인간이 삶의 공동체(共同體)에서 시공간(時空間)을 통해 지켜야할 삶과 생활의 공통적 규범이다. 공동체에서 인간이 지켜야 할 예의(禮義), 도덕(道德), 윤리(倫理), 도리(道理), 양심, 상식이다. 동방예의지국(東方禮義之國)은 옛 조상들의 삶을 통해 지켜 살아온 한국인들의 혼맥(魂脈)이다. 일제(日帝) 때 일본을 방문한 인도시성, 타골(Tagore: 1861~1941)은 한국기자에게 한국을 가리켜 "동방의 등불"이라 칭찬한 이유였다. 한국인들은 예의범절, 도덕성과 지혜, 온정이 동방의 으뜸이라고 칭찬한 말이다. 그러한 동방의 등불이 불과 70여 년 후, 오늘 한국의 동방예의는 신문화, 신문명, 신세대들에 의해 소멸돼 버렸다. 오늘날 신세대들이 물질문명의 풍요 속에서 정신빈곤으로 살면서 한민족의 고유문화; 미풍양속과 예의도덕성을 매몰시켰다. 예의 타락국이 되어 "동방의 등불"이 꺼져 버렸다. 세계에서 문맹율이 1% 미만이란 경제대국에 문명국임을 자라하나 실제 한국인들의 삶과 생활의 질은 OECD 국가들 중 꼴찌라 OECD가 발표했다. 스스로 축배의 잔을 너무 일찍 터트려 버린 격에 국민이다. 그 결과 예의도덕이 실종(失踪)되며 오늘날 한국은 사람꼴, 나라꼴, 세상꼴이 말이 아니다. 부모가 자식을, 자식이 부모를 버리는 세상이 됐고, 형제와 형제가 서로 싸우며 소송하는 사회가 됐고, 이웃과 이웃이 서로 대적하며 싸우고 죽이는 말세(末世)가 됐다. 그래서 한국은 오늘날 불신정치에 불신국민성, 불신국민성에 불신사회가 되고 말았다. 도대체 잘 먹고 잘 산다는, 배웠다는, 문명국이란 자존성이 삶과 생활에 무슨 의미가 있는가?

어째서 오늘날 한국인들은 선대(先代)들이 목숨같이 여겼던 예의범절(禮儀凡節), 도덕성, 순수성을 파괴하며 혼탁하게 사는 것인가? 어째서 오늘날 한국인들은 인간의 양심(良心)과 도리(道理)는 물론, 상식마저 버리며 자본주의적 황금만능주의에 이기적으로 살며 스스로의 한국사회를 삭막하게, 살벌하게 만든 것인가? 왜 물질문명의 풍요 속에서 사람들이 정신, 정서빈곤으로 살벌하게 사는가? 그래서 왜 동방예의지국을 예의도덕 타락국으로 만들어 스스로의 한국사회를 불행하게 만드는 것인가? 도대체 예의도덕이 무엇인가? 인간사회에서 사람들이 삶과 생활을 통해 "사람답게" 살아가는 인간기본, 규범이 아닌가? 도덕성이 무엇인가? 사람들이 인간사회에서 사람들끼리 서로 양심(良心)과 도리(道理), 교양과 상식을 지키며 사는 인간성의 규범이다. 양심과 도리, 상식과 교양이 실종된 사회는 짐승세계가 아닌가? 짐승들에게 예의도덕, 도덕성이 있는가? 시장판의 잡상인들처럼 아무렇게나 물질획득을 목적으로 사는 한국인들의 삶과 생활은 삶의 지조(志操)조차 없는 삶이 아닌가? 왜 정치인들은 정경유착으로 남의 돈을 뺏으며 도덕성이 없는 부도덕정치를 하는가? 어째서 오늘날 한국인들은 선조들의 고귀한 예의도덕 정신, 정서문화를 버리고 오직 물질만능에 정신정서 빈곤으로 사는 것인가? 일찍이 중국, 사상철학가, 공자(Confucius; BC551-BC 479)는 "불쌍한 부모, 나를 낳고 고생하셨다"로 부모를 끔찍이 생각했다. 공자가 죽고 100년후, 중국 노나라의 맹자(BC372-BC289)의 어머니는 맹자(자식)교육을 위해 3번씩이나 이사를 다녔다하여 "맹모삼천지교(孟母三遷之敎)"로 유명하다. 자식이 훌륭한 사람이 되기를 원하여 3번씩이나 이사한 교육과 훈육이다. 전한말(前漢末)의 유향(劉向)이 지은 열녀전(烈女傳)에 의하면 맹자의 어머니는 첫 번째는 묘지로, 두 번째는 시장으로, 세 번째는 글방 근처로 자식교육을 위해 3번을 이사했다는 말이 나온다. 이것이 "맹모삼천지교"다. 공동묘지, 시장에서 자식이 배울 것이 무엇이 있겠는가? 서당(書堂)의 개도 삼년이면 풍월을 읊는다는 속담(俗談)도 있지 않은가? 글방 근처로 이사하여 후에 자식, 맹자가 훌륭한 글방공부로 훌륭한 사람이 되었다는 자식교육을 뜻한다. 교육의 중요성을 뜻하는 말이다. 교육은 곧 예의도덕이 아닌가?

한국인들의 자식교육, 어제와 오늘을 보자. 선대(先代)들은 예의범절, 도덕성에 도리와 양심을 중시 여겨 가정에서 자식들을 엄한 교육으로 양육했다. 부모들 스스로가 자식들을 집에서 "공자왈, 맹자 왈"로 자식들을 교육시키며 자식들의 인성화, 도덕화에 엄한 가정교육과 훈계(家庭訓戒)로 엄히 길렀다. 그 결과 자식들이 부모를 공경에 존경했고, 부모가 죽은 후에도 부모의 묘 옆에서 움막을 짓고 3년간 묘를 지키는 효(孝)를 행했다. 그래서 선대들은 인성과 지성, 예의와 도덕을 정신적 지주(支柱)로 의지하며 평생을 살았다. 이를 오늘의 젊은이들은 사극(史劇)을 통해 얼마나 많이 조상들의 인성과 지성, 예의도덕과 도덕성을 보아 왔는가? 그러나 오늘날 잘 먹고 잘 산다는 한국인들은 왜 오늘 조상들의 예의도덕, 미풍양속을 버리고 살벌하게 사는 것인가? 특히 왜 정치인들은 양심과 상식마저 버리고 불신정치를 하는 것인가? 그래서 오늘날 한국사회는 불신정치에 영향을 받아 국민성이 불신국민성으로 변질되어 온갖 속세(俗世)에 속물주의(俗物主義)로 혼탁한 사회를 만들어 불행하게 살고 있지 않은가? 불신국민성에 불신사회성으로 한국사회를 거짓사회, 온갖 가짜물건, 가짜행위로 속물주의로 살고 있지 않은가? OECD가 한국인들의 삶의 질이 꼴찌라 하지 않는가?

오늘날 한국사회의 예의도덕성, 현실은 어떠한가? 도대체 한국인들의 예의도덕성 실종이 무슨 이유인가? 오늘 한국인들은 "거짓과 위선, 부정과 불의, 사기"가 만연(漫然)한, 인간성, 도덕성은 물로 양심성, 상식성까지 실종된 한국사회가 됐다. 왜 이런 현상을 자초했는가? 그 이유를 생각해 보자. 예컨대, ① 첫 번째 이유는 한국인들의 민족세습성, "과묵주의, 회피주의, 방종주의"에 수수방관성 때문이다. 조선조 엄격한 신분계급 사회에서 엄중한 사대주의 사상, 유교사상에 기인되어 민족세습성에 국민성이 원래 "과묵주의, 회피주의, 방종주의"에 수수방관하는 국민성이었다. 과묵성에 회피성, 방관성으로 대화기피를 하고, 남의 일에 침묵에 회피하며, 방종하는데 어찌 스스로 이기주의, 배타주의가 초래되지 않겠는가? 회피하며 묻지 않는데 어찌 상호 친화성, 친밀성이 있을 수가 있겠는가? 어찌 무뚝뚝한 성격에 친밀성이 없는데 어찌 상냥성에 인사성이 있겠는가? 그러니 코앞에 지나가는 사람에게 선진인답게 "안녕하세요" 한 마디가 없지 않은가? 그러니 어찌 극단이기주의와 배타주의에 예의도덕을 지킬 수가 있겠는가? 오죽하면 "사촌이 땅을 사도 배가 아프다"란 속언까지 있지 않은가? 얄밉게 쳐다보고 외면하는 것이 한국인들의 인사성이 아닌가? ② 두 번째 이유는 한국적 경제대국에 물질문명적 국민성 변화 때문에 예의도덕성이 타락되었다. 물질문명의 풍요 속에 극단 이기주의, 배타주의를 부추기며 한국인들은 자본주의에 한탕주의로 탐심에 속물주의(俗物主義), 속세주의(俗世主義)에 더욱 오염됐기 때문에 예의도덕성이 타락됐다. ③ 세 번째 이유는 비정신적, 비정서적, 비독서적, 비예의도덕적 생활습관에서 예의도덕성이 자연히 소멸됐다. 어린아이에게 어른들이 "인사"하라고 시켜야 아이가 인사하지 않는가? 이제 신세대들 뿐만 아니라 어른들도 그렇게 예의도덕성이 그렇게 됐다. 예의도덕성의 실종돼 가는 과정을 말한다. ④ 네 번째 이유는 가정과 학교에서 예의도덕 교육이 실종됐기 때문이다. 가정에서, 학교과정에서 예의도덕 훈계교육이나 교육과목이 있는가? 없는데 어찌 예의도덕성이 유지 되겠는가? ⑤ 다섯 번째 이유는 국가적 범국민 교육이 없었기 때문이다. 백년대계의 국가교육 정책; "인성화, 도덕화, 교양화, 선거정치화, 자유민주화, 민주법치화, 정의사회화, 국가민주화 교육"이 없었다는 이유다. 그러니 어찌 국민성이 인간성, 도덕성, 예의성이 있겠는가? 그러니 국민들이 "말 잘하는 사람"을 국회의원으로 뽑지 않는가? 한국인들의 비교양성, 비인간성을 의미한다. ⑥ 여섯 번째 이유는 한국인들은 타인을 위한 배려성이 없기 때문이다. 한국인들의 기부율이 세계 110위라는 YTN 뉴스보고(2021. 6.23)가 그 증거다. 경제대국이란 국민들이 어찌 배려성에 기부성이 꼴찌란 말인가? 한국인들은 선진국, 선진인들에 비해 배려와 기부문화가 없다. 교양성, 도덕성, 에티켓(etiquette)도 선진인들에 비해 없는 셈이다. 예컨대, 한국인들이 인파들 사이를 헤치고 나올 때 보자. 한국인들은 인파에 부딪쳐도 "미안하다"는 한 마디 없이 헤쳐 나온다. 반하여 선진국민들, 특히 미국인들은 배려문화가 몸에 배여 "Excuse me(실례합니다)"로 항상 인사성 표출하지 않는가? 한국인들은 사람을 부딪쳐도 소리(sorry. 미안)라는 말 한 마디 없다. 왜 그런가? 남을 배려하는 생활문화가 습성화 돼 있지 않기 때문이다. 미국의 경우, 고속도로에서 차가 고장난 기색만 봐도 접근하며 "Can I help you?(뭐 도와 드릴까요?)"로 스스로 자초하며 묻는다. 한국인들 어떠한가? 본 체도 하지 않고 차가 달린다. ⑦ 일곱 번째 이유는 타인과 환경의 무시주의 때문이다. 배려 없는 무시주의 때문이다. 예컨대, 식당에서 식사를 해 보자. 한 마디로 한국식당 안은 시장판과 같이 시끄럽다. 그러나 미국이나 서양식당은 조용하다. 옆 손님들에 큰 소리를 하면 방해될까 염려되어 숨 죽여 말한다. 이렇듯 한국인들은 주위환경을 무시하는 예의도덕성이 실종됐다는 의미다. ⑧ 여덟 번째 이유는 분노조절성(참을성)이 없기 때문이다. 한국인들은 "욱"하는 성질에 분노방출성(忿怒放出性)이 심하다. 오죽하면 도로상 한복판에 차를 세워놓고 타인들의 교통을 방해하며 상대방 차에게 달려가 상대방 차를 때려 부수는 불량배 행태까지 벌리겠는가? 이렇듯 한국의 동방예의지 국민(東方禮義之國民)이 타락국민으로 변질된 오늘의 한국사회다.

우월주의 근성

"나는 생각한다. 고로 존재한다"
— 데카르트(Rene Descates, 1596-1650, 프랑스의 철학자)

[우월주의적 삶]

영혼 없는 삶이 졸부(猝富)들의 삶인가? 대궐(大闕)같은 웅장한 대문과 높은 담벼락, 억대 나무들의 정원, 억대급 외제차들, 궁궐(宮闕)같은 저택에 왕궁(王宮)같은 실내장치, 오색찬란한 산데리아와 고급스런 이태리 가구들, 땅투기에 떼돈 번 졸부들의 우월주의(優越主義), 유아독존적(有我獨存的)적 삶이 아닌가?! 세상소풍을 나온 과객(過客)의 삶이 어찌 호화스런 삶을 산단 말인가?

[FOCUS] 한국인의 우월주의성
왜 한국인들은 왜 우월주의적 삶, 이기주의와 배타주의로 삶을 사는가? 왜

삶에서 겸손과 검소, 소탈과 진실이 부족한 삶을 사는가? 왜 정치인과 고위층들은 권력적, 권위적인가, 과시적인가? 왜 공직계층은 상명하복식 위계질서적 인가? 왜 인사층들은 유명에 인기에 거만한 모습인가? 왜 졸부들은 부자로 과시적이고 사치허영, 오락쾌락적인가? 왜 한국인들은 속세에 속물주의로 탐심에 사는가? 방송을 타면 왜 일약 국회의원이 되는가? 그 래서 왜 한국인들은 황금 만능주의, 투기주의, 우월주의(優越主義), 이기주의(利己主義), 배타주의(排他主義), 사치허영-오락쾌락주의로 거짓과 위선, 부정과 불의로 불신사회를 만들며 불행한 사회생활을 자초하는가?

왜 한국인들은 유아독존적(唯我獨尊的) 우월주의(優越主義)로 사는 것인가? 도대체 우월주의가 무엇인가? 남보다 잘났다는 사고방식, 상념(常念)과 관념(觀念)에 거만한 표현이나 태도가 우월주의다. 한국사회는 왜 우월주의자들이 사회에 많은가? 어째서 한국인들은 우월주의에 순수한 인간성을 져 버리고 교만과 욕심으로 성찰없이, 보람없이 사는가? 어째서 한국사회가 금수저, 흙수저로 불려지며 우월주의에 사회분열을 초래하는가? 한국사회는 왜 사람다운 인간성이 파괴되어 불신국민성, 불신사회성으로 불행한 사회로 살벌하게 살아야 하나? 프랑스의 철학자, 데카르트 (Rene Descates, 1596-1650)는 "나는 생각한다, 고로 존재 한다"로 스스로의 존재가치를 성찰했다. 스스로의 성찰에 스스로의 존재철학이 아닌가? 그러나 오늘날 한국인들은 사회에서 "나는 잘났다, 고로 나는 남보다 우월하다"는 사고방식과 태도로 "내로남불"식으로 살고 있지 않은가? 이 작은 나라 안에 어찌 이리 잘난 사람들이 많은 것인가? 한국사회의 각계각층 사람들을 보자. 권력층, 고위층, 인사층, 유식층, 지식층, 부자층, 인기층, 서민층, 민초층, 등등으로 얼마나 많은 계층들로 상념(常念)화 되어 살고 있는가? 어째서 한국인들에게는 겸손(謙遜)과 검소(儉素), 소탈성(疏脫性)에 진실성, 소박성(素朴性)을 사람들로부터 찾아 보기가 어려운 사회가 됐는가? 모두 다 우월주의에 과시주의(誇示主義), 허세주의(虛勢主義)로 사는 듯하다. 그 결과 사회가 어떠한가? 불신국민성, 불신사회성으로 전락돼 있지 않은가? 도대체 한국인들은 왜 우월하다 자만하며 혹자들은 양심(良心)과 도리(道理), 상식(常識)까지 무시하고 교만하게, 거만하게 사는 것인가? 이를 두고 2,500년 전, 소크라테스(BC470-B399, 고대 그리스 철학자)는 "너 자신을 알라"고 충고하지 않았는가? 오죽하면 국민가수, 나훈아가 오늘날 문 정권의 좌익정치와 이에 의한 사회혼탁을 빗대어 "테스형" 노래까지 불러 한국인들의 가슴을 울리지 않았는가? 어째서 한국인들은 어제와 오늘의 성찰이 없는 것인가? 어째서 국가는 경제대국에 걸맞은 범국민 교육; "인성화(人性化), 도덕화(道德化), 교양화(敎養化), 선거정치화, 자유민주화, 민주법치화, 정의사회화, 국가 민주화 교육"조차 없었기에, 또 없기에 오늘날 우월주의 국민성에 우월주의 국가를 자초했는가? 그래서 어째서 양심과 도리, 상식까지 져 버린 한국사회가 됐었는가 하는 말이다. 그러니 어찌 성찰 없이 경제대국이란 자만심에, 배웠다는 교만심에, 문명국이란 자존심에 한국인들이 스스로 잘난 듯 세계여행에서 휴대폰을 들고 스스로 멋내며 관광을 하지 않겠는가? 오늘날 한국사회가 마치 성경에 나오는 "소돔과 고모라의 말세"가 아니고 무엇이란 말인가?!

우월주의자들의 속성들이 무엇인가? Austria의 정신 의학자, 아들러(Alfred Adler: 1870-1937)는 우월주의는 스스로의 열등감(inferiority complex)을 속이기 위한 거짓감정이라 했다. Faked Superiority Complex(위선적 우월감)으로 남보다 우월하다는, 스스로의 열등감을 감추기 위한 스스로의 거짓과 위장, 스스로가 잘났다는 자아도취증(自我陶醉症)에 걸린 사람이라 한다. 정신의학적, 심리학적 견해로는 일종의 정신질환, 정신장애(精神障碍)라 한다. 예컨대, 동양적 남성우월주의(male superiority), 서양적 여성우월주의(female superiority)가 이에 속하며, 또한 극단적 국수주의; 서양의 백인우월주의(Caucasianism), 일본의 제국주의(Imperialism), 독일의 나치주의(Nazism) 등등이 모두 우월주의자들의 행태라 한다. "문명의 충돌"에서 사뮤엘 헌팅톤(Samuel Huntington: 1927-2008)은 냉전체제 후 세계의 긴장은 개별 국가 간의 충돌이 아닌 서방과 라틴 아메리카, 크리스챤 교회와 이슬람, 힌두교, 유교, 불교 등의 종교갈등에서 오는 우월주의자들의 충돌이라 했다. 우월주의에서 충돌되어 발생되는 그릇된 사상(思想)적 긴장상태나 전쟁이라 말한다.

오늘날 한국사회, 우월주의자들의 특성(特性)과 사회현상이 무엇인가? 스스로 우월하다는 우월 사상주의(思想主義), 우월 독선주의(獨善主義), 우월 독재주의(獨裁主義), 우월 권력주의(權力主義) 등등이 모두 우월주의 범주에 속한다. 그런 점에서 과거 역대 정권들의 제왕적 독재권력 정치나 오늘의 19대 문정권의 좌익권력독재 정권이나 모두 다 우월주의에서 출발됐다. 우월주의자들은 타인

(他人)의 말을 듣지도, 들을 필요도 없다며 그들만의 생각과 사고 방식으로 그들만의 태도를 고집한다. 오늘 19대 주사파 문정권이 그렇다. 대선공약중 단 한 가지라도 지킨 공약이 있는가? 주사파 좌익들의 고집적, 독재적, 좌익적, 정치가 오늘날 한국을 좌익정부, 좌익정치로 한국의 민주주의를 파멸시키며 후진국 3류 정치로 추락케 하지 않았는가? 오죽하면 불신정치가 불신국민성을 만들며, 불신국민성이 불신사회성을 만들어 한국사회와 국가가 후진국, 후진국민, 후진사회로 추락케 하게 하고 있지 않은가? 오늘날 우월주의자들에 의한 한국적 사회현상은 어떠한가? 예컨대, ① 과거 역대 정권들이 우월주의자들로 제왕적 권력독재 정치를 자초했다. 머슴들인 주제를 깨닫지 못하고 우월주의 권력사상에 무소부지(無所不至), 무소불위(無所不爲) 정치로 국가정치를 후진화 시켰다. ② 오늘날 19대 주사파 문정권의 우월주의적 좌익독재정치는 설상가상(雪上加霜)이다. 우월주의에 민주헌정을 "반역하며" 좌익정부를 만들어 좌익정치로 자유민주 국가를 좌익주의, 사회주의적 공산정치를 하지 않는가? 우월주의에 머슴들이 주인무시, 헌법위반, 국정농단으로 국방과 안보를 파괴하지 않는가? 민주정치를 좌익정치로, 부정선거에 선거무효 소송들을 묵살하며 민주주의에 반역정치를 하여 민주국가를 망국케 하지 않는가? 오죽하면 "공수처"까지 만들어 검찰권력을 공수처로 죽이며 스스로의 좌익정권 생존에 발버둥을 치고 있지 않은가? 법조계는 어떠한가? 기수(期數)와 직위, 직속과 경륜, 연륜에 따라 특권에 우월주의 표상화가 돼 있지 않은가? 오죽하면 "전관예우"란 괴물도 존재하지 않는가? 사회 인사층, 유명층은 어떠한가? 유

명을 먹고 사는 이들의 우월주의가 아닌가? 사회 각계각층이 우월주의 계층들뿐이다. 예컨대, 변호사 협회, 의료협회, 교수협회, 예술계, 연예계, 연극계 등등이 다 "끼리끼리" 단체문화, 우월주의 단체들이다. 예컨대, 정치계의 XXX 클럽, 국회의원들의 XXX 클럽, 재계의 XXX 클럽, 부유층의 XXX, 인사층의 XXX 클럽, 인기층 연예계의 XXX 클럽, 심지어 잘난체하는 골프클럽까지 우월주의 단체들이 한국사회에는 수두룩하다. 하나같이 모두가 겸손과 검소, 소탈과 정직, 순수성, 정직성이 결여된 계층들이다. 오죽하면 인기층의 한 연예인이 비행기에서 공항로비에 나와 팬들이 없으면 공황장애에 걸린다는 말도 있지 않은가?

오늘날 우월주의가 초래하는 사회적 문제는 무엇인가? 흙수저, 금수저로 사회적 갈등, 차별의식이 얼마나 많은가? 우월주의가 민심이반(民心離反)에 국론분쟁(國論分爭)의 근원이 됐다. 졸부들의 자본주의적 우월주의, 갑질행태가 얼마나 많은가? 오죽하면 젊은 KAL 여성사주(女性社主)의 갑질행태로 KAL 비행기를 다시 덱(deck)으로 돌려세우는 막된 우월주의 행태까지 등장하여 얼마나 많은 사회적 물의를 초래했는가? 오늘날 여권신장에 얼마나 많은 여성파워 우월주의자(Female Chauvinist)들이 많은가? 오죽하면 여성들의 성차별, "미투(me too) 운동"이 세계적인 행사로 탈바꿈을 하지 않았는가? 툭하면 팻말을 들고 척하면 거리시위를 하는 짜증스런 시위사회가 돼 있지 않은가? 이제 한국사회는 다발화(多發化), 다변화(多變化), 습관화(習慣化)된 우월주의자들의 사회주의적 이슈(issue)로 한국사회가 심히 혼탁하고 혼란하다. 이제 우월주의자들의 세상이 된 듯하다.

회피주의 근성

"나에겐 꿈이 있습니다.

조지아 주의 붉은 언덕에서 노예들의 후손들과 노예주인들의 후손들이

형제처럼 손잡고 나란히 앉게 되는 날이 오기를 나에게는 꿈이 있습니다."

— Martin Luther King

(루터 킹: 1929–1968, 흑인 인권목사, "흑백분규에 희망을 갖으라며," 노벨 평화상)

[노동기피 부모의지]

낳아주고 길러주고 교육시킨 부모세대

피땀흘려 모은재산 신세대가 소비하며

대학졸업 백수되어 부모재산 거덜내네

회피근성 노동회피 체면의식 망조로세

무임승차 좌익들이 좌익정치 득세하여

민주정부 반역정치 좌익정부 독재하며

임금인상 세금폭탄 영세상인 거덜내네

민주주의 좌익주의 좌익경제 망국하네

[FOCUS] 한국인의 회피주의성

한국인들은 왜 민족성 세습 국민성이 "과묵성, 회피성, 방종성, 방관성"으로

스스로의 "자유민주"를 "반역하는" 좌익주의, 좌익정치, 좌익정부를 묵인, 허용하며 수수방관하는가? 그래서 왜 스스로의 위기를 자초하며 국가망국, 추락, 후진국으로 국가위기를 자초하는가? 왜 한국의 신세대들은 부모가 양육에 교육, 결혼에 살림까지 차려 주는데 왜 노동기피에 자립기피로 부모재산까지 넘보며 부모에 의지하는가? 왜 대학졸업 체면에 노동회피로 노동시장을 외국인에게 다 맡기는가? 왜 빈부격차에 빈곤층 신세대들은 좌익정치가 생색내는 실업, 출산, 생계, 복지지원에 의지하여 스스로의 자유민주국가를 공산화를 하려 기를 쓰는가? 독재 공산국이 좋은가? 위선인가? 태만인가? 어찌 이런 국민이 선진국, 선진국민이 되기를 바라는가?

어째서 한국인들은 민족세습성에 국민성이 "과묵주의(寡黙主義), 회피주의(回避主義), 방종주위, 방관주의"로 스스로의 조국을 제왕적 권력독재 정치를, 또 오늘 19대 주사파 문정권의 좌익정부, 좌익정치, 반역정치를 묵인, 허용하며 스스로의 조국의 국가위기를 자초하며 스스로 나라를 망국케 하는가? 도대체 회피주의가 무엇인가? 어떤 현실적 문제나 주제(主題)를 피하며 꽁무니 빼는, 비겁한, 불의한 사고방식과 행태를 회피하는 것을 회피주의라 한다. 당연히 해야 할 자유민주적 책임, 사회적 도리, 책무, 규제와 규범과 법들을 회피하는 근성이다. 옳은 주장이나 옳은 행동을 회피하며 체면상, 혹은 비겁성에 회피하며 방종방임에 방관적(傍觀的)인 행태를 말한다. 예컨대, 민주주의 수행에 최대의 적(敵)은 부정선거라는 것을 알고도 묵인, 회피하며 방종하고 방관하는 행위가 회피주의다. 자유 민주주의 파괴행위다. 대학을 졸업했다는 체면에 노동기피 하는 것이 회피주의다. 이는 심각한 자아파괴, 현실파괴다. 한국인들은 대개 민족성에 회피주의가 다반사다. 그 이유가 무엇인가? 조선조 유교사상적, 사대부 사상적, 가부장제적 사고로 관습화, 세습화 된 국민성이기 때문이다. 이 회피주의적 민족 세습성이 오늘날 국민성이 되어 오늘날 대학졸업자들도 체면에 노동기피, 자립회피 근성이 됐다. 잘못된, 심각한 국민성이다. 그 결과 한국정치가 민족세습성, "독재성"에 제왕적 권력독재 정치로, 또한 19대 문정권이 자유민주 "반역"에 좌익권력 독재정치로 불신정치로 국가를 망쳤다. 또 정치가 민족세습성, "분열분쟁성"에 사색당파정치, 파벌에 작당정치, 당리당략에 트집정치, 쌈질정치로 무식한 정치인들이 스스로의 조국을 후진국 3류정치로 정치를 추락케 했다. 이에 국민은 어떠했는가? 민족세습성인 국민성이 "과묵성, 회피성, 방종성, 방관성"에 제왕독재정치도, 좌익정치도 모두 묵인, 회피하여 오늘날 한국이 불신정치, 불신국민, 불신사회가 됐다. 민족세습성, 국민성이 불신국가를 자초하며 스스로의 조국이 망국화, 후진화하는 추락국가를 만들었다. 오늘날 한국인들이 문정권이 좌익정치를 해도, 좌익국회를 해도, 부정선거를 해도, 대법원이 부정선거에 선거무효 소송들을 묵살해도, 자유민주 국방과 안보를 파괴해도, 국민들은 정치침묵에 정치방종으로 스스로의 조국을 국민들도 망국을 부추기고 있지 않은가? 국가 대위기다.

　오늘날 회피주의가 사회와 국가에 미치는 영향이 무엇인가? 예컨대, ① 대학졸업 체면에 신세대들이 노동기피로 백수건달(白手乾達)이 됐다. ② 자립기피로 신세대들과 좌익들이 국가의존만 한다. 실업, 결혼, 출산지원에 주택지원, 결혼비, 출산비, 양육비, 생계지원에 의료지원, 복지지원만 요구하며 스스로의 국민혈세를 탕진한다. 그래서 국가총부채가 5,000조에 이르며 어린아이까지 국민 1인당 1억원씩이 빚이다. 국가부도가 코앞이 아닌가? ④ 주사파 좌익들이 빈부격차에 불만하며 거짓정치, 위선정치, 좌익정치를 해도 국민들이 회피하며 방관주의로 스스로의 자유민주 조국을 망국케 하고 있지 않은가? ⑤ 스스로의 조국 자유민주를 좌익주의, 좌익정치, 좌익정부로 국가위기를 초래해도 국민들이 침묵, 회피, 방종근성으로 국가위기를 초래하며 망국화 돼 있지 않은가? ⑥ 회피근성에 세대갈등을 초래하며 신구세대 간의 적대적 갈등과 신세대간의 빈부차이 갈등에도 신구세대 간, 신세대 간에도 서로 적대시하며 갈등만 심화시키고 있지 않은가? ⑦ 빈부차이에 금수저 신세대들은 먹방, 노래방, 오락방, 놀이방, 여행방 등의 유흥문화와 소비문화로 국고를 탕진하고, 대이어 빈곤층들은 실직에 생계고가 가중되며 어렵게 살고 있지만 국민성의 회피주의, 방종주의, 방관주의로 사회는 더욱 살벌한 사회가 되어 대립감정만 부추기고 있지 않은가? 민족세습성인 국민성; "과묵주의, 회피주의, 방종주의, 방관주의"가 스스로의 조국을 망국케 하고 있는 격이다. 경제선진국에 후진국민이 아닌가?

한국적 회피주의 근성, 그 원인이 무엇인가? 예컨대, ① 권력회피 근성 때문이다. 과거 조선조에도 양반가도의 권세에 국민들이 얼마나 고초를 당했는가? 말 한마디 잘못에 곤장을 맞아 생사기로에 살지 않았는가? 곤장을 맞는데 누가 옳은 말을 하겠는가? 오늘도 똑같다. 문정권의 좌익독재정권 탄압에 사랑제일 교회 전광훈 목사가 또 얼마나 많은 유튜버들이 현 문정권의 좌익 정권을 비방하는 말과 방송들을 했다가 정권탄압에 감옥을 가는 수모를 겪지 않았는가? 사태가 이러한데 누가 바른 말을 하겠는가? 2020.4.15 총선에서 부정선거의 증거들이 재심에서 얼마나 많이 나왔는가? 그래서 전국적으로 부정선거 시위들이 얼마나 많았는가? 이를 방송하고 비방을 한다 하여 유튜버들과 전광훈 목사가 문정권의 탄압을 받지 않았는가? 문정권이 좌익, 한X혁을 방통위장으로 임명하여 방통위장이 좌익정부화, 문정권 편에서 주류언론방송사들을 탄압하는데 어찌 주류방송사들이 "부정선거와 부정선거시위" 행태들에 벙어리가 되지 않겠는가? 주류언론방송들이 문정권 편에서 비겁한 편파방송만 하고 있는가? 정권탄압에 누가 부정선거에, 부정선거 시위에 앞장을 서겠는가? 19대 문정권은 재임 초에 "대통령에 욕해도 괜찮다" 했다. 그러나 최근 대통령을 욕했다하여 대통령이 고발하지 않았는가? 국회 앞에서 대통령 위치 근처에 신발을 던졌다 하여 투옥돼 감옥살이를 하지 않는가? 대한민국에 이미 자유민주는 말살되었다. ② 유교사상에 국민들의 회피주의 근성 때문이다. "군자는 말이 없는 법"이라고 배운 것이 수천 년 민족정신에 민족역사 교훈이다. 역사적 교훈이 그러 했는데 어찌 민족세습성에 한국인들이 서구인들과 같이 자유민주에 반역하는 좌익정부, 좌익정치에 극렬히 저항을 하겠는가? 오늘도 배운 자들이 더욱더 몸을 사리며 "과묵주의(寡黙主義), 회피주의, 방종주의"로 스스로의 국가위기를 수수방관하여 망국징조의 망국위기를 자초하고 있지 않은가? 유교사상과 조선조 선대들의 사대부사상에 민족세습 국민성이 "과묵주의, 회피주의, 방종주의, 방관주의"인데 어찌 19대 문정권의 민주헌정 "반역"에 좌익정부, 좌익정치, 반역정치에 항거를 할 수가 있겠는가? 그래서 국민들도 스스로의 조국, 대한민국의 민주주의를 사멸시킨 셈이다. ③ 체면의식에 회피주의 근성 때문이다. 일종의 사회불신 풍조다. 가정에서, 직장에서, 공직에서 말이 많으면 왕따에 괘씸죄로 불이익을 당하지 않는가? 옳은 말을 해도 말이 많다며 괘씸죄에 걸려들지 않는가? 그런데 누가 나서 옳은 말을 하겠는가? 그러니 한국인들은 가정에서도, 직장에서도, 공직에서도 "과묵성"이 일상화 됐다. 국민성이 과묵성으로 일관하는데 어찌 자유민주를 반역한 문정권의 좌익정부, 좌익정치에 비판과 항거를 할 수가 있겠는가? 그래서 한국은 진정하고 온전한 자유, 민주주의는 기대하기 어려운 국가다. 회피주의에 국민들은 뒷전에서 불평만 하지 않는가? ④ 체면의식에 회피주의 근성 때문이다. 나섰다가 체면만 깎이는 일이 되는데 누가 나서겠는가? "과묵한" 사람들만 칭찬하는 국민성인데 누가 과묵하기를 마다하겠는가? 말 없는 사람을 존중하는 것이 한국민족의 세습성인데 누가 과묵하지 않겠는가? 한국과 한국인들은 근본적인 민족세습 국민성으로 진정한 민주주의를 실현할 수 있는 국민과 국가가 될 수가 없다. 그래서 한국은 한국인들의 과묵성에 가정이, 기업이, 학계가, 정계가 모두 되는 현상을 초래한다. 민족성에 비민주적 국가에 국민인 셈이다.

미국의 패트릭 헨리(Patrick Henry: 1736-1799)는 미국독립을 위해 "자유가 아니면 죽음을 달라"며 국민에 외치며 항거했다. 일제치하(日帝治下)에서 자주독립을 위해 선대 순국열사들도 구국에 목숨을 바치지 않았는가? 어째서 오늘날 한국에는 구국하는 단 한 사람도 없단 말인가? 어째서 한국인들은 학교에서 배운 한용운의 "님의 침묵"만 읊어 대며 구국행동은 없는 것인가? "님은 갔습니다. 아아, 사랑하는 님은 갔습니다———." 어째서 한국인들은 윤동주의 "별 헤는 밤"을 읊어대며 구국행동은 없는가? "별 하나의 추억, 별 하나에 사랑, 별 하나에 쓸쓸함, 별 하나에 동경, 별 하나"의 시구(詩句)만 읊어대며 좌익정부에 민주정부가 망국되고 있는데 시구들만 읊어 대고 있는 것인가? 나라가 망하고서야 통곡 통절(痛哭痛切)을 할 것인가? 애통할 뿐이다.

자립기피 근성

"용감한 자만이 미녀를 낚을 수 있다"

– 존 드라이든(John Dryden; 1631–1700, 영국 시인)

[FOCUS] 한국 젊은이들의 자립기피성

왜 한국의 신세대들은 장성한 후에도 자립기피로 부모에 의지 하는가? 왜 부모가 양육에 교육, 대학에 결혼, 결혼에 결혼살림도 마련해 주었는데 어째서 마지막 부모재산까지 넘보는 것인가? 어째서 부모재산에 눈독들이며 유산에 형제간 불화로 소송을 하는가? 어째서 한국인들은 척하면 물욕에 불화

로 툭하면 소송하며 이혼을 밥 먹듯 하는가? 어째서 선진국, 후진국에도 없는 소송천국이 됐는가? 어찌 선진인이 되겠는가?

어째서 한국의 젊은이들은 18세 이상으로 장성한 후에도 여전히 부모의지로 사는가? 자립기피가 무엇인가? 스스로 자립하는 않는 것이 자립기피다. 젊은이들이 선진국 청년들처럼 장성한 후에는 스스로 가출하여 부모재산에 의지하지 않고 스스로 노력하고 자립하려는 기질이 자립정신이다. 자립정신이 없는 것이 자립기피 근성이다. 어째서 한국의 젊은이들은 부모가 낳아주고, 양육에 교육, 대학에 결혼, 결혼에 살림까지 차려 주는데 어째서 여전히 부모에 의지하며 부모재산을 넘보며 노동기피에 자립기피로 사는 것인가? 나르는 철새들도 날 수 있으면 부모를 떠나지 않는가? 하물며 대학까지 시켰는데 어째서 조선조 유교사상적, 사대부사상적 체면의식에 왜 노동기피에 자립기피로 사는 것인가? 자립기피, 노동기피는 부모재산에 의지하려는 태만정신과 태만행동이다. 자립정신(自立精神)이 무엇인가? 스스로의 삶을 도전(挑戰)하고 노력하여 스스로의 삶을 개척하는 것이 자립정신이다. 자립정신에 자급자족(自給自足), 자수성가(自手成家), 자주독립(自主獨立) 등등에 쓰이는 말과 일맥상통(一脈相通)하는 말이다. 타의적(他意的)이 아닌 자의적(自意的)인 정신과 행동이 자립이다. 선진국의 젊은이들처럼 법적 성인, 18세가 넘으면 스스로 학비를 벌어 대학을 다니고, 스스로 벌어 결혼하고 결혼 후 스스로 벌어 가정을 이끄는 것이 자립정신이다. 반하여 하기 싫은 공부를 부모강요에 의해 억지로 하는 경우도 자의성(自意性)이 아닌 타의성

(他意性)이다. 전자(前者)의 경우는 서구 젊은이들의 전통성; 자립정신이고, 후자는 후진성; 한국 젊은이들의 자립기피 정신이다. 그래서 한국의 대학생들은 자의(自意)가 아닌 타의(他意)로 전공과목도 선택하는 경우가 얼마나 비일비재(非一非再)한가? 대를 이어 부모처럼 의사, 판검사를 하라는 부모성화가 얼마나 많은가? 대학 졸업 후 취직이 되지 않아 결국 또다시 2년제 기술대학에 들어가 기술을 배우는 학생들이 얼마나 많은가? 어째서 한국 젊은이들은 장성한 후에도 자립정신에 자립실천이 없이 부모에 의지하는 것인가? 어찌 이런 국민이 선진국민이 될 수 있는가?

젊음과 인생이 무엇인가? 오늘날 젊은이들의 절망과 희망이 무엇인가? 젊음은 도전이고 노력이며 고생(苦生)이다. 삶에 대한 목표와 계획을 세워 목표달성을 위해 부단히 집념(執念)과 노력으로 도전하는 것이 젊음이다. 오늘날 누구나 희망분야에 취직하기란 어렵다. 그러나 스스로 삶의 방법을 찾아 스스로 살아가는 길을 찾아야 함은 당연지사다. 찾으면 열심을 다해 그 길을 가야 한다. 그것이 젊음의 도전과 고생이며 고행(苦行)이다. 그래서 젊음은 절망이고 방황이고 고생이다. "삶에 대한 절망 없이는 삶에 대한 희망도 없다"고 프랑스의 실존주의 철학자, 까뮈(Albert Camus; 1913-1960)가 말하지 않았는가? 오늘날 3, 4세대(20-69세)가 참혹한 6·25전쟁, 전쟁 후 황폐화된 이 땅에서 굶어 죽는 가난을 경험을 해 봤는가? 선친, 1, 2세대(75세 이상)의 고생과 희생에 잘 먹고 잘사는 경제대국의 후예들이 아닌가? 상상해 보라. 전쟁 후 이 땅에 무엇이 남아 있었겠는가? 무슨 취직자리가 있었겠는가? 그래도 그들은 길거리를 헤매며 "구두닦이"도 마다하지 않고 자립했다. 선친들(2세대, 70세 이상)은 정신일도하사불성(精神一到何事不成)이란 정신 하나로 한강의 기적을 이룩했다. 정신만 차리면 안되는 일이 없다는 말이다. 그래서 오늘 조국이 경제대국이 됐다. 어찌 오늘 잘 먹고 잘 사는 경제대국의 신세대들이 "일자리가 없다, 가난하다"만 외치며, 금수저들은 먹방, 노래방, 오락방, 여행방 등의 유흥문화에 소비문화로 선친들의 희생을 탕진하는가? 어째서 흙수저, 빈곤층 신세대들은 빈부격차에 주사파, 좌익이 되어 공산주의적 사상으로 자본주의, 자유민주를 파괴하며 선친들의 희생을 공짜로 차지하려 국가반역에 좌익정부, 좌익정치로 망국케 하는가? 부모재산은 부모재산이고, 스스로 내 재산을 만들어야 하지 않겠는가? 어차피 인생은 고행이고 삶 자체가 고생이 아닌가? K-pop들에 BTS를 보라. 한류풍을 세계에 알리며 국위선양(國威宣揚)을 하지 않는가? 그들이 하루 아침에 세계에 이름을 냈는가? 피나는 노력을 하지 않았겠는가? 아무리 부모재산이 많다 해도 그 재산이 3대를 가지 않는다는 선친들의 말도 있지 않은가? 고생에 부자, 후손들의 방탕에 빈자, 그렇게 인생은 돌고 돈다. 그래서 일찍이 영국의 정치가이며 소설가인 벤자민 디즈레일리(Benjamin Disraeli: 1804-1881)는 "모진고생보다 더 나은 교육은 없다"고 말 했다. 아버지가 재벌이어도 18세가 되면 자식들은 자식들대로 자립(自立)하는 것이 선진국, 국민들이다. 18세가 되면 용돈도 주지 않는 것이 미국부모들이다. 건강한 육체에서 건강한 정신이 나온다 했는가? 그 반대다. 건강한 정신에서 건강한 육체와 재산이 쌓인다. 젊은이들이여, 목표와 계획을 세워 끊임없이 꿈과 집념으로 노력과 도전하라. 그것이 젊은이들의 젊음의 대가다.

한국의 젊은이들이 자립성을 방해하는 근본 이유들이 무엇인가? ① 첫째는 민족세습성; 유교사상, 사대부사상 때문이다. 이들 사상에 "체면의식"이 아직도 존재하기 때문이다. 조선조 양반들이 체면의식에 노동을 했는가? 죽어도 하지 않았다. 오늘날이 조선조 양반시대인가? 왜 노동기피, 자립기피를 하는가? 신시대, 신문화, 신문명적 4차원적 시대를 읊조리는 신세대들이 아닌가? 부모가 18세까지 교육을 시켜 주었으면 그것으로 족한 시대다. 그것이 선진국, 선진국민성이다. 왜 한국인들의 신세대들만이 예외인 것인가? ② 둘째는 사대주의적(事大主義的) 민족근성 때문이다. 사대주의가 무엇인가? 타인에 의존하는 근성이다. 원래 약한 국가가 강한 국가에 의존하여 국가유지를 하려는 근성이 사대주의 근성이다. 그래서 강자(强者)에 의존하려는 근성이 사대주의성이다. 한민족의 5천 년 역사를 보자. 어느 시절 한때라도 중국에 의지하지 않고 스스로 왕국을 통치한 적이 있었던가? 임진왜란과 병자호란 등등으로 한민족이 외세에 얼마나 많은 수난과 수탈을 당했는가? 왜 오늘의 이스라엘과 같이 자주국방을 못하여 외세침입으로 시달린 우리 민족이었는가? 오늘날처럼 선대왕조들이 사색당파로 내정싸움만 했기 때문이었다. 민족이 분열분쟁성이 수없이 망했다. 오늘날 19대 좌익정권도 똑같다. 왜 자유민주를 좌익성향으로 망국케 하는가? 역대 한국 정치는 소인배(小人輩), 모래배(謀利輩), 시장잡배(市井雜輩)들이 정치한 바와 다름없다. 그들이 정치권력에 돈을 재벌로부터 뜯어내어 궁전과 기념관들을 세우지 아니 했는가? 훌륭한 대통령으로 추앙받는 (ㄱ) 박정희 대통령의 기념관은 어떤가? 대통령, 그 이름 석 자면 가문의 영광이 아닌가? 그 이상 뭐가 필요한가? 순국열사들이 그 무엇이 필요해서 조국위해 목숨을 바쳤겠는가? 마찬가지로 오늘 한국의 신세대들에게도 이런 자립정신이 필요하다는 말이다. ③ 셋째는 가정과 학교의 잘못된 교육에 신세대들이 자립정신이 없다는 말이다. 오늘날 학교에서 아이들에 대한 강한 훈육교육이 있는가? 민주의 모범국, 선진국 미국의 초등학생들 조차 강한 애국심, 강한 교육과 훈육을 보자. 수업시간 전에 전교생이 운동장에 모여 국가에 대한 선거를 한다. 유치원, 국민학생들도 수업시간에 장난치면 뒤에 나가 1시간 손들고 있게 한다. 한국교육과 다른 점은 한국은 매질을 하지만 미국은 매질이 없고 매질보다 더 무서운 침묵에 정신형벌을 받는다는 점이다. 그게 민주교육, 강성훈육이다. 오늘날 한국은 고등교 교사들도 불량학생의 눈 흘김에 무서워 피하는 교사들이 얼마나 많은가? 잘못된 학교훈육 교육이다. 그러니 젊은이들이 멋대로 깡패행동을 하지 않는가? ④ 국가의 범국민 교육이 부재(不在) 해왔고 오늘날에도 전혀 없기 때문이다. 건국 이래 과거 72년 간, 범국민(凡國民) 기본교육: "인성화, 도덕화, 전인화, 교양화, 선거정치화, 자유민주화, 민주법치화, 정의사회화, 국가민주화" 국가교육이 단 한 번이라도 있었는가? 없었다. 그러니 어찌 민족세습성에 젊은이들이 대 이어 금수저, 흙수저로 노동기피, 자립기피 근성을 고칠 수가 있겠는가? 과거망각증에 성찰없는 국민과 위정자들뿐인데 어찌 자성하여 경제대국에 걸맞은 선진국, 선진국민이 되겠는가?

선후진국(先後進國)간, 미국과 한국의 젊은이들의 자립정신(自立精神)을 살펴보자. ① 미국의 젊은 세대를 보자. 성인 나이가 18세면 모두 무조건 자립이다. 자립에 독립생활이다. 대학도 스스로 벌어 졸업하고, 졸업 후 직장도, 결혼비도 스스로 벌어 해결한다. 자립정신이 강하다. 설령 부모가 재벌이라 할지라도 부모재산이나 상속을 바라지 않는다. 일본의 젊은이들도 그렇다. 유산받을 관심도 갖지 않는다. 부모는 부모이고 젊은이는 젊은이들이다. 미국의 젊은이들은 자유분망에 자유자립적 삶과 생활을 하지만 스스로가 해결한다. 자유와 행복, 불행을 스스로 책임진다. 부모들이 자식들의 자립여하에 참견도 없다. 젊은 자식들이 알아서 스스로 자립한다. 서구적 합리적 사고에서 비롯된다. 대신 미국의 부모들은 자식들의 자립적 양육과 교육이 필수다. 철저한 민주식 합리적 양육교육이다. 그래서 미국의 젊은이들은 부모재산에, 유산에 관심도 없다. 상속재산이 있다면 부모사망 후 법원으로부터 자동통보가 온다. 비근한 예들을 들어보자. 한 노인이 거금유언을 아들대신 고양이에게 준 뉴스보도가 있었다. 살아생전 아들보다 고양이와 더 많은 애정으로 살았기 때문에 고양이한테 유산한 경우다. 또 한 예는, 아들이 결혼한다는 청첩장을 부모에 보냈다. 결혼식장에 나타난 아들의 어머니가 "누가 내 며느리냐"며 아들에게 묻는 경우도 비일비재하다. 아들이 가출 후 아들 스스로가 자립하여 자립결혼을 했기 때문이다. 한국처럼 신부감을 데리고 부모를 찾아가는 일도 별로 없다. 18세 이하 학생들이 연애하는 경우에만 그렇다. 또 다른 예가 있다. 할렘가에서 고등학교 교사였던 한 선생이 부모가 죽은 후에야 부모가 백만장자였음을 알았다는 뉴스도 있었다. ② 한국의 젊은이들은 어떠한가? 선진국, 미국의 젊은이들과 정반대다. 대학비도, 생활비도, 결혼비도, 혼수감도, 주택도 모두 부모가 해 준다. 졸업 후 직장도 부모의 연고나 인맥으로 취직되어 직장을 갖는 경우가 허다하다. 대학 졸업 후에도 부모 집에 의거하며 용돈에 생활비, 여행비까지 부모에 의지하는 경우도 비일비재하다. 물론 재산이 있는 가정을 말한다. 부모의 재산은 부모가 작고(作故)하면 의례히 자기 재산으로 애초부터 간주한다. 심하면 부모가 죽기 전에 미리 상속을 해 달라며 가정불화에 소송까지, 성질나서 부모를 죽였다는 방송뉴스도 본다. 이렇게 부유층 젊은이들은 부모재산에 의지하여 노동기피, 자립기피하는 경우가 다반사다. 이에 심하면 돈과 재산, 보험에 탐욕으로 부부간, 부자간 살인도 서슴지 않는 언론방송 뉴스들이 한국사회에 얼마나 많은가? 이런 한국의 젊은이들이 어찌 내일 선진국에 선진국민으로 도약할 수가 있겠는가?

노동기피 근성

"비록 내일 지구의 종말이 온다 해도
나는 오늘 한 그루의 사과나무를 심겠노라."

– 스피노자(Benedict Spinoza: 1632–1677, 네덜란드의 철학자)

[노동기피]

배운자들 양반의식 사무직만 좋아하네

배곯아서 허기져도 노동직은 마다하네

부모에게 의지하면 생활걱정 하나없네

배운자의 자존이니 노동기피 사수하네

대학졸업 외국인들 노동시장 점령했네

외국인들 귀국하면 누가있어 노동하나

부모재산 내것인데 무슨걱정 하겠는가

노동기피 한국경제 누가있어 지킬소냐

[FOCUS] 대학졸업자들의 노동기피성

대학졸업한 한국 젊은이들은 왜 체면의식에 노동직을 기피하는가? 왜 오늘날까지 직업의 귀천(貴賤)을 따지는 한국인들인가? 가난에 노동기피가 웬 말인가? 경제대국에 먹고 살만한 처지이니 노동기피가 아닌가? 무(無)에서 유(有)를 창조하는 정신과 노력이면 하사불성(何事不成)인데 왜 노력도 없이 마치 오늘의 386세대(오늘5060)의 좌익들처럼 빈부격차를 불만하여 무임승차 좌익정치로 조국을 망치는가? 왜 부유층 신세대들은 먹방, 노래방, 오락방 등의 유흥에 취해 선친들의 피땀, 눈물을 탕진 하는가? 자유민주, 자본주의에서 빈부격차는 당연한 것이 아닌가?! 그래서 기초생활비, 의료비, 복지혜택들이 있지 않은가?

왜 한국의 대학졸업자들은 체면의식에 노동직(勞動職)을 기피하는가? 노동기피 근성이 무엇인가? 민족 세습성에, 배웠다는 체면으로 부모와 주변지인(知人)들에 창피(猖披)하여 스스로 자격지심(自激之心)에 노동 일을 기피하는 현상이 노동기피 근성이다. 체면이 밥 먹여 주나? 어째서 구태의연(舊態依然)한 구시대적 양반의

식(兩班의식) 발상으로 체면을 고집하는 것인가? 언제까지 부모에 의지하며 노동을 회피하여 스스로의 삶과 노력의 행복을 포기할 것인가? 자국(自國)에서 대학을 졸업하고 한국에 와서 한국인들에 노동꾼으로 무시당하며 그래도 열심히 일하여 본국가정에 내일을 위해 송금하는 외국인 노동자들을 보라. 땀 흘린 그들의 노동의 대가와 보람이 얼마나 크겠는가? 이제 그들이 귀국(歸國)하면 누가 한국의 노동시장을 지킬 것인가? 누가 그들의 나라가 빈국(貧國)이라 말하겠는가? 빈국이 부국되고 부국이 빈곤국이 되는 천리(天理)와 역사를 모르는가? 네덜란드의 철학자, 스피노자(Benedict Spinoza: 1632-1677)는 "비록 내일 지구의 종말이 올지언정 오늘 한 그루의 사과나무를 심겠다"고 말하지 안했는가? 무슨 뜻인가? 살아 있는 한 무엇이든 해야하는 인간의 노동적 인간굴레를 말한다. 비록 지구의 종말이 올지언정 인간은 종말의 그날까지 일을 해야 한다. 왜 대학을 나온 한국의 대학졸업자들은 노동기피를 하는가? 왜 노동기피에 불로소득으로 유흥문화에 소비문화만 부추겨 국민혈세만 탕진하는가? 골빈 위정자들이 아닌가? 오늘이 옛적, 조선시대인가? 왜 한국인들은 예의도덕성은 쉽게 팽개치면서, 왜 노동기피, 자립기피, 체면의식은 쉽게 버리지 못하고 고집하는가? 왜 신세대들은 신시대, 신문화, 신문명을 주장하여 구세대, 기성세대의 구태의연한 구습성을 주장하고 나서며, 싫어하면서 왜 구태의연한 노동기피, 자립기피는 싫어하지 않는 것인가? "소도 언덕이 있어야 비빌 수 있다"는 말처럼 아직도 부모들이 재산이 있기 때문에 부모에 의지하는 것이 아닌가? 어찌 이게 구태의연한 신세대들의 이중성적 거짓과 위선이 아닌가? 2세대(70세 이상), 조부모들이 어떻게 재산을 모았는가? 가난의 절망에서 쌀밥먹기 희망에 목숨을 걸고 죽자 살자로 땀 흘려 벌어 놓은 재산들이 아닌가? 서독의 땅굴에서, 베트남 전쟁에서, 뜨거운 중동사막에서 죽도록 일해서 모은 오늘의 경제대국, 국부(國富)가 아닌가? 불구하고 왜 오늘 4세대(2040) 젊은이들은, 특히 대학을 졸업한 자들이 먹방, 노래방, 오락방, 놀이방, 여행방 등등에 취해 선친들의 희생, 피땀과 눈물을 탕진하는가? 어째 오늘 주사파 19대 문정권의 좌익들은 무임승차로 빈부격차를 파괴하며 무임승차로 땀과 노력없이 재산을 공분하자 좌익주의, 좌익정치, 좌익정부로 소득주도 경제정책에 소득분배 공산공분의 원리적 좌익정치만 하는가?

노동기피(勞動忌避)가 초래하는 사회적, 국가적 영향들은 무엇인가? 예를 들면, ① 첫째, 국민혈세, 국가재정 손실을 초래한다. 2021. 02월 현재 청연 실업자가 2050만 명이 넘었다는 통계다. 1인당 50만 원씩 6개월 실업지원이면 무려 국민혈세 6조원이 손실된다. 실업 지원금을 준다고 취업률이 오르는가? 오히려 정부지원에 놀고 먹는 숫자들이 증가한다. ② 국가경제를 추락시킨다. 실업자가 많을수록 국가 생산성이 하락되며 그 결과 국가경제가 추락한다는 말이다. ③ 소비문화를 초래한다. 부유층 백수들이 무엇을 하는가? 오락쾌락 문화가 주류다. 그래서 먹방, 노래방, 오락방, 놀이방, 여행방이 오늘 한국사회의 대세가 아닌가? 2세대(70세 이상)의 희생에 경제대국, 국부(國富)만 탕진하는 젊은이들이 아닌가? ④ 근로 태만성을 초래한다. 국가지원과 부모의지에 놀고 먹는 태만근성을 초래한다. ⑤ 핵가족 증가에 주택시세 앙등만 초래한다. 결혼기피에 핵가족증가로 주택수요 증가에 주택시세 앙등과 출산감소에 인구감소로 미래 주택시세 추락이 예측된다. 혼족에 혼밥신세, 핵가족 증가에 부담없는 비혼(非婚)에 남녀 동거생활로 결혼기피, 출산기피가 오늘 대세(大勢)가 아닌가? 미래 인구감소에 노동증가로 주택시세 폭락에 남아도는 노동시장은 누가 책임질 것인가? 부동산은 국가경제자원의 1/3을 차지한다. 최근 여론조사에 의하면 결혼을 않겠다는 남자들이 70%, 여자들이 60% 정도로 나타났다. 이에 자연적 인구감소 현상이 아닌가? 살집과 취직처가 없는데 누가 결혼, 출산을 하겠는가? 실업비, 주택비, 출산비, 양육비, 휴가비, 심지어 기저귀 값까지 주지만 취업율 하락, 결혼률 증가가 발생했는가? 그 반대다. ⑥ 성문란을 초래한다. 혼족에 혼밥신세로 결혼없는, 책임없는 "동거생활, 동성연애, 심지어 동성결혼"까지 하는 증가추세다, 이 어찌 인륜과 천륜에 역행하는 말세현상이 아닌가? ⑦ 부모의지에 노동기피, 자립기피를 더욱 가중화 시킨다. 먹고 자고, 용돈을 주는데 어느 젊은 대학졸업자들이 막노동을 하겠는가? 이에 오늘날 돈과 재산, 보험에 부자간, 부부간, 형제간에 얼마나 많은 재산싸움들에 소송이 많은가? ⑧ 노동력의 공백(空白)현상을 초래한다. 후진국들이 개도국으로 발전하며 외국인 노동자들이 귀국하는 사태가 증가하며 한국 노동산업의 공백현상이 나타난다. 누가 외국인들 대신 막노동을 하겠는가? ⑨ 고용정책의 차질을 초래한다. 해마다 누적되며 증가하는 대학생 졸업자들, 누적된 실업률이 어찌 실업자 천국에 고용증대를 성취 하겠는가? 고질화된 실업률로 사회불안이 예견된다. ⑩ 빈부격차에 따른 국가위기를 초래한다. 오늘 19대 주사파 문정권의 현실이 그렇다. 빈부격차 파괴로 공산공분(共産共分)하자는 오늘 좌익들의 좌익주의, 좌익정치, 좌익정부 장악이 그렇지 아니한가? 빈부격차에 따른 정책조정이 문제다. 빈부격차의 차도의 증가속도가 문제다. 예컨대, 재산상위 10%와 재산하위 10%를 비교해 보자. 부유층은 700만 원, 빈곤층은 70만 원을 연간 여행비로 책정한다는 통계다. 1987년 6·10민주항쟁을 빌미로 가난했던 386세대(오늘 586), 대학생들이 북한 주체사상(주사파)에 물들어 무임승차로 오늘 문정권과 함께 좌익정부화 좌익정치로 자유민주, 자본주의, 대한민국을 파괴하지 않았는가? 빈부격차에 대한 자유민주적 경제조절 정책이 절실하다.

인기주의 근성

"정열 없는 위대함은 없다"
— 에머슨(Ralph Emerson; 1803–1882, 미국 시인)

인기주의 근성
연예인에 배우들과 개그맨이 최고일세
아이들도 이들따라 흉내내는 세상이니

인기인에 열광하며 어른들도 사진찍어
동네방네 자랑하며 인기인에 미쳐죽네

아나운서 인기얻어 국회의원 당선되고
잘난사람 못난사람 방송타서 출세하니
방송사에 굽실대며 방송출연 구걸하네
인기물이 정치하니 나라정치 망국이네

[FOCUS] 한국인들의 인기주의

한국인들은 왜 노소(老少)를 막론하고 인기인에 죽고 못 사나? 인기와 인기인이 밥 먹여 주나? 한국인들은 왜 인기인과 사진찍고 인기인에 싸인받아 동네방네 자랑을 하나? 왜 한국은 TV방송을 타면 일면 무식자도 국회의원에 당선되나? 이에 왜 정치인들은 TV 초청방송을 구걸하며 방송타기에 목을 매는가? 왜 국민은 간판과 인기만을 보고 정치인 후보들에 표를 주어 그들이 국회에서 망국정치; 사색당파, 당리당략에 트집정치, 쌈질정치만 하게 하나? 왜 주인(국민)들이 이들 머슴들에 아첨하며 역으로 인사하며, 이들의 오만한 특권과 특혜정치를 방관하여 이들을 소인배, 모리배, 시정잡배 정치인을 만드는가? 왜 방송사들이 오늘 개그문화에 개그맨들이 여기 저기 방송에서 사회자가 되어 방송계를 휘잡게 하는 것인가?

한국인들은 왜 인기인에 열광적(熱狂的)인가? 왜 한국인들은 왜 인기인들에 표를 주어 의회정치를 망치는 것인가? 왜 이들은 인기 있다 하면 국회의원이 되려고 기를 쓰는가? 도대체 무슨 이유인가? 한국인들의 열광적 인기심리, 인기행위 표출 때문이다. 도대체 열광적 인기가 무엇인가? 환호적 보편적 현상이 아닌 도가 지나친 열광적 인기표출이다. 보통 환호적이 아닌 광열적 인기표출 행위란 뜻이다. 어떤 인기대상(對象)에 쏠리며 열광하는 심

리적 표출현상이다. 보편적 인기(人氣)란 시대적 유행(流行: fashion), 시대적 선호(選好: favor), 시대적 감성(感性: emotion)을 나타내는 시대적 대중적 쏠림현상, 심리현상이다. 반하여 열광적 인기란 무조건적 열광하는 비정성적 심리현상에 행동표출이다. 보편적, 시대적 인기나 유행과 달리 열광적 인기는 어느 한 특정개체(特定個體), 예컨대, 가수, 배우, 연예인, 개그맨, 연극인, 음악인 등등에 매혹되어 무조건 열광적으로 이들에 열광적인 행동표출이 광열적 인기다. 한국인들은 왜 노소(老少)를 불문하고 어느 특정 인기인에 열광하며 달려가 같이 사진찍고, 싸인받고, 이를 자랑으로 여기는가? 분명히 보편적이 아닌 지나친 광열적 인기표출이다. 또한 인기와 반하여 "유명성"이 있다. 유명성이란 어느 한 특정분야, 특정인, 예컨대, 정치계, 학문계, 의료계, 기술계, 과학계, 예술계에서 등등에서 특출한 능력을 발휘하여 유명케 된 개인을 말한다. 유명성과 인기성은 다르다. 유명성은 유명한 분야에 대중성과 특수성이 있다. 그러나 인기인에게는 대중성은 있으되 특수성 유명성은 없다. 그래서 인기인이 나타나면 비명을 지르며 달려가 사진찍고, 싸인받고 하는 대중성이 있다. 왜 인기인에 대중성적 열광표출 행위를 하는가? 비정상적, 비합리적, 비현실적이기 때문이다. 그래서 한국정치인들은 아나운서가, 배우들의 국회진출이 쉽고 또 선진국과 달리 그 수가 많다. 한국인들은 전문성 유명인보다 인기인에 투표하는 경향이 높기 때문이다. 왜 한국인들은 정치소신이 있는 사람들을 국회의원을 시키지 않고 방송에서 얼굴이 팔린 인기인들을 국회 정치인으로 뽑는가? 한마디로 한국인들의 정치의식은 코메디 정치의식으로 정치수준이 낮기 때문이다. 심리학적(心理學的)으로 따지면 한국인들은 인기인으로부터 "대리만족"을 느끼는 보상적 심리현상 때문이다. 단조롭고 지루하고, 피곤하고 짜증나는 복잡한 현대사회에서 탈출하려는 보상심리 현상이다. 분명히 범국민적 교육; 선거와 정치교육이 없었던 결과에서 비롯된 낮은 민주수준에 의해 빚어지는 투표행위다. 그래서 무조건 인기인에 투표하는 경향이 한국인들에게는 많다. 스스로의 열등감을 잠시나마 대리만족 해 보려는 보상심리다. 일종의 시대적 유행병이다. 세월이 지나면 인기열(人氣熱)도 식어지는 것이 자연이치다. 연륜에 삶의 경륜이 차츰 알아지기 때문이다. 어느 국가나 사회를 막론하고 대중적 인기(人氣勢)는 존재한다. 그렇다고 서구사회의 선진인들은 한국인들과 같이 쫓아가 싸인받고, 사진찍는 광경은 볼 수가 없다. 한국인들만이 유독 유일한 인기에 광열적 행위다. 오늘날 K-POP, BTS(방탄소년들)들이 한류 풍을 세계에 알리고 있다. 이들에 환호와 환성, 열광하는 세대가 누구인가? 십대 세대들이다. 십대들은 새로운 유행에 열광하는 감성과 젊음의 즐거움이 있다. 인생을 모르는 젊은 애송이들이기 때문이다. 그러나 한국인들에게는 나이가 들어도 인기인에 열광적이다. 인기 있다고 표를 주어 당선된 아나운서, 배우, 코메디언, 연예인들이 얼마나 많은가? 예컨대, 한국의 경우, 코메디언 이주일, 배우 이순재, 김을동, 아나운서 정동영, 민경욱, 오늘의 고민정, 배현정 등등이 모두 인기인에 국회의원들이 된 사람들이다. 왜 한국인들에게만 이러한 현상들이 특별히 나타나는가? 인기최고 지상주의, 한국인들의 국민성 때문이다. 왜 그런가? 선거와 정치교육이 부재하여 국민수준이 낮기 때문이다. 건국 이래 과거 72년간 한국에 범국민 교육: 예컨대, "인성화, 교양화, 도덕화, 선거정치화, 자유민주화, 정의사회화, 국가민주화" 교육이 있었는가? 단 한 번도 없었다. 그러니 오늘 한국인들의 국민수준은 노소를 막론하고 경제대국에 걸맞지 않는 낮은 국민수준이란 점이 심각하다. 경제대국은 오늘, 국민수준은 60년 전, 1960년대에 그대로 머물러 있다는 점이다. 이는 국가교육의 치명적 잘못이다. 이를 두고, 시인, 에머슨(Ralph Emerson; 1803–1882)은 "정열 없는 위대함이 없다"고 말하지 않았는가? 정열에 인기인이, 유명인이 됐지만 인기나 유명으로 정치도 인기로, 유명으로 정치를 할 수가 있겠는가?

한국인들의 열광적 국민적 인기성이 사회에 미치는 영향과 문제들은 무엇인가? 예를 들어보자. ① 대중을 현혹하는 대중적 위험, 인기주의를 초래한다. 현대사회에서 TV방송이 삶의 주가 되어 이제 철부지 어린아이들까지 가정에서 춤추며, 노래하며 인기 아이돌 모방이 대세다. 이러한 아이들 현상이 아이들의 미래에 어떤 영향을 초래하겠는가? 미래에 아이돌 되기를 희망한다. 오늘날 방송사들의 인기대세가 무엇인가? 트롯트 가수 경연대회다. 응모자가 얼마인가? 5천명에 단 7명을 뽑는 대회다. 무엇을 뜻하는가? TV가 인기를 유혹하며 대중을 오도하는 경우다. ② 국민성이 변질되는 국민성 인기주의, 위험성이다. 예컨대 TV 방송사들이 시청률에 따라 TV방송사마다 먹방, 노래방, 오락방, 놀이방, 여행방 등의 오락쾌락 유흥문화에 소비문화, 모방방송이 대세다. 무엇을 뜻하나? 생산성 없는, 국민성을 사치허영, 오락쾌락 문화만 부추겨 국민혈세 소비만 부추긴다. 국민성이 정신적, 정서적, 독서적, 고전적, 교양적, 인성적, 도덕적 문화가 아닌 오락쾌락 문화만 양산시켜 불안정한, 불건전한 국민성으로 국민성을 유도한다는 점이다. 오늘날 신세대들이 출퇴근 길에서, 전철 안에서 사회적 인간성, 도덕성을 무시하여 저두족(低頭族)이 되어 휴대폰에 중독돼 노약자 경시사상에 자리양보하는커녕 늙은이들은 서서가고 젊은이들은 휴대폰 게임에 오락쾌락 문화만 보며 앉아 가고 있다는 현상이다. 이는 무엇을 뜻하나? 예의도덕이 말살된 사회를 말한다. 반하여 선진국, 선진인들은 어떠한가? 독서문화가 주다. 여행객마다 책을 갖고 비행기를 타지 않는가? 일본의 노숙자들도 일주일에 7권의 책을 본다 하지 않는가? 한국인들은 1년에 몇 권의 책을 읽는가? 평균으로 따져 볼 때 아마 1년에 책 1권도 읽지를 않을 것으로 본다. ③ 세대 간의 갈등과 차별을 초래하는 국민적 인기주의 위험성이다. 심지어 오늘날 신세대들은 힙합에 댄스뮤직을, 구세대는 느린 민속곡에 트롯트를 좋아하지 않는가? 오늘 빈곤한 신세대들은 부유층 신세대들의 오락쾌락 유흥문화에 어떤 감정을 갖는가? 상호 다른 적대감정에 소외감, 박탈감을 갖게 된다. 이 어찌 세대 간의 갈등과 차별의식이 아니겠는가? ④ 국가 정체성을 변질시킨다는 인기주의 위험성이다. 오늘날 19대 주사파 문정권과 주사파 좌익진보 세력이 자유민주를 "반역하여" 좌익정치, 좌익정부로 좌익국정을 하지 않는가? 이들이 누구였는가? 1987.6.10 민주항쟁 당시 가난했던 대학생들이 북한의 주체사상(주사파)에 물들어 좌익주의 조직을 해온 좌익세력들이었다. 이들이 오늘 문정권과 함께 좌익정부, 좌익정치로 대한민국의 민주주의를 말살하고 있지 않을가? 반역정치만 한다. 왜 이런 정치현상이 초래되었는가? 북한의 주체사상(주사)에 물든 좌익들이 조직적, 체계적으로 전대협(전국대학연맹)을 조직하고 오늘의 수많은 민노총, 전교조, 민청년, 민변 등등의 좌익시민단체들과 좌익정치, 좌익정부를 한다. 세뇌된 주체사상에 이들이 스스로의 조국을 파멸하고 있지 않은가? 이들이 촛불시위로 민주정권, 박근혜 전정권을 인민재판식 탄핵으로 박정권을 모조리 감옥으로 보냈지 않았는가? 박근혜가 특별히 잘못한 정치가 있었는가? 역대정권들 중에 청렴한 정치를 했다. 그런데 왜 탄핵에 감옥을 갔는가? 세월호 참사를 미끼로 좌익들이 좌익정부, 좌익정치를 위해 덮어 씌운 죄상들이 아니겠는가? 이렇듯 인기영합에 국가가 망국되는 경우다. 오늘의 신세대들이 휴대폰 중독에 게임과 오락쾌락 문화로, 빈부격차에 국고를 탕진하며 퇴폐문화를 양산하여 20년 후 조국, 대한민국이 망국케 되지 않는다는 보장이 있는가? "세 살버릇이 여든 살까지 간다"라는 속담도 있지 않은가? 광성하던 로마제국도, 백제의 의자왕도 그래서 망한 것이 아닌가? 국민교육; 인성화, 도덕화, 교양화, 선진화 교육이 없었기 때문이다. 교육의 중요성을 의미한다.

오늘날 특히 한국의 대중문화, TV방송의 문제가 무엇인가? 문제성이 심각하다. 예컨대, ① 첫째, 19대 좌익정권, 문정권의 언론방송의 탄압이 큰 문제다. 자유민주를 탄압하는 심각한 문제다. 더 이상 한국은 민주주의가 아니다. 정권방송이 됐다. 헌법에 보장된 언권의 자유가 권력에 탄압 받고 있다는 점이다. 역대 제왕적 독재권력 정권들이 그랬고, 또 오늘날 19대 주사파 문정권의 좌익정부가 그렇다. 국민방송이 아닌 정권방송이다. ② 둘째, 뉴스보도가 곧 정치뉴스라는 문제다. 매일 매시마다 방송사들이 정치방송만 한다. 정치를 빼면 뉴스가 없는 셈이다. 세계적 뉴스나 문화방송은 아예 실종돼 버렸다. ③ 셋째, 동일한 내용의 방송뉴스 보도가 매일 연속, 반복적이란 문제다. 같은 내용의 뉴스를 지겹게 매일 몇 일간 계속한다는 점이다. 시청자들에 짜증을 유발시키는 뉴스 방송행위다. ④ 넷째, 방송초청 해설자들이 고정돼 있다는 점이다. 좌익, 우익으로 분열된 고정패널들에 고정관념적 토론이란 점이다. 토론의 전문성, 다양성, 비판성, 정의성이 결여됐다는 점이다. ⑤ 다섯째, 여야 현역 국회의원들의 초청토론으로 판에 박힌 정치성 방송토론이란 점이다. 토론이 좌우성향으로 분열되며 국민성 분열을 초래하는 잘못된 방송토론을 주도한다는 점이다. 당리당략에 트집정치 쌈질정치를 방송이 재연하는 셈이다. 이에 국민들이 얼마나 짜증을 내는가? ⑥ 여섯째, 시청률에 안달하는 방송이란 문제다. 시청률이 적으면 중단되는 방송행위가 얼마나 많은가? 시청률에 죽고 사는 방송사들이다. 국민을 인질로 삼는 방송권력의 횡포가 아닌가? ⑦ 일곱째, 방송 중 상업광고가 많고 길다는 점이다. 본방송 중에 무려 15초씩 4번을 수차에 걸쳐 상업광고를 하여 시청자들로 하여금 짜증을 갖게 한다는 점이다. ⑧ 여덟째, 방송자체가 인기 영합주의적이다. 대중 영합주의(popularism)적 방송으로 국민이 방송에 유혹되며 세뇌화 된다는 점이다. ⑨ 아홉째, 방송사마다 타방송 프로를 모방하여 방송행위가 모두 모방방송에 유사하다는 문제다. 이 방송사에서 트롯트 노래경연을 하면 다른 방송사도 이를 모방하여 유사프로그램으로 따라서 한다는 점이다. 이에 전(全) 방송사들이 먹방, 노래방, 오락방, 놀이방, 여행방 방송들로 대세가 이루며 국민성을 변질시키고 있다는 점이 심각하다.

도대체 방송 영합주의(파퓨러리즘: popularism)가 무엇인가? 왜 영합주의적 방송을 하는가? 영합주의(Popularism)의 어원(語原)은 원래 라틴어 포풀루스(populus)에서 기원한다. "대중적"이란 뜻이다. 이는 19세기 후반, 유럽의 부르주아(Bourgeois: 유산계급)에 반하는 러시아의 농노해방에 사회개혁을 꾀하던 "나로드니키(Narodniki)운동"에서, 또한 미국의 "인민당(People's party), 농민운동"에서 시작되었다. 20세기 초, 유럽의 파시즘, 중국 공산당의 마오쩌둥, 쿠바의 피델 카스트로, 아르헨티나의 도밍고 페론, 인도의 인디라 간디, 미국의 조지프 매카시의 매카시즘, 프랑스의 장마리 르펜, 유럽의 극우세력, 일본의 고이즈미 준이치로, 베네수엘라의 우고 차베스 등등이 영합주의적 정치인들이다. 21세기, 오늘 19대 문정권의 좌익주의도 이에 속한다. 이들은 방송권력을 탄압하고 방송사들을 장악하여 국민선동으로 정치를 하는 영합주의적 정치인들이다. 언론방송의 권력이 무엇인가? 권력 중에 최고권력, 국민권력이다. 언론방송의 한 마디에 검찰도, 경찰도, 공권들도, 대통령도 꼼짝 못하는 것이 국민주권, 방송권력이다. 그래서 오늘날 19대 주사파 문정권이 방통위를 좌익화 장악하고 탄압방송으로 정권방송을 한다. 자유민주를 말살시키는 정치행위에 방송행위다. 국가멸망의 망국정치, 망국방송 행위다.

과시허세 근성

"힘은 치료가 아니다"

– 존 브라이트(John Bright; 1811~1889)

[권력과시]

왕초머슴 제왕권력 좌익독재 통치하니

중간머슴 국회나리 좌익정치 일삼으며

말단머슴 관료나리 관치권력 허세떠네

머슴들이 꼴값떠니 나라꼴이 망국일세

재벌들의 자본권력 팔도강산 주름잡고

기업들이 뇌물주니 관할부서 허가주네

있는자들 갑질과시 없는자들 주눅들어

유전무죄 무전유죄 줄줄이들 감옥가네

[FOCUS] 한국인들의 과시허세성

왜 한국인들은 힘(권력)의 과시허세 근성이 많은가? 왜 한국은 정치, 경제, 사회, 문화, 각계각층 분야에서 권력과 신분, 직분과 지위, 돈과 힘의 과시허세 근성이 유별난가? 한국의 정치는 권력으로, 경제는 돈으로, 사회는 계급으로, 문화는 권위로, 졸부들은 돈의 힘으로 사치허영에 오락쾌락 근성이 농후한가? 오죽하면 교수가 조교에 인분을 먹이며 폭행하여 쇠고랑을 찼겠는가? 오죽하면 연극계의 대부가 권위와 직분을 이용하여 성추행을 하고 감옥에 갔겠는가? 머슴들인 국회 정치인들의 정치권력에 지역주인들이 되레 머습들에 인사하며 아부하지 않는가? 역대정권들의 권력과시에 부정부패비리, 적폐정치, 국정농단이 얼마나 많았는가? 오늘 19대 주사파 문정권의 권력월권에 민주주의가 좌익주의, 좌익정치로 국가위기에 처해 있지 않은가?

  한국인들은 왜 거짓과 위선으로 과시허세(誇示虛勢) 근성이 많은가? 과시허세성이 아예 국민성이 돼 버렸다. 정치계는 권력과시 허세근성으로, 재계는 자본의 과시근성으로, 공직계는 공권과 신분, 지위와 직분의 과시근성으로, 연예계는 권위와 유명신분의 근성으로, 사회 각계각층은 유명과 인기의 과시허세 근성으로, 한국 사회는 마치 힘을 자랑하듯 사회적 공평과 정의가 사라졌다. 도대체 과시허세 근성은 무엇인가? 말 그대로 "힘의 논리, 힘의 존재"다. 상하(上下), 종횡(縱橫)상의 힘의 존재, 힘의 영향이다. 각계각층마다 예컨대, 권력, 권위, 지위, 직분, 신분에 따라서 각계각층, 정치, 경제, 사회, 학문, 예술, 체육, 각 사회분야 등에서 힘의 과시허세 근성 현상이 상존하는 한국사회다. 정치계는 정치권력으로, 공직계는 공권으로, 경제는 자본으로, 언론방송은 언권으로, 시민단체들은 민권으로, 나름대로 힘을 자랑하며 과시허세 근성을 떨치며 힘의 월권과 남용근성을 과시허세 떠는 것이 한국사회의 근성이다. 그 결과 사회적 부조리, 부정부패 비리현상, 적폐현상, 국정농단이 초래되며 불신정치에 불신국민, 불신사회로 전락되어 국가위기가 초래됐다. 특히 한국적 정치인들의 권력과시, 권력허세 현상은 예나 제나 고질적 병폐가 돼 왔다. 정치인들의 불순한 부정직한, 불의적인 권력과시에 허세정치로 한국정치가 후진국 3류급 정치로 추락되는 고질적 불신정치가 돼 왔다. 이에 국민성과 사회성이 불신정치와 맞물리며 불순하게 오염되어 부정부패 비리가 만연한 불신국민성, 불신사회성이 돼 버리고 말았다. 그래서 한국의 민주정치는 빛 좋은 개살구로 역대 정권들이 권력독재 정치로 민주헌정을 "배반"하며 무소부지적(無所不至的), 무소불위적(無所不爲的) 제왕적 통치와 정치로 한국정치를 후진국 정치로 추락시켰다. 더하여 오늘 19대 주사파 문정권이 민주정치를 "반역"하여 좌익정치, 좌익정부, 반역정치로 민주주의를 파멸시키고 말았다. 민주헌정사에 역사적 오점을 남기고 말았다. 누가 권불십년(權不十年)이라 했는가? 그렇지 않다. 권력지배는 수천 년 동안 지속 돼 왔다. 21세기, 오늘도 민주든 독재든 모두 권력이 지배한다. 누가 수신제가치국평천하(修身齊家 治國平天下)라 했는가? 이 역시 수사(修辭)에 불과하다. 틀린 말이다. 수신제가 치국평천하(修身齊家治國平天下) 그 자체가 권력에 지배가 아닌가? 권력지배는 약육강식(弱肉强食)과 같은 천리(天理)다. 이에 영국의 자유주의 정치가, 존 브라이트(John Bright: 1811-1889)는 "힘은 치료가 아니다"라고 했다. 이 역시 틀린 말이다. 힘이 지배가 없는 치료가 어디 있겠는가? 인격에 인품으로 다루는 힘, 그 자체가 권력유무(勸力有無)의 힘이 아닌가? 인류와 국가가 존재하는 한 힘의 지배는 끝이 없다. 지배하는 자와 지배 받는 자는 항상 존재하기 때문이다.

오늘날 한국사회의 각계각층의 권력과시허세 현상들은 어떠한가? 국가운영 계층에서, 사회구성 각 계층에서, 경제산업 각계 분야에서, 문화산업 각계 각층에서 항상 권력적, 권세적, 권위적, 신분적, 직분적, 지위적 과시허세 현상은 존재한다. 힘 있는 자와 힘없는 자, 지배자와 피지배자는 항상 존재한다. 예컨대, 대학을 졸업하고 취직에 초직자(初職者)가 되었다 하자. 정치던, 공직계던, 재계던, 취직 초입자들은 항상 초보자로 취급 당한다. 아무리 유명한 회사에 수백대 1로 취업을 했다 손쳐도 입사초기에는 심부름 노릇을 해야 하는 것이 예나 제나 한국적 관행에 관습이다. 그래서 인간은 삶과 생활에서 항상 힘의 존재, 과시허세 현상이 따르게 마련이다. 다만 권력과시와 허세현상이 강하냐? 약하냐? 아니면 순리적이냐 강압적이냐에 따라서 다를 뿐, 항상 지배와 피지배의 관계는 항상 존재한다. 국가도 마찬가지다. 권력과시와 허세현상은 민주주의든 독재 공산주의든 항상 지배자와 피지배자가 항상 존재한다. 그 강도가 다를 뿐이다. 예를 들어, 정치계의 권력현상을 보자. 부정부패 비리정치, 적폐정치, 국정농단, 은폐정치 등등이 얼마나 많은가? 말썽이 나면 툭하면 깃털 권력들만 잡아넣고, 척하면 몸통 권력은 은닉하지 않는가? 민주나 독재나 살아 있는 통치권력은 늘 건재하다. 그래서 정치를 생물이라 말한다. "기회는 평등하고, 과정은 공평하고, 결과는 정의로울 것"이라고 말한 오늘 19대 주사파 문정권을 보자. 역대정권들보다 최악의 정치; 민주정치 반역에 좌익정부, 좌익정치를 했다. 주사파 좌익핵심들, 예컨대, 임X석, 조X, 추X애, 이X영 등등을 앞세워 검수완파(검찰수사 완전파괴)에 좌익집권 다수당으로 좌익화 입법들; "공수처, 5·18, 부동산 3법" 등등으로 좌익성 입법활동을 독재독주 했다. 무려 400페이지나 되는 탈원전 문서를 도둑질로 삭제, 은폐하며 국정농단을 했다. 오죽하면 32

세 새파란 청와대 직원이 5성 장군을 오라 가라 하는 권력과시, 허세근성을 부렸겠는가? 오늘날 공직계의 권력과시 허세현상을 보자. 공권에 과시허세 공직근성이 예나 제나 복지부동이다. 사회는 어떠한가? 과시허세 근성은 사회도 똑같다. 오죽하면 교수라는 작자가 조교에 인분까지 먹이며 직분권력 과시로 폭행까지 하여 결국 감옥에 가지 않았는가? 오죽하면 연극계의 대부가 제자를 성추행하여 감옥에 갔지 않았는가? 이렇듯 고금(古今) 역사를 통해 "살아있는 권력"의 횡포와 권력과시 허세근성은 항상 존재한다. 따지고 보면 인간세상에서 민주든 독재든 완벽한 공평과 정의는 없다. 다만 이에 최선을 다할 뿐이다.

도대체 권력 과시허세 행태는 왜 발생하는가? 인간사회에 힘의 존재가 있기 때문이다. 그래서 따지고 보면 권력과시 허세근성의 현상들은 자연적 위계질서(位階秩序)에 자연적 발상이다. 힘이 있고 없고에 따라서 자연히 발생되는 자연적 현상이다. 동물계의 약육강식(弱肉强食)의 원리와 같다. 본능적 과시행동(instinctive behavior)이기 때문이다. 상하위 관계의 힘의 지배, 논리이기 때문이다. 물론 권력 과시허세 근성은 부적절한 지배방법이다. 정당성이 결여 된 방법이다. 그러나 각계각층, 각 분야에서 힘의 논리를 어떻게 조절하여 어떻게 지배해야 하겠는가? 하는 점이다. 이에 답은 하나, 인성적, 도덕적, 교양적, 인간적, 이성적, 합리적 방법으로 힘의 지배를 조절하여 상하 관계적 권력과시와 허세근성을 조절하는 방법이 최선이다. 한 마디로 정치계는 정치인답게, 공직계는 공직자답게, 사회층은 사회인간답게, 지배자와 피지배자 간의 힘의 과시허세 근성을 조절해야 한다는 점이다. 그러나 오늘날 한국 사회는 그렇지 않다. 힘의 존재와 논리를 비인간적, 비현실적, 비이성적, 비도덕적으로 권력을 과시하며 허세를 떨고 있지 않는가? 예컨대, 상하관계의 성추행, 성폭행 사건들이 다 그렇다. 최고의 지성을 갖췄다는 고위층일수록 더 그렇다. 예컨대, 전서울시장 박원순, 전부산시장 오거돈의 성추행 사건들이 다 그렇다. 이상하게도 한국사회는 성추행, 성폭행이 중죄임에도 불구하고 빈번히 발생한다는 점이다. 그 이유가 무엇인가? 한국인들에게는 이성적 자제력보다 본능적 욕구감이 앞서고 강하기 때문이다. 이에 이제 한국 사회는 인간성, 도덕성, 교양성, 양심과 상식마저 파괴된 사회가 돼 있음을 인지할 수가 있다. 그래서 한국사회는 삭막하고 살벌하다.

한국 사회는 왜 유독 성추행, 성폭행 사건들이 빈번하고 많은 것인가? 성추행, 성폭행이 중죄임에도 불구하고 왜 그런 현상이 일어나는가? ① 첫째, 아직도 한국인들에게는 민족 세습성에 "남존여비(男尊女卑)사상"이 있기 때문이다. 아직도 남존사상에 여성비하의 차별의식이 있기 때문이다. ② 둘째, 민족 세습성에 "독재성"이 존재하기 때문이다. 한국인들의 남녀구별 정신적 관념화는 아직도 여자는 남자 밑이라는 상념화(常念化)가 존재하기 때문이다. ③ 셋째, 한국인들은 인성화, 도덕화, 교양화, 합리화 인격성이 부족하기 때문이다. 그래서 자각성, 자제력이 결여돼 있기 때문이다. ④ 넷째, 유아독존적 권력, 권위, 지위, 신분적 우월주의, 우열주의가 존재하기 때문이다. 일종의 권력과시 허세

근성 때문이다. ⑤ 다섯째, 양심과 도리, 상식과 도덕이 파괴돼 있는 사회이기 때문이다. 양심과 상식이 파괴되어 자제력이 실종돼 있기 때문이다. 불구하고 성추행, 성폭행은 선진국, 후진국 상관없이 항상 어디서나 존재한다. 본능적 인간성이 작용하기 때문이다. 다만 스스로의 자제력 강도가 다를 뿐이다.

사치허영 근성

"Know yourself(너 자신을 알라)"

소크라테스(Socarates; BC 470–BC 390, 고대 그리스의 철학자)

[사치허영]
대궐같은 대문에다 궁궐같은 고풍가구
명품옷에 명품가방 명품시계 금은보석
있는자들 사치허영 없는자들 기절하네
있는것이 죄이던가 없는것이 죄이로세

졸부들의 갑질행위 없는자들 눈물일세
금수저가 잘못인가 흙수저가 죄이던가
속세주의 속물주의 있고없고 팔자나름
한탕잡아 돈벌어서 없던눈물 청산하세

왜 한국 정부는 1970–1980년대 강남개발부터 시작된 한탕주의, 땅투기를 방관 했는가? 그 후 50여 년간, 왜 계속된 땅투기 악습반복에 시세앙등만 부추겨 왔는가? 왜 부정한 고위층, 졸부들은 투기에 떼돈을 벌어 외제선호, 사치허영, 오락쾌락만 대중화 시켜 왔는가? 왜 졸부들은 우월주의, 갑질주의로 빈자(貧者)들에 적대감, 소외감, 박탈감(剝脫感)만 주는가? 왜 한국인들은빈부차이(貧富差異)에 우열주의(優劣主義)로 이기주의, 배타주의(排他主義), 차별주의로 빈부대립(貧富對立)에 민심이반, 국론분쟁이 끝이 없는가? 왜 가난한 자들은 부유층 흉내내며 짝퉁치장으로 거짓 사치허영에 거짓 국민성만 부추기는가?

왜 한국인들은 유독 사치허영 근성이 심한 것인가? 도대체 사치(奢侈: Luxury)가 무엇인가? 주제넘는 소비로, 필요 이상의 물건을 구입하고, 치장하여 난체하고 과시하는 소비행위가 사치다. 분수(分手)에 넘치는 삶을 사는 것이 사치다. 성경(잠19:10)은 사치하는 자를 미련한 자로 규정하고 경고한다. 또 허영(虛榮/ vanity)은 무엇인가? 한마디로 허상(虛想)에 허상(虛像)이다. 헛된 생각에 헛된 모습이다. 어째서 한국인들은 외제선호(外製選好) 근성에 사치허영에 매몰돼 있는가? 부유층들의 사치허영, 오락쾌락 근성은 그렇다 치더라도 어째서 가난한 사람들도 짝퉁들을 사서 치장하며 거짓사치에 거짓허영을 떨며 거짓된 삶과 생활을 하는 것인가? 가난의 한(恨)풀이인가? 사치허영적 민족성인가? 난 척하는 우월성(優越性) 때문인가? 과시 허세적 욕구의식 때문인가? 왜 서민들까지 사치허영으로 짝퉁치장을 하며 주제 넘는 사치허영을 하나? 과시현상인가? 아니면 허세현상인가? 일종의 Veblem

Effect(베블린 효과)이다. 19세기 미국의 Veblen (Thorstein Veblen: 1857-1929, 경제학자)가 주장한 "본능적 인간욕구에 과시소비"인가? "고급제품으로 보여 남에게 과시하려는" Veblen적 인간욕구에 인간효과를 위함이 아니겠는가? 어째서 서민들조차 짝퉁제품들을 치장하며 부자흉내를 내는 것인가? 부자나 서민이나 모두 잘 못된 세습에 악습이다. 검소성, 겸손성, 순수성이 없는 과도한 과시욕, 허세욕 때문이다. 따지고 보면 사치 허영성, 오락 쾌락성도 역시 일종의 인간 본능적 과시욕, 허세욕이 아닌가? 짐승들과 달리 지능화된 인간들만 누리는 과시욕, 허세욕이 아닌가? 이에 고대 로마의 철학자, 세네카(Seneca: BC 4-BC 65추정)와 미국의 작가, 데일 카네기(Dale Carnegi: 1888-1995)는 "인간은 사회적 동물이다"라고 고대나 현대나 인간욕구는 똑같다"고 말했다. 인간은 사회적 동물이기 때문에 생욕과 물욕, 성욕과 과시욕, 허세욕으로 치장된 인간본능 때문이다. 그러니 어찌 인간이면 사치허영이 없다 하겠는가? 그러나 분수가 문제다. 있는 자들은 물론 가난한 자들마저 사치허영에 짝퉁제품으로 치장하며 속세의 속물주의에 부합하여 살고 있지 않는가?

불구하고 인간이 삶과 생활에서 물욕이 과하여 탐욕(貪慾)스런 사치허영에 오락쾌락을 즐긴다면 이는 죄악이다. 그래서 성경(약 1:15)은 "욕심이 잉태한즉 죄를 낳고, 죄가 과(過)한즉 사망에 이른다" 말하지 않는가? 그래서 고대 그리스의 철학자, 소크라테스 (Socarates: BC 470-BC 390)는 "너 자신을 알라"고 했지 않은가? 자성하여 사치허영을 자제하여 사회에 선행을 베풀어야 하지 않겠는가? 이에 프랑스의 철학자이며 물리학자인 파스칼(Blaise Pascal: 1623-1662)은 "인간은 생각하는 갈대"라 말했다. 비록 갈대와 같은 약한 인간이지만 인간은 스스로 생각하고 성찰하는 지능적 동물이기에 탐욕적 근성, 사치허영, 오락쾌락을 자제해야 한다는 뜻이 아니겠는가? 떼돈을 벌었으면 사회에 환원하며 남들과 함께 살아가야 할 사회 공동체가 아닌가? 인간이 인간답게 살아야 하는 "생각하는 갈대"가 되어야 하지 않겠는가? 어째서 오늘 한국의 부유층들은 탐욕에 땅투기로 주택시세만 올려놓고 오늘 신세대들의 삶의 보금자리를 강탈하여 이들을 실망시키는가? 어째서 떼돈에 떼돈을 벌며 떼돈쓰기에 사치허영, 오락쾌락으로 사회적 죄악과 폐단만 낳는 것인가?

한국사회의 사치와 허영, 사회현실을 보자. 부유층 졸부(猝富)들의 사치허영, 오락쾌락성이 하늘을 찌른다. 사치허영, 오락쾌락성은 자유민주, 자본주의 폐단이다. 통계에 의하면 한국인의 상위 1%가 연 소득 20억이 넘는다 한다. 월 불로소득이 무려 1억5천이 넘는 액수가 아닌가? 이 많은 돈을 어디에 쓰겠는가? 사치와 허영, 오락과 쾌락에 쓰지 않겠는가? 이들의 사치허영 삶을 보자. 대궐같은 대문에 궁궐같은 건물, 억대 나무정원에 억대 자동차들, 궁전같은 샹데리아에 이태리제 고급 가구들, 세계적 명품의류들에 명품가방들, 명품시계에 금은보석들이 이들의 사치허영 생활제품들이 아닌가? 한 끼 식사가 무려 백여 만 원이라는 말도 있다. 이것이 어찌 호화스런 사치허영이 아닌가? 땅투기, 주택투기를 주로 하여 떼돈을 벌어 떼돈을 쓰는 졸부들이 아닌가? 이들 투기들에 오늘날 집값들이 얼마나 올랐는가? 어찌 신세대들이 강남의 25억짜리 집을 살 수가 있겠는가? 한 달 월급 300만 원을 70년을 계속 저축해야 70년 후, 같은 값, 25억짜리를 살 수 있다. 누가, 무엇이 오늘 이토록 천정부지(天井不知)의 주택시세만 올려놨는가? 올바른 부동산 정책이 없었던 정부와 졸부들의 투기가 그 원인이 아니겠는가? 어찌 이들이 사회죄악의 대상자들이 아닌가? 그러니 어찌 오늘 이들이 빈부차이에 비난의 대상자들이 아니겠는가? 설상가상(雪上加霜)으로 어찌 오늘 졸부들이 빈곤층 흙수저들에게 되레 갑질주의까지 하여 이들 빈곤층들에게 소외감, 박탈감을 준단 말인가? 어찌 빈부차이에 세대 간 적대감정, 민심이반, 국정분쟁이 없겠는가? 문제는 가난한 자들도 사치허영을 부유층을 따라 한다는 점이 심각하다. 그래서 한국시장은 오늘 짝퉁시장화가 돼 있다. 짝퉁임을 알면서도 부유층을 흉내 내며 대리만족(代理滿足)을 하는 Veblen 효과를 누리고 있지 않은가? 만약 서민층이 부유층과 같이 짝퉁이 아닌 진품을 사서 과시허세를 떤다면 어찌 이들이 패가망신에 가정파탄이 없다 하겠는가? 한국 속담에 "오르지 못할 나무는 애초부터 포기하라"는 말도 있지 않은가? 주제에 맞게 살아야 하지 않겠는가? 도대체 부유층들의 사치허영, 오락쾌락 근성이 사회에 끼치는 사회적 병폐가 무엇인가? 비생산적, 비합리적, 비현실적, 황금만능주의, 한탕주의, 우월주의, 이기주의, 배타주의, 차별주의를 낳는다는 점이다. 망국징조에 국가위기다.

선후진 국민들 간의 사치허영 양상은 어떻게 다른가? 선진국의 부유층도 사치허영은 있다. 그러나 특수층 소수에 불과하다. 어쩔 수 없이 대외관계를 해야 하는 사람들이 그렇다. 예컨대, 미국의 1류급 영화배우들이 그렇다. 그러나 그들은 투기가 아닌 배우 신분으로 버는 돈 자체가 떼돈을 번다. 일반인이 아닌 할리우드 배우의 화려한 생활을 해야 하는 특별한 사람들이다. 그렇다고 그들이 한국인들처럼 사치허영, 오락쾌락으로 사는가? 그렇지 않다. 오히려 검소하고 소탈한 생활을 한다. 물론 미국의 졸부들도 고급저택에 고급가구들로 호화스럽게 치장하고 산다. 그러나 그들의 일상생활은 오히려 소박하다. 사치허영이 없다. 실용주의적 삶과 생활을 한다. 떼돈을 번 서구인들은 번만큼 사회에 기부를 한다. 세계적 재벌, 146조의 재산을 갖은 "마이크로소프트회사"의 회장, 빌게이트도 블루진을 입고 산다. 그런 그가 한 때 서울대학교에 2천억을 기부한 적도 있지 않은가? 미국인들은 사치허영 대신 취미와 창조에 개척정신으로 소비한다. 미국의 재벌들이 자진하여 "부자세"를 내겠다 했지만 형평성에 맞지 않는다 하여 정부가 거부했다. 스위스에서는 부자들이 "부자세"를 내겠다고 국민투표에 붙였는데 국민들 70%가 반대하여 부결됐다. 한국의 경우는 어떠했을까? 상상자체가 허상이다. 서구 재벌들은 죽을 때 떼돈을 사회에 환원한다. 한국의 부자들은 어떠한가? 증여세도 내기 싫어 7살짜리에 양도한 후 세금도 내지 않고 어물쩍 증여하지 않는가?

한국인들의 사치허영 근성은 언제부터 시작되었는가? 그리고 그 결과는 어떠했는가? 참혹한 사치허영, 오락쾌락 근성을 초래했다. ① 1970–80년대 서울 강남 지역개발로부터 땅투기가 시작됐다. 자고 나면 땅값이 오르는 투기장으로 변했다. ② 1980–1990년대에는 강남땅 투기에 정치인들과 전문 부동산 업자, 그리고 복부인들의 투기들의 전성시대였다. 강남땅 투기에 벼락부자가 속출하며 강남이 사치허영, 오락쾌락의 현장이 돼 왔다. ③ 2,000년대 한국은 이미 투기화, 사치허영, 오락쾌락 문화가 대중화 돼 버렸다. 정경유착에 정치꾼, 기업들, 졸부들이 한탕주의 투기화로 이미 국민성이 불신국민성으로 오염돼 정착 되었다. 돈이 돈을 벌고, 떼돈이 떼돈을 버는 사회가 됐다. ④ 이에 외제선호 근성이 사치허영을 유행화 시켰다. 졸부들의 세계여행은 세계 명품에 제품들을 구입하는 여행이 됐다.

오락쾌락 근성

[인생무상]
"인생은 헛되고, 헛되며, 모두 다 헛되도다"(성경/전1:1)

[인간의 탐욕]
왜 인간은 물욕(物慾)에 성욕(性慾)에 쾌락욕(快樂慾)으로 패가망신 하는 경우가 많다. 과욕에 탐심 때문이다. "인간의 괴로움은 끝없는 욕심이다" 톨스토이(Leo Tolstoy: 1828–1910, 러시아 작가, 전쟁과 평화)의 말이다. "욕심이 잉태한즉 죄를 낳고 죄가 과하면 사망에 이른다" 성경(약 1:15)의 말이다. "승자의 호주머니 속엔 꿈이 있고, 패자의 호주머니 속엔 욕심이 있다." 탈무드(유대인의 율법)의 말이다. "욕심은 수많은 고통을 부르는 나팔이다." 팔만대장경이 지적한 말이다. 과유불급(過猶不及)이 아닌가?

[FOCUS] 한국인들의 오락쾌락성

한국인들의 국민성은 왜 오락쾌락 근성이 많은가? 술독에 빠진 국민성, 먹방, 노래방, 오락방, 놀이방, 여행방등의 유흥문화 국민성에 가는 곳마다 모텔들이 즐비한 나라가 아닌가? 어찌 이런 국민성이 선진국, 선진인이 될 수가 있겠나? 어찌 방송사들마다 유흥에 놀이문화, 개그문화가 대세인 나라가, 어찌 혼족에 비혼(非婚)으로 남녀 동거생활을 하는 나라가 어찌 선진국선진인이 될 수 있겠나? 어찌 음주문화, 유흥문화, 놀이문화, 국민혈세 소비문화가 대세인 나라가 어찌 선진국에 선진국민이 될 수 있겠나? 어찌 휴대폰에 중독돼 독서생활이 없는 나라가, 어찌 사치허영에 오락쾌락을 즐기는 나라가 어찌 선진국에 선진국민이 될 수가 있겠나?.

한국인들은 왜 오락쾌락 문화적 국민성인가? 오락쾌락성 문화가 무엇인가? 정신이나 정서문화 보다는 먹고 마시며 육체를 즐기는 것이 오락쾌락성 문화다. 한국인들의 오락쾌락 유흥문화를 보자. 1차 술자리 문화, 2차 노래방 문화, 3차 오락쾌락방 문화로 이어지며 유흥에 오락쾌락을 즐긴다. TV방송들을 보자. 방송사마다 모방이나 한 듯 거의 모두가 먹방, 노래방, 오락방, 놀이방, 여행방 등의 유흥문화가 방송문화의 대세다. 오락쾌락 유흥에 개그방송이 대세다. 가는 곳마다 주변을 보자. 모텔들이 즐비하다. 왜 그런가? 육신의 욕정들이 쉬어가는 곳이기 때문이다. 상아탑 주변을 보자. 밥집, 술집, 옷집, 모텔, 카페, PC방, 오락

방들이 즐비하다. 책방은 가뭄에 콩 나듯 드물다. 신세대들의 생활을 보자. 혼족에 혼밥신세로 비혼(非婚)에 책임없는 남녀 동거 생활이 대중화 대세다. 대체적으로 한국인들의 영세상업들은 식당, 술집, 옷집, 모텔, 오락방, 놀이방, 쾌락방 등이 대수(大數)를 차지하고 있다. 이는 무엇을 뜻하나? 한국사회의 음식문화, 음주문화, 유흥문화, 놀이문화, 쾌락문화를 말한다. 국민성이 대체로 음주에 유흥, 오락쾌락 근성임을 알 수 있다. 어찌 이런 유흥에 오락쾌락을 좋아하는 국민근성이 선진국에 선진국민으로 거듭날 수가 있겠는가? 물론 인간의 욕구의식은 생욕(生慾) 후에 물욕(物慾)을 낳고, 물욕 후에 성욕(性慾)을 파생시키는 것은 인간의 본능적 욕구다. 그래도 인간인 이상 이들을 어느 정도 자제하며 살아야 하는 가정적, 사회적 책임이 있지 않은가?

조선조 임진왜란 때 승병하여 왜병을 물리친 서산대사(1520-1604)는 인간의 삶을 "생야일편 부운기(生也一片 浮雲起), 사야일편 부운멸(死也一片 浮雲滅)"라 말했다. 하늘에 떠 있는 한 조각 구름이 인생이고 또한 그 구름이 삽시간에 사라지는 것이 인간사(人間死)임을 시사하는 말이다. 더하여 성경(약4:14)은 또한 인생을 "아침에 잠깐 보이다 없어지는 안개"라 하지 않는가? 인생을 잠시 생각해 보면 인생사, 인생무상(人生無常)이다. 태생(胎生) 자체가 고생이고 삶 자체가 고행(苦行)이 아니겠는가? 인생살이가 잠시 스쳐가는 바람과 같을 진대 어찌 인간들이 사는 동안 물욕(物慾)에 성욕(性慾), 성욕에 오락쾌락성이 없지 않겠는가? 당연한 인생삶의 이치(人生理致)에 자연의 섭리(攝理)다. 그러나 한국인들은 역사적으로 가난의 한(恨)을 대대로 물려 받으며 살아온 민족이다. 이들이 오천년 역사 중 제일로 잘 먹고 잘 사는 오늘인데 어찌 성욕에 오락쾌락 문화가 발달되지 않겠는가? 오죽하면 항간에 "강남에 애인 없는 유부녀가 있느냐"는 말이 한 항간에 나돌지 않는가? 과유불급(過猶不及)이란 말이 있다. 도가 지나치면 아니함만 못하다는 말이다. 물욕(物慾)에 성욕(性慾)에 오락쾌락이 지나치면 말로(末路)는 패가망신에 가정파탄이다. "욕심이 과하면 사망에 이른다(약1:15)"는 성언(聖言)도 있지 않은가? 물욕이 과해도, 성욕이 과해도, 오락쾌락이 과해도 끝은 결국 파탄에 멸망일 수 밖에 없다.

한국사회의 오락쾌락 문화현실은 어떠한가? 현실을 파악하고 보다 나은 내일을 지향해야 할 것이 아닌가? 한국 사회는 유흥에 오락쾌락, 사치허영 문화가 대세다. TV 방송문화가 먹방, 노래방, 오락방 등이 대세인 것이 그렇고, 사회에서 음주문화, 유흥문화, 오락문화, 쾌락문화가 그렇다. 젊음과 낭만, 독서를 즐겨야 할 대학가도 그렇지 않은가? 학교를 중심으로 반경 500m 내에서는 술집도 금지하는 미국과 대조적이다. 한적한 시골, 관광지도 아닌 농어촌에 왜 모텔건물들이 있고 많은가? 한국만이 갖은 지역 명물에 유일한 특징이다. 무언(無言)에 상상이 간다. 최근 여론조사에 의하면 결혼하지 않겠다는 신세대 남자들이 70%, 여자가 60%를 육박한다. 이것이 무엇을 뜻하는가? 결혼에 필수인 취직도, 주택도 마련할 수 없다는 것이 그 이유다. 비하여 비혼(非婚)에 책임없는 남녀 동거생활, 동성연애, 동성결혼까지 막 가는 한국사회가 아닌가? 동성연애에 동성결혼이 무엇을 뜻하는가? 인간되기를 거부하는 인륜(人倫)에 천륜(天倫)의 파괴현상이다. 짐승들이 되고자 하는 인간파멸의 징조가 아닌가? 성경에 나오는 현대판 "소돔과 고모라(Sodom & Gomorah/ 성경, 창18-19장)"의 말세가 아니고 무엇인가? 그러니 사회가 어떠한가? 어린 학동들이 뒷골목에서 폭행하는 장면이, 성추행, 성폭행을 하고 영상까지 또래끼리 돌려보는 불량소년, 소녀들의 사회패악이 부끄럽지 않은 한국사회 현상이다. 오죽하면 10대 소녀가 아이를 낳아 쓰레기통에 버리겠는가? 오죽하면 40대 젊은 부모들이 양육이 싫다하여 갓난아이를 방바닥에 팽개쳐 죽이겠는가? 오죽하면 유치원 아이들을 정성으로 돌봐야 할 유치원 선생이 아이가 말을 듣지 않는다고 아이를 이불로 덮어 씌워 질식사 시키는 비인간적 짐승 같은 사람들도 있는 것이 오늘날 한국사회다. 오죽하면 OECD가 오락쾌락성이 최고인 나라가 한국이라 하지 않는가? 어째서 한국인들은 한민족 가난의 역사에 한(恨) 풀이를 하는 것인가? 어찌 음주문화에 중독돼 툭하면 기분 나빠 한 잔, 척하면 기분 좋아 한 잔, 툭하면 친구와 한 잔, 척하면 회식에 한 잔 등으로 밥보다 술을 더 좋아하는 국민이 한국인들이 아닌가? 음주문화에 성희롱, 성추행, 성폭행이 얼마나 많은가? 음주 후 또 2차, 3차로 심지어 오락쾌락방에 모텔까지 성욕풀이를 서슴지 않는 행위들이 얼마나 많은가? 그래서 오락쾌락 문화에 중독되어 가정불화에 이혼을 하는 가정들이 또 얼마나 많은가?

반하여 선진국, 미국사회는 어떠한가? 선진국, 선진국민들의 오락문화를 알아야 한국인들도 미래에 선진국민으로 거듭날 수가 있다. 미국의 성문화(性文化)는 오래전부터 개방된 사회다. 그렇다면 그들의 오락쾌락 문화현상은 어떤가? 한 마디로 오락쾌락 문화가 금지된 사회 같다. 거리에 노래방, 게임방, 오락방 등의 간판들을 볼 수가 없다. 커피만 파는 다방도, 시민들이 한가롭게 앉아 정담(情談)을 나눌 수 있는 조용한 좌담방도 없다. 미국인들은 대개 식당이나 "Starbuck"커피숍, 혹은 7-11과 같은 편의점에서 커피를 사서 들고 나와(take out) 차안이나 공원에서 담화를 나누며 마신다. 편의점 안에서, 혹은 차 안에서, 공원에서 술을 마시다 경찰에 단속되면 즉시 체포에 감옥이다. 어쩌다 눈에 띄는 술집도 밤 10시가 되면 문을 닫아야 한다. 그래서 미국에는 술파는 가게(liquor store)들이 거리에 많다. 퇴근길에 가게에서 술을 사서 집에서 식구들과 좌담하며 술을 먹는다. 사업상의 얘기들도 주로 사무실에서 약속하고 만나 사업대담을 나눈다. 간혹 댄스홀 간판들이 눈에 띄지만 사전 예약제로 밤 12시까지로 경찰 입회하에 영업을 한다. 그래서 거리에는 한국처럼 취객들도, 술주정도 볼 수 없다. 유흥문화는 집에서, 친구초대로, 조용히 즐겁게 마무리 한다. 그래서 미국사회는 거리에 일반인들이 즐겨 찾는 술집, PC방, 오락방, 놀이방 간판을 거의 볼 수 없다. 처음부터 이들이 존재하지 않았는가? 그렇지 않다. 사회적 병폐업소들은 지방자치제 의회가 하나씩 없애 버렸기 때문이다. 하루아침에 선진국, 선진인들이 된 것이 아니라는 말이다.

한국 사회적 오락쾌락 문화가 사회와 국가에 미치는 영향이 무엇인가? 우선 음주문화에 ① 공공사회 질서파괴, 환경미화, 성추행, 성폭행 퇴폐문화를 초래한다. ② 음주운전에 생명위험을 초래한다. ③ 음주국가라는 국가 폄훼를 초래한다. 한국의 음주문화가 OECD 국가 중 최고라는 불명예를 갖고 있지 않은가? ④ 음주문화가 생산성을 하락시켜 경제발전에 역효과를 초래한다. ⑤ 음주문화에 가정불화 가정파탄을 초래한다. 심하면 음주에 외도로 이혼까지 치닫는 경우가 허다하다. ⑥ 음주에 성추행, 성폭행 범죄현상이 증가한다. 오락쾌락 문화의 영향은 어떠한가? 오락쾌락 문화에 ① 국민성이 후진화 된다. ② 국가 생산성이 하락한다. ③ 유흥에 소비문화를 부추긴다. ④ 성문란에 사회가 퇴폐화된다. ⑤ 정신, 정서문화 하락성에 후진국이 된다. ⑥ 사회와 국가치안이 불안해 진다. ⑦ 후손들의 국가가 빈민국이 되어 가난을 면치 못한다. 등등으로 한국적 오락쾌락, 사치허영적 문화의 결말은 처참하다. 오늘날 경제대국에 잘 먹고 잘 산다는 한국이 오늘 국가위기를 초래하며 미래 후손들의 후진국에 후진국민을 예고하는 중대한 경고다.

노사분쟁 근성

"분노는 바보들의 가슴이다."

— 아인슈타인(Albert Einstein; 1879–1955,

독일태생 미국 물리학자, 상대성 물리학 이론 창시자)

[노사분규의 결과]

한국은 왜 노사분쟁에 시위가 끊임없이 빈번하며 이에 생산차질에 수출부진, 국가경제를 추락시키나? 왜 민노총과 같은 좌익노조들이 좌익정치에 촛불을 들어 민주정치를 탄핵하며 민주주의를 말살하는가? 왜 빈번한 노사분쟁에 기업들이 해외이전을 해야 하나? 베트남의 삼성을 보자: 베트남 정부가 34만평 공장부지를 공짜로 준다. 인건비도 한국의 1/10, 4년간 법인세 면제, 12년간 5%, 그 후 34년간 10%다. 한국은 매년 22%다. 수입관세, 부가가치세도 면제다. 수도, 전기, 통신비도 한국의 절반 값이다. 2만 4천명의 베트남인들의 업무수행도 한국인보다 낫다. 노사분규도 없다. 삼성이 호찌민시에 축구장 100개 정도면적에 가전공장도 건설 중이다. 기업들의 해외이전에 한국은 실업자(失業者) 천국이 돼 가고 있지 않은가?

[FOCUS] 노사분규에 망하는 나라

왜 한국은 노사분쟁에 시위가 끊기지 않는 국가인가? 빈번한 노사분규는 무엇을 뜻하나? 생산차질에 수출부진, 경제하락을 의미한다. 빈부격차에 사회회적 불평, 좌익과 우익의 적대감정, 국가정체성 변화로 망국되는 현상이다. 자유민주 정치를 불가능하게 만드는 요소다. 노사분쟁을 밥 먹듯 하는 국가가 어찌 선진국이 되겠는가? 그래서 오늘 좌익정치, 좌익정부, 좌익국가가 된 것이 아닌가? 잘 먹고 잘 산다는 경제대국, 한국인들이 어찌 이리 과욕에 상호양보에 발전을 방해 하는가? 한국의 노사분규는 좌익주의, 이기주의, 방종주의, 질서파괴, 고용추락, 수출부진, 경제추락을 낳는다. 노사분규는 노사간 문제다. 정부개입을 금하고 노사간의 분쟁을 법원에 맡겨라.

한국은 왜 노사분쟁과 시위들이 끝이 없는가? 왜 노사분규와 시위가 다반사로 발생하는가? "분노는 바보들의 가슴이다." 독일태생, 상대성 이론으로 노벨 물리학상을 받은 유명한 미국의

물리학자, 아인슈타인(Albert Einstein; 1879-1955)의 말이다. 한국의 빈번한 노사분규와 시위들을 빗대어 말한 듯하다. 한국인들의 노사분규는 세계에서도 유명하다. 통계에 의하면, 2016년 기준, 하루에 5,600명꼴로 노사분규 시위를 했다는 통계다. 일본의 600배 수준이다. 노사분규는 국가 경제발전의 암적 존재다. 불구하고 한국은 왜 툭하면 노사분쟁에 척하면 노사분규 시위가 연일 연속인가? 빈번한 노사분쟁에 시위는 고용시장 불안, 사회질서파괴, 생산차질로 수출부진을 초래하며 국가경제를 추락시킨다. 더욱 심하면 자본주의적 빈부격차 반발에 노동자들의 좌익주의와 노동주(社主)들의 우익주의로 국가가 좌익화 공산주의 정체성을 갖게 되는 노동자들의 반란행위를 초래한다. 한국에는 이미 민노총, 전교조, 민변, 민청련 등의 좌익시민 단체들이 얼마나 많은가? 오늘 19대 주사파 문정권에 들어서 더욱 좌익들의 노사분규에 시위가 빈번하다. 끊임이 없다. 이제 한국의 노동자들의 월급수준도 적은 편이 아니다. 오히려 평균월급, 200만 원을 상회하여 300만 원 이상이다. 노동환경, 노동인권도 많이 개선됐다. 또한 노사분쟁의 발단은 노사 간의 문제다. 그런데 왜 정부가 걸핏하면 노사분규에 개입하여 노조들이 툭하면 정부상대, 공공거리를 점령하고 사회질서와 국가공익(國家共益)에 해를 끼치는가? 노사분규는 노사간의 문제로 노사 간에 풀어야 할 문제다. 해결이 어려울 경우에는 선진국처럼 노사 간의 문제를 법정으로 끌고 가 재판으로 결정 지어야 할 문제다. 그런데 왜 툭하면 거리시위로 척하면 공공질서를 파괴하며 민폐와 민심을 교란시키는가? 잦은 노사분규로 기업들이 망한다. 회사가 망하면 누가 손해를 보는가? 노동자들이다. 어째서 한국적 노사분규와 시위모습은 마치 독재 공산국의 공산당원들을 연상케 한다. 붉은 조끼에 붉은 띠를 머리에 매고 하늘을 향해 주먹질하는 시위모습은 마치 북한 독재, 공산당원들이 적화통일에 전쟁을 외치는 모습과 흡사하다. 하얀색, 푸른색, 초록색도 있건만 왜 하필이면 공산당을 상징하는 붉은 색인가? 노동자들은 빈부격차에 불평으로 공산공분(共産共分)하자는 좌익성향의 문제들이 내재(內在)해 있다. 한국적 노사분규 시위는 배부른 투정이다. 엄정한 공권집행으로 연행에 체포로 투옥시켜야 사회질서, 경제질서가 바로 선다. 왜 한국은 노사분쟁이 습관성으로 빈번한데 왜 공권은 이에 온정적인가? 노사분규 시위가 헌법이 보장한 표현, 집회, 결사의 자유라지만 헌법은 누구를 위해 무엇을 위해 존재하는가? 통치와 국민을 위해 헌법이 존재한다. 고로 통치에 사회, 경제, 국가에 해가되는 노사분규는 헌법에 명시된 국가통치에 구속이 된다. 당연히 민주통치에 노사분규도 미국처럼 구속돼야 함이 마땅하다.

노사분규가 무엇이고 왜 발생하는가? 노사분규는 노동자와 사주 간에 발생하는 이권다툼이다. 노동법상, 노동쟁의, 노사 간의 문제다. 노동쟁의는 왜 발생하는가? 노조와 사용자(기업)간에 노동문제; 노임, 근로시간, 노동환경, 노동법 위반, 복지문제, 해고, 복직, 등등에 따른 노사간의 불만에 분쟁이다. 분쟁에 시위행위다. 노조의 결정에 따라 노동시위, 파업, 태업 등이 발생하며 분규가 해결되지 않으면 시위에 돌입한다. 노조가 요구조건을 내걸고 노사 간의 문제를 해결키 위해 집단시위를 하는 경우다. 문제는 노사분규가 왜 연일 연속, 빈번한 것인가 하는 문제가 심각하다. 왜 노사 간의 문제를 공공거리에 나와 시민사회에 민폐를 끼치는가? 왜 공권이 노사분규에 미온적인가? 왜 정부가 노사문제를 개입하는가? 등등의 문제가 한국적 노사분규에 종속되는, 해결해야 할 문제들이다. 노사분규에 사회불안, 파업, 태업으로 생산중지, 수출부진, 국가경제를 추락시킨다. 2021년 5월 기준, 한국에 청년 실업자들이 무려 200만 명을 초과한다. 배부른 노조에 배부른 노동자들의 투정이 아닌가? 노동자를 담보로 한 배부른 노조권력의 월권남용에 횡포가 아닌가? 노사공생(勞使共生)에 최대노력을 해야 할 노사가 왜 툭하면 노동쟁의, 척하면 노사분규 시위로 국가경제를 망치는가? 그래서 왜 기업들이 해외로 이전하며 노동자들이 결국 직장을 잃게 되는 자업자득(自業自得)을 초래하는가? 그것이 최선의 결과인가? 노사분규는 노사간에 해결로 끝나야 한다. 해결치 못하면 법정재판으로 해결해야 한다. 독재 권력국가나 정부가 노동쟁의에 개입한다. 미국은 노동쟁의에 개입치 않는다. 치밀한 노동법에 guide(안내)만 한다. 법의 제재로 해결한다. 노사정의 흥정이 없다. 그것이 선진국다운 해결방법이다. 왜 한국의 노사분쟁, 노사분쟁 시위 행태는 공산당식 붉은 조끼, 붉은 띠에 불끈 쥔 주먹으로 하늘을 향해 분노를 발산하는가?

노사분규가 끼치는 국가적 손실은 무엇인가? ① 사회적, 경제적 손실을 초래한다. 고용시장 불안정, 사회적 비용, 국가경제적 손실을 초래한다. 노사분규는 배부른 노조들의 투정이다. 취직을 하고 싶어도 일자리가 없어서 방황하는 젊은 실업자들이 얼마나 많은가? 노사 간의 양보로 공생공존(共生共存)할 생각은 하지 않고 왜 무조건 노사분쟁에 공생(共生)아닌 공사(共死)를 원하는 분쟁에 시위를 하는가? 노조 간부들의 권력과 부정부패 비리현상이 얼마나 많은가? 이들이 호화생활을 한다는 항간의 소문이다. 한국노조가 일본이나 미국에 비해 얼마나 심한가? 비교해 보자. 한경연(한국경영연합회)의 통계에 의하면 2007-2017년 기준, 10년간 근로자 1000명당 노동손실 일수는 한국이 42일로 최고다. 미국은 6일, 일본은 2일이다. 한국은 일본의 210배, 미국의 7배나 된다. 또한 노동쟁의 건수는 한국이 연간 100건, 미국이 13건, 일본이 38건으로 한국은 미국의 8배, 일본의 3배로 단연 최고다. 노동 쟁의 참가 수만 해도 한국은 1만 6천명, 미국의 62배, 일본의 143배나 많다. 노조가입률만 따져 봐도 지난 10년간 미국은 12%에서 0.7%로, 일본은 18%에서 17%로 감소한 추세였지만 한국은 오히려 11% 이상으로 증가했다. 작은 나라인 한국은 노동 손실일, 노동쟁의 건수, 노동쟁의 참가 수, 노조 가입률이 세계 최고다. 이러한 추세가 증가일로(增加一路)에 있다. 한국적 노동쟁의 노사분규는 한국경제를 추락시켜 결국 한국이 후진국이 되게 하는 행태다. 망국행위다. 반하여 노동자들만 나무랄 일도 아니다. 욕심이 과한 기업들이 한국에 얼마나 많은가? 돈 벌어 죽을 때 무덤 속에 돈을 갖고 가나? 참으로 얄팍한 소인배 장사치들이다. 그러나 노동자들이 더 나쁘다. 오죽하면 기업들이 해외이전을 하겠는가? 오죽하면 대재벌, 삼성전자가 베트남으로 생산단지를 이전 했겠는가? 해외이전에 고용과 실직에 얼마나 많은 노동자들이 손실을 입는가?

② 둘째, 노사분쟁에 시위는 민심불안과 사회질서, 공공질서가 파괴된다는 점이다. 한국적 노사분규 행태는 과격하고 파괴적이다. 그 사회적 비용이 얼마인가? 수천 명이 일시에 공공장소를 점령하고 시위한다. 독재 공산국가, 공산당원들의 인민재판을 연상케 한다. 심하면 과격 돌격 시위대가 경찰차를 때려 부순다. 이에 경찰차가 물대포로 응수하지만 군중심리에 시위작태는 더욱 기세를 떨치며 공권이 무법자(無法者)에 벌벌 기는 모습이다. 체포는커녕 수수방관이다. 노조위원장은 시위를 벌려 놓고 뒷구멍으로 도망쳐 치외법권인 종교단체에 몸을 숨긴다. 국법과 공권을 조롱하는 행위다. 도대체 국가 없는 노조가, 종교가 어찌 존재한단 말인가? ③ 셋째, 노조가 좌익정치, 좌익국가, 공산정치화를 꾀한다는 점이 심각하다. 국가정체성 반역이다. 오늘 19대 주사파 문정권이 그렇다. 좌익성 노조들, 주사파 민노총, 전교조, 민변, 민청련에 많은 좌익 시민단체들이 그렇다. 18대 민주 박근혜 전 정권을 인민재판식 탄핵으로 감옥에 보내고 오늘 문정권이 좌익정부, 공산화 좌익정치를 하여 자유민주, 대한민국을 파괴해 왔지 않은가? 어째서 자유민주, 민주정부 조직에 좌익들을 배치하여 3권 분립을 좌익화 장악하고 부정선거에 집권 다수당으로 좌익국회가 되어 좌익성 법안들을 독재독주 한단 말인가? 어째서 증거 많은 부정선거를 좌익화된 대법원이 전국 126개 지역의 선거무효 소송들을 헌법시효(6개월)를 불법으로 묵살하며 무려 14개월이 넘도록 소송들을 모두 묵살해 왔단 말인가? 이게 어찌 반자유민주적 반역정치, 좌익정치가 아니라 말할 수가 있겠는가? 이게 누구 때문인가? 빈부격차에 불만품은 좌익성 노

조와 노동자들 때문이 아니던가? 이미 자유 민주 대한민국은 인구의 30%가 좌익주의자들로 오늘 주사파 좌익들이 좌익정부를 장악하고 이제 대한민국은 좌익국가, 공산국가가 된 셈이다. 불구하고 국민들은 민족세습성, 과묵주의, 회피주의, 방종주의에 민주정권이 반역 돼도, 그래서 국가가 위기에 처해도, 수수방관만 하고 있지 않은가? 독재공산국가가 된 후 짐승처럼 살아 봐야 그때에 비로소 통곡통절을 하겠는가? 역사가 그랬고, 임진왜란에 6·25전쟁도 모두 그랬다.

선진국, 미국의 노사분규는 어떠한가? 저자(著者)는 미국에서 50년을 살았지만 미국에서 한국과 같은 대단위 노사분규 시위를 단 한 번도 본 적이 없다. 미국엔 노사분규가 없다는 뜻이다. 노사분규 시위방송을 들어본 적도 없다. 차를 타고 어쩌다 지나치다 보면 회사 앞에서 한두 명이 피켓을 들고 조용히 회사 앞을 왔다 갔다 하는 시위모습을 수십 년 동안에 한두 번 본 적이 있다. 그러나 한국과 같이 빈번한 노사분규에 시위들은 세상 어디에도 없다. 떼로 몰려 공공장소나 공로를 점령하며 붉은 조끼, 붉은 띠로, 주먹을 하늘을 향해 분노를 발산하는, 그런 시위는 50년간 단 한 번도 미국에서 본적이 없다. 피켓시위를 하던 자들도 1, 2시간 후면 없어져 버렸다. 이것이 미국식 노사분규에 시위다. 미국에선 시위자들이 공로(公路)나 도로를 점유하면 즉시 연행에 체포다. 미국의 경우, 노사분규는 노사 간의 문제로 정부 개입이 없다. 쟁점이 있으면 노사가 법원에서 해결한다. 미국의 시위행위는 공공질서 안전을 위해 철저히 경찰공권이 체포와 구금집행을 한다. 한국의 경찰은 어떠한가? 온정적, 방어적이다. 오히려 19대 좌익정권, 문정권에 들어서 코로나를 핑계로 탄압이 심해 졌다. 심지어 9대 차량의 부정선거 시위도 광화문 진입을 하지 못하게 탄압하지 않았는가? 한국적 빈번한 노사분규 시위행위는 세계 어디에도 없다. 타국의 시위들은 주로 반정부 시위다. 그래서 시위참가자들의 복장도 제각각 모습이다. 한국과 같이 동원된, 기획된 시위는 세계 어디에도 없다. 한국인들은 왜 매사에 독종적인가? 민족성 세습화에 "독재성, 분열성, 방관성"이 많은 민족이기 때문이다. 오죽하면 건국 이래 과거 72년간 군중시위에 11명의 통치자 중 1명은 하야, 1명은 암살, 1명은 자살, 4명은 감옥가는 비운(悲運)의 정권말로를 겪어야 했는가?

노사분규는 왜 근절돼야 하는가? 노사분규는 사회질서와 국가기강에 해악(害惡)만 끼칠 뿐이다. 고용문제, 수출부진으로 국가경제를 마비시킬 뿐이다. 설상가상(雪上加霜)으로 오늘 19대 주사파 문정권과 같이 빈부격차에 불만을 품은 좌익 노조계층들이 주체사상(주사파)에 좌익화되어 자유민주를 파멸하며 시위행위로 변질되는 경우가 많기 때문이다. 망국시위 행위다. 그래서 노사분쟁에 노사분규 시위는 반드시 근절되어야 할 대상이다. 비록 헌법이 보장하는 어떤 집회의 자유도 시위자체가 "통치에 해악"이 된다면 미국의 민주주의와 같이 시위행위가 허용이 돼서는 안 된다. 헌법의 자유도 국가통치가 우선이기 때문이다. 국가가 있고 헌법이 존재하지 않는가? 한국인들은 범국민 교육; "인성화, 도덕화, 교양화, 자유민주화, 민주법치화, 선거정치화, 정의사회화, 국가민주화 교육"이 건국 이래 과거 72년간 단 한 번도 없었기 때문에 멋대로 시위행위를 한다. 이는 낮은 국민수준에 통치와 헌법의 자유에 책임을 지지 않는 국민이기 때문이다. 일종의 무식한 결과다. 그래서 멋대로 시위행위들이 난무하고 있지 않은가? 한국인들은 헌법에 명시된 자유는 무조건 다 자유인 줄로 착각한다. 그렇지 않다. 헌법도 국가 존재가 먼저이고 국가존재를 위해서는 헌법도 국가통치에 구속되기 때문이다. 오죽하면 낮은 국민수준에 과거 72년간 모든 역대 정권들이 민주헌정을 "배반한" 제왕적 권력독재 정치만 하여 고질적 불신정치의 결과를 초래한 것이 아닌가? 오죽하면 오늘 19대 주사파 문정권이 민주헌정을 "반역한" 좌익 정부화 좌익정치로 국가정체성을 파멸하는 결과로 국가위기를 초래하지 않는가? 멋대로 노사분규에 멋대로 시위도 이제 근절돼야 한다. 그렇지 않으면 후진국으로 추락된다.

연고주의 근성

[사회생활 최선책]

1. 부탁 없이 살아라   2. 예의도덕을 지켜라

3. 정직하고 솔직하라   4. 겸손, 검소, 소탈하라

5. 신뢰와 의리를 지켜라   6. 불만과 비평을 금하라

7. 금전거래를 금하라

 왜 한국인들은 연고주의와 인맥주의로 때로는 뇌물이 오가며 부적절한 사회생활로 계층 간의 사회 부조리를 만드나? 연고주의(緣故主義)와 인맥주의(人脈主義)가 무엇인가? 연고주의는 학연, 지연, 혈연, 인연(因緣) 등의 연계로 서로 의지하고 부탁하며, 상부상조(相扶相助)하며 살아가는 삶과 생활모습이 연고주의다. 반하여 인맥주의는 목적달성을 위해 목적분야에 종사하는 인물이나 관계된 인물을 직접 또는 제 3자를 통해 소개를 받아 목적하는 바를 부탁하고 목적달성에 사례 혹은 일종의 뇌물을 제공하며 서로 결탁하여 살아가는 부적절한 사회적 부조리, 결탁행위가 인맥주의다. 연고주의나 인맥주의 모두가 사회생활에서 개인의 목적을 달성하고자 연고나 인맥으로 서로 엮여 상부상조하는 학연, 지연, 혈연, 인연 간의 부당한 사회생활, 사회 부조리다. 예컨대, 취직부탁, 공직부탁, 정계진출시에 이용되는 부조리한, 부당한 방법이다. 한국 사회는 유독 연고주의(緣故主義)와 인맥주의(人脈主義)를 중시(重視)하는 사회다. 연고(緣故)에, 인맥(人脈)으로 서로 의지하며 부탁하고 한 평생 상부상조하며 살아가는 삶과 생활수단이다. 선진국이나 후진국이나 연고에 인맥주의는 존재한다. 그러나 서구 선진국의 경우는 연고나 인맥이 있어도 함부로 부탁도, 추천도

하지 않는다. 추천할 경우에도 추천을 의뢰 받는 경우에 추천하되 추천자체가 개인적인 능력과 자격이 인정돼야 추천한다. 또한 추천에 어떤 뇌물도 따르지 않는다. 자발적인 추천이 대부분이다. 그래서 추천하는 측이나 받는 측 모두가 한국과 같이 부담이 없고 도의적인 책임도, 뇌물도 오가지 않는 것이 상례다. 필요해서 추천을 의뢰하고 추천을 한다. 또한 추천이 됐을 지라도 추천 후 능력과 자격이 결여되면 언제든 해고 또는 해약을 한다. 재언하며 한국과 같이 뇌물에 인맥주의가 아니고 순수한 추천제라는 점이 한국과 다르다. 한국식 연고주의, 인맥주의와는 전혀 다른 양상이다. 한국의 경우, 반드시 답례나 뇌물이 오간다는 점이 서구적 추천제와 다르다. 한국식 연고주의, 인맥주의가 미치는 사회적 부조리 현상은 무엇인가? 뇌물제공에 부정부패 비리를 초래하는 사회적 부조리, 정치적 적폐현상이다. 사회적 병폐현상이다. 그 결과가 불신국민성, 불신사회성, 불신정치성이 초래됐다. 특히 한국의 경우, 정치입문이나 정치활동상에서 연고주의, 인맥주의가 기승을 부린다. 예컨대, 청와대 민정수석으로 있었던 조 X 이란 작자는 자녀대학 입학을 위해 표창장 위조는 물론, "추천서"까지 공직권력자로부터 받아내 이것이 말썽이 되어 형사재판까지 받지 않았는가? 한국적 연고에 인맥주의는 사회적 병폐현상으로 정착됐다. 오죽하면 교수채용에도 인맥에 수억 원의 뇌물이 오간다는 항간의 소문도 있지 않은가? 정치계의 연고제와 인맥제는 아예 고질화된 사회부패다. 예컨대, 오늘 19대 문정권이 정권의 인재등용을 앞세워 "좌익 코드화, 낙하산식 고위층 공관장, 공직자 임명이 그 예다. 오죽하면 문정권이 재임중 국회 인사청문회에서 거부된 각료들을 무려 37명씩이나 강제임명을 하지 않았나? 사정이 이러한데 어찌 문정권이 좌익정권에 좌익국정을 위해 민주헌정을 "반역"하여 민주정부 3권 분립 조직, 요소요직(要所要職)에 좌익 코드화 좌익인사들을 배치하고 행정부, 입법부, 사법부, 대법원, 선관위, 방통위까지 좌익정부화, 좌익통치, 좌익정치, 좌익국정을 하지 않았다 말할 수 있겠는가? 문정권의 좌익 코드 인사들이 바로, 예컨대, 청와대에 임X석, 조X 등, 행정부에 추X애, 이X영 등, 국회에 이X찬, 송X길, 윤X중, 정X래, 김X민, 안X석 등등의 수십에 수백의 주사파 좌익 정치인들, 대법원장 김X수, 선관위장 조X주, 방통위장 한X혁 등등의 문정권의 좌익연고에 좌익인맥들이 아니겠는가? 어찌 이게 19대 문정권이 민주헌정을 "반역한" 반역정치, 좌익정치, 좌익정부가 아니라 반박을 할 수가 있는가? 이와 같이 연고주의나 인맥주의는 순수한 실력위주(實力爲主), 능력위주(能力爲主), 경험위주(經驗爲主), 전문성위주(專門爲主)가 아닌 부정(不正)과 불의(不義)가 개입한 부패한 정치연고, 정치인맥 조직이라는 점이다. 민주주의에서 있어서는 안 될 심각한 연고에 인맥현상이다.

연고주의(緣故主義), 인맥주의(인맥주의)가 초래하는 사회적, 국가적 영향이 무엇인가? 한마디로 불신정치성에 불신국민성, 불신국민성에 불신사회성이다. 사회 각계 각층에서, 정치계, 재계에서 서로 연고주의, 인맥주의에 부적절한 연결고리로 부당한 불신현상을 초래한다. 그래서 사회적, 국가적 불신을 초래하며 국가위기를 자초한다. 끼리끼리 신분확인, 신분보장, 신분유지로 뇌물들이 왔다 갔다 하며 부정부패 비리가 만연한 거짓과 위선, 부정과 불의, 사기가 난무하는 불신국민성, 불신사회성, 불신국가성을 초래한다는 점이다. 특히 한국의 정치계는 연고주의 인맥주의가 거의 전부다. 끼리끼리 정치하여 끼리끼리 연고에 인맥주의로 부정부패 비리 정치를 한다. 사회 계층도 마찬가지다. 연고에 인맥주의로 각계 각층들, 예컨대, 학계층에서, 사회계층에서, 예술계층에서, 연예계층에서, 가수계층에서, 등들이 연고에 인맥주의로 거래를 한다. 한국은 연고주의, 인맥주의로 끼리끼리 연결돼 사는 집단사회에 집단국가다. 정치, 경제, 사회, 문화, 전반이 모두 그렇다고 볼 수 있다. 비근한 예로, 취직시험에 합격하여 막판에 연고주의, 인맥주의에 밀려나가는 경우가 얼마나 많은가? 오죽하면 정치인들, 공직자들, 교육감들이 개입하여 부당하게 채용들이 난무하는 사회가 되었겠는가? 이에 법정분쟁들이 또 얼마나 많은가?

선진국, 미국의 경우, 연고주의, 인맥주의 현상은 어떠한가? 한국과 정반대 현상이다. 미국의 경우는 답례와 뇌물이 오가는 연고주의, 인맥주의 자체가 존재치 않는다. 아예 상상도 할 수가 없다. 다만 상대방의 실력과 능력을 사례없이 추천할 뿐이다. 추천에 천거제만 존재한다. 학교 동문이라 할지라도 아예 실력과 능력, 경력이 없으면 무시해 버린다. 철저한 개인주의, 실력주의, 능력주의, 경험주의다. 보상없는 추천이나 천거만 있을 뿐이다. 이 어찌 건강한 국민성에 건강한 사회, 민주주의 국가가 아닌가? 미국에선 자격이 없는 사람이 추천을 부탁하는 자체가 부정적 인사가 되어 역효과(逆效果)에 왕따 취급을 당한다. 그래서 미국인들의 경우는 아예 연고주의나 인맥주의가 존재치 않는다. 구태여 있다면 같은 직장이나 정치분야에서 상호 정보교환(情報交換)이나 실력과 능력, 경험에 바탕한 상호 신뢰관계로 소개와 추천만 있을 뿐이다. 그래서 미국의 경우는, 예컨대, 고용을 하더라도 응모자의 경험과 능력과 학력을 주로 본다. 연고도, 인맥도, 나이도, 빽도 상관이 없다. 오히려 연고나 인맥을 언급하면 불이익 당하며 취직도 불허된다. 고용이 되면 고용된 자는 맡은 바 임무와 회사규정과 규칙에 충실 한다. 실력이 부족하거나 회사규정과 규칙에 위반될 경우는 회사는 공용된 자를 하시(何時)래도 pink slip(해고장)으로 해고(解雇)를 통보한다. pink slip이 곧 해고통지다. 그래서 미국의 기업들은, 재벌이나 중소기업들이 노사분쟁이나 노사분규 시위가 거의 없다. 노사분쟁도 회사 내에서 해결하지 한국의 노조들처럼 세상 밖으로 나와 시위하지 않는다. 회사가 해고도 언제든 맘대로 한다. 노사가 공생공영(共生公營)해야 하는 공동정신(共同精神)이 있기 때문이다. 회사가 잘돼야 월급을 보장 받을 수 있고, 노조도 회사덕(會社德)에 살 수 있기 때문이다. 기업은 이윤을 위해 사업을 하고, 노동자는 노동에 정당한 임금만 받으면 된다. 반하여 한국의 노조들은 비정상적, 비현실적이다. 노조는 사회와 국가에 해악만 끼친다.

한국사회에서 연고주의, 인맥주의가 기승을 부리는 이유가 무엇인가? 한국속담에 "같은 값이면 다홍치마"란 말이 있다. 같은 조건이면 혈연(血緣), 학연(學緣), 지연(地緣)이 있는 연고주의, 인맥주의를 택한다는 의미다. 이는 무엇을 뜻하나? 불신사회성, 불신 국민성을 뜻한다. 한국사회에서는 아무나 사람을 믿을 수 없다는 의미다. 정직과 공정이 실종된 사회를 뜻한다. 그래서 오늘 한국 사회는 거짓과 위선, 부정과 불의, 사기가 난무하는 사회가 됐다. 와중에서 회사들이 누구를 믿을 수 있단 말인가? 그러니 당연히 연고주의, 인맥주의가 기승을 부린다. 연고와 인맥이 일종의 "보증제도"와 같은 역할을 한다. 연고와 인맥으로 취직된, 공직된, 정치입문을 한 사람이 어찌 소개한 사람의 얼굴을 봐서 배반을 하겠는가? 그래서 연고에 인맥주의가 일종의 보증제와 같은 역할을 한다는 말이다. 사회가 이렇게 불신적인데 어찌 연고와 인맥주의가 기승을 부리지 않겠는가? 그래서 한국 사회는 거의 모두가 연고와 인맥주의로 연결돼 있다. 정치, 경제, 사회, 문화, 모든 방면이 다 그렇다. 그래서 한국인들은 학벌주의를 중시한다. 유명대학일수록 동문들이 사회진출에 많이 진출돼 있다. 그래서 이들의 연고와 인맥에 취직적, 사업적, 사회적 이득이 많다. 그래서 연고주의, 인맥주의가 중시(重視)되며 더욱 기승을 부린다. 이에 자식들을 명문대학에 입학시키려는 부모들의 열성이다. 명문대학들이 역사가 깊어 사회에 배출된 동문들이 얼마나 많겠는가? 해당학교 선배들이 사회 요소요직에, 다분야에 진출해 있기 때문에 자녀들이 명문대학을 졸업한 후에 명문대학의 연고와 인맥으로 혜택을 보지 않겠는가? 그래서 자녀들을 명문대 보내기를 열심한다. 취직을 해도 명문대 선배들이 후배들 진출에 도움을 주기 때문이다. 굳이 말하자면 동문연고에 동문인맥으로 취직도, 승진도, 정계진출도 유리하다는 점이다. 그래서 한국사회는 집 한 채를 건축해도 반드시 연고에 인맥을 찾아 집을 짓는다. 그래야 믿고 집을 지을 수 있기 때문이다. 그래서 한국사회는 같은 값이면 다홍치마라고 연고에 인맥을 찾는다. 한국사회가 불신사회라는 점을 보여주는 현실이다. 한국사회는 이처럼 연고에 인맥에, 각계각층에서 연결고리로 서로 믿고 살아가야 하는 구조다. 예컨대, 정치에 사색당적 분열정치, 심지어 좌익에 우익으로 국민마저 분열된 사회이기 때문에 더욱 연고와 인맥주의가 기승한다. 분렬사회, 국가위기다.

한국사회의 연고주의, 인맥주의가 국가와 사회에 끼치는 영향이 무엇인가? 한 마디로 불평등, 불공평, 불의한, 부정한 사회를 만든다는 결과다. 예를 들자. 예컨대, ① 연고나 인맥으로 불신국민성이기 때문이다. 불신이 일상화돼 있는데 누구를 믿고 살아갈 수가 있겠는가? 그래서 연고에 인맥이 기승을 부리는 이유다. ② 불신사회성이기 때문이다. 불신사회에서 누구를 믿고 살아갈 수가 있겠는가? 연예인은 연예인끼리, 학자는 학자끼리, 정치인은 정치인끼리 등등으로 사회 각계 각층들이 연고에 인맥으로 서로 믿고 살아가는 불신사회가 됐기 때문이다. ③ 불신정치에 불신국가(不信國家)가 됐기 때문이다. 연고에 인맥이 없으면 관료관청의 인허가 관계에서, 사회공권에서 자유롭게 살아갈 수가 없는 부정한 사회인데 어찌 연고에 인맥이 기승을 부리지 않겠는가? 하다 못해 취직자리 하나 부탁을 하더라도 사정이 그러한데 어찌 연고에 인맥을 찾지 않을 수가 있겠는가? ④ 부정, 부실, 불의가 난무하는 사회, 정치, 경제, 사회이기 때문이다. 부정부패 비리가 난무하는 사회에서, 정치에서, 경제에서, 어찌 연고나 인맥이 없이 편히 살아갈 수가 있겠는가? 그래서 한국사회는 "주고받는 (Give and Take)" 사회가 됐다. 부정부패 비리, 불평등, 불공정, 부정의한 사회에서 어찌 연고와 인맥없이 살아갈 수가 있겠는가? ⑤ 목적달성을 위해서 연고와 인맥이 필수조건이 된 사회이기 때문이다. 뇌물주고 가수되고, 뇌물주고 허가받고, 뇌물주고 사업 따는 뇌물사회에서 어찌 연고와 인맥주의가 없을 수가 있겠는가? 뇌물주고 취직하고, 뇌물주고 정치입문하고, 뇌물주고 공천 따고, 뇌물주고 비례대표제 국회의원이 되고, 뇌물주고 각료가 되는 부정한, 적폐적 사회, 국가인데 어찌 연고와 인맥주의가 기승을 부리지 않겠는가? 연고주의, 인맥주의는 한민족 정착에 오래된 역사다.

학벌주의 근성

"배운 지식은 교만이고, 배우지 못한 지혜는 겸손이다"
— 윌리엄 쿠퍼(William Cowper; 1731 –1800, 영국 시인)

[학벌주의]
자나깨나 공부하여 명문대를 졸업하니
취직자리 바늘구멍 백수신세 한숨일세

학연연배 부탁하여 어쩌다가 취직하니
꼬봉일만 시켜대니 이럴려고 공부했나

취직못한 대학졸업 외국유학 가고보니
외국어가 힘들어서 학업조차 포기하네
이국에서 건달되어 헛된세월 방황하니
재산잃고 자식잃어 부모들이 한탄하네

[FOCUS] 한국인의 학벌주의

1류대 교수가 자식위해 "표창장"까지 위조하는 국민이 어찌 선진국, 선진인이 될 수가 있겠나? 왜 한국인들은 명문대 학벌에 죽고 사는가? 왜 기업들은 입사시험에 실력, 능력을 배제하고 학벌에 인맥으로 명문대 출신을 우선하나? 왜 한국교육은 시험공부, 지식교육 치중에 인성화, 도덕화, 교양화, 전문화 실용교육을 등한시하나? 왜 고위층, 졸부들은 자식들의 조기유학을 선호하는가? 조기유학에 실패하여 자식잃고 재산잃는 경우가 얼마나 많은가? 한국인의 학벌주의, 무엇이 잘못인가?

[출세의 조건]

1. 꿈과 목표분야를 세워라   2. 집념으로 한 우물을 파라
3. 분야의 전문가를 만나라   4. 분야의 환경과 어울려라
5. 분야에 기회를 포착하라

왜 한국인들은 명문대 학벌을 무조건 우대하는가? 도대체 학벌주의가 무엇인가? 학벌주의는 2가지 의미의 해석이 따른다. 하나는 서민층이 말하는 학벌주의는 단순히 "대학을 졸업했느냐 안 했느냐"는 대중적 학벌주의다. 반하여 또 다른 학벌주의는 지

성인층, 고위층, 상류층들이 말하는 "명문대출신이냐 아니냐" 하는 학교기준 학벌주의다. 명문대 위주의 학벌주의는 대학을 졸업했지만 어느 대학을 졸업했느냐 하는 것이 지식층, 사회층, 상류층, 고위층들이 선호하는 학벌주의 논리다. 이는 사회 진출 상에서 혹은 취직상에서 명문대 선배들이 사회에 널리, 많이 포진된 이유에서 학벌연고에 유리한 입장을 갖기 때문에 명문대학 학벌주의를 고집하는 경우다. 오늘날 한국은 세계 경제대국의 반열에서 신세대들, 거의 모두가 대학을 졸업했다. 대학졸업이 대중화 됐다. 그래서 OECD가 세계에서 문맹률이 1% 미만인 나라가 한국이라며 한국을 세계최고 학력국민임을 인정한다. 그러나 오늘날 한국인들은 사회진출을 할 때, 특히 일류기업에 취직할 때, 또는 특별히 정계에 진출할 때에 같은 값이면 다홍치마라고 실력이 비등한 경우라면 명문대 출신을 우선하는 것이 한국사회, 정치계의 관례다. 그래서 명문대 졸업을 우선한다. 이것이 한국인들이 지칭하는 학벌주의다. 이에 명문대 출신이냐 아니냐에 근거를 두고 학벌주의를 따진다는 점이다. 전공학과에 따라, 출신학교에 따라 응모자의 가치가 평가되는 것이 학벌주의다. 예컨대, 한국에서 서울대의 법대, 의대, 미국에서 Harvard대학의 법대, 의대, John Hopkins 대학의 의대, 또는 인문계 Rice대학의 영문학과와 같은 전공들이 명문대 학벌주의다. 반하여 한국인들은 전공학과와 상관없이 무조건 유명대학, 예컨대 서울대, 고려대, 연세대만 나오면 명문대로 친다. 잘 못된 인식이다. 명문대, 서울대학도 대학입시에 정원미달인 유명무실한 학과도 있지 않은가? 유명무실한 학과를 졸업하면 무슨 소용이 있는가? 그래서 명문대 학벌주의 기준은 "명문대에 명문학과"를 기준한다. 한국인들의 명문대 인식이 잘못된 경우다. 취직도 못되는 유명무실한 명문대 학과를 졸업해서 무엇에 쓰겠는가? 한국의 경우, 오늘날 명문대 인문계를 졸업했어도 취직이나 공직계에서 소용되는 법학과, 경제학과, 경영학과, 상공계 전문학과를 졸업하지 않으면 취직도 되지 않는 것이 한국사회의 고용현실이다. 그래서 인문계 졸업 후 또 다시 2년제라도 기술대학에 입학하여 기술을 배워 취직하는 경우가 얼마나 비일비재(非一非再)한가?

오늘날 한국에서 일류기업에 취직하기가 얼마나 어려운가? 해마다 대학졸업자와 실업자의 누적률이 얼마나 증가하는가? 누적되는 대학졸업생에 누적된 실업자에 어찌 취직하기가 용이하겠는가? 명문대를 졸업했다하여 취직되는 시대는 구시대적 허사(虛辭)가 됐다. 그래서 취직에 연고에 학연주의, 인맥주의가 기승을 부리는 이유다. 예컨대, 영화계의 배우, 가수계 가수, 연예계의 연예인들, 개그맨 등등이 대표적인 연고주의, 인맥주의가 기승하는 곳들이다. 예술계, 연예계, 배우계, 가수계, 개그계 등등에서 예컨대, 부모가 연예인이 되어 자식들도 연예인이, 배우가, 가수가 되는 경우가 얼마나 비일비재(非一非再)한가? 그 만큼 한국사회는 취직하기도, 특수분야에 입문하기도 어렵다는 현실을 의미한다. 한편, 교만하며 오만방자한 행동을 하는 명문대 출신들이 사회에 또 얼마나 많은가? 명문대가 무슨 쓸모가 있는가? 사람이 인간사가 결정되는 것이 아닌가? 이에 영국시인, 쿠퍼(William Cowper; 1731-1800)는 "배운 지식은 교만이고, 배우지 못한 지혜는 겸손이다"고 말 했다. 말인즉 옳은 말이다. 배웠다는 사람들보다 배우지 못한 사람들이 더 순수하고 솔직하고, 정직하고 더 겸손한 것이 오늘날 사회가 요구하는 인간사가 아닌가? 명문대인 서울대 법대출신에 서울대 교수, 청와대 민정수석, 몇 일간의 법무장관을 한 "조X"이란 사람을 보자. 자식들을 명문대에 입학시키기 위해 자식들의 "표창장"까지 위조하여 법정의 형벌까지 받지 않았는가? 명문대 출신만이 능사가 아니다. 그러나 한국인들의 학벌주의는 현실과 다르다. 무조건 명문대 출신을 선호한다. 잘못된 사회인식이다. 그래서 한국의 부모들은 특히 부유층 부모들이 자식들을 명문고교에 명문 사학원을 보내고자 강남지역을 선호하여 이에 특히 강남의 주택시세가 천정부지로 올랐고 또 오르고 있지 않은가? 사정이 이러한데 어찌 부유층 부모들이 자식들을 아예 미국이나 유럽등지로 조기유학을 보내지 않겠는가? 그러나 이들 역시 현지에서 원어실력이 부족하여 학교 공부를 포기하고 길거리의 방황하는 탈선자들이 얼마나 많은가? 자식 잃고 재산 잃는 경우다. "될성 싶은 나무는 떡잎부터 알아본다"는 선대(先代)들의 말도 있지 않은가? 스스로 열심히 공부하는 자식들은 한국에서나 혹은 외국에서나 남보다 특출하여 앞서가는 것이 상례다.

한국인들의 학벌주의 의식이 사회와 국가에 미치는 영향과 문제들이 무엇인가? 예를 들어보자. 예컨대, ① 학벌주의에 대학졸업자 증가에 누적되는 실업증가가 문제다. 국민들의 경제적 여건 호전, 학자금 국가지원 확대, 교육을 받지 못한 부모세대의 학벌위주 한(恨)에 한국은 대학졸업자만 양산한다. 이에 실업자 증가가 문제다. 2021년 기준 실업자 수가 이미 200만이 초과한 취업난이 문제다. ② 학벌주의에 대학증가로 교육의 질이 하락된 것이 문제다. 우후죽순(雨後竹筍)처럼 증설된 대학수(數)에 하락된 교육의 질(質)이 문제다. 어찌 인성화, 도덕화, 전인화 교육을 기대할 수가 있겠는가? 그래서 대학교육은 인성화, 도덕화, 전인화, 교양화 교육이 실종됐다. ③ 학벌주의에 신세대들의 혼족에 혼밥신세, 핵가족이 사회에 미치는 사회폐단이 증가하고 있다는 사실이다. 혼족의 핵가족이 증가하며 이에 따른 주택수요급증과 주택공급 부족에서 주택시세만 연일 연속 치솟고 있는 점이 또한 문제다. 부동산 주택시장의 광관에 교란을 초래했다. ④ 학벌주의에 치열한 생존경쟁이 문제다. 제한된 취직에 고용문제, 누적되는 실업자 증거가 국가경제에 얼마나 큰 영향을 미치는가? 이에 연고주의에 인맥주의 폐단이 사회에 얼마나 많은 병폐현상을 초래하는가? 국가 고용경제의 위기다. ⑤ 누적된 실업증가에 따른 사회범죄 증가가 사회적 폐단을 초래하는 문제다. 실업증가로 사회적 범죄행태, 자살행위가 가중화, 가속화되는 사회가 됐다. 학벌주의에 시험위주교육이 어찌 사회생활에, 실용적 삶과 생활에 도움이 되겠는가? 잘못된 한국 교육정책이다. ⑥ 학벌주의에 사교육비(私敎育費) 지출증가로 불안정한 가정생활을 초래한다는 문제다. 자녀교육 경쟁에 과도한 사교육비 지출로 가정파탄의 경우가 얼마나 많은가? ⑦ 학벌주의에 과도한 국고지원에 사회적 비용증가로 혈세낭비를 초래하는 문제다. 실업자 증가와 출산저조로 19대 문정권이 일자리 창출에 얼마나 많은 국고를 지출했는가? 더하여 좌익경제 정책; 소득주도(수주성)에 빈부격차 파괴, 소득분배 정책으로 과도한 임금인상, 세금폭등, 실업과 출산지원, 생계와 복지지원으로 오늘 한국이 당면한 국가총부채가 얼마인가? 무려 5,000조가 되어 국민 1인당 1억씩이 빚이다. 이에 국가부도가 코앞이다. ⑧ 학벌주의에 배웠다는 민족세습성, 체면의식에 노동기피성, 자립기피로 실업증가에 불신국민성, 국가경제 부실을 초래한다는 문제다. ⑨ 학벌주의에 배웠다는 민족세습성; 체면의식에 실업자들의 노동기피로 노동시장은 외국인들에 의해 점령됐다는 점이다. 노동시장의 불균형(不均衡)과 불안정한 경제구조를 초래한다는 점이 문제다. ⑩ 학벌주의에 혼족에 핵가족으로 책임없는 비혼근성(非婚根性)에 남녀 동거생활, 심지어 동성연애, 동성결혼으로 인륜과 천륜까지 파괴하는 심각한 비도덕적, 비인륜적, 비인간적, 말세현상을 부추긴다는 점이 문제다. ⑪ 학벌주의에 부유층 신세대들의 그릇된 유흥문화; 먹방, 노래방, 오락방, 놀이방, 여행방 등의 소비문화와 태만근성에 경제대국의 국가위상을 추락시킨다는 문제. 선친들의 피땀을 탕진하는 국민혈세 탕진이 문제다. ⑫ 학벌주의에 실업증가에 따른 생산성 하락, 수출부진, 국가경제 성장의 위축이 문제다. 등등으로 ⑬ 학벌주의에 세금을 폭등시켜 민생고를 초래하며 국민불안과 국가불안을 초래하는 국가위기를 자초했다는 점이다. 등등으로 학벌주의가 사회와 국가에 미치는 영향과 문제들이 심각하다. 이에 한국적 가정과 사회, 국가가 불안정하여 국가위기를 초래한다.

도대체 한국교육의 근본적 문제들이 무엇인가? 위에서 이미 부분적으로 언급했지만 첨부(添附)하여 말한다면, 예컨대, ① 첫째가 국가 문교당국의 백년대계적(百年大計的) 교육목표의 부재(不在)가 문제다. 문교정책이 인구 수, 산업체의 기업 수, 필요한 인재 수, 그에 따른 대학생의 수, 대학의 수를 어제와 오늘, 미래를 예상치 못하고, 분석연구는커녕 무작위로 대학졸업 증가에 대학 수만 증가시켜 교육혼란을 초래했다는 점이다. ② 둘째는 문교당국의 교육방법과 실천이 문제다. 시험공부에 지식위주 문교정책이 문제다. 수능시험과 대학졸업이 밥 먹여 주나? 문교당국이 경제대국에 걸맞은 선진국민성 교육, 예컨대, 범국민, 대국민 교육; "인성화, 도덕화, 교양화, 선거정치화, 자유민주화, 민주법치화, 정의사회화, 국가민주화"와 같은 교육이 부재하다는 문제다. 경제대국에 국민수준은 60여년 전 그대로 후진국적이다. 경제선진에 후진 국민성이 문제다. ③ 셋째는 무조건적 학벌주의가 문제다. 무조건 대학진학의 국민심리가 문제다. 대학을 나와 취직이 보장되나? 배웠다는 교만심에 노동기피, 자립기피, 불신국민성만 조장하는 문제다. 배웠다는 교만심, 경제대국이란 자만심, 문명국이란 헛된 자존심만 양성했다. 오늘날 19대 문정권에서 배웠다는 좌익들이 얼마나 많은가? 배움이 오히려 반국가적 정치로 망국적 국가현실이 되지 않았는가? 배운자들의 배반에 반역의식에 행태가 문제다. 진정한 교육부실 때문이다. ④ 넷째는 교육의 불균형화가 문제다. 산업인구에 따른 전문계, 기술계의 학교부재가 문제다. 왜 4년제 인문계를 졸업하고 또다시 2년제 기술전문학교를 입학하여 기술을 배우게 하는가? 왜 기술계통의 학교가 무시되며 부실한 국가 교육목표와 교육실천 방법으로 국고낭비를 유발하는가? 등등으로 오늘날 교육정책에 문제가 크다. 이에 어찌 교육의 목표; "평등한 기회, 공정한 과정, 정의로운 결실"을 맺을 수가 있단 말인가? 교육실패, 인간실패, 사회실패, 국가실패를 초래했다. 이 또한 국가위기다.

　참고로 오늘날 유행처럼 번지는 조기유학(早期留學)에 따른 애환(哀歡)과 폐단을 살펴보자. 조기유학은 자식들을 아예 초등, 혹은 중등교 시절부터 외국학교로 보내 외국교육을 시키는 경우다. 조기유학의 목적은 외국대학 졸업자라는 특별이력으로 취직이나 사회진출에 유리한 고지를 점령키 위한 수단이다. 그러나 이 조기유학도 문제가 많다. 문제가 무엇인가? ① 첫째, 외국어 실력 부족에 외국학교 수업을 따라갈 수 없는 문제다. 공부에 취미를 잃어 아예 조기유학을 포기하는 경우다. 통계에 의하면 조기유학을 포기한 자들이 무려 40%나 된다는 통계다. ② 둘째, 조기유학비 감당이 문제다. 외국대학을 졸업할 때까지 드는 교육비가 무려 한국의 집 한 채 값, 6억이 넘는다는 통계다. ③ 셋째, 조기유학에 부모들이 기러기 아빠, 엄마가 되어 현지를 오가며 학비조달에 생활지원으로 가정파탄을 초래하는 경우다. 과욕에서 비롯된 조기유학의 경우다. ④ 넷째, 자식들을 방랑자, 탈선자로 만드는 현상이다. 수업을 따라갈 수 없어 조기유학을 중도에서 포기할 경우, 학생이 탈선하여 신세를 망치는 경우다. 자식 잃고, 집 한 채 값을 날리는 경우다. ⑤ 다섯째, 언어실력이 조기유학의 관건이란 점이다. 학사, 석사학위 취득은 그렇다 쳐도 박사학위까지 따기는 하늘의 별 따기다. 한국 내 대학에서 박사학위 취득과정과 외국박사 취득은 차원이 전혀 다르다. 통계에 의하면 유학생들이 외국대학에서, 특히 미국에서 학사, 석사졸업에 학위 취득률은 천 명에 100명 이내라 한다. 그러나 박사학위 취득률은 천 명당 0.6명이라는 통계다. 미국에서 박사학위 취득이 그렇게 어렵다는 말이다. 미국에서 박사과정 수업을 보자. 한 과목당 3권 이상의 관계 영문원서를 읽어야하고, 읽은 후 과목당 40페이지 이상의 논문을 영어로 써야 한다. 매 학과당 성적기준도 엄격하다. 100점 만점에 출석점수가 20점, 수업 중 토론발표가 15점, 과목당 논문점수가 20점, 시험점수가 45점, 합하여 100점에 최소 90점 이상이어야 "A" 학점을 받는다. 박사학위 논문통과만 무려 1년이 걸린다. 그래서 미국박사는 따기도 어렵고 딴 후 박사 그 자체를 인정한다는 점이다. 다행히 요즘에는 미국의 대학교들 내에도 한국 학생들이 많아 선후배끼리 서로 시험문제까지도 정보교환이 되며 공부하기가 옛날보다 엄청 수월하다는 소문이다. 그러나 오늘 명문대를 졸업했어도 백수건달에 혼족에 혼밥신세가 되어 고독한 인생을 사는 사람들이 얼마나 많은가? 한국적 학벌주의가 문제다. 국가교육의 질의 문제다. 국가교육이 위기다.

셀폰(핸드폰)중독 근성

"태만은 약한 자의 피난처다"

– 체스터필드(Earl Chesterfield; 1694-1773, 영국정치가)

[휴대폰 인생]

휴대폰이 구세주네 밤낮으로 붙어사세

근무중에 꺼내보고 걸어갈때 훑어보고

애물단지 따로없네 휴대폰이 애인일세

휴대폰이 보물단지 휴대폰에 죽고사네

휴대폰이 없는세상 무슨재미 세상사나

독서문화 필요없네 낭만정서 무슨소용

휴대폰이 살려주고 휴대폰에 죽는세상

휴대폰이 구세주네 휴대폰에 죽고사세

[FOCUS] **한국인들의** 핸드폰 중독성

왜 한국인들은 유독 휴대폰에 중독되어 사는가? 왜 휴대폰에 중독되어 독서와 낭만, 정신과 정서문화를 접고 사는가? 선진국 일본, 미국을 보자. 일본은 노숙자도 1주일에 책 7권씩을 읽는다 하지 않는가? 미국은 시간이 나면 휴대폰이 아닌 독서를 하지 않는가? 왜 한국인만 유독 휴대폰 중독에 휴대폰 게임과 유흥문화로 귀중한 시간과 돈을 허비하며 휴대폰에 노예로 사는가? 이게 어찌 선진인이라 말할 수 있겠는가?

　한국인들은, 특히 신세대들은 왜 휴대폰에 중독되어 휴대폰에 붙어 사는가? 휴대폰의 기능이 무엇인가? 전화기인가? 아니면 시간소비 장난감인가? 어째서 한국인들은 휴대폰에 중독되어, 휴대폰에 항상 붙어 사는가? 휴대폰이 보물단지, 애물단지로 변해 버린 한국인들의 국민성이 아닌가? 어째서 한국인들은 근무할 때도, 잠깐 휴식할 때도, 밥을 먹을 때도, 복잡한 서울거리를 걸어갈 때도, 오가며 출퇴근 할 때도, 잠을 잘 때도 휴대폰에 중

독되어 휴대폰에 붙어 사는가? 어째서 수많은 시간들을 휴대폰에 허비하며 정신문화, 독서문화, 정서문화를 파괴하며 아이들의 장난기 같은 인생을 살려 하는가? 이를 두고 영국의 정치가, 체스터필드(Earl Chesterfield; 1694-1773)는 "태만은 약한 자의 피난처"라고 했다. 마치 휴대폰에 목매다는 한국의 젊은이들을 가르켜 말하는 듯하다. 오늘날 문명의 이기(利器)인 휴대폰은 인간을 태만(怠慢)케 만드는 문명도구가 됐다. 휴대폰을 가진 한국의 인구가 무려 4천만 명이나 된다 한다. 초등학생들까지 휴대폰을 달고 사니 그렇지가 않겠는가? 도대체 휴대폰 사용 목적이 무엇인가? 전화기 인가? 장난감인가? 게임기인가? 출퇴근 시, 전철안에서 좌석을 지켜주는 대용품인가? 아니면 독서문화, 정서문화, 낭만문화에 싫증나고 찌든 생활을 피신케 하는 대리만족 기계인가? 휴대폰에 붙어 사는 오늘 젊은이들의 취향에 의문이 간다. 휴대폰에 인생의 꿈을 탕진할 것인가?

휴대폰 사용목적이 무엇인가? 왜 휴대폰 사용목적을 떠나 휴대폰에 중독되어 금쪽같은 젊음의 시간들을 낭비하는가? 휴대폰 사용의 ① 첫째 목적은 "통화수단"이다. 전화기이다. 가정용 전화기 대용품(代用品)이다. 용건(用件)이 있을 때 사용해야 하는 통신기이다. 시도 때도 없이 시시콜콜 잡담용 통신기가 아니다. 왜 오늘의 젊은이들은 새로운 휴대폰이 시판될 때마다 비싼 휴대폰으로 바꾸어 쓰며 자랑을 일 삼는가? 돈과 시간을 허비하는 과시용, 게임용, 자랑용, 대리만족 심리현상이 아닌가? 휴대폰 사용의 ② 둘째 목적은 정보검색이다. 휴대폰이 정보검색(情報檢索)에 얼마나 편리한가? 휴대폰의 다양한 기능에 얼마나 편리한 생활을 제공하나? 교통정보, 학업정보, 금융정보, 통역정보, 여행정보 등등으로 휴대폰이 오늘날 백과사전이 아닌가? 휴대폰 하나면 전국여행을 거뜬히 할 수 있는 보물단지가 아닌가? 그러한 휴대폰 사용목적을 왜 밤낮으로 필요 이상 시간을 허비하며 휴대폰에 매달려, 휴대폰에 중독되어 귀중한 인생을 허비하는가?

휴대폰이 제공하는 생활상의 장단점들이 무엇인가? 장점들보다는 단점들이 더 많다. 우선 장점들을 보자. 위에서 언급했듯이, ① 첫째, 휴대폰이 통화통신 기능을 제공한다. 시공간 언제, 어느 곳이나 통화할 수 있는 생활편리를 제공한다. ② 둘째, 정보검색 기능에 편의 생활을 제공한다. 언제 어디서나 항시 정보들을 검색하고 정보를 제공해 준다는 점이다. 휴대폰 하나면 찾고 구하고, 사고 팔 수 있는 모든 정보를 얻을 수 있다. ③ 셋째, 생명 위급에 구급역할을 한다는 점이다. 위급 시 119나 112에 전화하여 생명을 구할 수 있는 중요 역할을 한다는 점이다. 반하여 휴대폰의 단점들은 무엇인가? 장점들보다는 단점들이 더 많다. 예컨대, ① 휴대폰이 인간을 노예가 만든다는 점이다. 휴대폰에 매달려 인간이 인간의 자유를 얼마나 뺏고 구속하는가? 자유로운 생각, 사색, 낭만, 정서를 얼마나 파괴하는가? 가정에서, 길거리에서, 학교에서, 사무실에서, 전철 안에서, 잠을 잘 때도, 언제, 어디서나 휴대폰에 붙어 살며 인간이 휴대폰 노예로 살지 않는가? ② 휴대폰이 인간을 비인간적인 인간을 만든다는 점이다. 인간이 누려야 할 인간성, 도덕성, 전인성(全人性), 교양성, 정신성, 정서성, 문화성, 낭만성, 독서성, 여유성 등등을 모두 휴대폰이 앗아 간다는 점이다. ③ 휴대폰은 인간이 지녀야할 기본적 예의도 덕성을 파괴한다는 점이다. 예컨대, 전철 안을 보자. 책보는 사람이 없다. 모두 저두족(低頭族)이 되어 휴대폰에 고개를 숙인 채 노약자에게 자리를 양보하기는커녕 얌체족이 돼 버렸다. 휴대폰이 예의범절, 도덕성을 실종케 한다. 휴대폰이 인간성, 도덕성, 교양성을 말살시키는 경우다. ④ 휴대폰 생명위기를 제공하는 무기가 된다는 점이다. 휴대폰 이용모습들을 보자. 신호등을 건너며, 길을 가면서, 심지어 운전을 하면서 등등으로 인간이 휴대폰에 매달려 휴대폰이 인간생명의 무기가 돼 있다는 점이다. 휴대폰이 위험무기다. ⑤ 인간고유의 정신, 정서, 독서문화를 파괴시킨다는 점이다. 민족고유한 정신문화, 정서문화, 미풍양속 문화를 파괴시킨다는 점이다. 손 편지가 오가는 옛 온정의 문화, 정서문화, 미풍양속 문화, 도리문화(道理文化)까지 파괴시킨다는 점이다. 손가락 하나로 문자를 보내며, 문자로 인사하는 인정 없는 문화만 양산시킨다는 점이다. 고유문화의 파멸이다. ⑥ 휴대폰이 삶과 생활을 태만화(怠慢化) 시킨다는 점이다. 편리한 휴대폰 이용으로 인간이 누릴 수 있는 여유문화를 파괴시키며 인간에 태만성을 유발시킨다는 점이다. 통계에 의하면 일인당 휴대폰 소비시간은 하루에 평균 3시간 이상이라 한다. 먹고 자고, 출퇴근하고, 근무하고, 나머지 시간들은 휴대폰과 TV를 보는 시간에 허비하는 셈이다. 휴대폰이 얼마나 인간을 태만케하고 여유없는 인간생활을 하게 하는가? ⑦ 휴대폰이 유흥문화, 소비문화를 부추긴다는 점이다. 휴대폰 게임에 먹방, 노래방, 오락방, 여행방 등으로 사치허영, 오락쾌락성을 부채질 한다는 점이다. 밤에도 음식을 시켜 먹고 휴대폰으로 오락에 게임들을 즐기지 않는가? ⑧ 휴대폰이 필요 이상의 낭비문화를 부추긴다는 점이다. 휴대폰에 상품주문과 필요 이상의 쇼핑문화를 창출하며 소비성향을 부추기는 현상을 만든다는 점이다. ⑨ 휴대폰 사용에 개인정보 유출 피해다. 휴대폰 사용에 개인의 신상정보들이 공개되며 얼마나 물질적, 심리적 피해를 입는가? ⑩ 휴대폰 이용에 사기행각, 사회범죄, 사회적 부조리가 양산된다는 점이다. 오늘날 휴대폰 사기범죄 행태들이 얼마나 많은가? 오죽하면 보이스 피싱(voice fishing)이 두려워 휴대폰이 울려도 휴대폰에 발신자 이름이 뜨지 않으면 전화조차 받지 않는 불신사회가 돼 있지 아니한가? 이에 사회적 비용손실이 얼마나 크고 많은가? 등등으로 휴대폰 사용의 단점들이 장점들보다 훨씬 많다는 점이다. 휴대폰은 일종의 통신용, 검색용에 불과하다.

인간이 휴대폰의 노예가 됐다는 뜻이 무엇을 말하나? 인간이 휴대폰에 노예가 되어 불행하게 산다는 뜻이다. 최근 OECD가 발표한 세계인의 행복지수에 의하면 행복지수의 1위가 중국, 2위가 북한, 한국이 152위 국가라 한다. 이는 무엇을 뜻하는가? 기계문명이 발달한 국가일수록 인간의 삶을 불행하게 만든다는 의미다. 삶과 생활이 편리하나 또한 그만큼 불행한 삶을 산다는 의미다. 후진국일수록 행복지수가 높은 이유다. OECD가 한국인들의 삶의 질이 꼴찌라 하지 않는가? 원시인일수록 인간은 보다 행복하게 살지 않는가? 복잡한 문명문화가 없이 인간은 단순하게 살았기 때문이다. 인간이 신시대, 신문화, 신문명이라 인간의 삶이 더 행복해지는가? 그 반대다. 오늘날 한국인들은 경제대국에 물질풍요 속에 정신, 정서빈곤으로 복잡하게 불행하게 산다. 물질문명은 선진에, 인간의 정신, 정서문화는 후퇴를 의미한다. 오늘 4차원적 AI기술(artificial technology)이 바둑시합에서 바둑의 대가(大家), 이세돌을 무너트리지 않았는가? 인간이 기계문명에 노예가 된 결과를 말한다. 예컨대, 인간이 휴대폰 문명에 휴대폰의 노예가 됐다는 점이다. 인간이 인간고유의 정신문화, 정서문화, 낭만문화, 독서문화, 민족고유 문화를 상실하고 기계문명의 노예로 산다는 말이다. 그래서 오늘 한국사회가 얼마나 삭막하고 살벌한 사회인가?

외제선호 근성

"자유가 아니면 죽음을 달라"

— 패트릭 헨리(Patrick Henry: 1736–1799, 미국독립 혁명 지도자)

[외제선호 근성]

미국에서 보석사고 영국가서 의류사고
스위스제 고급시계 이태리제 명품가구
외제차를 운전하며 사치허영 오락쾌락
내인생에 내한목숨 누가대신 살아주나

누구위한 인생인가 후회없이 쓰다죽세

금수저도 팔자라네 누구인들 탓할소냐

해외여행 으시대며 흥청망청 멋내보세

있는것이 죄이련가 없는것이 죄이로세

[FOCUS] 한국인들의 외제선호성

왜 한국인들은 외제품 선호에 명품제품들을 좋아하는가? 어째서 한국인들은 외제선호에 사치허영 근성이 많은가? 왜 부유층, 금수저들은 외제선호 근성에 명품가구, 외제차 구입, 명품가방, 명품시계, 명품제품들만 구입하며 과시와 허세, 자랑하며 사는 것인가? 그래서 빈곤층, 흙수저들에게 왜 소외감, 박탈감, 적대감을 주는가? 왜 한국인들은 서민들조차 외제선호에 짝퉁명품을 선호하는가? 왜 고위층들은 외제명품들이 뇌물로 오가며 부정부패, 불의만 일삼는가? 왜 한국인들은 외제선호 근성에 사치허영 근성으로 불신 국민성인가? 어찌 이런 국민이 선진인으로 거듭날 수가 있겠는가?

어째서 한국의 부유층, 금수저들은 외제품 선호근성에 외제 명품제품들을 구입하며 사치허영, 오락쾌락 근성으로 사는가? 어째서 한국인들은 흙수저, 서민층마저 외제품 선호근성에 짝퉁명품을 구입하여 과시근성으로 사는가? 도대체 외제품 선호근성(選好根性)이 무엇인가? 외국제 브랜드 제품을 좋아하는 근성이다. 그랜드 제품들이 무엇인가? 그 나라의 전통적 유명제품을 말한다. 대개의 경우, 한국의 부유층(富裕層)들이 사치허영으로 구입하는 외제품들이다. 또는 고위층들에게 외제명품들을 뇌물로 주며 부정부패 비리 현상을 부추기는 외제명품 선호근성들이 그 예들이다. 1970년대는 강남땅 개발 후 2000년대에 들어 이미 강남땅

투기주의로 불로소득에 떼돈을 번 금수저, 부유층들이 빈번한 외국여행에 외제 명품들을 사 들이는 전성기였다. 졸부들의 명품 구입이 유행화가 되며 외제선호 근성이 대세가 됐다. 이에 일반 서민들도 졸부들의 사치허영을 본떠 국내시장에서 짝퉁제품들이 대량생산되며 서민들도 사치허영성을 드러냈다. 이들 외제명품들이 무엇들인가? 세계적으로 알려진 제조사의 명품브랜드(brand)들이다. 예컨대, 프랑스의 샤넬향수, 영국의 모피의류와 코트, 스위스 로렉스 명품시계, 이태리 패숀(fashion)의류와 고풍가구, 미국의 금은보석, 다이몬드 등등이 외제선호품 명품에 명목들이다.

어째서 한국의 부유층, 고위층, 상위층들은 이러한 외제 명품들을 좋아하는가? 그 이유는 예컨대, ① 첫째, 떼돈을 벌었기 때문이다. 어떻게 떼돈을 벌었는가? 졸부들의 계속된 돈 놓고 떼돈 벌기식 한탕에 수탕주의로 떼돈들을 벌었다. 이에 부유층들이 사치허영에 오락쾌락 근성을 낳으며 또한 고위층들에게 제공되는 뇌물주의가 부정부패 비리현상을 초래하며 외제선호 근성이 대중화 됐다. 왜 하필이면 외제품 선호근성인가? 이들 외제, 유명 브랜드의 제품들이 희소가치가 높기 때문이다. ② 둘째, 우월주의(優越主義) 근성 때문이다. 명품을 갖고 우쭐하는 우월주의, 차별주의 심리현상에 대리만족을 하며 우쭐하는 자랑의식 때문이다. 잘 산다는 과시표시다. 일종의 Veblen(Thorstein Veblen: 1857-1929, 미국 경제학자)의 "과시효과"다. ③ 셋째, 물욕(物慾)에 사치허영 욕심 때문이다. 물욕에 다음으로 인간속성이 무엇인가? 사치허영, 과시허세욕이 아닌가? ④ 넷째, 황금 만능주의적 근성 때문이다.

떼돈을 번 졸부(猝富)들이 떼돈에 소비근성으로 이들이 심리적 대리만족, 외제 선호품 소유근성 때문이다. 갑자기 부자되어 떼돈을 번 졸부들의 심리적 과시욕구 때문이다. 오죽하면 "노세, 노세, 젊어서 노세"란 민족의 한(恨)의 노래도 있지 않은가?! 있을 때 사치하고 있을 때 오락과 쾌락을 즐기는 한국인들의 사치허용, 오락쾌락 근성이 아닌가? 가난했던 시절의 한풀이 인생인 셈이다. ⑤ 다섯째, 권력과 돈이 유착되는 부정부패 비리근성 때문이다. 정권유착(政權癒着), 관권유착(官權癒着), 경검유착(經權癒着), 기업유착(企業癒着)등으로 뇌물과 권력이 유착된 한국인들의 부정부패 비리근성 때문이다. 고위층에, 관료층에, 공권층, 기업층들이 서로 돈과 권력에 유착하여 뇌물들이 왔다 갔다 하며 뇌물주고 허가받고, 뇌물주고 사업하는 한국인들의 관행적 부정부패 비리근성 때문이다. 뇌물 받기를 바라는 고위층과 정치 권력층의 부정부패 불신정치다. 뇌물주고 부정하게 출세하고 또는 사업을 하려는 부정한 사업행태가 낳은 한국적 뇌물사회 근성 때문이다. 이는 민족 세습근성이다. 오죽하면 조선조 왕권시절, 재상들이 매관매직(賣官賣職)을 했겠는가? 국가공직까지 돈으로 사는 매관매직(賣官賣職)이 아니었는가? 땅투기로 단 시일에 떼돈을 번 졸부들이 어찌 외제선호 근성에 외제 고급 명품, 제품들 구입을 싫어하겠는가? 그래서 진품에 짝퉁으로 한국시장은 짝퉁시장화 되며 돈이면 만사해결 되는 부정부패 비리사회에 불신사회가 됐다. 서민층까지 진품아닌 짝퉁들을 좋아하는 외제선호 근성에 짝퉁치장에 거짓사치허영, 거짓오락쾌락 근성이 돼 버렸다. 오늘날 한국인들의 외제선호 근성, 예컨대 자동차 소유의식을 보자. 한국사회거리에 얼마나 많은 외제차들; 독일제 벤츠, BMW, 미국의 포드, GM차, 이태리 스포츠카 등들이 한국사회, 길거리들을 누비고 다니는가? 오죽하면 외제품 본사들이 한국에 지사를 내서 한국에서 돈을 벌어가는 현상이 얼마나 날로 증가 하는가? 이에 한국사회 거리의 간판들은 거의가 모두 외국어 진열장이 돼 버린 느낌이다. 거리가 온통 영어간판들이다.

한국인들이 외제선호 근성의 연유가 무엇이었나? 언제 어디로 부터 연유(緣由)되어 오늘 외제선호 근성이 됐는가? 6.25 전쟁시절, 굶어 죽던 시절로 거슬러 올라간다. 6.25 전쟁 후, 한국은 황폐화된 땅이었다. 굶주린 아이들이 주한 미군(駐韓美軍)을 보면 두 손을 내밀며 "한 푼 줍쇼"를 연발하던 시절이었다. 미군들은 가엾은 아이들에게 돈(달러) 대신 초코렛이나 껌(gum)을 주었다. 당시 초코렛 맛은 아이들에게 살살 녹는 천국의 맛이었다. 그후 한국인들은 미제 초코렛을 연상하며 항간에는 "미국인들의 똥은 똥도 달거야"란 상상의 말까지 돌 정도 였다. 당시 미국의 구호물자 박스(box) 속에서 한국인들이 생전 처음 보는, 한국인들에게는 귀중한 손목시계까지 나오는 터였다. 한국인들이 이에 얼마나 열광 했는가? 그 구호물자에 한국인들은 미국을, 미국인들을 굉장히 발전된 나라에 선진국민으로 하늘처럼 여겼다. 생긴 모습도 백인이 아닌가? 구호물자를 보고 미국의 발전상을 상상했다. 그래서 생겨난 것이 한국인들의 미국선호 근성이었다. 그 후 한국경제의 성장에 따라 한국인들은 미국을 비롯한 북남미와 서유럽국가들에 여행이 늘며 여행 중에 각국에서 유명한 brand명품 제품들을 구입해 오기 바빴다. 스위스에서 진품 로렉스 시계들을, 영국에서 바바리 코트에 모피의류들을, 미국에서 보석, 다이아몬드 등을 구입하여 한국에서 치장하고 자랑하며 사치허영, 오락쾌락 근성으로 불신국민성을 초래시켰다. 한때 루이비통 명품가방들에 짝퉁들이 한국사회에 얼마나 많았고 시중에 나돌았는가? 외제품 선호근성과 사치허영, 오락쾌락 근성이 그때부터 자리 잡은 셈이다. 오늘도 한국인들은 여전히 외제 선호근성에 명품 사치근성이 여전하다. 오죽하면 TV출연에서도 명품제품 얘기들이 나오겠는가?

  한국인들의 외제선호 근성이 가정, 사회, 국가에 미치는 영향은 무엇인가? 몇 가지 들어보자. ① 첫째는 외제품 선호근성이 국민성이 됐다는 점이다. ② 둘째는 외제품 선호근성에 명품 모방제조, 짝퉁시장화가 돼 버렸다는 점이다. ③ 셋째는 한국이 60여 년 만에 단기간 안에 경제대국이 된 이유 역시 이들 선진국들의 산업과 제품들을 구입하여 모방한 사업과 산업으로 인하여 한국 경제성장이 빠르게 달성됐다는 점이다. 한국인들의 우수한 두뇌에 잔머리 모방기술 때문이었다. 예컨대, 1972년은 한국인들이 처음으로 미국에 이민을 갔다. 당시 한국인들이 미국에 와서 얼마나 많은 미국의 제품들을 한국으로 갖고 나와 모방사업에 사업성공으로 떼돈들을 벌었는가? 한국인들이 우수한 두뇌에 잔머리 쓰는 근성이 얼마나 많은가? 오늘날 한국 사회거리를 보자. 거의 모두가 영어간판에 외국 브랜드 제품들이 허다하다. 1968년 저자(著者)가 미국유학을 떠날 적에 한국의 산업수준은 미국보다 50년, 일본보다 30년이 뒤쳐진 나라였다. 그러나 불과 60년 후, 오늘 한국이 경제대국이 되어 삼성 반도체와 휴대폰이 세계 시장을 제패하고 있지 않은가? 2021년 기준, 이제 한국 산업발전 수준은 미국과 5년차, 일본과 3년 차이로 좁혀졌다. 얼마나 급성장한 산업성장 모델인가? 오죽하면 중국의 마오쩌둥이 박정희의 경제성장 모델을 중국말로 번역하여 각료들에게 나누어 주며 한국을 배우라고 했다 하지 않는가?

불신 국민성, 외제 선호근성은 이제 근절이 돼야 한다. 근절돼야 하는 이유가 있다. 몇 가지 말해 본다. 예컨대, ① 첫째, 한국제품도 이제 세계화 제품수준이 돼 있기 때문이다. 제품화, 품질화, 가격화, 명품화에서 세계 브랜드 명품수준들과 질적으로 뒤지지 않기 때문이다. 삼성 반도체, 휴대폰, 자동차들이 그렇지 아니한가? ② 둘째, 외제품 선호근성은 사치와 허영 근성을 초래하며 한국인의 불신국민성; 과시허세 근성을 낳았다. 이는 후진국적 국민성으로 국가발전을 후퇴시키기 때문에 외제선호 근성이 이제 근절돼야 하는 이유다. 한국은 이미 경제선진국이 아닌가? ③ 셋째, 외제선호 근성에 빈부차이에 빈부간의 적대감정을 부추기고 있기 때문에 이제 외제선호 근성이 근절돼야 하는 이유다. 건전가정, 사회, 정의로운 선진국이 돼야 하는 이유다. 빈부격차에 따른 빈부간의 소외감, 박탈감, 적대감을 근절하기 위해서 근절돼야 한다. ④ 넷째, 외제 선호근성이 국부탕진, 혈세낭비, 과소비 근성을 낳기 때문에 외제선호 근성을 근절시켜야 하는 이유다. 이제 한국제품들도 세계시장에서 우수제품으로 이름나 있다. 구태여 외제명품 선호근성으로 후진국적 국민성을 가져

서야 되겠는가? 국산품 애용운동이 전개돼야 한다.

과거망각 근성
"모진 고생보다 나은 교육은 없다"

— 디즈레일(Benjamin Disraeli; 1804–1881, 영국의 정치가)

[망각근성]

굶어죽던 전쟁시절 말을해서 무엇하나

못배웠던 가난시절 억울한들 무슨소용

일만했던 지난날들 회환한들 무엇하나

선친들도 망각하는 오늘날이 아니던가

상투짜던 옛날애기 말해보면 무엇하나

예의범절 깍듯했던 옛시절이 무슨소용

미풍양속 예의도덕 생각한들 무엇하나

신세대의 망각근성 조상들이 간곳없네

[FOCUS] 한국인들의 과거망각성

한국인들은 왜 과거 망각근성에 오늘만 있다 하며 과거성찰이 없는 국민성
인가? 왜 한국인들은 북한의 남침에 6.25 동족상잔(同族相殘)의 전쟁을 당하
고도 왜 자유민주 남한에서 종북에 주체사상을 신봉하는 주사파(좌익)들이
많은 것인가? 어찌 오늘 19대 주사파 문정권이 이들 좌익들과 함께 어렵게
쟁취한 조국의 자유민주를 "반역하며" 좌익정치, 좌익정부로 스스로의 조국
을 망국케 하는가? 어째서 국민들은 스스로의 조국이 좌익정치로 국가위기

에 처해 있는데 과거를 망각하고 자성없이 수수방관하여 스스로의 조국을 망국케 하는가?

　어째서 한국인들은 "과거 망각성에 설마성"으로 과거각성도 없이 과거의 아픔을 잊고 오늘의 위기상황에서도 설마하고 사는 것인가? 과거망각 근성이 무엇인가? 어제의 잘못된 기억들을, 각성해야 할 과거역사들을 일부러 잊고, 오늘에만 급급하고 연연하여 사는 것이 과거 망각근성이다. 이 망각근성은 과거의 깨닫지 못하고 오늘에 연연하는 일종의 민족근성, 국민성이다. 잘못된 국민성에 국가위기를 자초하는 자해행위(自害行爲)다. 잘못된 국민성에 국가위기다. 성찰 없이 오늘에만 급급하여 사는 국민성이 어찌 망국징조에 국가위기가 아니라 할 수 있나? 어째서 한국인들은 어제는 없고 오늘만 있다 하며 어제를 망각하고 사는 국민인 것인가? 어제의 6·25전쟁, 황폐화된 굶주림, 피땀 흘린 한강의 기적, 오늘의 경제대국에 과거를 잊고 왜 오늘 배웠다는 "교만"에, 경제대국이란 "자만"에, 문명국이란 "자존"에 오만불순으로 사는 오늘의 한국인들인가? 그러니 6·25전쟁에 목숨 바쳐 나라를 구한 국군 전사자들에게는 갯값, 3천 만 원을 주고, 그러니 여행객사, 세월호 유족들에게는 금값, 8-10억씩을 주는 잘못된 국민성을 갖고 있는 한국인들이 아닌가? 과거망각 근성에 오늘만 있다하고 어제는 없다하는 한국인들의 국민근성이 아닌가? 특히 소인배적(小人輩的), 모리배적(謀利輩的) 정치인들의 못된 근성이 아닌가? 어째서 오늘의 젊은이들은 신시대, 신문화, 신문명에 오늘만 알고, 어제 경제대국 건설에 선친들의 피땀과 눈물은 오늘날 망각하고 사는가? 오늘날 신세대들은 왜 휴대폰에 중독되어 민족고유의 정신과 정서문화, 고유문화, 미풍양속 전통문화, 낭만과 독서문화는 잊고 어째서 오늘날 잘못된 TV방송문화만을 우상하며 비비꼬며 몸을 트는 댄스노래에 힙합문화, K-pop 문화에만 중독되어 사는 것인가? 어째서 대이어 부유층 신세대들은 문정권의 정치탄압에 잘못된 방송사들의 먹방, 노래방, 오락방, 놀이방, 여행방 등등의 유흥문화와 소비문화 중심에 선친들의 피와 땀, 눈물을 탕진하며 사는 것인가? 그래서 어째서 대이어 빈곤한 신세대들에 적대감, 소외감, 박탈감만 주는 신세대 분열까지 자초하는가? 어째서 굶어죽던 어제는 망각하고 유흥에 취해 비틀거리는 오늘만 있다 하는가? 이들 부유층 신세대들이 6·25의 아픔을 아는가? 굶어 죽던 절망에 쌀밥먹기 희망에 서독의 1000미터 땅굴 속에서, 베트남 전쟁의 총알받이로, 중동사막의 노동꾼으로 피땀과 눈물 흘렸던 오늘 신세대들의 조부모, 2세대(70세 이상)들을 어찌 이들이 안다 하겠는가? 안다면 어찌 오늘 신세대들이 전철 안에서 휴대폰에 저두족(低頭族)이 되어 힘들게 서있는 노인분들을 자리 양보는커녕 어째서 본체만체 한단 말인가? 안다면 어찌 새파란 젊은 놈이 늙어 힘없는 노인이 쳐다 봤다고 노인에 욕질에 발길질을 한단 말인가? 안다면 어찌 증손자 같은 십대들이 늙은 할머니에게 담배값 안 준다면 발길질로 조롱을 한단 말인가? 안다면 어찌 젊은 놈이 늙은 경비원을 두들겨 패 죽인단 말인가? 안다면 어찌 신세대들이 "신문화, 신문명을 모른다, 컴맹이다, 무식하다에 꼴통, 꼰대"로 부르며 노인홀대, 노인학대를 한단 말인가? 안다면 어찌 오늘 19대 문정권의 좌익들은 실업에 출산만 강조하며 어째서 고독사로 죽어가는 독거노인들의 생계와 복지는 거들떠 보지도 않는 것인가? 안다면 어찌 6·25전쟁의 아픔을 잊고 오늘 19대 문정권과 함께 좌익들이 자유민주 대한민국의 민주헌정을 "반역하여" 좌익정치로 스스로의 조국의 민주주의를 말살하며 또다시 좌익과 우익의 민족분열로 끝나지 않은 6·25전쟁을 또다시 할 듯, 어째서 국민들은 과거망각에 오늘 좌익정권에 항거도 없이 수수방관만 하는 것인가?

영국의 정치가, 디즈레일리(Benjamin Disraeli; 1804–1881)는 "모진 고생보다 나은 교육은 없다"고 말했다. 생각해 보면 5천 년 한민족(韓民族)의 민족역사는 기구한 운명이었다. 가난과 고난(苦難), 수난(受難)이 연속이었다. 약소민족(弱小民族)으로 한민족(韓民族)이 얼마나 많은 외세(外勢)와 정변(政變)에 시달리며 굶주려 살아온 민족수난에 민족역사의 가난이었나? 그런데 왜, 어째서 과거 가난한 민족역사를 망각하고 어째서 또다시 19대 문정권과 좌익들이 좌익정권이 조국, 자유민주 대한민국을 "반역하며" 오늘 좌익과 우익의 동족분열에 또 다른 6·25전쟁, 민족전쟁을 자초하는가? 어째서 망각근성에 민족역사에 없었던 오늘 순간의 경제대국을 허물며 가난한 민족역사를 또다시 밟으려 오늘 좌익정치, 망국정치, 망각정치로 국가위기로 끝나지 않은 6·25전쟁을 재현하려 하는가? 한(恨) 많은 5천 년 민족역사와 6·25 민족비극을 또다시 반복하려 하는가? 망각근성에 역사를 반복하는 국민이 어찌 발전과 번영이 있겠는가? 오늘 한국인들은 가난에 죽어간, 죽은 자(死者)를 떠나보내는 한민족의 고유한 상여행렬(喪輿行列), "곡소리," 구슬픈 가락을 들어 본적이 있는가? 산천초목(山川草木)도 울게 하는 한맺힌 하직(下直)의 곡(哭)소리가 아닌가? 고인(故人)이 세상을 하직 하는 선친들의 상여행렬에서 오늘 신세대들은 무엇을 깨닫고 무 엇을 느끼는가? 혹여 오늘 젊은이들이 상여행렬이 무엇인지 알기 나 한 것인가? 안다면 어찌 오늘 오만방자한 삶들을 사는가? 오 늘의 장례문화가 순식간에 죽은 자를 한 줌의 재로 변하게 하는 데 어찌 오늘의 장례문화에서 눈물조차 있다 하겠는가? 눈물도 메마른 오늘이 아닌가? 그러니 구세대들이 과거를 망각하고 사는 오늘의 신세대를 향하여 과거망각 세대라며 "버릇없다, 싸가지가 없다"고 말하지 않는가? 그래서 말세라며 신세대들과 단절하고 살고 있지 않는가? 오늘 한국인들 모두가 과거를 잊고 오늘만 사 는 과거망각증에 걸린 환자들이 아닐지? 하는 생각이 든다.

도대체 한국인들은 왜 망각근성으로 사는가? 도대체 왜 오늘 날 19대 문정권은 살기 좋은 "자유민주 정부"를 "반역하고" 좌익 정치, 좌익정부로 스스로의 조국, 대한민국의 민주주의를 말살 하며 망국정치, 반역정치, 자유민주 망각정치를 하는 이유가 무 엇인가? 남한에서 좌익주의 좌익정치를 하며 "권력과 자유, 부귀 영화"를 누리기 위해서다. 북한에서 누릴 수 없는 자유와 부귀를 남한에서 좌익정권으로 누릴 수가 있지 않은가? 문정권과 그의 좌익들도 이미 자유를 맛보며 잘 먹고 잘 사는 좌익족속들이다. 그들이 북한에 가겠는가? 비겁한 자들이다. 남한에서 온갖 것을 다 누리며 권력과 집권을 위해 좌익이 된 좌익들이다. 그러면서 스스로의 조국, 민주주의를 파멸한 민주헌정사 대역죄인, 반역자, 매국자들인 셈이다. 자유민주를 의도적으로 거짓정치를 한 위선자들이다. 자유민주 망각에 대역죄인들이다.

어째서 한국인들은 "과거망각" 근성이 있는가? 무슨 이유인가? 예를 들면, ① 첫째는 민족 망각근성 때문이다. 한민족의 민족역사가 그랬다. 오늘날 한국인들은 과거의 아픔을 잊고, 오늘을 위해 사는 국민성이 있다. 칭하여 한국인들의 "과거 망각근성"이다. 오늘 한국인들이 어제의 민족상쟁, 6·25전쟁을 잊고 있지 않은가?! 망각치 않았다면 어찌 오늘 19대 문정권이 좌익들과 민주헌정을 "반역한" 좌익정부, 좌익정치에 항거하지 않겠는가? 어찌 자유민주 남한에서 좌익들이 문정권과 함께 스스로의 조국, 대한민국의 민주주의를 파멸하고 있는데 어찌 국민들이 이에 항거하지 않고 수수방관만 할 수가 있겠는가? 오히려 문정권의 좌익정치에 동조하는 좌익세력에 좌익정치인들이 얼마나 많은가? 이게 어찌 어제의 참혹한 6·25전쟁, 좌익과 우익의 전쟁을 "과거망각 근성"에 6·25전쟁을 잊고 살지 않는 국민이라 말할 수가 있단 말인가? 누가 신세대들은 6·25전쟁을 모른다 말하는가? 신세대들은 별에서 온 자식들인가? 이들을 양육하고 교육시킨 부모와 정부는 이들에게 6·25 민족전쟁도 가르치지 않았단 말인가? 이게 누구의 책임인가? ② 둘째는 한국인들의 "설마성" 근성 때문이다. "설마 19대 문정권이 좌익정부라 할지언정 설마 북한과 손잡고 북한과 같은 독재공산국을 만들겠어?"로 생각하는 한국인들의 설마성 때문이다. 설마가 사람 잡는다는 선친들의 말도 있지 않은가? 조선조에 임진왜란도, 병자호란도, 일제침략도, 엊그제의 6·25전쟁도 모두 설마에 사실이 된 전쟁들이었다. 한국인들은 설망에 당하고 당한 후 통절통곡(痛切痛哭)하는 민족의 국민성이다. ③ 셋째는 민족성, 거짓근성에 회피근성 때문이다. 거짓에 "거짓아 아니다"로 오리발 내미는 한국인들의 거짓습성, 회피근성이 아닌가? 경찰마저 권력과 협력하며 거짓조서로 무고한 시민을 20년이나 옥살이를 시키는 경찰권력이 아닌가? 어째서 오늘의 국가공권들은 민주헌정을 반역한 문정권의 좌익정부에 충성을 하는가? 밥줄이 그렇게 중하단 말인가? 조국과 민족, 국가가 없는 국민이 무슨 밥줄이 그리 중하단 말인가? 어째서 건국의 아버지, 이승만과 경제대국의 아버지, 박정희 대통령들의 업적을 망각하고 오늘의 좌익정권, 문정권만 있다며 문정권에 충성하는 것인가? 하기야 선친들의 피땀과 눈물을 잊고 제 잘난 척, 오늘의 먹방, 노래방, 오락방, 놀이방, 여행방에 술취한 듯 선진들의 국부(國富)를 탕진만 하는 오늘의 젊은이들이 어찌 과거를 망각하지 않겠는가? 그렇다면 이들에 미래가 있는가? ④ 넷째는 좌익국회의 망국정치 때문이다. 양심과 상식까지 버린 오늘 국회 정치인들이 아닌가? "공수처" 법안 통과에 반대표를 던졌다고 자당의원(自黨議員), 금태섭의원을 퇴출시킨 비겁한 정치에 정치인들이 아닌가? 이들 소인배, 모리배 정치인들 조차 "자유민주"를 망각하고 좌익정치를 하는데 어찌 이들이 금태섭 의원과 같이 자유민주 정치를 알겠는가? 이렇듯 오늘날 한국인들은 "과거 망각근성"으로 산다. 무슨 이유로 한국인들은 망각근성으로 삶을 사는가? 경제대국에 후진국민성이기 때문이다. 건국 이래 과거 72년 간, 대국민 교육; "인성화, 도덕화, 교양화, 선거정치화, 자유민주화, 민주법치화, 정의사회화, 국가

민주화"교육이 있었는가? 단 한 번도 없었다. 교육이 없었고 없는데, 경제대국에 잘 먹고 잘 사는데, 국가가 국민에게 무슨 교육을 시킬 필요가 있었겠으며, 또한 무슨 교육이 국민들이 원했겠는가? 그래서 오늘 한국인들은 과거망각 근성에 과거에 대한 각성 없이 오늘에 사는 국민들의 국민성이다. 잘 먹고 잘 살며 제멋에 사는 국민들이다. 이제 국민들이 아직 끝나지 않은 좌익과 우익의 싸움, 또 다른 6·25전쟁을 경험해 본 후에야 과거망각 근성을 각성하고 올바른 가정, 사회, 국가를 위해 헌신하지 않을가 생각된다. 어찌 어리석은 국민에 한심한 국가가 아니라 말할 수가 있겠는가? 통재(痛哉)에 애재(哀哉)할 뿐이다.

방관주의 근성

[긍정적 생각]

SUCCESS COMES IN CAN, FAILURE COMES IN CAN'T

(성공은 할 수 있다는 생각에서 오고, 실패는 할 수 없다는 생각에서 온다–저자(著者)

[방관주의]

소각장에 화장터에 송전탑에 사드배치

우리지역 절대반대 다른지역 설치하라

선관위가 부정선거 대법원이 묵살하니

국민들도 방관하며 자유민주 파국일세

국군순국 삼천만 원 세월호는 십억주네

유공자로 끼어들어 눈먼혈세 보상받세

국방안보 파괴하며 좌익정치 난리쳐도

국민들이 방관하니 대한민국 망국일세

[FOCUS] 한국인들의 방관주의성

소각장, 송전탑, 화장터치, 사드배치는 헌법 위에 국가통치다. 헌법도 국가를 위해 존재하기 때문이다. 고로 국가통치가 우선이다. 왜 한국인들은 소각장, 송전탑, 화장터, 사드배치에 죽어라 반대만 하나? 쓰레기는 멋대로, 전기는 맘대로, 화장은 멋대로, 북한의 핵은 머리에 이고 살면서 왜 한국인들은 자기지역에 소각장, 송전탑, 화장터, 사드배치에 죽어라 반대하는가? 성주는 성주국에 성주국민인가? 왜 국가통치에 사드배치를 반대하는가? 국가 없는데 어찌 헌법에 자유가 있는가? 왜 한국인들은 자유민주에 무책임한가? 왜 한국인들은 좌익 선관위가 부정선거를 해도, 부정선거에 좌익국회가 돼도, 좌익 대법원이 선거소송들을 묵살해도, 왜 좌익정부, 좌익정치에 수수방관하여 스스로의 조국을 망국케 하는가?

[자유민주와 방관주의]

왜 주인(국민)은 민족세습성: [과묵성, 회피성, 방종성]으로 독재정치, 좌익정치에 [수수방관]하여 국가위기를 자초하는가?

① 왜 민주헌정 "배반에 반역'으로 [독재정치, 좌익정치]를 하나?

② 왜 좌익정치로 [좌익진보, 우익보수]로 국민을 분열시키나?

③ 왜 국회머슴들이 민주배반·반역으로 민족성; [분열분쟁성]에 사색당파, 당리당략, 파벌작당, 트집에 쌈질정치로 후진국적 3류 불신신정치만 하나?

④ 왜 정치 머슴들이 ["국가헌신, 국민봉사"] 정치사명과 소명이 없나?

⑤ 왜 정치 머슴들이 [대의정치, 정도정치, 소신정치]는 하지 않나?

[대책]

1. [국민수준, 정치수준 제고(提高)] 위한 대국민, 대정치인 의무교육: "인성화, 도덕화, 교양화, 선거정치화, 자유민주화, 법치민주화, 정의사회화, 국가민주화 교육"을 의무화, 정례화하라.
2. 독재정치, 좌익정치에 국민방관(傍觀)은 국가위기, 국가포기다
3. 좌익통치, 좌익정치에 국민방관은 망국이다
4. 자유민주 위해 민주선거, 민주재판, 민주언론방송을 탄압치 말라
5. 머슴들, 위정자(爲政者)들은 대의(大義), 정도(正道), 소신정치를 하라

대한민국은 1948년 제헌국회의 민주헌법과 함께 자유민주 공화국으로 탄생하고 건국 이래 과거 72년간 민주헌정을 지켜 온 자유민주, 민주주의 대한민국 국가다. 그러나 불행하게도 민족 세습 정치성; "독재성"에 역대 정권들은 민주헌정을 "배반한" 제왕적 권력독재 통치와 정치를 해 왔다. 그리고 오늘 19대 주사파 문정권은 설상가상(雪上加霜)으로 민주헌정 배반을 초월한 민주헌정을 "반역한" 좌익독재 권력통치에 민주정부를 좌익정부로, 민주통치와 정치를 좌익통치와 좌익정치로 대한민국의 민주주의를 말살했다. 민주정부를 좌익정부로 민주주의를 말살 했다는 이유는 분명하다: 19대 문정권이 국민무시, 민주헌정무시, 민주국회 무시, ① 국경초소 파괴 등, 국방과 안보를 파괴했고, ② 대한민국의 민주정부 요소요직에 좌익들을 배치하여 3권분립 민주정부를 좌익정부화 했고, ③ 선관위를 좌익화, 부정선거를 했고, ④ 부정선거로 180석 집권다수당을 만들어 주사파 좌익국회가 속전속결, 독재독주를 했고, ⑤ 대법원을 좌익화, 대법원이 선관위와 동조, 전국 126지구의 선거무효 소송들을 불법으로 묵살했

고, ⑥ 빈부격차 파괴에 소득 재분배를 목적으로 소득주도(소주성) 좌익경제 정책에 빈자위주 퍼주기식 실업, 출산, 주책, 생계, 복지지원으로 국가총 부채를 역사에 없던 5,000조를 만들어 국민 1인당 1억씩의 빚더미를 안기는, 그래서 국가파산에 부도직전인 좌익경제에 경제위기를 자초했고, ⑦ 좌익외교로 한국을 패망국에서 구해준 한매혈맹을 파괴하는 등등의 좌익국정으로 대한민국의 민주주의를 말살했기 때문에 좌익정부, 좌익정통치와 정치, 좌익국정이라 말한다. 좌익세력과 부정선거까지 하는 좌익정권이 어찌 좌익정부, 좌익정치, 반역정치가 아니겠는가?

문제는 19대 주사파 문정권에 의해 역사에 없었던 좌익정부, 좌익정치로 대한민국의 민주주의가 말살되고 있음에도 불구하고 왜 국민들은 이에 "저항도 없이 수수방관만 했고 또 하느냐?" 하는 것이 심각한 문제다. 국가존망의 국가위기에 왜 국민들은 문정권의 좌익정치의 정변적 사태를 수수방관만 했느냐가 국민적 심각성이 있다. 왜 민주주의가 좌익주의, 전체주의적 사회공산주의로 정변을 당했는데 어째서 국민들은 스스로의 자유민주 국가멸망을 수수방관만 하고 있었느냐는 중대한 문제다. 도대체 그 이유가 무엇인가? 대략 살펴보자. 예컨대, ① 첫째는 국민 무지성(無知性)이다. 낮은 국민수준(민도)에 국민들이 19대 주사파 문정권의 부정선거 증거들이 나타나기 전까지는 국민들이 문정권이 좌익정치, 좌익정부, 좌익국정을 인지하지 못 했기 때문에 국민이 수수방관만 했다는 점이다. 방통위가 좌익화, 주류 언론방송사들이 문정권의 탄압되어 주류 언론방송사들이 일체 문정권의 좌익국정을 보도치 않았기 때문이다. 2020. 4.15 총선 이후 지난 1년 내내 제일사랑 교회 전광훈 목사와 유튜버 TV방송들이 부정선거의 전모와 증거들을 방송했지만 어찌 무지한 국민들이 유튜버 TV방송을 듣지도 보지 않는데 어찌 문정권의 부정선거에 좌익국정을 알 수가 있었겠는가? 그래서 국민들이 수수방관할 수밖에 없었다는 중대한 사실이다. 무고한 전광훈 목사와 유튜버 TV방송사들만 문정권을 비난했다는 이유로 문정권의 탄압에 감옥에 투옥됐을 뿐이다. ② 둘째는 비록 국민들이 부정선거를 비롯하여 19대 문정권이 좌익정권임을 알았다 할 지라도 한국인들의 민족세습 국민성이 "과묵성, 회피성, 방종성, 방관성"인데 어찌 국민들이 "의아심에 설마성"으로 수수방관치 않았겠는가? 낮은 국민수준(민도)에 과거 정권들이 늘 그랬듯이 주인(국민)들이 머슴들(문정권)의 좌익국정에 부정선거까지 완전히 속아 속수무책이였기 때문에 국민들이 수수방관할 수밖에 없었다는 점이다. 주인이 머슴들에 농단을 당한 격이다. ③ 셋째는 어리석은 국민성; "설마성" 때문에 국민들이 알게 모르게 수수방관한 경우다. 한국인들의 민족세습 국민성; 국민들의 "설마성"에 국민들이 "설마 문정권이 자유민주 조국을 북한독재 공산국을 만들겠어?"라는 국민들의 불확실한 설마성에 문정권의 좌익정치, 반역정치, 좌익정부를 긴가, 민가로 의아심을 자아내며 불확실성에 수수방관을 했다는 점이다. ④ 넷째는 과거 72년 간, 국민들이 역대 정권들을 통하여 정권들의 독재정치와 불신정치에 습관화되어 19대 주사파 문정권 역시 독재정치에 불신정치로 알고 정치무심에 정치방관으로 일관화 해 왔기 때문에 오늘 문정권의 정치도 그런 부류의 정치로 알고 국민들이 수수방관 해 왔다는 점이다. 얼마나 정치민도가 낮은 국민수준인가? 그래서 한국인들의 국민수준은 경제대국에 잘 먹고 잘 살지만 국민수준은 역시 60여년 전, 1960년대의 국민수준으로 머물러 있다는 말이다. 배웠다는 신세대들마저 배웠다는 "교만심"에, 경제대국이란 ""자만심"에, 문명국이란 "자존심"에 신세대들은 물론이고 국민들이 얼마나 정치무관심에, 정치에 침묵으로, 정치를 회피하여, 정치에 수수방관만 하여 소인배(小人輩), 모리배(謀利輩), 시정잡배(市井雜輩) 정치꾼들이 국민무시, 국민농락으로 멋대로 정치를 해 왔겠는가? 문정권이 민주헌정을 "반역하여" 민주정부를 좌익정부로, 민주정치를 좌익정치로, 반역정치를 하며 스스로의 국가, 대한민국의 민주주의가 말살돼도 국민들은 그 사실조차 인지하지 못하니 한국인들이 경제대국에 잘 먹고 잘 산다 하지만 얼마나 우둔한 어리것은 국민들인가? 그러니 19대 문정권이 최악의 통치와 정치; 좌익정부, 좌익통치, 좌익정치, 반역통치로 국가존망의 운명과 국가최대의 위기를 초래하고 말았지 않은가?

대한민국은 오늘 우둔한 정치 무관심성에, 정치 침묵성에, 정치 회피성에, 정치 방종성에, 정치 수수방관성에 오늘 대한민국의 민주주의는 "민주국가냐? 아니면 사회주의 공산국가냐?" 하는 국가존망의 국가최대 위기에 봉착해 있다. 오늘의 한국 대학생들은 신문화, 신문명에 교만하고 자만하며 스스로 자존하여 "나라가 망하던 말던" 아예 관심이 없는 듯하다. 그 이유가 4.19혁명과 같은 애국애족의 혁명도 귀찮다 여기는 오늘의 지성층,

대학생들이 아닌가? 애국에 애족하는 학생들이라면 어찌 19대 문정권의 좌익정부, 좌익정치에 증거가 다발로 발견된 부정선거에도 침묵하고 있단 말인가? 이제 대한민국의 민주주의 미래운명은 어찌 될 것인가? 조국과 민족, 국가와 국민을 반역한 문정권의 민주주의 말살정치, 좌익정부, 좌익정치, 반역정치에 국민의 한 사람으로서 치가 떨리며 가슴이 아프다. 이제 국민들은 어찌해야 할 것인가? 그래도 스스로의 조국, 대한민국의 민주주의가 말살되어 중국이나 북한과 같은 사회주의, 독재 공산주의 국가가 돼도 국민들은 괜찮다는 말인가? 어째서 대한민국 국민수준이 이렇게 낮다는 말인가? 그 이유와 대책이 무엇인가? 그 이유는 국민수준 향상 교육이 없었기 때문이다. 대책이 무엇인가? 진정한 국가지도자가 출현하여 우선 국민수준을 향상시키는 범국민 "인성화, 도덕화, 교양화, 정치선진화, 자유민주화, 민주법치화, 정의사회화, 국가민주화 교육"이 시급하고 절실하다.

욕설댓글 근성

"과거의 위험은 인간이 인간의 노예로 살았지만,
미래의 위험은 인간이 로봇의 노예로 산다"

– 프롬(Erich Fromm; 1900–1980, 미국의 심리학자)

[댓글근성]

댓글달아 기죽이고 댓글달아 욕설하네

남들이야 죽던말던 댓글달아 화를푸세

화가난다 욕설댓글 기분좋다 음란댓글

신세대들 살맛나네 댓글달고 감옥가네

정치꾼에 비리댓글 지식층에 거짓댓글

인사층에 비판댓글 민초들에 욕설댓글

성질대로 댓글달아 세상꼴에 분을푸니

욕설댓글 대세로세 나라꼴이 흙탕일세

[인생교훈]

1. 자신을 알라(주제파악: 소크라테스)

2. 누가 뭐래도 정직하고 진실히 살라

3. 교양상식 늘리며 수준을 높혀 살라

4. 사람답게 예의도덕, 도리지켜 살라

5. 인생살이 옳고 그름을 가려 행하라

6. 남을 배려하여 피해주지 말고 살라

[FOCUS] 젊은이들의 욕설댓글

한국의 신세대들은 왜 SNS에서 욕설댓글로 성질을 내며 대리만족을 하는가? 문맹률이 1% 미만이라는 세계최고 학력국민이 왜 욕설댓글들만 난무하는가? 왜 젊은 신세대들은 신문화, 신문명에 자존하며, 배웠다고 교만하고, 경제대국이라 자만하여 스스로의 조국을 후진국민으로 추락시키나? 왜 오늘 신세대들은 SNS에 욕설적, 폭력적, 선정적인가? 감옥 갈 줄을 알면서 왜 성추행, 성폭행으로 일생을 망치는가? 비평과 비판은 발전을 의미한다. 그러나 인격을 찾자. 왜 한국인은 칭찬만 좋아하고 비판을 싫어 하는가?

욕설댓글이 무엇인가? SNS상에서 남의 의견에 욕설을 퍼붓는 답변 댓글이다. 왜 욕설댓글인가? 불안정한 심리현상, 불안정한 정신상태, 또는 정신 장애자들의 분노의 발산, 화풀이 댓글이다. 이에 대리만족감을 느끼는 비정상적, 비현실적, 비인간적인 사람들이다. 욕설댓글에 익숙한 국민이 어찌 선진국민이 될 수가 있겠는가? 분명히 욕설댓글에 익숙한 젊은이들은 인간성, 도덕성, 교양성에서 후진국적 국민성을 벗어나지 못하는 국민성을 지니고 있음은 분명한 듯싶다. 신세대들은 왜 오늘날 신시대, 신문화, 신문명을 선호하며 주장하면서 왜 비인간적, 비도덕적, 비교양적 언행을 자제하지 못하는 것인가? 어째서 스스로 교양있는 대한민국의 국위선양된 대한민국 국민이 되기를 꺼려하며 스스로에 찬물을 끼얹는가? 왜 스스로가 전자통신과 전자문명에 익숙하면서 왜 한편 스스로가 컴퓨터, 기계문명의 위선적 노예로 살기를 자처하는가? 어찌 오늘날 신세대들은 자기 생각과 맞지 않는다며, 정당한 표현이나 주장도 없이 무조건 마치 야만인인양 왜 스스로를 기계문명에 반항하는 욕설댓글로 화풀이를 하는가? 욕설댓글로 타인에 욕질하는 행위가 어찌 천박한 지식인이라 말하지 않을 수가 없겠는가? 오늘날 배웠다는 신세대들이 SNS에 욕설댓글이 도가 지나친다. 왜 그런 것인가? 스스로 자제할 수 없는 비인간성, 비도덕성, 비교양성을 지녔기 때문이다. 신시대, 신문화, 신문명의 노예로 살면서 스스로가 잘났다며 어찌 교만과 자만, 자존으로 남의 인격을 모독하는가? 어찌 스스로의 인격을 파멸하는가? 이를 두고 일찍이 미국의 심리학자, 프롬(Erich Fromm; 1900~1980)은 "과거의 위험은 인간이 인간의 노예로 살았지만, 미래의 위험은 인간은 인간이 만든 로봇의 노예로 사는 것이라" 서글픈 예언을 하지 않았는가? 오늘날 모든 지성층이라 자부하는 신세대들을 두고 한 말 같다. 4차원적인 지능화 산업의 로봇시대, 전자정보 통신화시대에 살고 있는 오늘의 모든 인간들은 결국 인간이 만든 인간의 로봇에 노예로 살고 있지 않은가? 인간이 인간의 뇌기능을 전자화하여 AI로봇을 만들고 인간 스스로가 로봇의 노예로 살고 있지 않은가? 어찌 인간이 만든 로봇의 노예로 살면서 어찌 욕질하며 댓글다는 위선적 로봇노예로 살려 하는가? 오늘날 특히 로봇의 노예가 된 지성인들은 더 이상의 인간이 아니라고 욕질에 댓글을 다는가? 인간은 이제 인간이 만든 AI로봇의 노예로 산다. 예컨대, 바둑의 대가, 이세돌이 AI 로봇에 바둑두기에 참패를 당하지 않았는가? 인간이 만든 바둑로봇에 참패를 당했다는 패배감을 상상해 보자. 로봇을 죽일 수도, 때릴 수도, 부셔버릴 수도, 욕할 수도, 칭찬할 수도 없는 인간이 로봇노예로 살지 않는가? 하물며 어찌 문명의 노예들이 로봇의 노예에게 욕질에 욕설댓글로 노예들의 서글픈 감정에 불을 지르는가? 로봇을 창조했다며 인간들은 인간승리를 자축(自祝) 하지만 결과는 인간이 로봇의 노예가 된 서글픈 신세가 아닌가? 서글픈 신세가 또 다른 서글픈 노예신세에 욕질을 한들, 욕설을 단들 무슨 소득에 소용이 있겠는가? 욕질에 욕설댓글로 또 다른 욕설댓글들이 오가게 하지 말자.

오늘날 신문화, 신문명에 한국사회의 신구세대 간의 갈등이 어떠한가? 신시대, 신문화, 신문명에 따른 신국세대 간의 갈등이 얼마나 심한가? 시대상의 문화적, 문명적 변화가 얼마나 크고 심한가? 당연한 갈등에 차별의식이다. 한국은 세계 최고의 전자기술을 자랑한다. 삼성의 반도체와 휴대폰은 세계시장을 석권했다. 오늘의 4세대(20-39세), 젊은이들은 컴퓨터로 만사를 처리한다. 심지어 이제 농촌도 전자지능화, 컴퓨터로 농작하는 시대에 임했다. 젊은이들이 컴퓨터에 세뇌화, 지능화, AI기술을 접목시켜 이제 드론(dron)을 띄워 택배를 하고, 소방(消防)을 하고, 벼농사에 약을 뿌리는 자동화 시대가 됐다. 인간이 로봇에 편리한 삶을 제공한다고 하지만 실상은 인간이 로봇의 노예가 된 셈이다. 이에 19대 주사파 문정권은 좌익 선관위가 중앙컴퓨터 서버와 현장 투표사무소의 컴퓨터가 서로 교신하며 부정선거에 부정투표까지 하는 부정한 통치, 정치시대가 됐다. 전자화로 사기통치에 사기정치를 하는 시대가 됐다. 예컨대, 2020.04.15 총선에서 선관위 중앙 컴퓨터 서버가 투표현장 소형 컴퓨터와 교신하며 개표기가 고속으로 표를 바꿔치는 부정선거까지 했다. 지능화된 컴퓨터가 인간을 사기 쳐 부정선거를 하고 인간이 로봇의 노예가 되어 로봇이 지시하는 대로 부정선거를 하여 로봇이 대한민국의 자유민주를 "반역하며" 반역정치, 좌익정치, 좌익정부로 좌익국정을 하고 있는 꼴이다. 스스로의 자유민주 조국을 비겁한 정치꾼들이 소인배, 모리배, 시정잡배가 되어 로봇이 지시한대로 로봇이 인간세계의 정치이념과 체제를 변질시켜 민주정부를 좌익정부로 만들어 좌익국정에 대한민국 민주주의가 국가존망의 국가위기를 맞은 격이다. 어찌 이게 인간사회의 인간정치라 말할 수가 있단 말인가? 인간의 부정한 두뇌들이 로봇의 노예가 되어 로봇의 프로그램화대로 부정선거에 부정통치, 부정정치를 하는 꼴이 아닌가?! 인간이 만든 로봇이 인간세계를 망국케한 셈이다. 전자투표, 전자개표가 국가존망의 국가위기를 초래한 경우다. 그래서 국가가 망하는 꼴이 아닌가? 다가오는 2022년의 대권선거에도 이와 같이 정치인들이 로봇의 노예가 되어 로봇이 시키는 대로 또 다른 부정선거가 등장할 조짐이다. 이에 언젠가 조만간에는 유혈혁명이 유발되며 국가정변이 예상된다. 오늘날 로봇시대의 AI문명화에서 오늘 한국사회가 신구세대간의 갈등이 얼마나 크고 많은가? 또 AI로봇화 신문명이 오늘 한국사회, 한국정치를 얼마나 많이 변화시켰는가? 오늘날 4세대(20~39세) 젊은이들이 구세대를 향하여 "신문화에 무식하다, 신문명에 컴맹이다, 그러니 꼴통에 꼰대다"를 외쳐대지 않는가? 이에 피땀에 눈물로 조국을 건설한 조부모 노인세대(2세대, 70세 이상)들이 신세대들(2040)로부터 얼마나 홀대에 학대를 당하는가? 이들이 신문화, 신문명, 컴퓨터에 능하다고 얼마나 구세대를 홀대하는가? 이들이 대학졸업에 배웠다는 교만심에, 잘 먹고 잘 산다는 자만심에, 전자 문명국이란 자존심에 얼마나 자만하고 교만한가? 그 이유가 무엇인가? 비록 신세대들이 대학을 나온 지성층에 속하지만 그들이 인성화, 도덕화, 교양화 교육에 국민수준(민도)이 낮기 때문이다. 그래서 오늘날 한국사회가 불신정치성, 좌익정치성, 불신국민성, 불신사회성으로 얼마나 혼탁하고 혼란한 사회가 됐는가? 오죽하면 지성인들이 욕설댓글로 로봇의 노예들에게 화풀이를 하겠는가?

오늘 로봇전자 사회, 4차원적 문명사회에서 초래되는 심각한 문제들이 무엇인가? 인간이 로봇에 노예가 됐다는 심각성이다. 인간이 만든 인공지능화 로봇에 오늘 대한민국의 민주주의가 19대 문정권의 로봇에 지배된 좌익정부, 좌익정치로 얼마나 심각한 국가존망의 국가위기에 봉착해 있는가? 불구하고 이제 인간이 로봇의 노예가 되어 인간이 지녀야 할 순수한 인간성, 도덕성, 교양성, 정신정서성, 낭만성, 고유미풍성을 파멸시키며 인간사회를 얼마나 피폐화 시키는가? 문명의 이기에 인간이 스스로 로봇의 노예가 되어 인간문화를 말살시킨다. 예컨대, 오늘날 누가 정 깊은, 순수한, 아름다운 "손 편지"를 쓰고 받아 보겠는가? 어찌 아침이면 반갑게 고대하던 신문들을 읽어 보겠나? 누가 정겹던 "따르릉" 전화벨 소리를 울리겠는가? 이제 문명의 발달로 온고지정(溫故之情)에 인지상정(人之常情)의 문화, 정신적·정서적 문화는 소멸된 지가 오래다. 어째서 인간이 로봇의 노예가 되어 고독하고 삭막하고 살벌한 세상을 살아야 하는가?

뇌기능 컴퓨터화, 전자정보 통신화 시대가 인간의 삶에 어떤 영향을 주는가? 몇 가지 살펴보자. 예컨대, ① 첫째, 정신, 정서 위주 인간의 순수한 삶이 파괴된다. 인간이 로봇의 노예가 되어 인간의 영혼이 소멸(消滅)되는 경우다. ② 둘째, 인간의 순수성(純粹性), 고유성(固有性), 정서성이 파괴된다. 인간이 인간답지 않은 인간의 인간성, 도덕성, 교양성을 파괴한다. ③ 셋째, 인간이 지켜야 할 인간의 양심, 경우, 도리, 상식마저 파괴한다. 인간이 로봇의 노예가 되어 순수한 인간성이 파괴된다는 뜻이다. ④ 넷째,

인간의 삶과 생활의 질서가 파괴된다. 예컨대, 오늘날 SNS 상에서 젊은 세대의 행태들이 그렇다. 인간이 로봇노예가 되어 인간들의 개인비밀을 훔치며 노출하여 로봇기계에 노예들이 인간을 죽이고 살리는 시대가 됐다는 말이다. 예컨대, 오늘날 거짓댓글, 폭로댓글, 음해댓글, 욕설댓글, 음란댓글 등등으로 얼마나 많은 인간성; 도덕성, 순수성, 정당성, 정의성이 파괴되며 인간이 파멸되고 있는가? 그 결과 한국사회는 인간사회의 양심과 도리, 상식이 파괴되며 얼마나 불신국민성, 불신사회성에서 인간들이 헤어나지 못하며 허둥대고 있지 않은가? 오죽하면 배우들이, 연예인들이 SNS의 악성댓글에 심지어 자살하는 경우도 빈번하지 않은가? 인간이 인간이 만든 로봇의 노예가 되어 인간을 죽이고 살리는 불신사회가 돼 있지 않은가?

4장

21세기,
한국인
정치근성
위기

통치독재 근성

"THE BEST POLITICS IS NO POLITICS"

(가장 훌륭한 정치는 정치적 술수가 없는 정치다)

― 헨리잭슨(Henry Jackson: 1912-1983, 미상원의원, 정치가)

[제왕정치]

촛불시위 부추겨서 나라왕초 제왕되니

민주정부 요소요직 좌파들을 배치하여

선관위가 부정선거 좌익국회 독재독주

좌익정치 좌익정부 국가존망 코앞이네

판문점에 평양회담 남북평화 한답시고

북경초소 파괴하고 원전문서 북한주네

북한핵탄 겁먹으며 종전선언 열올리니

북한독재 핵탄위협 불바다로 악을쓰네

[FOCUS] 한국통치의 독재성

왜 과거 역대정권들은 민주주의를 "배반하여" 제왕적 권력독재 통치로 후진국적 불신정치만 했는가? 그래서 왜 대통령들이 하야, 암살, 자살, 감옥들을 가야 했는가? 왜 19대 문정권은 민주주의를 "반역하여" 좌익정부, 좌익정치로 왜 자유민주를 파멸하며 스스로 조국을 망국케 하나? 국방안보파괴, 좌익정부화, 부정선거에 좌익국회화, 좌익 선관위와 좌익 대법원이 부정선거 공조하며, 자유민주 파괴에 국가를 망국케 하나? 왜 좌익 방통위로 언론방송을 탄압하나? 어찌 퍼주기식 혈세낭비로 국가부채 5,000조를 만들어 1인당 1억씩, 빚지게 하나? 이게 어찌 좌익통치에 망국이 아닌가?

[독재통치와 좌익통치 문제]

건국이래 왜 역대 정권들은 민족세습정치성: "독재성"에 [민주헌정 "배만"]에 제왕적 독재통치를 했고, 왜 민족성: "분열분쟁성"에 [사색당파, 당파정치, 작당정치, 술수정치, 트집정치, 쌈질정치로 후진국적 3류정치, 불신정치로 민주주의를 파멸시켰나? 왜 또 오늘 19대 문정권은 [민주헌정 "반역"]에 자유민주 국가 정체성을 파괴하며 좌익국가로 국가위기를 초래하나?

왜 주인(국민)은 민족세습국민성: "과묵성, 회피성, 방종성"으로 과거 독재정치를, 오늘의 좌익정치를 [수수방관]하여 오늘 국가존망의 국가위기를 초래했는가?

[대책]

① [민도수준 제고]: "인성화, 도덕화, 교양화, 선거정치화, 자유민주화, 법치민주화, 정의사회화, 국가민주화" 범국민교육, 계몽, 홍보를 의무화, 정례화시켜 선진경제에 맞게 국민성 수준제고, 선진국, 선진국민화 하라.

② [정의사회 구현]: 불신정치성, 불신국민성, 불신사회성 탈피, 국민성, 사회성 건전화, 삶의 질을 높이고, 선진국에 선진국민으로 거듭나라.

[19대 문정권의 좌익통치 문제]

O. 왜 민주헌정을 "반역하여" 좌익독재정치로 조국을 망국케 하나?

① 대통령이 [당권유지], [좌익국회 의지]로 왜 좌익독재 통치를 하나?

② 왜 주인무시, 민주헌정, 의회무시, 멋대로 [국방과 안보]를 파괴 하는가?

③ 왜 국회 인사청문회가 거부한 각료들을 [강제임명]을 하나?

④ 왜 [낙하산 공관장 인사]로 국정을 망치는가?

⑤ 왜 [선관위가 부정선거]로 좌익국회, 망국적 좌익독재정치를 하게 하나?

⑥ 왜 대법원이 불법으로 전국 126지역 선거소송들을 [묵살케] 하나?

⑦ 왜 방통위가 좌익정권 탄압에 [편파방송]으로 국민주권을 파괴하나?

[대책]

O. 대통령 권력제한만이 제왕적 독재정치, 좌익독재정치 방지된다

① 대통령 권력을 [국방·외교·안보 통치권, 비상권, 입법, 사법부 탄핵권, 입법 비토권]에 각료임명, 해임권에 권력을 제한하라.

② 국방·외교·안보각료는 [강제임명] 금하고, 낙하산 공관장 임명을 금하라

③ [사법부, 선관위, 방통위와 검찰, 감사원, 국정원]을 [독립화]시켜 소속 직원 직선에 [수장선출]하고, 내외인사 등용에 공정업무 감시감사제 수행하라.

④ 낙하산인사 방지, [전 국가공관들을 독립화]시켜 소속 직원직선에 [수장 선출]하고 독립운영에 내외인사 등용에 공정업무 감시감사제 수행하라.

도대체 자유민주 국가, 대한민국은 어떤 국가인가? "자유민주"가 국가 통치이념이고 이에 준한 3권분립 민주정부가 국정 운영 체제다. 이는 1948년 민주정부, 대한민국 건국 시 제헌국회에서 헌법을 만들고 헌법에 명시된 대로 민주헌정을 하는 나라다. 헌법 1조 1항은 "대한민국은 민주공화국"이고, 1조 2항은 "대한민국의 모든 주권은 국민에 있고 모든 권력은 국민으로부터 나온다"고 명시돼 있다. 이에 대한민국의 주인은 국민이고, 국민이 국가통치와 정치를 위임한 대통령과 국회 정치인들은 주인(국민)의 머슴들이다. 주인들이 대통령과 국회의원들을 뽑고 국가와 국민위해 통치와 정치를 위임시킨 국민대리 국정 운영자들이다. 불구하고 왜 역대 정권마다 머슴들; 통치자와 정치인들은 주인무시, 헌법무시, 의회무시, 국민농락으로 제왕적 권력독재

통치와 정치로 민주헌정을 "배반하여" 불신정치로 대한민국 정치를 후퇴시켜 왔는가? 불구하고 왜 오늘 또 19대 주사파 문정권은 민주헌정을 "반역하고" 민주정부를 좌익정부로, 자유민주 대한민국의 민주주의를 말살시키며 민주정치를 좌익정치로 망국정치를 하는가? 건국이래(1948) 과거 72년간, 왜 11명의 대통령들 중 7명이 하야, 암살, 자살, 4명이 감옥가는 정권 말로의 비운을 맞았는가? 오늘 19대 문정권은 어떠한가? 12번째 대통령으로 대통령들 중 가장 나쁜 "반역정치"로 적폐정치, 보복정치, 국정농단을 하는 대통령이다. 왜 국가와 결혼했던, 가장 청렴했던 18대 박근혜 전정권을 인민재판식 촛불시위 탄핵으로 4년씩이나 감옥살이 시키는가? 경제대국의 아버지, (고)박정희 대통령을 생각하여 관용(寬容)해줄 수는 없었는가? 오늘 문정권이 북한식 독종적 좌익들이 아닌가?

불구하고 오늘 19대 주사파 문정권이 민주헌정을 "반역한" 좌익정부, 좌익정치의 실태는 어떠한가? 국가존망의 국가위기를 초래 했다. 문정권의 좌익정부, 좌익정치를 보자: ① 민주정부 요소요직(要所要職)에 좌익들을 배치하여 민주정부를 좌익정부로 장악하여 행정부, 입법부, 사법부, 대법원, 선관위, 방통위를 좌익통치에 좌익정치로 좌익국정을 했고, ② 종북에 북경폭파, 군조직 축소, 군력감소, 철조망, 탱크벽 해체, 군사훈련 중지로 국방과 안보를 파괴했고, ③ 심지어 부정선거(2장-4소제목: 참조)로 180석에 집권다수당을 만들어 좌익국회를 만들었고, ④ 좌익국회가 "공수처, 5·18, 부동산3법"등의 좌익성 입법들을 독재독주

했고, ⑤ 소득분배 좌익경제로 국가부채 5,000조를 만들어 국민 1인당 1억씩 빚을 지게 했고, ⑥ 좌익외교로 친북에 친중으로 한국을 패망에서 구해준 한미혈맹을 배반했다. 대한민국의 민주헌정에 반역정치를 하여 사회주의 좌익정치로 자유민주 대한민국의 민주주의를 파괴시켜 국가존망의 국가위기를 자초했다.

자유민주, 대한민국을 반역한 19대 문정권의 좌익정부, 좌익정치의 정체와 그 이유가 무엇인가? 왜 자유민주, 대한민국의 국가 정체성이 파괴된 동기와 이유가 무엇인가? 한 마디로 좌익들의 국가정변(政變) 사태다. 예컨대, ① 끝나지 않은 6·25전쟁의 후유증 때문이다. 전쟁에 죽임을 당한 좌익들의 후손들의, 지리산 빨치산의 부역 좌익들의 후예들의, 그리고 또 5·18 광주사태 시(1980), 북한 주체사상(주사파)에 물든 386 좌익세대 학생들(오늘 50-69세)이 좌익사상에 좌익주의적 국가전복음모, 국가 정변사태다. 5·18 당시 주사파들이 "전대협"을 조직하고 이에 민노총, 전교조, 민청련, 민변 등의 좌익세력 단체들을 조직하고 확대, 연계하여 호시탐탐 자유민주 대한민국을 좌익화 시키려던 국가전복 음모가 마침내 세월호 침몰사건(2014. 4.16)을 계기로 이들 좌익단체들과 문성근의 100만 햇불집회, 광화문 촛불 군중시위로 (2016), 박근혜 전 민주정권을 탄핵(2017. 3.10)시키고 좌익세력인 문정권이 탄생했다. 이들 좌익들이 19대 좌익정권, 문정권과 함께 헌정사, 민주정부를 좌익정부로, 좌익정치로 자유민주 국가 정체성을 파괴했다. 그래서 오늘 한국은 자유민주파멸 "민주국가냐? 사회주의 공산국가냐?" 하는 국가 비상사태, 중대한 국가위기를 맞고 있다. 한 마디로 좌익들이 민주정부를 좌익국가로 국가위기를 초래시킨 좌익집단의 국가존망적 국가위기다. ② 둘째, 국민들이 역대 정권들의 독재구습정치의 불신정치에 싫증이 난 나머지 19대 문정권의 좌익세력의 좌익정치를 "설마성"에 쉽게 넘어 갔기 때문이다. 국민들은 과거 역대정권들의 민족세습 정치성; "독재성"에 제왕적 권력독재 통치에 싫증이 날대로 나 있었고, 또한 역대 국회 정치인들의 민족세습 정치성; "분열 분쟁성"에 국회가 "사색당파, 당리당략, 파벌정치, 작당정치, 권모술수정치, 트집정치, 쌈질정치"의 불신정치에 국민들이 또한 싫증나 있었기 때문에 19대 문정권의 민주정치를 믿어 의심치 않았다는 점이다. 그래서 좌익들이 문정권과 함께 손쉽게 자유민주 대한민국의 민주주의를 좌익주의, 좌익정치로 정변을 했다는 정치적 의미가 있다. ③ 셋째, 국민들의 민족세습 국민성이 "과묵주의, 회피주의, 방종주의"로 수수방관하기 때문에 19대 문정권이 좌익들과 함께 좌익정부화, 좌익정치, 좌익국정화에 성공할수가 있었다는 점이다. 문정권이 판문점과 평양을 오가며 평화와 종전선언을 주장하며 종북정치에 국방과 안보를 파괴해도, 좌익정부화 좌익정치를 하고, 민주선봉, 선관위가 부정선거를 해도, 좌익 대법원이 부정선거를 소송들을 묵살해도 국민들이 정치과묵에 정치회피, 정치방종에 "수수방관"를 하여 문정권의 좌익정치가 더욱 득세하며 민주주의를 파괴했다는 점이다. 그래서 문정권의 좌익정부, 좌익정치가 쉽게 정착되며 문정권이 국민과 주류 언론방송을 코로나19를 핑계로 쉽게 좌익화 할 수 있었다는 점이다. ④ 넷째, 한국정치의 진정한 국가 지도자와 국가 정치인들이 없었고 없기 때문이다. 역대 정권들마다 대한민국 자유민주통치와 정치에 진정한 정치 지도자와 정치인들이 있었는가? 없었다. 진정한 지도자와 정치인의 국가사명과 소명이 무엇인가? 애국정신에 국가헌신과 국민봉사다. 그래서 한국 역대 정치는 어떠했는가? 정치인들의 정치기본: "대의정치, 정도정치, 소신정치"가 없었다는 점이다. 이에 한국정치는 헌정이래 계속 불신정치로 후진국 정치에 국가정치가 후진화 돼 왔다. 이에 국민들이 수수방관하는 정치습성이 들었고 국민역시 위정자들의 권력통치와 좌익화 통치에 책임을 회피할 수 없다. ⑤ 다섯째, 가장 중요한 점으로 국민과 정치인들의 국민수준(民度)이다. 특히 정치민도가 낮기 때문에 문정권의 좌익정권, 좌익정부, 좌익정치에도 국민들이 수수방관해 왔다는 점이 심각하다. 건국 이래 과거 72년간 범국민, 대국민 교육: "인성화(人性化), 도덕화(道德化), 교양화(敎養化), 자유민주화, 민주법치화, 선거정치화, 정의사회화, 국가민주화 교육"이 전혀 없었기 때문에 국민의 정치민도가 낮아 문정권의 좌익정치가 쉽게 안착할 수가 있었다는 중대한 문제다. 국민의 정치민도가 낮기 때문에 통치자가 제왕적 권력독재 정치를 해도, 좌익정치를 해도, 국민이 정치에 수수방관만 하여 결국 불신정치가 더욱 고질화되며 불신정치가 더욱 기승을 부렸고, 이에 오염되어 국민성마저 불신국민성이 돼 버렸다. 불신국민성에 사회도 거짓사회, 가짜사회가 되어 불신사회로 오염확산되어 결국 국민들의 만성적 "수수방관성"을 낳게 되었다. 그래서 국민무시, 국민농락으로 오늘 19대 주사파 문정권이 쉽게 좌익정부, 좌익정치를 정착할 수 있었다는 을 조장시켰기 때문에 오늘날 자유민

주가 좌익주의로 쉽게 정변화 시킬 수 불신국민성, 불신사회성이
큰 문제에 국가위기다.

국회분쟁 근성

[도덕과 입법]

"최대 다수의 최대 행복은 도덕과 입법의 초석이다."

— 벤담(Jeremy Bentham; 1748-1832, 영국의 철학자)

[국회 정치]

명패당패 바꿔달고 짜깁기에 뒤집기로

권모술수 공천받고 얼굴팔아 당선되어

그사람에 그얼굴로 작당지어 정치하니

사색당파 정쟁당쟁 나라꼴이 쌈판이네

국회나리 출세했다 금뱃지에 권세잡아

제왕권력 아부하며 좌익정치 일삼으니

좌익들의 좌익정부 민주주의 말살되며

자유민주 대한민국 국가존망 위기일세

[FOCUS] 한국 정치인의 독재성과 분열성

왜 한국 정치인들은 머슴들인 주제에 국회의원직이 대출세직, 특권직, 특혜

직으로 알고 국회의원 되기에 목을 매는가? 왜 국회정치는 권력과시, 특권
정치, 특혜정치로 불신정치, 후진국정치만 하나? 왜 민족세습정치성: "독재
성과 분열분쟁성"에 제왕 권력독재 정치로, 또 오늘 19대 문정권이 민주헌
정 "반역" 좌익독재 정치로 사색당파, 작당정치, 당리당략 트집정치, 쌈질정
치에 불신정치를 가중시켜 망국정치만 하나? 왜 한국 정치인들은 국가헌신
에 국민봉사 정신에 왜 정치기본: "대의정치, 정도정치, 소신정치"를 하지
않는가?

[국회의원 신분과 국회제도 개혁대책]

1. 국회의원 신분개혁

① 국회의원이 하기 싫은 정치풍토가 돼야 진정한 정치인들이 출현된다.

② [의원임기제] 정치중독 근절을 위해 의원직을 4년임기, 3선에 제한하라.

③ [정치철학] 대의정치(代議), 정도정치(正道), 소신정치(所信)를 지켜라.

④ 머슴을 [장관급 월급제]로 주고, 특권, 특혜들, VIP대우 전면 폐지하라.

⑤ [정치중독 근절] 사무원, 차량제공, 차량유지비, 명절수당, 교통특혜(비
행기·KTX·1등 무료), 가족수당, 의료, 복지, 골프 등, 특혜들을 전면 폐지
하라.

⑥ [순환근무] 의원실 사무원을 국가직, 2년마다 중복없는 순환근무케
하라.

⑦ [의정활동비] 영수증제로 확인환불하고 해외연수를 년 1회 제한하라.

2. 국회 의회제도 개혁

① 정치세습: "독재성, 분열분쟁성"이 사멸돼야 건전한 민주국가 된다.

② [비례대표제] 국고낭비, 무용지물, 영구 폐기하라.

③ [후보이동금지] 의원 후보등록을 출생지 고정, 후보이동을 막아라.

④ [공천폐지] 무공천에 출생지 자유후보, 자유경선에 당선 후 당적케
하라.

⑤ [부정선거방지] QR코드, 전자개표 폐지, 일련번호 기입식 수투표, 개

표하라.

⑥ [국회 청문회]: 편들기, 인기위주 쌈질청문 철폐/ 혹은 폐지하라

한국인들은 왜 국회의원이 되려고 기를 쓰는가? 국회의원직(職)이 특권직, 특혜직으로 알고 권력정치, 특권정치, 특혜정치를 누리기 위해서이고 그 때문이다. 주인(국민)의 머슴들이 주종관계(主從關係)도 모르고 주인 위에 군림하며 권력과시 허세정치를 할 수 있다는 오만방자(傲慢放恣)한 생각에서 그렇다. 매우 잘못된, 위험한 독재우월주의 독재정치성 발상이다. 민주정치에 배치되는 잘못된 생각이다. 그래서 한국의 국회 정치인들은 사명(死命)과 소명(召命); "국가헌신과 국민봉사" 정신이 없다. 또한 정치활동의 기본; "대의정치(代議政治), 정도정치(正道政治), 소신정치(所信政治)"가 없다. 한 마디로 한국의 국회 정치인들은 소인배(小人輩), 모리배(謀利輩), 시정잡배(市井雜輩) 정치인들과 같다. 그래서 대한민국 건국이래, 역대 국회 정치인들은 오만방자한 독재권력성과 분열분쟁성에 "불신정치"만 남겼다. 그래서 한국정치가 후진국 3류급 정치로 추락됐다. 머슴들이 주제파악도 못하는 정치인들이 아닌가? ① 안다면 어찌 오늘 19대 문정권의 좌익들이 부정선거로 180석 집권다수당을 만들어 독재법안들을 독재독주(獨裁獨走) 한단 말인가? ② 안다면 어찌 국회가 여야(與野) 극한적 대립에 당리당략적 트집정치, 쌈질정치만 계속 한단 말인가? ③ 안다면 어찌 다수당횡포에 상임위를 모두를 독차지하며 날치기로 법안들을 독재화, 국회통과를 한단 말인가? ③ 안다면 어찌 주인(국민)무시, 무려 20가지가 넘는 특혜들을 멋대로 맘대로 스스로 만들어

특권에 특혜정치, 권력과시 정치만 한단 말인가? ④ 안다면 어찌 민주헌정을 "반역하고" 좌익정부, 좌익정치로 스스로 조국의 민주주의를 말살한단 말인가?

　오늘 19대 문정권의 주사파 좌익국회, 집권다수당의 정치행패와 정치실상은 어떠한가? 한마디로 좌익정부, 좌익정치, 독재정치, 반역정치로 민주헌정에 반역정치만 한다. 예를 들면, ① 부정선거로 180석 집권다수당(민주당)을 만들어 다수당횡포에 "공수처법, 5·18법, 부동산3법, 세월호법" 등의 좌익성 독재법안들을 날치기로 통과시킨다. "공수처법"이 무엇인가? 헌법위에 특권처, 기밀은폐, 인사숙청을 위한 좌익 문정권 보호, 특권처가 아닌가? 5·18 법은 무엇인가? 5·18을 헐뜯으면 3천만 원 벌금에 5년 감옥보내는 독재공산법이 아닌가? 어째서 5·18사태 시, 근처에도 없었던 주사파 실세들이 왜 공적조서(功績調書), 유공자명단 발표도 없이 유공자가 되어 5·18 보상과 혜택들을 누리는가? 어째서 유공자들을 4천 명에서 9천 명으로 늘려 여권의 좌익실세들이 유공자로 포장되어 보상과 혜택을 받는가? 세월호법은 또 무엇인가? 국군이 전사하면 갯값, 3천만을 주고, 세월호 참사 일반인들에게는 금값, 8-10억씩을 주는 멋대로 선심형 독재법이 아닌가? 부동산 3법은 또 무엇인가? 재산세, 종부세, 양도세, 보유세율을 멋대로 인상하며 건물 임대주에게 주택거래, 임대거래, 보증금보험까지 들게 하는 독재공산법이 아닌가? ② 왜 선관위를 좌익화, 부정선거로 180석 거대집권 다수당을 만들어 좌익국회가 좌익정치를 하는가? ③ 왜 대법원이 좌익화, 전국 126지구 선거무효 소송들을 불법으로 묵살하며 좌익 독재정치, 문정권에 편승하여 민주주의를 말살 하는가? ④ 왜 헌법재판소가 좌익화, 헌법위에 불법인 "공수처법"을 합헌이라 판결하나? 오죽하면 스스로의 당원(黨員), 민주당 "금태섭"의원이 공수처법에 반대표를 던졌다 하여 강제퇴출 시키지 않는가? 오죽하면 국민여론 조사에서 정당 지지도가 1.3%, 정치인 지지도가 1.5%, 국회 지지도가 1.8%, 시민정치 정치참여율이 6.4%로 OECD 국가들 중 한국정치가 꼴찌라는 통계도 있지 않는가? 어째서 오늘 19대 주사파 문정권의 좌익국회가 민주헌정을 "반역하며" 민주정부를 좌익정부로, 민주정치를 좌익정치로, 반역정치를 하며 스스로의 조국, 민주주의를 파멸시키는가?

오늘날 한국 국회의원들의 특권정치, 특혜정치, 정치행태들이 어떠한가? 한 마디로 머슴들이 주인무시(국민), 주인농락 정치뿐이다. 스스로 불체포 특권을 만들고, 스스로 수 많은 특혜들을 만들어 특권정치, 특혜정치로 좌익독재 정치만 하는 좌익국회의원들이다. 이들이 스스로 만든 국회의원 1인에 연관되어 연 지불되는 금액이 무려 연 11억 7000만 원 이상 된다. 혜택들이 무려 25가지가 넘는다. 어이가 없다. 예를 들면, ① 국회의원 연봉이 1억4000만, ② 의정활동비 연9300만, ③ 차량유지비 연430만, ④ 차량유류비 연1320만, ⑤ 정근수당에 명절수당 연1400만, ⑥ 관리업무수당 연720만, ⑦ 정액급식비 연150만, ⑧ 전화 및 우편표 연 1,000만, ⑨ 정책발간과 홍보비 연1300만 ⑩ 정책자료발송비 연440만, ⑪ 공무출장비 연450만, ⑫ 항공기, KTX

등 1등석 교통비 무료, ⑬ 입법정책 개발비 연2200만, 연2회 해외시찰, ⑭ 65세부터 연금 연1440만,⑮ 가족수당 연70만, ⑯ A등급 보험혜택, ⑰ 변호사, 의사, 약사, 관제사 등의 겸직허용, ⑱ 국회 내 헬스, 병원비 가족포함 무료, ⑲ 진료비 가족포함 무료, ⑳ 골프장 우대등 호화판이다. 여기에 ㉑ . 의원실 사무원 연봉만 4억4500만(4급 보좌관 2명 연봉이 각각 8,600만 원씩, 5급비서1명 연봉이 7,600만 원, 6급비서 1명 연봉 3,600만 원, 7급비서 1명 연봉3,100만 원, 9급비서 1명 연봉2,400만 원), ㉒ 사무원 매식비 연600만. ㉓ 사무실 용품비 연 500만이다. 여기에 ㉔ 정치후원금 연 1억 5천만, 선거 시는 3억까지 모금하는 특혜도 있다. 이외에도 ㉕ 의사당 옆 2,200억짜리 의원회관, ㉖ 전용 레드카펫, ㉗ 강원도 고성에 500억짜리 국회의정 연수원 등등으로 오늘날 한국 국회정치인들의 특혜들은 세계에 유일무이(唯一無二)한 호화판이다. 그래도 해마다 연봉들만 올린다. 그러면서 좌익정치에 반역정치만 하는 패거리 트집정치, 쌈질정치꾼들에 좌익정치인들이 아닌가?

민주주의 모범국, 선진미국의 국회의원들은 어떤가? 한국 국회의원들과 비교해 보자: 미국 국회의원들은 예컨대, ① 국가헌신과 국민봉사를 제일로 친다. ② 16대 대통령, 아브라함 링컨(Abraham Lincoln: 1861-1865)이 게티스버그(Gettisburg)연설에서 말한 "국민을 위한, 국민에 의한, 국민의 정치"(대의정치(大義政治), 정도정치(正道政治), 소신정치(所信政治)에 철칙으로 정치한다. ③ 특권정치, 특혜정치가 없다. ④ 의사당에는 책상도, 명패도, 배지도 없다. 좌우로 빈 의자들로 공화당, 민주당, 아무의석이나 앉는다.

⑤ 비행기도 3등석을 타고 국회의원인 내색도 생색도 없다. ⑥ 의원 용 차량도, 운전수도 없다. 자전거나, 대중교통으로 출퇴근한다. ⑦ 시골에서 올라 온 가난한 국회의원들은 지하 아파트에서 산다. 더 가난한 국회의원들은 아예 의원회관에서 먹고 자고 의원생활을 한다. ⑧ 의원식당이 따로 없다. 서민들과 똑같이 줄 서서 사 먹는다. ⑨ 의원실마다 소형 TV가 있어 의사당내 의정연설을 주시하며 연설듣고 연구한다. ⑩ 의사당은 발언, 연설, 투표시만 참석한다. 투표도 카드 꽂고 찬반투표다. ⑪ 의사당엔 연설자만 외롭다. 연설위반을 점검하는 반대당 의원 몇 명에 민간 법판관들만이 참석한다. 주제이탈로 연설을 할 경우, 즉시 마이크가 꺼진다. ⑫ 불순한 용어에도 징계대상이다. 폭력 시는 즉시 의원직 박탈이다. ⑬ 국회의원직을 언제든지 스스로 사퇴한다. 가정과 사생활을 위해 의원직을 버린다. 권력과 과시정치에 중독된 한국 국회의원들과 차원이 다르다. 미국 국회의원들은 특권정치, 특혜정치, 권력정치가 절대 없다. 한국 국회의원들과 같이 기 쓰고 국회의원을 하지 않는다. 이것이 민주정치다.

대한민국 헌정사, 왜 한국 국회 정치인들은 불신정치, 후진국적 3류정치만 하는가? 그 이유가 무엇인가? 예를 들어 살펴보자. 예컨대, ① 첫째는 민족세습 정치성; "독재성과 분열분쟁성" 때문에 불신정치를 자초하는 이유다. 오천년 한민족의 선대국가들이 그랬다. 독재성에 독재통치를 했고, 분열분쟁성에 사색당파 분열정치에 국방력이 약해지며 외세와 정변들로 흥망성쇠를 반복했다. 오늘 한반도의 대한민국이 그렇다. 독재권력 탐욕에 6·25전쟁에 발발했고, 이에 남북분열을 초래하며 오늘 남북 동족이 생이별, 이산가족의 아픔으로 살지 않는가? 한국의 현대 정치사, 통치자들의 독재성에 제왕적 권력독재 불신정치를 자초 했고, 또 국회 정치인들의 "분열분쟁성"에 국회가 당리당략에 트 집정치, 쌈질정치로 불신정치를 자초한 이유다. ② 둘째는 설상 가상(雪上加霜)으로 오늘 19대 문정권이 좌익독재통치로 민주헌정 을 "반역한" 좌익정부, 좌익정치로 민주주의를 파멸하며 불신정 치를 자초하는 이유다. 불신정치, 망국정치, 망국위기다. ③ 셋 째는 민족세습 국민성; "과묵성, 회피성, 방종성"에 더 심한 불신 정치를 자초하여 불신정치가 고질화, 토착화됐다. 불신정치 토 착화로 망국위기다. 정치인들의 불신정치에 국민들이 이들의 불 신정치를 방관하여 불신정치가 고질화가 됐다는 이유다. 불신정 치에 망국정치, 국가위기를 자초하는 이유에 경우다. 예컨대, 민 주정치를 배반해도, 또 민주정치를 반역해도, 선관위가 부정선 거를 해도, 대법원이 선거무효 소송들을 묵살해도 국민들이 수 수방관하는데 어찌 국가가 불신정치로 망하지 않겠는가? 방통위 가 언론방송 탄압에 정권 편에서 편파방송을 하는데 어찌 그런 민주국가가 망국치 않겠는가? ④ 넷째는 범국민 교육부재(不在)로 국민수준(민도)이 낮기 때문에 정치인들이 이를 이용, 불신정치를 하는 이유다. 과거 72년간 한국정부의 대국민 교육; "인성화, 도 덕화, 교양화, 선거정치화, 자유민주화, 민주법치화, 정의사회 화, 국가민주화 교육"이 단 한 번이래도 있었는가? 없었다. 그러 니 오늘 한국인들의 정치민도는 낮은 수준이다. 경제대국에 후 진 국민성인 셈이다. 이유가 무엇인가? 국민들이 민족세습 국민성; "과묵성, 회피성, 방종성"에 정치무관심, 정치침묵, 정치방종으로 정치인들이 불신정치를 더욱더 하게 하는 이유다. 불신정치 토착화에 국가위기다. 오늘 소인배(小人輩), 모리배(謀利輩) 정치인들이 주인(국민)무시, 멋대로 불신정치를 하지 않는가? ⑤ 다섯째는 국민들이 선거를 잘못하여 정치인들이 낮은 국민정치 민도를 이용하여 국민무시, 멋대로 정치하며 불신정치를 자초하는 경우와 이유다. 부적당한 정치인들을 못 뽑았기 때문에 불신정치를 자초하며 국가위기를 초래하는 경우다. 국민의 무지(無知) 때문이다. 국민들이 후보가 "말을 잘한다하여, 미남(美男), 미녀(美女)라 하여, 뉴스앵커라 하여, 인기인, 유명인이라 하여, 방송에 얼굴이 팔렸다 하여, 현직후보라 하여, 힘있는 당의 후보라 하여, 연고가 있다 하여" 등으로 잘못된 선거로 불신정치를 초래하여 불신정치에 국가위기를 자초하지 않는가? 누구의 책임인가? 범국민 교육부재로 국민들의 무지(無知)의 책임과 정부 책임이다. 범국민 교육에 국민들이 선거 전에 후보들의 "성격성품, 연륜과 경륜, 학식과 견식" 등을 면밀히 비교하여 최선의 후보를 뽑았어야 했다. 그러나 한국인들은 후보의 홍보책자들을 보지도 않고 쓰레기통에 넣는 허다하다. 그러니 어찌 정치인다운 정치인들을 뽑을 수가 있겠는가?

한국의 불신정치를 근절할 방법은 없는가? 이미 앞장 네모 안에서 대책들을 제시했다. 그러나 중요한 점들 몇 가지만 예를 들어 살펴보자. 예컨대, ① 첫째, 국민의 정치민도가 제고(提高) 돼야 한다는 점이다. 국민수준이 높아야 올바른 정치인을 뽑고 정치인들이 국민무시 정치를 하지 않게 된다는 점이다. 이를 위해 정부의 범국민 교육; "인성화, 도덕화, 교양화, 선거정치화, 자유민주화, 민주법치화, 정의사회화, 국가민주화"교육이 필수적이다. 연1회 의무화, 정례화시켜 국민수준을 향상시켜야 한다. ② 둘째, 국회의원들의 특권, 특혜들을 전부 폐지하여 국회의원 신분을 낮춰야 한다. 국회의원들의 특권, 특혜들을 없애고 월급만 받는 낮은 신분으로 개혁돼야, 국회의원직이 비인기직으로 국회의원이 하기 싫은 정치와 선거풍토로 바뀌어진다. 그때 비로소 애국애족의 진정한 정치인들이 출현하며 올바른 민주정치를 하게 된다는 점이다. 정치풍토의 개혁이다. ③ 셋째, 민족세습 정치성; "독재성과 분열분쟁성, 반역성"을 아예 근절시키는 헌법적 금지조항이나 국회법을 제정해야 한다는 점이다. 그래야 통치자가 더 이상 제왕적 권력독재통치와 좌익통치를 하지 못한다. 그래야 국회정치인들이 더 이상 사색당파 정치, 당리당략 정치에 트집정치, 쌈질정치를 할 수 없는 되는 정치풍토가 된다. 또한 불신정치인들에게는 직계 2대를 통해 공직채용을 금지하는 입법도 있어야 한다는 점이다. 그래야 불신정치의 원천차단을 해야 한다는 점이다. ④ 넷째, 국민세습 국민성; "정치에 침묵성, 정치에 회피성, 정치방관성"이 근절돼야 한다. 이를 위해 정부는 범국민 교육과 계몽, 홍보에 전력을 다 해야 한다. 그래야 국민세습성이 점차 없어진다. ⑤ 다섯째, 국민의 선거 투표의식이 바뀌어야 한다. 후보들의 선거선동에 속지 말고, 국민들 스스로가 후보의 "성품과 인품, 연륜과 경륜, 학식과 견식"들을 면밀히 비교 검토하여 최선의 후보를 뽑아야 한다는 점이다. ⑥ 여섯째, 정치인들이 스스로 각성, 정치 자질화되어 국가헌신과 국민 봉사를, 대의정치(代議政治), 정도정치(正道政治), 소신정치(所信政治)를 할 수 있게 해야 한다. 이를 위해 정치인들의 정치실천 자질교육을 연 1회 의무화, 정례화 시켜야한다. ⑦ 일곱째, 특별히, 범국민 선거와 투표, 선거와 정치, 교양과 계몽, 홍보를 지속하여 선거와 투표의식을 고취해야 한다는 점이다. ⑧ 여덟째, 만약 그래도 선거에서 마땅한 후보가 없다면 차라리 최선의 선택; [무효투표]를 찍는 게 훨씬 낫다는 점이다. 무효투표가 선거수의 10%만 나와도 정치개혁에 국가정변의 기적을 낳는다. 이에 정의롭고 공정한 선거환경과 정치활동이 자연히 조성된다는 점이다.

좌익정치 근성

"시간은 위대한 의사다."

— 디즈레일리(Benjamin Disraeli; 1804–1881, 영국의 정치가)

[분열민족성]
수천년에 수백년을 전쟁으로 짓밟히고
허구헌날 세월들을 정쟁당쟁 쌈질하여
삼천리에 금수강산 한탄속에 망했도다
한반도라 조국국토 피눈물로 두쪽났네

대조영에 광개토왕 요동벌판 휩쓸었네

많고많은 선대국가 사색당파 망했다네

한반도에 남북분단 한핏줄이 두쪽났네

자유민주 대한민국 좌우분열 망국하네

[FOCUS] 분열분쟁성에 좌익정치 문제

북한이 어떤 나라인가? 세습독재 공산국가다. 지독한 철의 장막, 철통방어로 외부와 차단된 독재세습 공산국이다. 인권이 없는 나라다. 국민을 짐승 이하로 취급, 굶겨 죽이는 독재국가다. 1950. 6. 25 남침하여 동족상쟁 전쟁으로 동족학살을 한 독재공산국이다. 북한은 남한의 주적 (主敵)이다. 그런데 왜 19대 주사파 문정권은 주적우대, 종북정치를 하나?

국민무시, 헌법무시, 민주헌정 무시로, 문정권은

① 왜 불가능한 북한 비핵화에 불가한 평화와 종전선언만 외치는가?

② 왜 멋대로 북경초소폭파, 군단축소, 군력감소, 북경 철조망, 탱크벽 해체, 군사훈련 중지 등으로 국방과 안보를 파괴하는 것인가?

③ 왜 북한개발과 북한지원에 안달하며 북한을 부국강국을 만들지 못해 안달하는 것인가? 부국강국이 되면 남한체제로 통일하자 하겠는가?

④ 왜 민주헌정을 "반역한" 좌익통치로 행정부, 입법부, 사법부, 대법원, 선관위, 방통위를 좌익정부화하여 좌익통치, 정치를 하나?

⑤ 왜 심지어 부정선거로 좌익집권 연장, 좌익 국회정치, 좌익 경제통치, 좌익 외교정치로 6·25 전쟁 때 패국인 한국을 구해준 미국을 배반하는가? 어째서 이게 좌익정치, 좌익정부, 반역정치가 아니고 무엇이란 말인가? 어째서 자유민주 조국, 대한민국을 좌익정치, 좌익국가로 망국케 하나?

#184: 6·25전쟁시 미군이 "점령군"인가? 한국이 오늘 점령군에 속국인가?

좌익들은 말 장난말라(2021.07.06/전미국대교수/경제학박사/전략경영학박사/서산태생)

대권주자, 이재명은 현충일(21.6)에 미군을 "점령군"이라 했다. 또 광복회장

김원웅은 "소련군은 해방군, 미군은 점령군"이라 했다. 좌익들의 말장난인가? 6·25 전쟁 시, 한국은 부산만 남겨진 패전국이었다. 이를 인천 상륙작전으로 수복됐다. 3.7만 명의 미군목숨을 바쳐 한국을 구해준 미국이 왜 점령군인가? 배은망덕에 막말이다. 말뜻도 모르는 자들이 어찌 대권후보인가? 미국은 한미혈맹국이다. 한국이 "점령군"에 점령되어 점령군에 통치되는 나라인가? "물에 빠진 놈, 구해 주니 보따리 내 놓으란"식이다. Ch.18의 "이만갑"프로에서 (2021.7.4) 진X권과 허X웅은 주적(主敵), "김일성 회고록"을 역사문헌 "히틀러"와 비교하며 헌법자유국이니 한국에서 출판, 시판되도 OK라 한다. 한국과 상관없는 역사문헌과 주적, "김일성 회고록"이 어찌 같은가? 구분도 못하는 철부지들인가? 헌법의 자유라고 다 자유인가? 국가있고 헌법있다. 헌법자유도 국가통치에 구속된다. 한국은 아직도 끝나지 6·25전쟁의 후유증, 좌익과 우익들이 전쟁 중이다. 오늘 19대 문정권의 좌익들이 민주헌정을 "반역"하여 좌익정부, 좌익정치로 조국의 자유민주를 파멸했다: 국방과 안보파괴, 민주정부를 좌익정부로, 부정선거에 좌익국회로, 대법원의 선거무효 소송들 묵살로, 소득분배 좌익경제에 5,000조 국가부채로, 한민혈맹 파괴로 민주정부를 좌익정부로 좌익국정을 했다. 좌익과 우익, 한국은 아직도 끝나지 않은 6·25전쟁 중이다. 이게 어찌 좌익들의 좌익정부, 좌익정치가 아니란 말인가? 왜 국민마저 좌우로 분열시켜 망국케 하나?

   이미 오늘 19대 주사파 문정권의 좌익정치, 좌익정부에 관해서는 위 2장과 4장에서 충분히 설명했다. 불구하고 왜 오늘 19대 주사파 문정권은 친북에 종북정치를 하는가? 도대체 친북에 종북정치가 무엇인가? 주적(主敵)인 북한 세습독재 공산국가의 수령, 김정은을 위해, 자유민주 남한의 통치자, 문재인 대통령이 판문점과 평양회담을 오가며 자유민주 국민무시, 헌법무시, 민주헌정 무시로 국방과 안보를 북한위해 폭파하며, 불가능한 북한의 비핵화에 불가능한 남북평화와 종전선언을 주장하며, 북한지원과 북한개발에 기를 쓰는 문정권의 모습이 북한우대 통치에 종북정치다. 문재인 통치자의 종북정치에도 불구하고 북한은 역으로 남한적대에 문재인 통치자를 "삶은 소대가리"로, "미괴뢰도당의 대변자"로 욕설을 퍼붓고 있다. 더하여 개성의 남북공동 연락 사무소까지 일방적으로 폭파시키는 북한의 도발작태에도 남한의 통치자, 문재인 대통령은 북한에 말 한 마디가 없다. 어찌 이것이 종북정치가 아니고 무엇이란 말인가? 오죽하면 야당이 문재인 대통령을 향하여 "쓸개없는 북한의 대변자"라 대통령을 공박하지 않는가? 오죽하면 국민들이 문대통령을 "북한간첩"이라는 말까지 수군거리지 않는가? 어째서 문정권은 동해상에서 사생결단으로 귀순한 탈북인 3명을 북한요구에 눈을 가려 북한으로 돌려 보내는 비인도적 종북정치까지 한단 말인가? 그러니 19대 문정권이 어찌 좌익통치에 종북정치가 아니라 말하는가?

왜 친북에 종북정치가 나쁜가? 자유민주 대한민국의 통치자가 자유민주 스스로의 국가를 "반역하여" 좌익정치, 좌익정부에 종북정치까지 하여 스스로의 조국과 민족, 국가와 국민을 반역하여 스스로의 조국, 대한민국의 민주주의를 망국케 하기 때문이다. 북한은 1990년대 중·후반 "고난의 행군"을 맞아 무려 300만 명이나 북한민들이 아사(餓死)를 당했다. 2021년 오늘 북한은 미국과 유엔의 대북제재에도, 또한 코로나19 전염병에도, 더더욱 중국과의 교역차단에 오늘 극단적 가난에 처해 있다. 불구하고 북한 독재자는 "자력갱생"을 외치며 체제유지와 생존을 위해 발악을 하고 있다. 이에 핵탄과 미사일 개발을 하고 미국과 남한을 위협하고 있다. 도대체 이들은 가난한 와중에서 핵탄과 미사일 개발비용은 어떻게 확보 했던가? 15대 (고)김대중 대통령이 북한 수령, 김정일과 2000.6.15 공동 선언문에서 "남북 연합체"를 주장하며, 북측이 원했던 "남북 연방제"로 남북통일을 공동선언 했다. 칭하여 DJ 대통령의 "햇볕정책"이다. 이 정책에 DJ는 북한에 5억불을 제공하여 북한이 핵탄과 미사일을 개발케 했다는 소문이다. 이 사건에 연루돼 정몽헌 현대 아산회장이 자살했다 한다. DJ의 좌익정치로 오늘 남한 국민들이 북한의 핵탄에 노예가 된 셈이다. 불구하고 오늘 19대 주사파 문정권은 DJ의 좌익행태를 물려 받아 오늘 북한에 원전건설의 USB까지 제공했다는 항간의 소문이다. 왜 문정권은 북한의 핵탄 연료, 플로토늄까지 생산하라며 북한에 원전건설까지 돕는 것인가? 그래서 왜 북한이 핵탄에 남한민을 "불바다" 운운하며 위협케 하는가? 어째서 대한민국의 통치자들; DJ와 노무현, 그리고 오늘 문정권의 좌익주의자들은 독종적 독재공산 국, 북한에 휘둘려야 한단 말인가? 왜 이들 3인 좌익주의 통치자들은 자유민주 대한민국을 주적에 매도하여 왜 대한민국 민주 정치사에 영원한 반역자들로 남으려 애쓰는가? 어째서 오늘 19대 문정권과 좌익 정치인들은 왜 자유민주 조국, 대한민국을 좌익통치, 좌익정치, 종북정치로 스스로의 자유민주 조국을 파멸하는 것인가?

왜 3인의 한국 대통령들; (고)김대중, (고)노무현, (현)문재인 정권을 좌익통치자, 좌익정치자, 종북주의자, 공산주의자들이라 국민들이 말을 하는가? 그 이유가가 무엇인가? 한마디로 좌익통치, 공산정치를 했기 때문이다. 예컨대, ① 첫째 이유는 주적(主敵)인 북한과 손잡고 스스로의 조국, 자유민주 대한민국의 민주주의를 파괴하는 좌익정치를 하여 스스로의 국가를 좌익화 위기를 자초했기 때문이다. 북한이 어떤 나라인가? 세계에 둘도 없는, 역사에도 없는 유일한 철의 장막, 철통방어, 세습독재, 독재 공산국가가 아닌가? 1950.6.25 남침에 남한동족을 학살한 북한 독재자가 아닌가? 휴전에 평화 중에도 지속적인 전쟁위협과 만행들을 저질러 무고한 남한민들을 얼마나 많이 죽였는가? 예컨대, 서해침입 해전, 연평도 포격, 천안함 폭침 등으로 휴전협정에 정전기간에도 툭하면 도발하여 무고한 남한동포를 죽인 주적이다. 이게 민족의 원수, 주적이 아니고 무엇인가? 이런 주적을 우대하는 과거 두 대통령들과 오늘 문정권이 어찌 좌익들이 아니란 말인가? 어찌 오늘 19대 주사파 문정권이 민주헌정을 "반역하고" 오늘 좌익정부, 좌익정치로 스스로의 조국, 대한민국의 민주주의를 파괴 했는데 어찌 좌익주의자, 좌익통치자, 좌익국정 운영자가 아니라 하는가? ② 둘째 이유는 이들 3인방 좌익통치자, 한국 대통령들은 하나같이 모두 북한송금에 불한지원, 북한 개발을 도왔기 때문이다. 그래서 이들을 좌익주의자들, 좌익공산화 통치자들이라 말한다. 이들이 북한에 송금하고 북한지원과 북한개발을 지원하여 북한을 부국강국(富國强國)으로 만들려 안달하지 않는가? 불한을 도와 북한이 부국강국이 되며 북한이 남한의 자유민주 체제로 통일하자 하겠는가? 300만 명이 굶어 죽어도 눈 하나 깜짝하지 않았던 북한이 아니었는가? 북한은 오직 핵탄에 인민무장 정신통일로 적화통일이 목적이다. 체제유지를 위해, 집권자들이 살아 남기 위해 핵탄과 장거리 미사일을 개발했고 오늘 이에 위협을 한다. 미국과 유엔의 혹독한 대북제재에도 불구하고 북한은 지독한 독재정치에 아직도 북한체제는 건재하지 않은가? 하물며 북한이 부국강국이 되면 어찌 그들의 선대유언에 따라 또다시 "남침에 적화통일"을 하지 않겠는가? 따지고 보면 북한을 오간 3인의 남한 통치자들은 친북에 종북정치로 자유민주 대한민국에 좌익통치, 정치를 했다. 어찌 이들이 자유민주 조국, 대한민국의 민주헌정 역사에 이들을 반역자들이 말하지 않을 수가 있겠는가? ③ 셋째 이유는 북한의 비핵화가 불가능한데 왜 오늘 문재인 자유민주 통치자는 불가능한 평화와 종전선언만 북한에 주장하며 북한지원과 북한개발에 목을 매는가? 이게 어찌 좌익정권에 종북정권이 아니고 무엇이란 말인가? 북미회담도 거절하며 북한은 사생결단으로 핵탄과 핵미사일로 남한과 미국을 위협하며 적대시하는데 어째서 문정권이 불가능한 북한의 비핵화에 평화와 종전선언만 주장하는가? 어찌 이게 종북정치가 아니란 말인가? 설령 북한이 평화와 종전선언에 협정을 한다 해도 내일이면 또다시 뒤집고 남한에 도발과 만행을 가할 북한이 아닌가? 불구하고 왜 19대 주사파 문정권은 자유민주를 반역하며 좌익정부, 좌익정치, 반역정치로 종북정치를 한단 말인가? ④ 넷째 이유는 ㈜김대중, ㈜노무현, ㈜문재인 3인방 대통령이 주장하는 고려 연합체, 고려 연방제와 같은 민족통일이 가능한 것인가? 하는 점이다. 불가능한 일이다. 설령 연방제에 통일이 된다 해도 그것은 북한체제 독재공산국이 된다. 사정이 이러한데 어찌 오늘 대한민국 국민들이 문정권의 좌익정치, 좌익정부, 종북정치, 반역정치에 수수방관만 하여 스스로의 조국, 대한민국의 민주주의를 파멸시키는가? 왜 오늘 문정권과 함께하는 주사파 좌익들은 온갖 자유와 부(副)를 남한, 대한민국에서 누리며 좌익정부에 좌익정치로 자유민주를 파멸하는 것인가? 문정권의 좌익정치, 반역정치가 거짓과 위선, 어용적 이상주의자들의 좌익주의란 말인가? 문정권이 주장하는 남북통일은 가능하다 생각하는가? 헛된 망상이다. 신라가 전쟁으로 삼국통일을 하기까지 천여년이 걸렸다. 남북이 전쟁한지가 고작 70여 년이 되었다. 남북통일이 하루 아침에 성취될 일이라 보는가? 이를 말하듯 영국의 정치가, 디즈데일리(Benjamin Disraeli: 1804-1881)는 "시간은 위대한 의사다"라고 말했다. 남북통일을 두고 한 말 같다.

도대체 오늘 19대 문정권과 그와 함께하는 주사파들의 실체가 누구이고 무엇인가? 유사시 북한을 도와야 할 좌익들이다. 6.25 전쟁에 원한이 맺힌 좌익들의 후예들이다. 지리산에서 빨치산들의 좌익부역자 좌익후예들이다. 5·18 광주사태 시, 북한의 "주체사상"에 물들어 유사시 북한과 함께 자유민주, 대한민국 정부를 전복시키려는 1980년 당시 386 대학생세대, 오늘 50-69세가 된, 오늘 주사파 문정권과 정계를 장악하고 좌익정부화, 좌익정치를 하는 좌익들이다. 이들 386 주사파 세력은 1980년 당시, 좌익사상에 전국적 전대협(전국대학생연합)을 조직하고 확산하여 오늘 민노총, 전교조, 민청련, 민변 등의 좌익세력 단체들과 좌익정부화, 좌익정치를 하는 좌익진보 세력들이다. 이들은 전대협을 중심으로 당시 민중해방파(NL/National Liberation)와 민중민주파(PD/ People's Democracy)로 확산되며 유사시 북한과 연계하여 남한의 자유민주 체제를 파괴하려는, 국가전복의 음모와 계획을 갖었던 반민주주의 좌익분자들에 좌익단체들이다. 이들은 조국의 경제발전에 무임승차로 좌익운동을 하다가 반공사상과 국보법에 걸려 감옥을 가고 감옥에서 나와 오늘 19대 문정권과 합세, 좌익정부, 좌익정치로 자유민주 대한민국의 민주정부를 파괴하는 극렬한 좌익들이다. 전대협 초창기에 "임수경"이란 대학생을 북한이 주체하는 청년대회에 참석시켜 북한에서 김일성 수령을 찬양하고 판문점을 통해 한국에 돌아온 후에 대한민국 국회의원까지한 극단적 좌익분자들이다. 이러한 극단적 좌익분자들이 국회에진출을 하는 것을 보고도 국민들은 자유민주주의 수호에 수수방관한 국민들이었다. 이들 중 극단 과격 좌익단체, 통진당이 해체되며 당수인 이석기가 아직도 감옥에서 복역중이다. 이들은 북한지령에 유사시 남한의 방송국, 전기, 수도 등의 주요시설을 폭파할 국가파괴 음모와 계획이 들통나며 박근혜 정권시 법부장관, 황교안에 의해 법정에서 판결받아 아직도 투옥중인 극단 좌익세력들이다. 이들은 호시탐탐 좌익화 국가전복을 꾀하다가 마침 세월호 사건이 터지자 이를 빌미로 민노총을 비롯한 좌익단체들과 문성근의 100만 횃불집회 선동에 결국 광화문 10만의 좌익군중 촛불시위로 박근혜 전 민주정권을 인민재판식 탄핵시키고 박근혜 전정권을 투옥시켰다. 이 좌익진보 세력들의 촛불시위로 오늘 19대 문재인 좌익정권이 탄생됐다. 오늘 주사파 문정권과 함께하는 좌익실세들이 누구인가? 예컨대, 청와대의 전비서실장 임

X석, 전민정수석에 수일간의 법부장관을 하며 말썽 많았던 조X 등등, 행정부에 추X애, 이X영 등등, 사법부에 대법원장 김X수와 2/3이상의 좌익 대법관들, 좌익 선관위장에 조X주, 좌익 방통위장에 한X혁, 주사파 좌익집권당 국회의 이X찬, 송X길, 안X석, 정X래 등등으로 수없는 좌익들이 오늘 스스로의 조국, 대한민국의 민주헌정을 반역하고 이들이 오늘 민주정부를 좌익정부로, 민주정치를 좌익정치로 대한민국의 민주주의를 파멸시키고 있다. 이들은 민주정부 요소요직에 좌익들을 배치하고 좌익정부를 만들었고, 이들의 좌익집권 연장을 위해 좌익 선관위가 부정선거를, 부정선거(위 2장 4소제 참조)로 180석 거대집권 주사파 집권다수등을 만들고, 좌익 대법원이 부정선거에 전국 126지구의 선거무효 소송들을 불법으로 묵사하고 있다. 뿐만아니라 좌익 방통위가 주류 언론방송을 탄압하여 언론방송들이 좌익 문정권 편에서 편파방송만 하여 국민주권, 언론방송권력을 탄압하고 있다. 오늘 19대 문정권과 함께 주사파 집권좌익 다수당은 다수당 횡포에 국회 전 상임위를 독재로 독차지하고, "공수처, 5·18, 부동산 신고제" 등과 같은 좌익 독재법안들을 다수당 횡포에 속전속결, 독재독주하고 있다. 어찌 이게 문정권의 좌익정부, 좌익정치가 아니라 누가 말할 수가 있겠는가?

오늘 19대 문정권의 반역정치; 좌익통치와 좌익정치의 실태를 보자. 한 마디로 민주헌정을 "반역한" 좌익통치, 좌익정부, 좌익정치다. 예컨대, ① 첫째, 주적(主敵)을 위한 종북정치로 북경초소 폭파, 군단,사단 해체, 12만 군력감소, 북경 철조망, 탱크벽 해체, 군사훈련 중지 등으로 국방과 안보를 파괴 했다. 국가반역에 국가위기다. ② 둘째, 불가능한 비핵화에 불가능한 평화와 종전선언만 주장하며 종북정치를 한다. 종북정치에 국가위기다. ③ 셋째, 자유민주 민주헌정을 "반역하여" 민주정부 요소요직에 좌익들을 배치하여 행정부, 입법부, 사법부, 대법원, 선관위, 방통위를 좌익정부화 국정을 한다. 좌익정부에 국가위기다. ④ 넷째, 2020.4.15 총선에서 심지어 좌익 선관위가 부정선거를 했다(2장 4소제 참조). 민주반역에 국가위기다. ⑤ 다섯째, 부정선거로 180석 거대 좌익집권 다수당(민주당)을 만들어 좌익국회가 "공수처, 5·18, 부동산3법"등, 좌익성 법안들을 속전속결, 독재독주한다. 좌익정치에 국가위기다. ⑤ 다섯째, 좌익 대법원이 좌익 선관위와 공조, 전국 126지역의 선거무효 소송들을 불법(선거법 225조 위반)으로 소송들을 묵살했다. 좌익법치에 국가위기다. ⑥ 여섯째, 좌익 방통위가 언론방송을 탄압하여 부정선거보도는커녕 좌익정권에 편중하여 부정선거에 항거하는 군중시위조차 뉴스보도치 않는 편파방송을 한다. 언론탄압에 국가위기다. ⑦ 일곱째, 빈부격차 파괴에 소득분배 좌익경제정책(소주성)으로 빈자위주 퍼주기 재정남발에 국가총부채가 5,000조나 되어 국민1인당 1억씩이 빚이다. 좌익경제에 국가위기다. ⑧ 어덟째, 친중에 종북외교로 한미혈맹을 파괴했다. 6·25전쟁에서 3.7만 미군목숨을 희생하며 부산만 남겨진 패전국, 한국을 구한 미국을 배반했다. 좌익외교에 국가위기다. ⑨ 19대 주사파 문정권의 좌익통치, 좌익정부, 좌익정치 출현으로 국민마저 양분화, 좌익과 우익으로 분열시켜 제2의 6·25전쟁을 하고 있다. 좌우 국민분렬에 국가위기다. 사태가 이러한데 어찌 19대 문정권이 좌익주의자, 종북주의자, 반역주의자가 아니란 말인가? 조국, 대한민국의 민주주의가 풍전등화에 총체적 위기다.

선거무심 근성

[권력]

그것은 너무도 하찮은 것이 아닌가!

미련한 자의 존경, 얘들의 감탄, 부자의 선망,

현명한 자의 모욕이나 받는———.

– Antonie Barnave(1761–1793, 프랑스 혁명가)

[선거: 최선의 투표방법]

1. [후보성품]: 양심과 상식, 법과 원칙에 지키는 후보

2. [후보자질]: 연륜과 경륜, 학식과 견식을 갖춘 후보

3. [정치철학]: 당을 떠나 [대의, 정도, 소신정치]할 후보

4. [특혜배제]: 특권, 특혜폐지로 애국정치를 할 후보

5. [트집배제]: 당리당략 떠나 트집에 쌈질정치 안 할 후보

6. [겸손겸소]: 연고나 지역배제, 국가 위해 충실할 후보

7. [흑색선전]: 정책우선에 상대방을 비방치 안 할 후보

8. [전과배제]: 전과자(前過者), 부정비리가 없는 후보

한국인들의 왜 선거를 소홀히 여기며 부적절한 투표행위로 부자격 정치자들을 뽑아 그들이 불신정치를 하게 하나? 왜 머슴들 (정치인들)이 국회의원직이 대출세로 알고 그들이 특권정치, 특혜정치, 권력과시 허세정치를 하며 정치에 중독이 되어 주인무시(국민), 멋대로 정치에 불신정치를로 스스로의 조국, 대한민국의 민주정치에 망국정치를 하나? 대한민국의 정치역사를 보자. 건국 이래 과거 72년 간, ① 과거 역대 정권마다 민족세습 정치성; "독재성"에 대한민국의 민주헌정을 "배반하고" 제왕적 권력독재 통치를 했고, ② 민족세습 정치성; "분열분쟁성"에 사색당파 작당분열정치, 당리당략에 트집정치, 쌈질정치만 했다. 그래서 불신정치로 국민성마저 불신국민성으로, 불신국민성에 불신사회가 되어 한국사회는 거짓사회, 가짜사회가 되어 사회가 극도로 혼탁하고 혼란하다. ③ 오늘 19대 문정권은 어떠한가? 설상가상(雪上加霜)이다. 대한민국의 민주헌정을 "반역하여" 아예 좌익정부, 좌익정치로 대한민국의 자유민주 국가정체성을 좌익국가 좌익통치, 정치로 국가를 반역하고 매국했다. 어째서 ④ 국민들은 선거를 소홀히 생각하여 멋대로 투표하고 멋대로 정치인들을 뽑아 고질적 불신정치로 토착케 했는가? 어째서 국민들은 오늘 문정권과 함께하는 주사파, 좌익 국회의원들을 뽑아 오늘 이들이 좌익정부, 좌익정치로 스스로의 조국, 대한민국의 민주주의를 파멸케 하는가? ⑤ 어째서 머슴들; 국회 정치인들은 주제파악도 모르고 정치사명과 소명; 국가헌신과 국민봉사 정신이 없는가? 어째서 국회의원들이 정치기본; "대의정치(代議政治), 정도정치(正道政治), 소신정치(所信政治)의 정치지조가 없는가? 어째서 머슴들이 권력과시, 허세정치로 스스로의 조국, 대한민국의 민주주의에 망국정치만 하는가? ⑥ 왜 국민들은 머슴들; 국회 정치인들을 "말을 잘한다, TV에서 봤다, 유명하다, 인기있다, 젊다, 미인이다, 집권당 후보다, 혈연, 지연, 학연에 연고가 있다, 다선(多選)에 현역이다, 아는 후보다, 힘있는 당의 후보다" 등등으로 부적절한 투표를 하여 그 얼굴에 그자들로 스스로의 조국의 민주정치에 망국정치를 하게 하나? 어째서 국민들이 표를 줄 때 후보의 "성품과 인품, 학력과 경력, 지식과 견식"을 꼼꼼히 후보간 비교하여 최선의 후보에 표를 주지 않고 선거를 등한시 여겨 국회의원들의 정치가 역대로 고질화된 불신정치만 하게 했는가? ⑦ 어째 정치인들이 민족세습 정치성; "분열분쟁성"에 사색당파 작당정치, 당리당략에 트집정치, 쌈질정치"만 하여 고질적 불신정치를 토착화 후진국 정치만 하는가?

한국정치가 불신정치에 후진국 3류급 정치를 하는 이유가 무엇인가? 그래서 왜 불신정치에 불신국민성, 불신국민성에 불신 사회를 만들었는가? 경제대국에 불신정치, 불신국민성이 말이 나 되는 소리인가? 그 이유가 도대체 무엇인가? 예를 들어 살펴 보자. 예컨대, ① 첫째, 국민들의 무분별한 선거 투표행위 때문 이다. 민주정치에 선거의 중요성을 소홀히 여기고 멋대로 투표하 여 정치인들을 잘 못 뽑아 스스로 불신정치로 불신국가가 된 경 우다. 왜 그런가? 범국민적 교육이 없었기에 국민의 정치성 수준 (정치민도)이 낮기 때문이다. ② 둘째, 머슴들, 정치인들이 민족세 습 정치성; "정치독재성"에 주인(국민)무시, 멋대로 권력정치, 특 권정치, 특혜정치, 과시허세 정치를 해왔기 때문이다. 머슴들이 출세에 특권층인듯 주인(국민) 위에 군림하며 주인무시, 멋대로 무소부지(無所不至), 무소불위적(無所不爲的) 권력독재 정치를 해왔고 또 오늘 19대 주사파 문정권이 좌익정부에 좌익정치로 대한민국 의 자유민주 국가정체성마저 파멸시켰기 때문이다. ③ 셋째, 민 족세습 정치성; "분열 분쟁성"에 정치인들이 사색당파 작당정치, 권모술수 정치, 당리당략에 트집정치, 쌈질정치만 해 왔기 때문 이다. 친문, 비문, 영남파, 호남파, 구파, 신파 등등으로 패거리 작당정치에 쌈질정치만 해왔기 때문이다. ④ 넷째, 머슴들, 국회 정치인들이 "주종관계"를 파괴하여 머슴들이 주인 위에 군림하 며 국민의 낮은 정치수준을 이용하며 국민무시, 국민농락, 반역 정치를 일삼아 오며 정치를 해 왔기 때문이다. ⑤ 다섯째, 언론 방송이 정권탄압에, 권력유착에, 국민의 언론방송 주권을 오도 (誤解誤導)하며 국민현혹에 정권편에서 국민무시 편파방송을 해 왔 기 때문이다. ⑥ 여섯째, 민족세습 국민성; "과묵주의, 회피주의,

방종주의, 방관주의"에 국민 스스로가 정치 무관심, 정치침묵, 정치회피, 정치방종으로 국민 스스로가 정치에 수수방관해 왔기 때문이다. ⑦ 일곱째, 신구세대의 정치의식의 차이 때문이다. 신세대들은 연륜과 경륜이 많은 구세대 정치인들을 무조건 "보수우파"라며 무조건 구세대에 기성세대의 정치를 반대하며 무시해 왔기 때문이다. 잘못된 신세대관이다. 노련한 정치인이면 나이가 무슨 상관인가? 주변국을 보자. 미국이나 일본이나, 중국 등 거의 모든 세계 국가들의 정치는 원로정치다. 연륜과 경륜이 있는 노년의 노련한 정치가들이 정치를 한다. 이들이 신세대 정치인들보다는 더 인생을 알지 않는가? 그런데 왜 유독 한국의 젊은이들만이 기성세대, 구세대를 배척하는가? ⑧ 여덟째, 정치인들 스스로가 정치와 인생에 무지하고 무능하기 때문에 불신정치를 한다는 점이다. 이들이 이들의 정치사명과 정치소명이나 아는가? 이들이 정치의 기본 철학이나 아는가? 안다면 어찌 이들이 국가헌신, 국민봉사 정치가 없는가? 안다면 어찌 대의정치, 정도정치, 소신정치는 없고 언제나 늘 사색당파, 당리당략에 작당정치, 트집정치, 쌈질정치만 고집하며 불신정치만 계속 하는가?

국민들의 선거의식, 투표의식은 어떠한가? 한 마디로 즉흥적, 경시적이다. "대접받고 싶은 대로 남에게 대접하라(눅6:31)"는 성경의 말도 있다. 국민들이 머슴 정치인들을 잘 뽑아야 정치발전과 국가번영이 있다. 그러나 한국정치는 국민이나 머슴들 모두가 무지에 무능한 듯하다. 아무나 뽑고 아무렇게나 정치한다. 이유가 무엇인가? 국민이나 정치인 모두가 인성화, 정치화에 무식하거나 익숙치 않기 때문이다. 건국 이래 과거 72년간, 대한민국에 범국민 교육; "인성화, 도덕화, 교양화, 선거정치화, 자유민주화, 민주법치화, 정의사회화, 국가민주화 교육"이 있었는가? 단한 번도 없었다. 그러니 어찌 민주적 시민참여가 있겠는가? 어찌 머슴들, 정치인들이 오만방자한 권력과시, 특권에 특혜정치만 하며 불신정치를 하지 않겠는가? 국민이 정치와 선거를 알아야 불순정치와 불신정치에 국민이 정치인들을 혼내 줄 것이 아닌가? 알아야 국민이 올바른 투표행사를 할 것이 아닌가? 알아야 정치인들의 국가헌신과 국민봉사, 대의정치, 정도정치, 소신정치로 자유민주 수호정치를 하기 않겠는가? 어찌 투표를 아무렇게나 하고, 불신정치만 하는 국가와 국민이 어찌 선진국에 선진국민이 될 수가 있겠는가? 경제대국이란 "자만심"에 너무 일찍샴페인을 터트린 느낌이다.

민주배반 근성

[국가란 무엇인가?]

"MY FELLOW AMERICAN, PLEASE DON'T THINK WHAT YOUR COUNTRY
CAN DO FOR YOU, BUT WHAT YOU CAN DO FOR YOUR COUNTRY."

(국민 여러분, 국가가 무엇을 해 주기를 바라지 말고,
국민이 국가를 위해 무엇을 할 수 있는가를 생각하라)
— 케네디(John Kennedy; 1917-1963, 미국 35대 대통령)

[FOCUS]: 한국정치인들의 민주 배반정치]

한국인들은 툭하면 민주법치를 말하나 실상 민주법치가 무엇인지 잘 모른
다. 면장(面長)도 알아야 면장을 하지 않겠는가? 건국 이래 과거 72년, 범국
민 인성화, 도덕화, 선거정치화, 자유민주화, 민주법치화, 정의 사회화, 선진
국가화 교육이 있었던가? 전혀 없었다. 그러니 국민들의 정치민도 수준은
60년 전 그대로다. 문맹율이 1% 미만, 세계 최고 학력국민이면 무엇하나?
시험공부가 생활교육인가? 정치교육인가? 왜 한국인들은 배웠다는 "교만"
에, 경제대국이란 "자만"에, 문명국이란 "자존"에 스스로 난 체 하는가?

[자유민주 "배반, 반역"정치 문제]

왜 역대 정권들은 민주배반에 독재정치로, 자유민주 반역에 좌익정치로 스스
로의 민주주의, 스스로의 조국을 망국케 하나?

① 왜 좌익정치로 국민들을 [좌익진보, 우익보수]로 국민 분열시키나?

② 왜 정치머슴들이 민주정치 ["배반에 반역"]으로 "분열분쟁성"에 사색당
　파, 당리당략, 파벌정치, 작당정치, 술수정치, 트집정치, 쌈질정치, 좌익
　정치로 후진국적 3류 불신정치와 민주말살 정치로 망국케 하나?

③ 왜 머슴들인 정치인들은 ["국가헌신, 국민봉사"] 사명과 소명이 없나?

④ 왜 머슴들인, 정치인들은 [대의정치, 정도정치, 소신정치]가 없나?

⑤ 왜 주인(국민)은 민족성에 "과묵성, 회피성, 방종성"으로 독재정치, 좌익
　정치에 [수수방관]하여 스스로의 조국을 망국케 하나?

⑥ 왜 좌익들이 QR코드 투표지 사용(선거법 151조6항 위반), 전자개표기(선거법
　5조 위반)로 부정선거를 하나?

⑦ 왜 대법원은 전국 126지구 선거무효 소송들을 1년이 넘도록 소송들을
　묵살하는가?(선거법 225조 위반) 호주는 부전선거 의혹만으로 재선거했다.

⑧ 왜 사법부는 대통령 권력에 정치재판을 하는가?

⑨ 왜 무권유죄(無權有罪)에 유권무죄(有權無罪), 유전무죄(有錢無罪)에 무전유죄
　(無錢有罪)의 재판국가가 됐나?

① 국민수준, 정치수준 제고(提高) 위한 대국민, 의무교육: "인성화, 도덕화, 교양화, 선거정치화, 자유민주화, 법치민주화, 정의사회화, 국가민주화 교육"을 의무화, 정례화 시켜라.

② 정의사회화, 정부주도 지역별 정의사회화 운동, 교육, 계몽, 홍보하라

③ 19대 문정권에 임하여 국가 총체적 위기다: 본 2장-1, 2소제목 참조

한국인들은 자유민주, 민주법치가 무엇인지 안다 하는가? 안다면 왜 자유에 책임과 의무는 없고 자유에 이권과 주장만 하는가? 안다면 왜 민주에 부정선거를 해도, 대법원이 불법으로 선거무효 소송들을 묵살해도 왜 주인(국민)들은 수수방관만 하는가? 안다면 왜 머슴들(정치인)들은 양심과 상식까지 버리며 대의정치, 정도정치, 소신정치가 없는가? 한국인들은 자유와 민주, 민주와 법치를 아는 듯, 모르는 듯 애매모호하다. 알고도 피한다면, 수수방관한다면 어찌 그게 민주국가에 민주국민인 것인가? 한국, 대한민국은 민주법치 국가다. 민주법치가 무엇인가? 말 그대로 자유민주 국가를 위해 민주헌법을 만들고 그 헌법에 기초하여 민주통치, 정치, 국정운영을 하되 통치와 정치와 국정운영상의 잘못된 점들을 법에 심판하여 국가통치, 국가정치, 국가운영을 평등과 공정, 정의롭게 하는 것이 민주법치다. 민주법치를 안다면 어찌 ① 통치자들이 민주헌정을 "배반한" 제왕적 권력독재통치, 정치를 하여 불신정치를 하는가? ② 안다면 어찌 오늘 19대 주사파 문정권이 민주헌정을 "반역한" 좌익정치, 좌익정부, 종북정치로 스스로의 국가를 망국케 하는가? ③ 안다면 어찌 역대 정치인들, 머슴들이 권력정치, 특권정치, 특혜정치, 과시허세 정치,

사색당파 정치, 당리당략에 술수정치, 작당정치, 트집정치, 쌈질 정치만 한단 말인가? ④ 안다면 어찌 오늘 19대 주사파 문정권 과 함께 좌익들이 좌익 국회정치로 부정선거에 집권다수당(민주당)을 만들어 좌익법안들; "공수처, 5·18, 부동산 3법"등등을 만 들며 독재독주 한단 말인가? ⑤ 안다면 어찌 주인(국민)들이 이 모 든 제왕적 권력독재 정치, 오늘의 좌익권력 독재정치, 좌익 선관 위의 부정선거, 좌익 대법원의 불법 선거무효 소송묵살, 좌익국 회의 독재독주에 항거조차 없이 수수방관 한단 말인가? ⑥ 안다 면 어찌 주인들은 머슴들 뽑기를 우습게 알고 아무나 뽑아 불신 정치, 좌익정치로 망국정치를 하게 한단 말인가? ⑦ 안다면 어찌 당선된 정치인들은 출세정치, 권력정치, 특권정치, 특혜정치, 과 시허세정치, 좌익정치로 스스로의 국가를 망국케 한단 말인가? ⑧ 안다면 어찌 언론방송은 문정권탄압에 동조하며 좌익정부를 두둔, 국민방송이 국민주권을 묵살하며 멍청한 편파방송만 하여 스스로의 국가를 망국케 한단 말인가? ⑨ 안다면 어찌 "성주" 지 역민들은 북한의 핵탄을 머리 위에 이고 살면서 어찌 통치에 불 법으로 사드배치 반대에 목을 매는 것인가? ⑩ 안다면 어찌 국민 들은 쓰레기는 아무데나 버리고, 전기는 펑펑 쓰고, 또 식구들은 맘대로 화장하면서 왜 자기지역에는 소각장, 송전탑, 화장터 건 설을 죽어라 반대하는가? ⑪ 안다면 왜 민주심판, 검찰과 판사들 은 권력유착, 정경유착, 권언유착으로 무권유죄(無權有罪)에 유권 무죄(有權無罪), 유전무죄(有錢無罪)에 무전유죄(無錢有罪)로 법치재판 을 악용하는가? 알고도 국민들이 수수방관하고, 머슴들, 정치인 들이 이를 악용하고, 직권남용, 직권유기, 직권월권으로 공권들이 공정과 정의를 피한다면, 어찌 그 나라가 평등과 공정, 정의적 민주법치 국가가 되겠는가? 말만 앞서고 행동은 딴 판인 후진 국가가 아닌가?

과거 역대 정권들의 민주법치 통치와 정치, 국정운영 상황들은 어떠했는가? 한 마디로 민주헌정을 "배반한" 무소부지(無所不至), 무소불위(無所不爲) 제왕적 권력독재 통치와 정치 그 자체였다. 제왕적 권력독재 통치에 정치인들이 권력에 줄서기, 출세정치, 권력정치, 특권정치, 특혜정치, 과시허세 정치만 해왔지 않았는가? 한국정치는 민족세습 정치성; "독재성"에 "분열분쟁성"으로 제왕적 통치는 여전했고, 사색당파, 당리당략에 파벌정치, 작당정치, 권모술수 정치, 트집정치, 쌈질정치는 건국 이래 과거 72년간 끊임이 없었다. 더하여 오늘 19대 문정권은 민주헌정을 "반역한" 좌익정부, 좌익정치, 종북정치로 자유민주 사멸, 반역정치로 스스로의 조국을 망국케 하고 있지 않은가? 이 증거들이 바로 학생과 군사혁명이었다. 예컨대, 1960.3.15 부정선거에 4·19혁명이었고, 부정부패에 1961.5.16 군사혁명이었고, 군사정권에 대항한 1980.5.18 광주사태였고, 1987.6.10 민주항쟁 등이 그렇다. 그러나 오늘 문정권의 민주말살, 좌익정치에는 왜 대학생들의 좌익정부에 항거조차 없는가? 대학생들도 모두 주사파, 좌익들인가? 민주항쟁 덕에 1993년 14대 김영삼 대통령의 문민정부가 처음으로 출현했으나 그 후 계속 문민정부들이 민주헌정을 배반하여 제왕적 권력독재 통치와 정치로 한국정치가 후진국 3류급 불신정치로 불신국가 정치로 전락 돼 왔다. 그 후 15

대 김대중에 16대 노무현 정권이 출현되었으나 이들 역시 좌익 정치로 북한을 오가며 종북정치를 하여 자유민주 대한민국을 반역했다. "햇볕정책"에 DJ는 북한에 5억불을 비밀리에 제공하여 북한이 핵탄과 미사일을 개발케 했다 한다. 그래서 오늘 한국인들은 북한의 핵탄을 머리에 이고 살며 북한의 협박; "불바다" 운운에 불안하게, 불행하게 산다. 초대 이승만 대통령으로부터 18대 박근혜 전 대통령에 이르기까지 대한민국의 정치결과가 무엇인가? 권력독재 정치로, 사색당파 분열분쟁정치로 자유민주, 대한민국의 자유민주와 민주법치 정치가 사멸 됐다. 그 결과는 정권들마다 국정농단에 18대 박근혜 전 대통령에 이르기까지 모두 11명의 대통령들 중, 7명이 1명은 하야, 1명은 암살, 1명은 자살, 4명은 감옥가는 비참한 정권말로를 겪었다. 경제대국에 후진정치, 후진국민이 된 셈이다. 범국민 인성화, 도덕화, 교양화, 자유민주화, 선거정치화, 민주법치화, 정의사회화, 국가민주화 교육이 부재하여 오늘 국민 후진성은 60여 년 전, 1960년대에 머물러 있다. 이 어찌 한국정치 역사를 자유민주, 민주주의라 말할 수가 있단 말인가? 민주헌정을 "배반한" 독재정치의 자연한 결과가 아닌가?

오늘 19대 주사파 문정권의 자유민주, 반역정치 현실은 어떠한가? 한 마디로 민주헌정에 배반정치가 아닌 아예, 민주정치를 "반역한" 좌익정치, 좌익정부로 자유민주 국가정체성 마저 말살시켜 버렸다. 망국정치에 국가존망의 국가위기를 초래했다. 예컨대, ① 종북정치로 주인무시(국민), 헌법무시, 의회무시로 국경초소 파괴, 군단, 사단해체, 국군 12만 감축, 철조망, 탱크벽 해체, 한미군사훈련 중지 등으로 아예 "국방과 안보"를 파괴했다. ② 민주정부조직 요소요직에 좌익들을 배치하여 행정부, 입법부, 사법부, 대법원, 선관위, 방통위를 좌익정부화 장악하고 좌익정치를 했다. ③ 좌익정치로 2020.4.15 총선에서 부정선거를 했다. ④ 부정선거에 집권당이 좌익다수당이 되어 당수당 횡포에 독재독주 입법을 했다. ⑤ 좌익 대법원이 좌익 선관위와 공조, 전국 126지역의 선거무효 소송들을 불법으로 묵살했다. ⑥ 좌익정치에 좌익경제로 빈자위주 퍼주기식 지원에 재정적자에 화폐남발로 국가총부채가 5,000조가 되어 국민 1인당 빚을 남겼다. 국가부도가 코앞이다. ⑦ 좌익외교에 한미혈맹 파괴로 주한미군이 철수가 운운되며 북한핵탄에 대한민국 자체가 적화통일이 될 판국이 됐다. 대한민국이 역대 정권들의 "배반정치, 반역정치"에 총체적 국가위기에 처해 있다.

문제는 역대 정권들의 배반정치, 반역정치에 국민들의 수수방관이 큰 문제다. 수수방관은 곧 망국징조다. 통치자와 위정자들이 권력정치를 해도, 오늘 문정권이 반역정치에 좌익정치를 해도 국민들은 수수방관만 하지 않는가? 국민 스스로가 스스로의 조국, 대한민국의 민주주의를 망국케 한 경우다. 심각한 후진적 국민성이다. 이를 두고 일찍이 미국의 35대 대통령, 케네디(John Kennedy; 1917-1963)는 "국민 여러분, 국가가 국민을 위해 무엇을 해 주기를 바라지 말고, 국민이 국가를 위해 무엇을 할 수 있는가를 생각하시오."라는 말로 국민에 호소했다. 유명한 연설이다.

그래서 오늘도 미국인들은 케네디 대통령을 영웅으로 생각하며 그를 생각하고 운다. 어째서 한국인들은 정치 머슴들이 독재권력 정치를 해도, 오늘 문정권이 좌익정치, 종북정치로 국방과 안보를 파괴해도, 민주정부를 좌익정부로 좌익정치를 해도, 부정선거를 해도, 대법원이 부정선거를 묵살해도, 좌익국회가 좌익법안들로 독재독주를 해도, 좌익외교로 한미혈맹을 파괴해도 왜 국민들은 수수방관만 하여 스스로의 조국을 망국케 하는가? 그 이유가 무엇인가? 이유들을 유추해 보면, 예컨대, ① 건국 이래 범국민 교육이 없어 국민수준이 낮기 때문이다. 경제대국이란 자만성이 오늘 국민성이다. 정치민도가 60여 년 전 1960년대 수준에 머물러 있다. ② 둘째, 민족세습 국민성이 ˝과묵성, 회피성, 방종성˝에 수수방관하기 때문이다. 조선조에 민초들이 옳은 말 한마디에 곤장을 맞고 죽었지 않았는가? 이에 한국인들의 국민성이 ˝정치에 무관심, 정치에 침묵, 정치에 회피, 정치에 방종˝하여 오늘날 나라 정치꼴이 이렇게 돼 있다. ③ 셋째, 국민들의 "설마성" 때문이다. "설마 한국이 북한 같은 독재공산국이 되겠어?"로 국민들은 지금도 설마하고 있다. 설마가 사람 잡지 않는가? 속담도 있다. 설마성에 임진왜란, 병자호란, 일제치하, 6·25전쟁, 4·19에 5·18혁명까지 설마에 속고 살아온 한 민족에 한국인들이다. 설마에 당한 후 통곡통절(痛哭痛切)하는 국민이 아닌가? ④ 넷째, 소인배(小人輩), 모리배(謀利輩), 시정잡배(市井雜輩) 위정자들 때문이다. 국민의 머슴들, 통치자와 위정자들이 대출세한 듯 권력정치, 특권정치, 특혜정치, 과시허세 정치만 해왔기 때문이다. 이들이 국가헌신, 국민봉사 정치정신이 없는 한, 이들이 대의정치, 정도

정치, 소신정치를 하지 않는 한, 대한민국에 자유민주 민주정치는 불가에 기대키 어렵다. 영원한 제국, 권력정치, 좌익정치만 존재할 뿐이다.

파벌정치 근성

정치는 집권과 권력, 권력자와 무력자의 끝없는 싸움이다

— 저자(著者)

[파벌주의]

경상도가 정치하니 호남도가 똘똘뭉쳐

충청도와 강원도가 멍청도로 귀죽었네

여당야당 정쟁당쟁 당리당략 트집정치

반쪽이된 한반도가 두쪽되어 쌈질하네

좌익진보 우익보수 망국질에 쌈질하고

좌익들이 촛불들고 우익들이 태극기로

선관위가 부정선거 대법원이 소송묵살

좌익정치 좌익정부 민주주의 망국일세

[FOCUS] 한국정치의 파벌정치성

두 쪽 난 작고 작은 한반도의 반쪽, 이 반족이 또 두 쪽 되어 영남국에 호남

국이 될 판이다. 영남국은 보수파벌로, 호남국은 좌익파벌로 반쪽이 또 두쪽으로 쪽박을 찰 나라꼴이다. 민족세습 정치성; "분열분쟁성"에 영남국에 호남국, 영남계, 호남계, 친X파, 반X파, 주류계, 비주류계 등등으로 사색당파 작당정치로 망국정치에 영남국, 호남국이 모두 망할 판이다. 왜 영남국에 호남국의 우익, 좌익으로 한반도가 또 반쪽으로 망하려 하는가?

[반공사상 고취의식]
교과서에 [반공사상]을 주입, 자유민주 국가 정체성을 지켜라.
자유민주국에서 왜 좌익들이 날뛰는가?

어째서 한민족은 "분열분쟁성" 민족성에 민족분열로 망국을 자초하며 자멸하려 하는가? 어째서 한국의 정치머슴들은 툭하면 분열하여 작당정치를 하고, 왜 척하면 분쟁하며 사색당파에 당리당략 트집정치로 쌈질정치만 하나? 도대체 한 민족이 어떤 민족인가? 세계 도처에서 한 민족의 핏줄로 한국어, 한국문화, 한국미풍을 누리며 대한민국을 조국으로 여겨 사는 사람들이 한 민족이 아닌가? 한 민족의 핏줄로 북한의 인민들, 중국의 조선족, 일본의 조선족, 소련의 연해주 고려인들, 세계에 흩어져 사는 한국인들, 모두가 한민족의 후예들이 아닌가? 왜 한민족은 자고로 이렇게 분열되어 약소민족으로 살아야 했는가? 역사에 중국과 일본이 얼마나 한반도의 한민족을 침략하여 수난과 수탈을 해 갔는가? 한민족의 반만년 역사에서 중국이 무려 900여 번이나 한반도를 침략해 왔다 하지 않는가? 작고 작은 한반도의 한민족은 왜 약소민족으로 이토록 기구한 운명의 민족이었는가? 주변 강대국들의 잦은 침략으로 역사에 한민족이 얼마나 많은 시련들을 당하며 살아 왔는가? 왕조마다 동인, 서인, 남인, 북인으로 갈리어 사색당파의 정치내분에 얼마나 많은 정변의 시련을 겪고 살아온 한 민족이었나? 그래서 한민족은 한 많은 세월을 한 많게 살아온 분열의 민족이다. 이 민족세습 정치성; "분열분쟁성"에 오늘도 사색당파 파벌정치, 작당정치, 트집정치, 쌈질정치로 옛날과 똑같이 분열분쟁 정치만 하여 건국 이래 과거 72년간 헌정사가 얼마나 많은 고질적 불신정치를 낳았는가? 오늘의 한국사회도 또한 마찬가지, 분열사회다. 작게는 혈연에, 지연에, 학연에 단체로 뭉치고 분열되고, 크게는 재야의 정치계, 재계, 학계, 법조계, 지성계 등등으로 뭉치고 분열된다. 사회 각계 각층마다 얼마나 많은 분열된 단체들이 많은가? 이 작은 나라가 경상계, 호남계, 충청계 등등의 지역할거로 분열되어 얼마나 많은 국민분열에 국론분쟁이 심한가? 툭하면 끼리끼리 뭉치고, 척하면 끼리끼리 작당하고 툭하면 쌈질하는 분열하는 국민이다. 예컨대, XXX 대학파, XXX 유학파, XXX 지역파, XXX 진보파, XXX 보수파, XXX 계파, XXX 당파, XXX 노조파 등등으로 얼마나 많은 분열된 단체들이 사회에 많은가? 노조를 보자. 민조총, 한노총, 전교조, 민변, 좌익시민 좌익단체들은 얼마나 많은가? 농협회, 수산회, 축산회, 노인회, 여성회, 산악회, 체육회, 조기축구회 등등으로 개인단체들은 또 얼마나 많은가? 파벌정치에 친X파, 비X파, 반X파, 주류계, 비주류계, 보수파, 중도파, 진보파 등등으로 정치계는 또 얼마나 많은 분열정치로 분신정치를 하는가? 이제 툭하면 여성들도 여권신장에, 척하면 거리로 몰려 여성시위 사회가 돼 있지 않은가? 이렇게 많은 분열된 사회는 무엇을 뜻하는가?

분열된 국가, 분열된 사회, 분열된 정치모습이 아닌가?!

한국인들은 왜 분열과 분쟁에 능(能)하며 분열주의적인가? 그 이유가 무엇인가? 이유를 유추해 보자. 예컨대, ① 첫째는 민족 세습 정치성; "분열분쟁성" 때문이다. 반만년 역사를 보더라도 한 민족은 분열의 민족이었다. 삼국시대를 보라. 작은 한반도에서 고구려, 신라, 백제가 분열되어 천년의 왕조세월에 왕조들의 제왕정치가 있었지 않았는가? 근대 6·25 동족상쟁을 보자. 동족이 좌익, 우익으로 분열되어 남북분단에 생이별, 이산가족의 슬픔으로 살고 있지 않은가? 오늘 한국사회를 보자. 영남국에 호남국인듯 지역할거 정치로 두 쪽 난 한반도가 또 두 쪽이 날판이다. 지역분열 정치로 대립정치를 하지 않는가? 국회정치를 보자. 사색당파 정치에 당리당략 정치로 파벌정치, 작당정치로 권모술수 정치, 트집정치, 쌈질정치가 대세정치가 아닌가? 미국, 건국의 아버지, 벤자민 프랭클린(Benjamin Franklin: 1706-1790)은 "뭉치지 않으면 죽는다(join or die)"고 말했다. 이에 대한민국의 초대 이승만 대통령(1875-1965)은 건국 후 북한 공산 독재국가와 대치하며 "뭉치면 살고 헤어지면 죽는다"로 프랭클린의 말을 기억하여 뭉치기를 호소했다. 이는 무엇을 의미하나? 작은 나라, 한반도에서 북한은 독재공산국으로, 남한은 민주주의로 분열됐다. 반쪽인 남한, 자유 민주국가마저 또 오늘 주사파 문정권에서의 좌익들의 좌익정부, 좌익정치가 그렇지 않은가? 민족성에 한국인들은 분열정치로 스스로의 국가를 망국케 하고 있다는 말이다. ② 둘째는 민족세습성, "사대주의 사상" 때문이다. 권력에 빌붙어 권력에 아부하여 권력을 잡으려는 권력욕심과 집권욕심 때문이다. 권력에 출세의식, 권력의식, 특권의식, 특혜의식에 권력 추구의식, 민족성 때문이다. 권력층의 권력과 집권집착 의식 때문이다. 현대 정치사에서 정권마다 따라 붙는 파벌주의, 예컨대, 박정희파, DJ파, YS파, MB파, 친문파, 비문파, 주류계, 비주류계 등등의 파당주의적 권력정치, 파벌정치가 얼마나 많고, 얼마나 많은 불신정치를 낳았는가? 그래서 오늘 한국정치가 얼마나 고질적 불신정치에 후진국 3류정치를 해 왔고 또 하고 있지 않은가? ③ 셋째는 민족환경 "빈곤성" 때문이다. 5천년 민족사, 한민족이 긴긴세월 속에 얼마나 빈곤하게 살아왔는가? 한 예로 6.25전쟁 후 황폐화 되었던 1960년대를 보자. 전쟁으로 황폐화된 조국 땅에서 얼마나 많은 사람들이 굶어 죽었는가? 역사를 보자. 백성들이 잘 먹고 잘 산 때가 언제였고 얼마나 있었는가? 한결같이 가난한 했던 역사 드라마들 뿐이다. 오죽하면 5천 년 역사 중 제일로 잘 먹고 잘 사는 시대가 오늘 경제대국의 2000년대가 아닌가? 한국인들이 6·25전쟁에 얼마나 많이 굶어 죽었으면 (고)박정희 장군이 5·16군사혁명을 일으켜 "잘 살아보세"를 외쳤겠는가? 그 "새마을 운동"에 한강의 기적을 낳고 오늘 경제대국을 만들지 않았는가? 굶어 죽던 절망을 잘 먹게 되기를 희망에 걸고, 서독의 땅굴 속에서, 총알받이 베트남 전쟁에서, 모래바람이 뺨을 치는 중동의 사막에서 2세대(70세 이상), 조부모들이 얼마나 피땀에 눈물을 흘렸는가? 이제 경제대국에 숨 돌리며 잘 먹고 잘 살만 하니까 또 주체사상에 물든 19대 주사파 문정권이 들어서며 오늘 문정권이 좌익들과 자유민주 조국을 반역하여 민주정부를 좌익정부로, 민주정치를 좌익정치로 분열정치, 반역정치, 좌익정치를 하여 스스로의 조국을 망국케 하고 있다. 참으로 주제파악을 모르는 한민족이 아닌가?

분열주의, 파벌주의가 국가와 사회에 미치는 영향이 무엇인가? 고질적인 불신정치를 초래하며 불신정치에 불신국민성, 불신국민성에 불신사회를 자초한다. 오늘 한국사회가 그렇다. 설상가상으로 오늘 19대 주사파 문정권의 좌익정부, 좌익정치에 자유민주 국가 정체성이 파멸되어 오늘 한국은 추락 중이다. 망국징조에 국가위기를 맞았다. 왜 분열주의에 분열정치가 국가를 불신국가로 추락시켜 망국케 되는가? 그 현상을 살펴보자. 예컨대, ① 분열된 정치에 국가정치가 후진국 정치로 추락한다. ② 후진국 정치에 경제역시 후진국 경제로 추락된다. ② 후진국 정치에 불신정치로 불신국민성이 된다. ③ 불신국민성에 사회가 불신사회로 전락된다. ④ 오늘 19대 주사파 문정권의 좌익정치, 좌익정부가 국민을 좌익화, 우익화 양분화시켜 국민분열에 망국징조, 국가위기를 낳는다. ⑤ 국민 분열사회는 곧 민주냐? 공산이냐? 하는 국가존재 정체성을 낳게 한다. 그래서 오늘 19대 문정권의 좌익정치, 좌익정부가 자유민주, 민주주의 말살에 국가가 사회주의화 전체주의화, 공산주의화로 국가가 망하는 단계에 있다. 오늘 한국사회가 좌익진보 세력과 우익보수 세력으로 양분화되어 스스로의 조국 민주주의를 망국케 하고 있는 중이다. 건국이후 한국정치는 언제나 늘 그렇게 분열분쟁 정치를 해 왔으나 이는 민주헌정을 배반한 권력독재 정치에 불과했다. 그래서 사색당파 당리당략 정쟁과 당쟁정치, 작당정치, 트집정치, 쌈질정치로 건국 이래 과거 72년간을 민주배반에 불신정치를 해 왔다. 그러나 19대 오늘 문정권에 들어서 민주헌정에 배반 아닌 "반역정치"로 아예 자유민주 대한민국의 국가정체성이 파멸되며 사회주의, 전체주의, 공산화 정치를 한다. 국가가 이미 망한 셈이다. 참으로 조국을 반역하고 조국을 반역한, 그래도 매도에 망국시킨 더럽고 비겁한 좌익 정치인들이 아닌가?

진보보수 근성

"이런들 어떠하리, 저런들 어떠하리.
만수산 드렁칡이 얽혀진들 어떠하리."

(조선조 3대왕, 이방원의 시중(詩中)에서)

[FOCUS] 진보보수의 착각

"진보"와 "보수"의 뜻과 구별이 무엇인가? 왜 TV에서 사회자나 패널 참석자들은 정치인들을 나이기준에 진보와 보수로 구별하나? 노인이면 보수, 청년이면 진보인가? 기존 정치인이면 보수, 신인이면 진보인가? 기존 보수당에 속하면 보수, 신당에 속하면 진보인가? 그렇다면 노인 정치인이 보수당에 속해 있고 정치사상이 진보적이면 진보인가? 보수인가? 보수와 진보의 뜻은 무엇인가? 구습적이면 보수이고 신세대, 신문화적이면 진보인가? 구세대가 신세대다운 정도정치(正道政治)를 해도 보수인가? 왜 한국인들은 노인이면 보수, 젊으면 진보, 우익이면 보수, 좌익이면 진보라 공식화(公式化), 지칭하는가?

　　한국인들은 왜 정치인들을 분류할 때 젊은 정치인들을 "진보," 늙은 정치인들을 "보수라 말하는가? "진보와 보수"의 진정한 뜻은 무엇인가? 정치인이 진정한 정치; 국가헌신과 국민봉사를 하고, 또 대의정치(代議政治), 정도정치(正道政治), 소신정치(所信政治)를 하면 이 정치인을 무어라 말할 것인가? 진보인가? 보수인가? 어째서 한국의 지성층들은 소위 사회의 엘리트(elite)라는 사람들이 언론방송에 나와 공공연하게 나이에 따라, 소속당에 따라, 보수와 진보를 구분하며 지칭화, 명명화 하는가? 어째서 신구세대를 떠나 정치인의 성격과 인품, 정신과 사상, 정치철학과 성향도 확실히 알지 못하면서 함부로 정치인들을 "진보다, 보수다"로 지칭하여 정치인을 명명화(明命화) 시키는가? 이들이 누구인가? TV 앵커나 대한민국에서 내노라하는 TV토론 토론자(panalist)들이 아닌가? 이들의 지칭에 따라 시청자들도 지칭된 정치인들을 그렇게 고정관념화시켜 그렇게 진보와 보수로 인식할 것이 아닌가? 언론방송의 위력이 무엇인가? 정부로 따지면 제 4부 정부부서와 같은 막강한 부서, 국민주권의 권력기관이다. 언론방송의 위력이 얼마나 큰가? 방송에서 얼굴이 팔리면 국회의원도, 대권도 당선되는 방송위력에 방송권력, 국민권력을 갖고 있지 않은가? 방송 한 마디에 대통령도, 국회도, 사법부, 공권들도 절절매지 않는가? 그런데 왜 언론방송사들은 언론방송이 막강한 국민주권임을 왜 모르는가? 국민주권에 언론방송의 한 마디에 국가권력들이 절절매며 즉시반응에 즉시효과를 가져오지 않는가? 불구하고 방송에서 함부로 정치인들을 "진보니 보수로" 지칭화, 명명화 하면 어찌 되겠는가? 만약 진보적 정신과 사상을 갖은 노정치인(老政治人)이 보수정당에 속하고 또 나이가 많다 하여 무조건 보수라 한다면 그가 진정한 보수인가? 국민들이 방송지칭에 그가 보수라 인식하는 것이 아닌가? 방송의 지칭에 명명화가 그렇게 중요한데 왜 함부로 진보다, 보수다로 구별하여 말하는가? 그렇게 말하는 자체가 배웠다는 교만과 자만이 아닌가? 젊은 정치인이 보수적 전통사상에 정도정치를 한다면, 그리고 그가 진보정당에 소속돼 있다면 단순히 그를 "진보"라 할 것인가? 틀린 사고방식이다. 그는 진보도 보수도 아닌 정도파(正道派)로" 불러야 마땅하다. 소속된 당을 떠나 보수진보적 정신사상을 떠나 정도정치(正道政治)를 하기 때문이다. 어찌 정치인의 정치정신, 사상, 철학을 모르고 그를 진보다, 보수다 구분하여 말할 수가 있겠는가? 그 평가 자체가 잘못이다. 고로 "보수다, 진보다"의 지칭은 대상자의 정치성에 대한 성품과 인품, 정신과 사상, 정치성향과 정치철학, 정치경험과 정치실적 등을 모두 감안하여 "진보다, 보수다"로 대상자를 지칭해야 옳다고 본다.

도대체 보수주의자와 진보주의자들의 견해 차이는 무엇인가? 보수주의자들은 개혁적인 것들을 피하려는 성향(性向)이 있다. 그 반대면 진보주의자들이다. 과거와 달리 시공간을 떠나 현실적, 개혁적, 미래를 지향하는 자들이 진보주의자들이다. 과거에서 벗어나 진보성향(progressivism)을 가진 자들을 말한다. 보수나 진보는 대개 정치 사상적, 경제적, 논리적 개념에서 보수성과 진보성으로 구분된다. 예컨대, 오늘날 19대 좌익진보 세력들이 진보주의자들에 속한다. 기존 자유민주 민주주의 정치사상을 배격하고 북한 공산국의 주체사상(주사파)을 신봉하기 때문이다. 옳고 그른 점을 떠나 개혁적 진보사상에 속하기 때문이다. 그러나 개혁을 떠나 잘못된 주체사상을 갖고 있기 때문에 진보가 아닌 좌익주의자로 분리돼야 한다. 보수와 진보와 상관없는 잘못된 정신사상이기 때문이다. 그렇다면 왜 오늘 매스컴들은 좌익들을 "좌익진보"라 하는가? 틀린 개념에 잘못된 표현이다. 진보와 보수를 떠나 자유민주 사상에 반역되는 좌익사상이기 때문에 "좌익진보"가 아니라 그저 좌익주의자라고 말해야 옳다. 자유민주에 좌익주의가 진보적 발상인가? 역발상에 반역사상이기 때문에 진보라 말하면 안 된다. 진보는 현실에서 진보된 정신사상이 진보다. 좌익사상이 진보인가? 잘못된 표현으로 그냥 "좌익주의"에 "좌익주의자"라고 표현해야 옳다. 현실적 자유민주, 자본주의적 빈부격차에 불만을 품고 재산과 소득을 공분하자는 공산주의적 좌익경제 사상을 갖고 있기 때문에 "좌익진보"라 칭함은 옳지 않다. 왜 오늘 19대 주사파 문정권에서 좌익들을 "좌익진보"라 말하는가? 오늘 대한민국의 현실; "민주헌정을 반역한" 좌익정치에 좌익정부가 어찌 진보적 발상인가? 진보가 아닌 진보에 역행하는 세력, 좌익들이 아닌가? 그런데 왜 좌익에 진보를 붙이나? 현실에 개혁적 발전이 아닌데 어찌 진보를 붙이나? 오늘 19대 문정권이 좌익들과 함께 민주정부 요소요직에 좌익들을 배치하여 오늘 대한민국의 현실; 민주정부 행정부, 입법부, 사법부, 대법원, 선관위, 방통위를 완전히 역행하여 "좌익화 정부"로 좌익 정치를 하는데 어찌 이들을 "좌익진보" 세력이라 부르는가? 현실을 발전한 민주정치가 아닌데, 오히려 현실발전에 역행한, 반역한 자들에 "진보"라 붙이는가? 잘못된 표현이다. "좌익"이라 부르는 게 옳다.

현대 정치사, 한국적 좌익진보 세력과 우익보수 세력은 언제부터 생겨났는가? 엄격히 따지면 일제치하에서 해방(1945)되기 그 이전, 상해 임시정부에서부터 진보와 보수로 분열돼 있었다. 상해 임시정부에서 독립투사들이 소련과 중국을 배경으로 좌익세력과 미국을 배경으로 한 보수세력으로 분열돼 정신사상적 분리가 돼 있었다는 점이다. 그래서 오죽하면 상해 임시정부의 내각 총장으로 있었던 안창호 선생은 당시 하도 정치사상적 분열싸움이 많아 "차라리 독립치 않는 게 낫다"는 말까지 했다 하지 않는가? 결국 일본치하에서 해방되자 한반도의 남쪽은 우익세력, 미국을 배경으로 한 초대 이승만 박사가 1948년 민주헌정을 기초로 자유민주, 대한민국을 건국했다. 반하여 한반도의 북쪽은 좌익세력, 소련과 중국을 배경으로 한 김일성이 북한 공산국을 건립했다. 남쪽에서 대한민국, 민주주의 국가가 건국된 후에도 남한사회는 지금도 아직 끝나지 않은 6·25전쟁의 후유증에 좌익과 우익의 대립세들의 좌익정권에 우익정권으로 아직도 6·25전쟁 중이다. 끝나지 않은 우익과 좌익들이 전쟁 중이다. 초대 이승만 민주정권을 비롯한 과거 역대 정권들은 제주 4·3간첩사건(1948), 여순 10·19간첩사건(1948)을 좌익들의 난동으로 취급하여 기념화 하지를 않았다. 그러나 오늘 19대 주사파 문정권은 이 두 사건을 공식화, 기념화 했다. ㊂박정희 대통령을 비록 역대 정권들도 반공사상을 국시의 제1로 삼아 제주, 여수사건을 좌익들의 사건으로 기념화 하지도 않했다. 좌익과 우익의 구분은 남북 간에도 유별나게 구분된다. 북한과 같은 독재공산 체제하에선 "자유민주자"라는 말 한마디에도 즉결처분 되거나 아니면 평생 살아서는 못 나오는 정치수용소에 보내진다. 북한에 비하면 남한의 자유체제하에서는 모든 게 자유다. 그래서 좌익들이 남한사회에 판을 친다. 오늘 19대 문정권의 좌익들이 그렇다. 그러나 이들 좌익들은 비겁하고 위선적이며 양체족들이다. 남한에서 온갖자유와 부(副)를 좌익권력과 집권을 위해 진정한 좌익국가, 북한에 가지 않고 양체처럼 한국에서 좌익질을 하기 때문이다. 양의 모습에 승냥이들이다. 과거 70여 년, 대한민국이 5·18광주사태(1980)와 6·10민주항쟁(1987)을 거치면서 남한사회에 얼마나 많은 주사파 좌익들이 존재하며 좌익운동을 해 왔는가? 오늘 19대 문정권의 좌익정치와 함께 하는 자들이 그들이다. 북한의 주체사상에 물들어 북한에 가서 좌익정치를 하지 않고 잘 먹고 잘 사는 남한에서 권력과 부(副)를 위해 남한에서 좌익질을 하는 양체족들이다. 이들은 오늘 19대 문정권과 합세하여 오늘 자유민주, 대한민국을 좌익정부, 좌익정치, 민주주의에 반역정치를 하는, 대한민국에 헌신한 바 없이 그래서 무임승차한, 오직 대한민국의 민주주의를 파멸시켜 왔던, 그래서 세월호를 빌미로 좌익집권에 좌익권력으로 오늘 대한민국에서 좌익정계를 휩쓰는 양체족, 좌익들이다. 이들은 유식한 체 TV패널자들이 말하는 "좌익진보" 세력이 아니다. 그냥 "좌익세력"이다. 대한민국의 민주주의에 진보를 시킨 좌익들이 아니라 오히려 자유민주를 역행하여 반역정치, 좌익 반역자들이기 때문이다.

대한민국의 미래정치는 어찌 될 것인가? ① 첫째, 국민여하에 달려 있다. 국민들이 좌익주의에 사회주의적 공산정치가 무엇이고, 자유민주에 민주정치가 무엇인가를 깨달을 때 진정한 국가 정체성이 바로 세워진다. 오늘 19대 문정권하에서는 좌익정부, 좌익정치로 자유민주, 민주주가가 파멸됐다. 그래도 한국인들은 파멸의 구별조차 못하고 있다. 교육이 없어 민도가 낮기 때문이다. ② 둘째, 보수세력으로 정권이 교체되지 않고 오늘 19대 문정권과 같이 좌익정권이 지속된다면 대한민국의 민주주의는 영원히 말살된다. 좌익들이 헌법개정에 남북 고려연방제라도 추진할지를 모르기 때문이다. 그렇게 될 확률이 더 많다. 이 경우, 대한민국의 미래는 없다. ③ 셋째, 그래서 자유민주를 사랑하는 애국자 국가 지도자가, 국민이 교육 받고 각성하여 국민 애국자들이 반드시 출현돼야 한다. 당장 2022년 5월에 새로 취임될 대통령부터 그래야 한다. 그렇지 않으면 희망이 없다.

적폐정치 근성

"내각에 말했던 바, 나는 피와 노고, 눈물과 땀 이외는 국가에 바칠 게 없다."

(I have nothing, but blood and pain, tears and sweat to devote to my country)

— 윈스턴 처칠(Winston Churchill; 1874–1965, 영국수상, 노벨수상

[FOCUS] 적폐정치의 문제

왜 한국정치는 정권마다 부정부패비리, 적폐정치, 보복정치, 국정농단이 근절되지 않는가?

① 왜 국민들이 국회의사당을 가르켜 "도둑놈 소굴"이라 말을 하나?

② 왜 한국정치는 정권마다 민주헌정 "배반에 반역"으로 "독재정치, 좌익정치"를 하며 부정부패, 비리정치, 국정농단에 적폐정치만 하나?

③ 왜 머슴들; 국회 정치인들은 민족세습 정치성; "분열분쟁성"에 사색당파, 당리당략, 작당정치, 트집정치, 쌈질정치로 불신정치에 적폐정치만 하나?

④ 왜 머슴들, 국회 정치인들은 "대의정치, 정도정치, 소신정치"는 없는가?

⑤ 왜 주인(국민)은 민족세습 국민성; "과묵성, 회피성, 방종성"으로 독재정치, 좌익정치에 "수수방관만" 하여 오늘 같은 좌익정치, 망국정치를 초래하는가?

[대책]

① "대통령" 이름 석자면 가문의 영광이다. 왜 퇴임 후 궁전에 기념관 건립에만 기를 쓰는가? 이를 금지, 입법화하라. 혈세인가? 상납인가? 뇌물인가? 자금출처도 밝혀라.

② 국민수준, 정치수준 제고(提高)] 위한 대국민, 대정치인 의무교육: "인성화,도덕화, 교양화, 선거정치화, 자유민주화, 법치민주화, 정의사회화, 국가민주화 교육"을 의무화, 정례화 시켜라.

③ 국정 농단자: 엄벌에 처하고 직계 2대를 걸쳐 공직채용을 금하라

④ 부정 부패자: 횡령의 3배로 징수하고 직계 2대를 공직채용을 금하라

⑤ 범국민 교육: 범국민 민주, 선거, 법치교육을 의무화, 정례화 하라

⑥ 암행 국민반: 전국민이 부정부패, 적폐현상 감시, 감찰징계케 하라

왜 한국정치는 부정부패, 비리정치, 적폐정치, 보복정치, 국
정농단 정치가 끊기질 않는가? 왜 정치인들은 이에 익숙한 것인
가? 왜 적폐정치에 불신정치로 스스로 조국정치를 망치는 것인
가? 도대체 적폐정치가 무엇인가? 불신정치가 누적되며 민주정
치발전과 국가번영을 방해하는 정치인들의 부정부패 정치, 비리
정치, 보복정치, 국정농단 정치 등이 적폐정치다. 오랫동안 관습
화, 관행화 돼 오며 국가 망국적 불신정치다. 머슴들(정치인)들이
주인무시(국민), 국민농락, 멋대로 권력정치, 특권정치, 특혜정치,
과시허세 정치를 하여 부패정치를 하는 부정한, 불의한, 불법적
인 정치악행, 악습들이 적폐정치다. 적폐현상은 정치인들의 적
폐정치 뿐만 아니라 국정수행상 3권분립 어느 부서에서나 야기
되는 공공분야적 병폐현상도 많다. 예컨대, 행정부의 규제와 규
정상, 또는 행정관료들의 권력유착 또는 정경유착에서 야기될 수
있는 적폐현상이다. 오죽하면 국민들이 사법부를 향하여 유전무
죄(有錢無罪), 무전유죄(無錢有罪), 유권무죄(有權無罪), 무권유죄(無權有
罪)적 적폐재판이라 비난하겠는가? 오죽하면 검찰을 향하여 국
민들이 몸통은폐에 깃털수사, 표적수사, 과잉수사, 인권유린 수
사라며 적폐검찰이라 비난하겠는가? 오죽하면 언론방송이 국민
주권 방송을 무시하고 정권유착에 편파방송을 한다며 비난하겠
는가? 오죽하면 좌익 선관위가 부정선거를 한다고, 좌익집권 다
수당이 당수당횡포에 독재독주 법안들을 날치기 통과한다고 국
회의사당을 가르켜 "도둑놈들 소굴"이란 욕을 하겠는가? 오죽하
면 좌익 대법관들을 향하여 부정선거를 좌익 선관위와 공조하는
좌익심판자, 매국심판자들이라 욕을 해 대겠는가? 이렇듯 한국

정치와 한국의 공직기관들은 "빛 좋은 개살구 격"으로 정경유착, 권력유착, 언권유착으로 부정부패 비리가 끊기질 않고 있다. 정치계는 불신정치, 비리정치, 보복정치, 적폐정치, 국정농단으로, 공직계는 정경유착에 권력유착으로 부정부패 비리들이 끊기질 않고 있다. 그래서 불신정치, 비리정치, 보복정치, 적폐정치, 국정농단, 부정부패가 국민성에 오염되어 불국민성을 낳고 이 불신국민성이 결국 불신사회성이 되어 한국사회는 거짓과 위선, 부정과 불의, 사기들이 만연한 사회가 됐다. 경제선진에 후직적 국민성, 사회성인 셈이다.

역대 정권들의 적폐정치 현상은 어떠했는가? 건국 이래 과거 72년간 한국정치는 적폐정치만 해 왔다. ① 첫째가 역대 정권의 무소부지(無所不至), 무소불위(無所不爲)적 제왕적 독재권력 정치의 적폐정치다. 민주헌정을 "배반한" 독재정치로 부정부패, 비리정치, 보복정치, 국정농단 적폐정치를 했다. ② 둘째가 과거 15대 DJ 정권과 16대 노정권의 친북정치에 적폐정치다. 15대 DJ 통치자는 친북정치에 북한을 오가며 "남북 연합정치"를 구상하며 "햇볕정책"에 국민무시, 헌정무시, 의회무시로 북한에 무려 5억불을 제공하여 북한이 그에 핵탄과 장거리 미사일을 개발케 했다는 항간의 정보다. 그래서 북한이 오늘 핵탄과 미사일로 "남한 불바다"를 운운하며 남한을 위협하게 한 DJ의 친북정치에 적폐정치의 결과를 가져왔다. 뿐만 아니라 16대 노정권 역시 친북정치로 북한을 오가며 서해안 NLL선을 북한에 포기하는 적폐정치까지 범하려 했다는 항간의 정보다. 불구하고 15, 16대 대한민국의 두 통치자가 친북정치에 대북 적폐정치로 국민의 비난을 받는 결과를 초래했다. ③ 오늘 19대 문정권은 어떠한가? 15대 DJ와 16대 노정권의 친북정치와 비교가 되지 않는 좌익정치에 종북정치로 대한민국 민주주의 국격(國格)을 손상시키는 대북정책의 적폐정치를 남겼다. 불가능한 북한의 비핵화에 불가능한 평화와 종전선언을 주장하며 남북화해적 종북정치를 단행 했지만 북한은 오히려 개성소재 남북연락 사무소를 폭파하는 등, 심지어 남한의 통치자, 문정권을 향하여 "삶은 소대가리, 미괴뢰의 대변자"라는 욕설까지 하는 수모를 당했다. 불구하고 이에 문정권은 한 마디 대북대응도 없이 묵묵부답을 하여 국민들이 오히려 문정권을 향하여 "문정권이 북한의 간첩이냐?"며 문정권을 규탄하는 적폐정치를 초래 했다. 북한의 빈번한 대남한 도발이 있음에도 불구하고 문정권은 정권초부터 판문점과 평양을 오가며 국민무시, 헌정무시, 의회무시, 종북정치로 북한위해 북경초소 폭파 등의 국방과 안보를 포기 했다. 심지어 강화도 마을주민들이 철따라 조개잡이를 하던 NLL상의 "함박도"까지 북한에 내줬다며 문정권이 "빨갱이"이냐며 국민들의 항의가 빗발치는 종북정치에 적폐정치를 초래했다. 뿐만 아니다. ④ 문정권에 임하여 문정권이 민주헌정을 "반역하여" 문정권이 (가) 민주정부를 좌익정부로, (나) 민주정치를 좌익정치로, (다) 빈부격차에 빈자위한 소득분배를 목적으로 한 "소득주도(소주성) 좌익경제로, (라) 4.15 총선(2020)을 부정선거로, (마) 부정선거에 주사파 집권 다수당 국회의 독재독주로, (바) 주사파 좌익국회가 "공수처법, 검찰개혁법, 언론개혁법, 5·18법, 부동산3법 등등의 좌익성 독재법안들을 독재독주로, ㈐ 대법원을 좌익화, 전국 126지구의 선거무효 소송을 묵살로, ㈑ 친중에 종북 좌익외교에 한미혈맹, 동맹을 파괴하는 등, 문정권의 좌익정부, 좌익정치, 좌익국정에서 대한민국 헌정사에 결코 없었던 "반역정치"에 적폐정치, 국정농단을 맞았다. 대한민국 민주주의가 "민주냐? 사회주의 공산이냐?" 하는 국가총체적 국가위기를 맞는 총체적 적폐정치, 국정농단을 초래했다.

역대 정권들의 적폐정치의 이유가 무엇인가? 왜 역대 정권들이 적폐정치에서 헤어나지를 못했는가? 그 이유가 무엇인가? 그 이유들을 대략 살펴보자. ① 첫째는 민족세습 정치성; "독선독재성(獨選獨裁性)" 때문이다. 민족세습 정치성, "독재성"에 역대 정권들이 제왕적 권력독재 정치를 했고 또 오늘 19대 주사파 문정권이 민주헌정을 "반역한" 반역정치, 좌익정치, 좌익정부로 좌익국정을 했기 때문이다. ② 둘째는 민족세습 정치성; "분열분쟁성" 때문이다. 분열분쟁성에 역대 정권마다 국회정치가 사생당파 정쟁당쟁 정치, 당리당략에 술수정치, 작당정치, 트집정치, 쌈질정치의 적폐정치들만 초래하지 않았는가? ③ 셋째는 통치자와 위정자 모두가 권력정치, 특권정치, 특혜정치, 과시허세 정치에 권력남용, 월권행사, 정경유착, 권력유착, 언권유착으로 권력정치를 밥 먹듯 하며 적폐정치를 했기 때문이다. ④ 넷째는 국민들과 위정자 모두가 정치민도가 낮기 때문이다. 국민의 정치수준(민도)가 낮아 주객이 전도되어 머슴들인, 정치인들이 낮은 국민수준을 이용, 국민무시 불신정치를 해 왔기 때문이고, 또한 국민 스스로가 민족세습 국민성; "과묵주의, 회피주의, 방종주의"에 불신정

치에 저항없이 수수방관만 해 왔기 때문에 적폐정치, 국정농단
이 습관화 돼 불신정치가 토착화 됐기 때문이다. ⑤ 다섯째는 머
슴들, 위정자들 자체가 정치에 부자격에 부자질(不資質)화 돼 있기
때문이다. 애국애족에 국가헌신, 국민봉사 정신도 없고 또한 애
국 충성심에 대의정치, 정도정치, 소신정치가 없기에 적폐정치,
불신정치만 한다는 점이다. ⑥ 여섯째는 머슴들인 통치자와 위정
자들이 권력과 집권탐심 때문이다. 집권과 집권욕심이 과(過) 했
기 때문이다. 통치자는 낙하산식 코드화 인사정치로 국정을 망치
는 적폐통치를 했고, 위정자들은 권력욕심에 부정부패 비리적 적
폐정치를 했기 때문이다. "욕심이 과하면 죄를 낳고, 죄가 과하
면 사망에 이른다"는 성언(聖言)도 있지 않은가? ⑦ 일곱째는 국
민교육이 부재(不在) 했기 때문이다. 정부의 대구민, 범국민 교육;
"인성화, 도덕화, 교양화, 선거정치화, 자유민주화, 민주법치화,
정의사회화, 국가민주화" 교육이 없는데 어찌 국민이 통치자의
불신통치에, 위정자들의 불신정치를 바로할 수가 있겠는가? 그
러니 위정자들의 불신정치만 가중화 돼 왔기 때문에 적폐정치,
국정농단이 정권마다 끊기질 않했다는 점이다.

선진국, 예컨대, 미국이나 서구유럽 선진국들의 적폐정치, 공
직적폐, 국정농단의 경우는 어떠한가? 예를 들어 선진국, 미국의
적폐정치, 공직적폐, 국정농단 현상을 알아보자. 한 마디로 미국
에는 적폐정치, 공직적폐, 국정농단과 같은 적폐현상들이 전혀
없다는 점이다. 저자(著者)가 50년간 미국에 살았지만 정권들의
적폐정치나 공직적폐, 국정농단 현상들을 들어본 적이 없다. 있

었다면 37대 대통령, 리처드 닉슨(Richard Nixon: 1913-1994)의 "도청장치" 스캔들 밖에는 경험해 본적이 없다. 닉슨 대통령이 국가정보기관에 도청장치를 지시하여 이것이 들통나며 도청장치 사건이 매스컴을 타고 갑자기 확산된 사건이었다. 이로 인해 결국 닉슨 대통령은 스스로 대통령직을 사임했다. 탄핵을 당하기 전에 스스로 사임한 것이다. 한국의 통치자 같았으면 "하야"를 했겠는 가? 적폐를 덮으려 더 심한 정권탄압을 했을 것이다. 그 만큼 한국통치와 미국의 민주정치는 그 차원이 다르다. 미국은 위정자들이 진정한 민주주의 정치를 한다. 미국에서 공직계의 적폐현상들도 들어 본 적이 없다. 미국은 한국과 같이 부정부패 비리적 적폐정치나 공직적폐 현상들이 없다는 점이다. 적폐정치가 있다해도 언론방송 보도전에 자체부서에서 파면조취로 끝나기 때문이다. 그래서 한국과 같이 언론방송에서 매일 연속 적폐정치, 공직적폐 현상들을 들을 수가 없다. 또한 적폐현상이 있다면 민주시민들이 그냥 놔두지 않는다. 그것이 바로 미국의 진정한 민주주의, 민주헌정에 민주정치다. 적폐정치나 공직적폐 현상이 없기는 서구유럽 국가들도 마찬가지다. 서구유럽 국가들의 민주정치 역사가 얼마나 오랜전통을 갖고 있나? 미국 역시 영국의 청교도 박해를 피하기 위해 Mayflower 호를 타고 대서양을 지나 아메리카 신대륙, Plymouth항구에 도달한 이민자들이 아닌가? 그래서 미국의 민주주의가 서구 유럽식을 따랐기 때문에 진정한 민주주의가 정착된 것이다. 한국의 민주역사와는 전혀 다른 차원의 민주주의 뿌리다. 오죽하면 2차 대전시 영국수상, 처칠(Winston Churchill: 1874-1965, 정치가, 노벨상 수상자)은 "나는 피와 노고, 눈물과 땀 이외는 국가에 바칠게 없다"고 애국심을 호소 했겠는가? 영국의 명장(名將)에 공의롭게 정치한 위대한 정치위인(偉人)이다. 어찌 한국엔 조국과 민족, 국가와 국민을 위한 예컨대, 이승만과 박정희 대통령과 같은 진정한 애국에 국가지도자, 정치인들은 없는 것인가?

검찰권력 근성

"죄 없는 10명보다 죄 있는 1명을 처벌함이 낫다."
– 블랙스턴(Sr. William Blackston; 1723–1780, 영국의 법학자)

"사람이나 살아있는 권력을 보고 수사치 않는다"
– 대한민국 검찰총장, 윤석열(1919년말 국정감사장에서)

[소송을 피하는 방법]
1. [양심, 경우, 도리]껏 일상을 살라
2. ["욱"]하는 성질을 참고 또 참아라
3. [가능한 한 대화]로 사건해결하라
4. [사건일지, 영수증]등 증거 챙겨라
5. [사전 변호사]와 상담을 우선하라
6. [진실한 모습]을 법정에서 보여라

어째서 한국의 검찰과 사법부, 특히 대법원은 대통령 통치권력을 눈치보고 아부하며, 법과 원칙, 정당한 수사, 공정한 재판을 기피하는가? 어째서 한국 검찰과 대법원은 부정선거를 수사치 않고, 대법원은 왜 전국 126지역 부정선거 선거무효 소송들을 불법으로 묵살하는가? 민주정부의 3권분립 권력균형이 왜 통치자에 의거 좌지우지(左之右之) 돼야 하나? "죄 없는 10명보다 죄 있는 1명을 처벌함이 낫다"고 영국의 법학자, 판사인 블랙스턴

(Sr. William Blackston; 1723~1780)이 말했다. 당연한 말이다. 죄 없는 10명을 왜 처벌 하는가? 그러나 한국의 검찰권력과 사법부 재판권력은 정경유착(政經癒着)에 권언유착(勸言癒着), 권력유착(法劍癒着)으로 "고무줄 수사에 고무줄 판결"을 하는 경우가 다반사다. 그래서 "집행유예" 판결이 다반사(茶飯事)다. 뿐만 아니라 죄 없는 사람을 억울하게 수사하고 억울하게 판결하여 억울한 옥살이를 시키는 경우가 많다. 최근의 경우, "화성연쇄 살인사건"에서 진범이 아닌 사람을 20년씩이나 억울하게 옥살이 시킨 후 무죄로 판명되어 세간을 놀라게 한 사건도 있었지 않았는가? 책임회피, 실적위주의 경찰고문이나 인권유린적 검찰의 정신적 고문을 이기지 못해, 오죽이나 괴로웠으면 거짓자백, 거짓 증거로 20년씩이나 옥살이를 했겠는가? 왜 한 번 판결이면 끝인가? 옥살이 중에 억울한 사건을 구제할 방법은 없는가? 책임회피, 실적위주, 복지부동적 경찰수사, 검찰기소, 재판의 오판행위가 한 인간의 한 인생을 망쳐 놓지 않는가? 20년의 억울한 옥살이한 책임을 국민혈세로 보상한다면 경찰과 검찰, 재판부에 면피를 주는 꼴이 아닌가? 오죽하면 한국의 공권과 재판부를 향하여 유전무죄(有錢無罪)에 무전유죄(無錢有罪), 유권무죄(有權無罪)에 무권유죄(無權有罪)라는 말들을 항간에서 하겠는가? 돈 있으면 죄 없고, 돈 없으면 죄 있고, 권력이 있으면 죄 없고, 권력이 없으면 죄 있는 그런 민주주의가 세상천지, 또 어디에 있단 말인가?

건국 이래 과거 72년간, 검찰권력이 무엇이었나? 권력남용과 월권행사였다. 특히 검찰권력이 정치적 사안이나 정치범죄에 관해서는 인권유린, 표적수사, 과잉수사, 별건수사, 특검수사 등으로 권력남용과 월권행사를 해 왔다는 점이다. 왜 검찰은 본 건 수사 이외에 가외사건들을 파헤치며 먼지 털기식 개인신상을 탈탈 털어 인권유린에 죄목 늘리기로 불공정한, 비겁한 수사와 기소로 혐의자를 옥살이 시키지 못하여 안달하는가? 왜 경찰과 검찰은 실적위주, 면피위주, "먼지털기식 수사행위"로 과잉수사를 하는가? 왜 검찰은 힘없는 야당을 표적삼아 표적수사로 대통령 권력을 포장하는데 급급하여 아부에 포장수사를 하나? 왜 국회 권력과 검찰권력은 통치권력에 아부하며 특검수사로 보복수사, 표적수사로 국민권력을 남용에 월권하는가? 왜 검찰수뇌부는 대통령 권력에 눈치보고 아부하며 검찰권력을 남용하고 월권하여 국민주권을 악용하는가? 오죽하면 검찰이 제 밥그릇 뺏기는 "공수처"까지 생기는 것이 아닌가? 오늘 19대 문정권이 퇴임한 후 문정권의 반민주적, 반헌법적, 반국가적 좌익정부, 좌익정치, 반역정치의 이적죄, 대역죄를 국민주권을 대신하여 어떻게 처신할 것인가? 국민주권을 묵과할 것인가? 자유민주, 민주헌정, 스스로의 민주국가, 민주주의를 말살시킨, 조국과 민족, 국가와 국민의 대역죄인, 문정권과 좌익들을 국민들이 방관하겠는가?

불구하고 건국이래 과거 72년간, 한국의 검찰권력을 살펴보자. ① 첫째, 검찰이 인권유린적 월권수사를 해 왔다는 점이다. 혐의자를 피의자로 취급, 잠도 재우지도 않고 하루 종일, 밤늦게까지, 하루에 16시간 이상을 조사하며 인권유린을 했다는 점이다. 무고한 사람들을 권력에 줄소환하며 인권유린에 신상털기, 죄목찾기

수사로 검찰권력을 남용하고 월권했다는 점이다. ② 검찰이 표적수사로 통치권력에 아부했다는 점이다. 검찰이 통치권력에 아부하며 정치보복성 정치수사로 검찰공권을 남용하고 월권했다는 점이다. 집권권력에 아부하며 적대적 인물이나 정치단체, 정당들을 보복수사, 보복기소를 한 경우다. 검찰이 국민공권을 월권에 남용한 경우다. 18대 박근혜 전 정권의 경우가 그렇다. 박정권이 탄핵받을 만한 국정농단을 했는가? 박정권이 세월호에 여행을 가라 했는가? 박정권이 세월호를 침몰시켰는가? 선진국, 미국의 경우는 열차사고로 300명이 죽었어도 교통부 장관을 거명조차 않는다. 왜 한국은 걸핏하면 엉뚱한 사건에 엉뚱한 공직자들만 죽이는 것인가? 대통령, 국회, 검찰이 권력으로 올바른 말을 한 사람들을 죽이는 것인가? 왜 척하면 검찰과 재판권력이 과잉수사, 표적수사로 정치재판에 넘기는가? 왜 힘업고 애매한 공직자들만 희생시키는가? ③ 검찰이 통치권력 눈치보기에 과잉반응에 과잉수사를 한다는 점이다. 왜 혐의자를 본 사건 이외에 다른 죄 찾기로 먼지 털기 듯 신상을 탈탈 털어 없는 죄목을 늘려 죄들을 뒤집어 씌우는가? 검찰권력의 과잉수사가 아닌가? 언론방송에서 보도가 되면 왜 집권세력들과 공권들이, 특히 경찰과 검찰은 긴장하고 과잉반응하며 과잉수사, 표적수사로 국민주권, 국민권력을 남용하고 월권행사를 하는가? 왜 툭하면 검찰이 집안을, 사무실을 압수수색으로 폭탄이 터진 듯 폭탄수사를 하며 왜 척하면 권력과시에 과잉수사로 국민 위에 군림하며 공권과시, 공권남용을 하는가? 어째서 본 사건이 아닌 예외사건들까지 모조리 먼지 털기식, 죄목 늘리기식 과잉수사로 형량 늘리기에 기를 쓰는가?

④ 검찰권력이 툭하면 특검수사에 척하면 별건수사로 사건을 사회화 확대시킨다는 점이다. 물론 집권세력의 상부명령이 순종해야 하는 검찰의 입장도 이해는 하지만 그렇다고 정치권을 보라는 듯 과잉수사에 표적수사, 특별수사로 적대인사로 대 야당, 보복정치 수사에 기소를 해서야 어찌 민주검찰의 공정성과 정의성으로 국민주권을 지킬 수가 있겠는가? 국민을 무시하는 처사가 아닌가? 통치권력과 집권당 국회권력이 합세하여 독재권력에 검찰권력이 동원되는 경우다. 민주헌정을 위해 중립해야 할 검찰권력이 법과 원칙을 어기며 독재권력에 동조한다면 어찌 그게 자유민주에 민주주의 검찰인 것인가? 한국의 검찰과 사법권력은 왜 무소부지(無所不至), 무소불위(無所不爲)적 대통령 권력에 좌지우지 돼야 하는가? 그래서 검찰권력의 독립화가 절실하다.

도대체 무슨 이유로 검찰이 권력남용과 월권행사, 특권행위를 하는가? 왜 한국의 검찰 권력은 통치 권력에 중립성과 민주헌정에 의거한 법과 원칙을 지키지 않고 검찰공권이 상부의 권력과 상부의 지시에 비양심적, 비인간적, 비민주적, 비정치적 검찰권력을 행사해야 하는가? 이유가 무엇인가? 대충 살펴보자. 예컨대, ① 첫째, 대통령이 검찰총장을 임명하기 때문이다. 대통령이 임명한 검찰수장이 어찌 대통령 통치권력을 따르지 않겠는가? 그러니 통치권력에 아부하며 눈치 보며 권력에 순종해 온 것이 과거나 오늘의 검찰행태가 아님을 부인할 수가 없다. 검찰총장의 직분이 대통령 손 안에 있는데 어찌 검찰이 공정한 수사를 하겠는가? 한국의 모든 공권기관, 국가기관들이 모두 대통령 손 안에 있다. 오늘 19대 주사파 문정권이 대법원장을, 선관위장을, 방통위장을 모두 좌익 좌익정부 코드화 좌익인사들로 임명하고 민주헌정을 "반역하여" 좌익정부화, 좌익장악으로 좌익정치를 하고 있지 않은가? 그래서 이들이 부정선거를 하고, 부정선거에 대법원이 전국 126지역의 선거무효 소송들을 불법으로 묵살하다가 불법으로 뒤늦게 몇 지구만을 재검했지만 부정표들이 다발로 발견되자 부정선거 선고가 아닌 표당락 심판으로 어물쩍 19대 문정권을 보호하고 있지 않은가? 부정선거에 검찰총장조차 수사를 꺼려하지 않는가? 무슨 이유인가? 대통령이 임명한 검찰총장이 대통령 권력을 어찌 수사 하겠는가? 그러니 대법원의 대법관들도 비록 인천연수(을) 재검에서 부정투표지들이 다발로 발견됐지만 부정한 좌익정권, 대통령 권력 보호를 위해 부정선거 선고를 마다하고 어물쩍 표당락 심판만 하고 있지 않은가? 그러니 어찌 대통령이 임명한 임명권자들이 대통령 권력에 복종치 않겠는가? 여태껏 대한민국에 대통령 권력에 반발하는 고위층 인사들이 있었던가? 오죽하면 좌익정부가 임명한 윤석열 검찰총장이 좌익 문정권이, 좌익국회가 "검수완박"(검찰수사 완전박살)을 한다며 검찰총장직을 박차고 대권에 도전했겠는가? 다른 검찰총장 같았으면 반발하며 사표까지 내겠는가? 적어도 윤석열 검찰총장만은 법과 원칙, 양심과 상식을 지키는 검찰총장이 아니였나 생각된다. 오죽하면 좌익 문정권의 산업부에서 밤도둑들인양 원전사무실에 들어가 원전문서를 무려 400페이지나 도둑질에 삭제하며 탈원전 정책까지 음모에 은폐를 하겠는가? 이에 최재형 감사원장까지 사표를 내고 나라를 바로 잡겠다고 대권도전을 하지 않았는가? 막가며 망하는 대한민국이 아닌가?! ② 둘째, 검찰이 스스로 검찰권력을 권력화, 권위화, 위용화(威容化)시키기 때문이다. 사법고시에 합격한 스스로 권위적, 위용적 인물들이라 자만, 자존하며 스스로 검사와 재판관의 지위를 보호하려는 심리적 방패에서 검찰권력이 과잉반응을 한다는 점이다. 마치 조선조 왕조시절에 과거시험에 합격한 듯 스스로의 지위를 권위직으로 자랑하고 권위와 권력에 텃세를 부리는 경우다. 그래서 검찰권력이 스스로 권력적이란 뜻이다. 사정이 이러한데 어찌 검찰권력의 월권행사, 권력남용이 없겠는가? 한국정치계는 언제 어디서나 권력행사가 따른다. 민족세습 독재성에 언제나 독재정치로 통치를 하고 검찰이나 경찰, 감사원이나 국정권 같은 국가공권들은 항상 스스로의 권력권위를 과시하며 인권유린에 밤샘조사, 과잉수사, 표적수사, 특검수사로 스스로의 권위와 권력, 위용을 자랑한다. 아무리 공정하고 공평한 민주주의적 원칙이 있다 하더래도 언제나 부정한 인간적 요소; 비양심적, 비인권적, 비민주적, 비현실적 권력행사는 있기 마련이다. 그러나 정당성을 지키려면 어느정도 양심과 상식, 공정과 공평을 따라야 하는 것이 인간의 기본 인간성이다. 이제 검찰권력은 이성적, 합리적, 수사와 기소행위로 철저한 민주법치와 원칙에 기본하여 검찰, 경찰, 사법권이 통용돼야 한다. 공권남용이 이현령 비현령(耳懸鈴鼻懸鈴)식 귀에 걸면 귀걸이, 코에 걸면 코걸이 식이 돼서는 안 된다. 사법권이 무전유죄(無錢有罪)에 유전무죄(有錢無罪), 무권유죄(無權有罪)에 유권무죄(有權無罪)식이면 부패된 나라에 후진국이다. 검찰이 도의상, 관행상, 수갑을 채우지 말았어야 할 관행을 깨고 기무사 사령관, 이재수 장군에만 강제로 수갑을 채워 이재수 장군이 수치감을 못 이겨 자살까지 했겠는가? 문정권의 좌익들, 망둥이들이 뛰는 격이다.

검찰권력이 평등과 공평, 정의를 지킬 수 있는 국민공권, 검찰권력이 될 수 있는 최선의 대책들은 없는가? 몇 가지 대책들을 생각해 보자. 예컨대, ① 첫째가 "검찰독립"이다. 통치권력으로부터 벗어나 소신검찰 행사를 해야 최소한의 평등과 공평, 정의를 지킬 수 있는 검찰로 거듭난다. 대통령이 검찰총장을 임명하는 한 검찰권력은 대통령 권력에 속한다. 검찰독립으로 자체 내에서 전(全)소속직원들에 의해 검찰총장을 뽑고 검찰제도를 개혁화 해야 한다. 내외동률 공정한 인사로 검찰감시, 감사제도를 확립해야 한다. 검찰이 거듭나야 진정한 민주주의가 실현된다. 19대 문정권의 좌익통치 권력과 좌익들의 정치권력이 검찰개혁, 언론개혁, 울산시장 선거비리, 탈원전 정책, 부정선거, 부정선거 묵살, 언론방송탄압으로 오늘 대한민국 검찰과 사법권은 죽었다. 문정권의 좌익통치, 좌익정치로 국가가 총체적 위기에 처해 있다. ② 둘째, 검찰권력의 스스로 자질화(資質化)에 힘써야 한다. 자격화, 자질화, 애국충성심을 갖게 해야 한다. 이를 위해 검찰 스스로가 "인성화, 도덕화, 교양화, 선거정치화, 자유민주화, 법치민주화, 정의사회화, 국가민주화" 교육을 의무화 정례화 시켜 스스로 검찰과 사법의 자격화, 자질화를 시켜야 한다. ③ 셋째, 검찰권력의 유착성을 근절해야 한다. 검언유착(檢言癒着), 검권유착(檢權癒着), 검경유착(檢經癒着)등을 절단하는 검찰 스스로의 결단이 절실하다. 그렇지 않고는 공평한, 공정한, 정단한 수사, 기소,

재판이 불가능하다. ④ 넷째, 법과 원칙을 따르는 검찰공권과 사법권으로 국민에 신뢰성을 줘야 한다. 검찰이 정치와 권력과 타합한다면 이는 검찰이 아니다. 시장잡배 건달이나 마찬가지다. 서울대 교수, 청와대 민정수석, 몇 일간의 법무장관을 했던 조X과 같은 거짓과 위선, 부정한 행위를 한다면 어찌 검찰개혁이 되겠는가? ⑤ 다섯째, 검찰의 표적수사, 과잉수사, 압수수색, 밤샘조사 등과 같은 반인권적, 비현실적 수사는 근절돼야 한다. 이렇듯 검찰이 바로 서야 나라가 바로 선다.

편파방송 근성

"언론방송은 정부 제 4부처의 국민 권력기관이다"
편파방송은 국민주권을 침해하는 탄압에 악행이다"

−저자(著者)

[방송권력]

좌익통치 탄압으로 언론방송 말살되며

좌익권력 눈치보며 편파방송 일상됐네

독재탄압 독재방송 국민방송 어디갔나

노래방에 오락방송 유흥으로 탕진하네

좌익정부 방송탄압 언론방송 재갈물려

방송사들 눈치보며 권력방송 한창이니

좌익들은 죄가없고 우익들만 죄가있네

문정권이 북을치니 좌익들이 촛불드네

[FOCUS] 언론방송 탄압과 편파방송 문제

<u>언론방송들이 좌익권력에 탄압받아 국민방송을 포기했다.</u>

① 왜 19대 문정권은 민주헌정을 "반역하여" 국민방송을 탄압하는가?

② 왜 유튜브 방송에서 [부정선거 보도]가 난리인데 왜 주류 언론방송들은
력탄압에 부정선거 보도에 벙어리인가? 정권탄압에 국민주권 포기하는가?

③ 언론방송은 국민주권 지키는 국민권력 중 최고 권력인데 어찌 언론방송
이 정권탄압에 국민권력; 알권리, 부정선거 뉴스까지 탄압하는가?

④ 언론방송이 국민뉴스를 보도치 않으면 어찌 그게 국민주권인가?

[대책]

① [방통위 독립화], 소속직원 직선에 수장을 뽑고 자체방송개혁 운영하라

② 방통위는 공정한 [감시감사제] 제도로 국민방송 주권을 방어 하라

③ [국민수준, 정치수준 제고(提高)] 위한 대국민교육: "인성화, 도덕화, 교양
화, 선거정치화, 자유민주화, 법치민주화, 정의사회화, 국가민주화 교육"
을 의무화, 정례화 시켜라.

④ 언론방송이 국민뉴스를 기피한 경우, [언론방송업무]를 금지케 하라

⑤ [모방방송 금지]: 방송사간 경쟁적 유사프로 모방방송을 금지하라

⑥ [정치인 토론제]: 정치인 초대토론으로 정치인 얼굴을 팔지마라

⑦ [방송언어 순화]: 해설도 없는 영어, 혼어, 은어, 속어, 방송배제 하라

⑧ [방송 다양화]: 방송편성의 다양성, 세계화로 방송문화 개혁하라

⑨ [국민교양화 방송]: 인성, 교양, 도덕, 선거, 정치교육 방송, 강화하라

왜 한국인들은 한국사회 현실과 정치현장의 사실들(팩트, facts)을
낱낱이 보도해 주는 유튜브 TV(YoutubeTV) 방송들은 듣지 않고,

정권이 탄압하여 편파방송만 일삼는 주류방송들; 예컨대, SBS, KBS1, KBS2, MBC, JTBC, MBN, A방송, 조선방송, 연합뉴스, YTN 등의 주류 방송뉴스만 청취하여 탄압된 정부뉴스만 듣고 왜 국민의 알권리, 예컨대 "부정선거 뉴스" 같은 중요한 정치 사회 현실화 뉴스를 모르고 사는가? 왜 정부탄압에 은폐된 주류 방송들의 편파방송만 듣고 정부를 믿으며 바보처럼 사는가? 주류 언론방송들은 한국정권이 통제하는 방송들이고 유튜브 방송(YoutubeTV)들은 해외통신망으로 한국정권의 탄압할 수 없는 방송들이다. 유튜브를 보지 않으면 한국정치의 실태에 눈먼 벙어리가 된다. 정치 탄압실태를 전혀 알 수가 없다. 문정권의 좌익정부가 좌익인사를 "방통위장"으로 배치시켜 방통위가 주류 언론방송을 통제하고 탄압하기 때문이다. 왜 한국인들은 유튜브도 보지 않는 멍청한 국민들이 되었는가? 어찌 주류 언론방송사들이 19대 문정권의 좌익정부, 좌익정치에 스스로가 노예가 되어 국민주권, 국민 언론방송 권력을 파멸시키는가? 언론방송의 탄압은 곧 국민의 눈과 귀, 입을 막는 독재공산 정치가 아닌가? 그러니 19대 문정권이 이 같이 독재공산 정치를 하는 셈이다. 어째서 대한민국 국민들은 스스로 나라의 민주주의가 파멸되며 스스로 주인(국민)들이 눈멀고 귀먹고 입막고 사는 멍청한 국민이 되었는가? 그러면서 경제대국에 선진국, 선진국민이라 어찌 함부로 말을 하는가? 2020.4.15 총선에서 19대 주사파 문정권이 민주선봉에 앞장서야 할 선관위를 좌익화되어 부정선거를 하게 했음을 어찌 국가주권의 주인(국민)들이 이를 모르고 있단 말인가? 집안에서 망나니 자식들이 집을 담보잡고 노름을 하여 파산한다해도 부모가 이에 수수방관만 할 터인가?지금 한국이 그렇다. 선관위를 좌익화, 부정선거를 하게 하고, 부정선거에 180석 거대집권 다수당(민주당)을 만들어 좌익국회가 다수당횡포에 "공수처설치, 검찰개혁, 5·18 독재법, 부동산3법, 언론방송개혁, 토지공개념" 등의 좌익 독재법들을 날치기 국회통과로 국회가 독재독주하고, 대법원이 좌익화, 부정선거에 전국 126지역의 선거무효 소송들을 불법(선거법 225조)으로 1년 이상 묵살하고 있는데, 방통위가 좌익화, 주류 언론방송사들을 문정권이 탄압하여 방송사들이 오직 "먹방, 노래방, 놀이방, 오락쾌락방, 여행방" 방송만하여 흙탕물만 치고 있는데, 어찌 나라의 주인(국민)들이 이를 모른 체 수수방관만 하여 스스로 조국과 국가를 망국케 하는가? 국가 최대의 위기가 아닌가? 6개월 내에 해야할 "재검"을 아예 불법(선거법 225조 위반)으로 14개월 후에 좌익 대법원이 몇 군데만 골라 "재검"하고 2022년 문정권이 임기가 끝나면 그만이라는 식으로 어물쩍 넘기고 있지 않은가? 인천연수(을), 양산(을), 영등포(을) 재검들을 2021.06.28, 08.23, 08.30에 걸쳐 차례로 한 바 3곳 모두 사전선거 투표함에서 "배추색, 일장기, 인쇄지, 자석투표지" 등등으로 부정표들이 다발로 나왔는데 좌익 대법원이 이를 "부정선거"로 선고하지 않고 "표당락 심판"에 시간만 끌며 2022년 5월, 문정권의 임기가 끝나기를 바라며 부정선거를 묵살하고 있지 않은가? 이게 어찌 문정권의 좌익정부, 좌익정치, 반역정치, 부정선거 정치가 아니고 무엇이란 말인가? 이게 어찌 국민들이 스스로의 민주주의 국가를 좌익정부, 좌익정치로 망국케 하는 국민들의 수수방관, 망국행위가 아니고 무엇이란 말인가? 부정선거 사실까지 감추며 스스로의 국가를 망국케하는 민주말살, 좌익정치가 아니고 무엇이란 말인가? 주류 언론방송이 이 부정선거를 뉴스보도 한다면 천지개벽(天地開闢)에 국가정변에 국가개혁이 일어나지 않겠는가? 어찌 이런 국가운명의 막중대사를 오늘 국회 좌익 정치인들이 알면서 은폐하며 국정농단, 적폐정치를 한단 말인가? 오늘에 사는 젊은이들, 특히 대학생들은 도대체 부정선거를 알면서 항거도 없이 어찌 어물쩍 넘기며 국가미래를 망국케 한단 말인가? 정권말기에 좌익 문정권이 코로나 19 전염병을 핑계로 부정선거 은폐를 위해 주류 언론방송을 얼마나 탄압하는가? 문정권이 임기 후에 이토록 잔혹한 반역정치에 부정선거 행패와 언론탄압의 죗값을 어찌 감당할 것인가? 대한민국 헌정사에 반역정치에 대역적죄인이 아닌가? 이를 알고도 주류 언론방송사들이 왜곡보도, 은폐방송에 편파방송을 한 죗값을 어떻게 국민앞에 사죄할 것인가? 어째서 국민들은 눈과 귀, 입을 막고 좌익정부, 좌익정치, 좌익국정에 부정선거로 스스로의 조국, 대한민국을 망국케 하는가?

국민권력, 언론방송 권력이 무엇인가? 국가통치와 국가정치, 국정운영을 감시하고, 이를 사실 그대로를 국민에 알리어 국가와 국민을 보호해야 하는 것이 언론방송의 사명이고 소명이다. 언론방송 권력이 국민주권이고 정부 제 4부처에 해당하는 국민권력, 언론방송 권력이기 때문이다. 국민주권인 언론방송 권력이 19대 문정권의 좌익정부, 좌익정치, 반역정치에 탄압을 받아 국민주권이 침해되며 국민이 눈과 귀가 멀고 벙어리가 됐는데 어찌 이게 문정권의 반미주, 반역정치가 아니겠는가? 국민의 최고

권력이 문정권에 탄압받는 경우다. 국가통치와 정치, 국가운영의 잘잘못을 바르게 감시하고, 지적하여 올바른 국정으로, 올바른 국가와 국민을 위해 거듭나야 할 언론방송이 좌익정권, 문정권의 좌익정부, 좌익정치 통제에 탄압되어 스스로의 자유민주 국가의 민주주의를 문정권이 파멸하며 망국케 하는 행위다. 언론방송들이 국민의 눈과 귀, 입을 대신하지 못하는 국가는 민주국가가 아니다. 독재좌익 국가다. 언론방송은 "국민을 위한, 국민에 의한, 국민의 방송"이 돼야 한다. 이에 미국 사회학자, Amitai Etzioni(1929 -)는 권력을 3가지로 분류한다. 첫째가 언론방송의 국민적 보상권력(remunerative power)이다. 둘째가 공권력을 가진 강제적 권력(coercive power)이다. 그리고 셋째가 규제와 규정 등과 같은 규범적 권력(normative power)이라 그는 말한다. 이 셋 중에 가장 중요한 국민권력이 바로 언론방송의 보상적 권력이다. 언론방송이 국민을 위한, 국민에 의한, 국민의 권력을 지키기 위해서는 진실한 보도, 공정한 보도로 국민주권에 국민에 알리어 국민이 누려야 할 권리와 보상을 받아야 한다는 것이 국민보상적 권력이란 뜻이다. 통치권도, 정권도, 공권도, 어느 권력도 국민의 권력; 언론방송 권력 앞에선 속수무책(束手無策)이 바로 국민권력, 언론방송 권력이다. 불구하고 왜 오늘날 한국의 주류 언론방송사들은 국민권력에 탄압 당하며 오리혀 좌익정권에 빌 붙어 좌익방송을 위해 국민권력을 반역하며 권력편에서 편파방송을 하는가? 왜 좌익방송으로 민주국가를 좌익국가로 만들어 오천년 역사의 조국과 민족, 오늘의 대한민국과 국민을 반역하는가? 어째서 오늘 19대 좌익 문정권은 왜 국민주권, 국민권력, 언론방송까지 탄압하는가? 어째서 국민권력, 언론방송이 국민을 위해, 민주헌정을 위해 존재치 않고 민주정부를 반역한 문정권의 좌익정부, 좌익정치, 반역정치를 위해 존재하며 반역자들의 권력에 시녀가 되어 국민을 오도하고 선동하여 스스로의 자유민주 조국, 대한민국을 반역하며 망국케 하는 것인가? 언론방송이 국민을 선동하여 좌익정부, 좌익정치, 좌익언론방송이 되면 그게 어찌 언론방송의 사명과 소명을 바로 했다 말할 수가 있겠는가? 어용적, 좌익적, 반역적 언론방송사들이 아닌가?

오늘날 시장잡배적 언론방송의 방송행태가 어떠한가? 한 마디로 국민주권, 국민권력, 언론방송이 사멸(死滅) 됐다. 개꼴이 된 셈이다. 개판인 언론방송들의 행태를 예로 들어보자. ① 좌익정권 탄압에 국민탄압 방송만 한다. 좌익정부, 좌익정치, 반역정치의 수호자 역할만 한다. ② 권언유착(勸言癒着)에 편파방송을 한다. 권력에 편승하여 좌익권력 편파방송으로 국민권력을 농간하다. 그래서 스스로의 국가를 망국케 한다. ③ 검언유착(檢言癒着)에 사건을 조작한다. 올바른 검찰권력으로 선도(先導) 하지는 않고 오히려 검찰권력과 언론방송이 합세하여 국민을 유혹하며 오도한다. ④ 언경유착(言經癒着)에 부정한, 부패한 언론방송을 한다. 언론방송이 돈에 돌아 왜곡에 조작보도를 하고, 과다한 상업광고 방송으로 국민을 짜증케 만든다. ④ 언권남용(言權濫用)의 언론방송을 한다. 국민권력, 언론방송이 국민을 먹칠하는 경우다. 국민권력을 가진 언론인, 방송인, 기자들이 국민무시, 국민 위에 군림하며 그릇된 방송을 하는 경우다. ⑤ 언론방송이 시청률에 급급하여 세속적인 방송에만 집중한다. 언론방송사들이 인기와 시청률에 급급한 나머지 국민무시, 국민농락, 국민유혹으로 19대 주사파 문정권의 좌익정부, 좌익정치에 탄압받고 좌익정부에 편승하여 좌익정권이 의도하는 먹방, 노래방, 놀이방, 취미방, 오락방, 여행방" 방송만 취주하여 국민을 저속된 국민성으로 유혹한다. 선친들의 희생, 경제대국을 탕진하는 경우다. ⑥ 방송사들이 개그방송사가 됐다. 국민권력, 국민방송의 위엄과 존엄이 말살시키며 방송프로그램들을 멋대로 조작하고 모방하며 개그맨들이 주도하고 사회보는 개그방송사들이 됐다는 점이다. 개그맨들이 이 프로, 저프로에서 왔다 갔다 하는 방송만 관행화 됐다는 말이다. 국민방송의 위엄성, 전통성이 말살됐다는 점이다. 코메디 이디엇(Idiot)프로에 국민을 이디엇(병신)을 만드는 방송들이 됐다는 점이다. ⑦ 방송이 저질화가 문제다. 방송의 앵커라는 자들이 저속언어들; "은어, 혼어, 속어, 음란어, 잘난 체로 해석없는 영어"들을 함부로 쓰며 국민 대부분이 알아듣지 못하는 저질방송을 한다는 점이다. 엘리트(elite)인 체로 방송인들이 알아듣지 못하는 말들, 예컨대, VR, AR, DTI, 뉴있저, 팬아저, 심쿵, 소확행, 짠내투어, 알쓸신잡, 혼족, 혼술 등등의 난체하는 언어들로 저속한 방송을 한다는 점이다. 세종대왕의 훈민정음을 도륙하는 격이다. ⑧ 국민권력 언론방송이 "선정적" 광고까지 한다는 점이다. 예컨대, "비요뜨"란 광고에서 "감고 할까 뜨고 할까, 하고 나면 1일이다"는 식의 선정적 광고까지 한다. 이게 섹스광고가 아니고 무엇인가? 어찌 언론방송이 성추행을 부추기는가? TV광고들을 보자. 여자들이 광고에 팬츠 바람에, 쫄바지로 남성들을 성추행하지 않는가?

국민권력, 언론방송이 국가와 사회에 미치는 영향들은 무엇인가? 언론방송은 무소부지(無所不至), 무소불위(無所不爲)적 국민권력이다. 방송출연으로 일약 대스타가 되고, 방송토론에 일약 국회의원도, 대통령도 당선되는 것이 국민주권, 국민권력, 방송권력이다. 이를 감안 한다면 언론방송 행위들이 국민에 주는 영향이 얼마나 중대한 결과를 낳는가? 그 영향들을 예를 들어 몇 가지 생각해 보자. 예컨대, ① 언론방송이 국민주권, 국민권력이다. 방송이 곧 통치, 정치, 경제, 사회, 문화, 모든 분야를 통제하고 통치하는 셈이다. 방송 한 번이면 통치자도, 정치인도, 국민도 모두 즉시 발동에 즉시 효과다. 방송 한 번에 인기인, 유명인, 정치인이 된다. 방송의 위력이다. ② 언론방송이 곧 통치이며 정치다. 시간마다 방송사들이 정치뉴스를 방송하며 정치권을 쥐락펴락 하지 않는가? 방송의 Panelist(토론자)들이 방송토론 몇 번에 국회의원에 당선되지 않는가? ③ 방송이 곧 공권을 지배한다. 방송 한 번에 경찰이, 검찰이, 사법부의 재판관들이 심지어 국가 통치자도 벌벌 기는 결과를 초래하지 않는가? 방송권력이 국민권력이기 때문이다. 그래서 19대 문정권이 좌익들의 좌익정부, 좌익정치, 반역정치를 위해 제일 먼저 "방통위"를 좌익화 장악하고 주류 언론방송을 탄압하며 이래라, 저래라로 통제하지 않는가? 오늘 문정권이 그렇다. ④ 방송이 국가 공권력과 사법권력을 지배한다. 방송의 여론화로 공권인 검찰, 경찰, 사법부가 좌우되지 않는가? 이렇듯 언론방송 권력은 국가권력 중 최고권력, 국민권력이다. 국민이 좌지우지하는 언론방송권력이 오히려 정권탄압에 언론방송이 국민을 좌지우지 한다면 어찌 그게 자유민주 국가에서 존재하는 언론방송권력인가? 북한과 같은 독재공산국에서나 탄압 당하는 경우다. 오늘 19대 주사파 문정권하에서 국민권력, 언론방송권력은 죽었다. 언론방송이 국민위해 존재하는 것이 아니라 문정권의 좌익정부에 녹아나 있는 언론방송이기 때문이다. 예컨대, 인천 연수(을) 2021.06.28 재검에서 재검 후 다음날로 YTN은 "재검에 이상무"로 방송했다. 19대 주사파 문정권의 좌익정부에 탄압받지 않는, 언론방송의 국민주권이 사멸된 경우가 아니란 말인가?

교육무책 근성

"정책결정에는 필히 후세를 잊지 마라."

— 멘지스(William Menzies; 1896–1957, 영국의 영화감독)

[공사(公私) 교육현장]
치마바람 학부모들 자식공부 아양떨고
교사들이 촌지받고 순번돌려 반장주네
깡패학생 나오시자 교사들이 벌벌기고
자식공부 큰소리에 부모들이 기가죽네

아내들은 치마바람 남편들은 돈줄대기
수다떨어 정보얻고 월급털어 과외하니
아이들이 공황장애 길거리를 방황하며

세상에서 낙오되어 국가교육 망국되네

[자녀교육 6훈]

1. 공부와 취미 중 적성을 찾아라
2. 전공과 취미 중 하나를 택하라
3. 꿈, 계획, 집념, 도전케 도와라
4. 선택된 한 분야만 전념케 하라
5. 선택분야에 권위자를 찾게 하라
6. 여행에 인간, 세상을 알게 하라

[백년대계 교육대책]

1. [교육목표]: 인성화, 도덕화, 실용화, 전문화 교육 하라
2. [교육계획]: 백년대계 무변화, 자율, 자유, 경쟁화 하라
3. [교육방법]: 인문, 과학, 실무, 응용, 교육 중점화 하라
4. [입시제도]: 고등, 대학입학을 학교별 시험제로 바꿔라
5. [기술특혜]: 전분야 전문고, 전문대 정부지원 강화하라

[FOCUS] 한국교육의 실패

어째서 한국은 교육목표와 정책들이 시험공부, 수능시험, 대학입시, 취직시험에 "시험공부에 지식공부"가 교육목표인 것인가? 왜 시험공부, 수능시험 위주에 지식인간들만 양성하는가? 그러니 인간이 인간답지 않은 인간성; 불신국민성이 아닌가? 대학 자율성, 독립성으로 수능위주 획일화 정책을 폐지, 대학별 자율화 시험제도로 바꿔라. 국가교육 목표를 "인성화, 도덕화, 교양화, 선거정치화, 자유민주화, 민주법치화, 정의사회화, 국가민주화"에 두라. 왜 얄팍한 잔머리 지식인들만 양성하는가? 왜 명문고, 명문대만 부추기며 명문대 입학에 노예공부로 인생을 망치게 하나? 어째서 문교정책은 장기대책 일관성이 없는 조령모개(朝令暮改)식인가? 왜 한국은 가정교육을 금

이냐 옥이냐로 마마소년, 마마소녀들만 양산하는가? 왜 심지어 일부 전교조 교사들은 주체사상 교육까지 망국교육을 시키나? 그래서 왜 젊은이들이 6·25전쟁도, 가난도, 4·19혁명도, 피땀의 선친들의 희생도 모르는 교육을 하는가? 그래서 왜 오늘 부정선거에 맹인이 되게 했는가?

어째서 백년대계(百年大計)가 되어야 할 정부의 교육목표와 교육정책이 한국은 조령모개(朝令暮改)식 매년 변경되는가? 어째서 한국의 교육목표는 인성화(人性化), 도덕화(道德化), 교양화(敎養化), 전인화(全人化), 자유민주화, 민주법치화, 선거정치화, 정의사회화 교육이 아니고 시험위주, 수능위주, 취직위주 시험공부로 잔머리 지식인들만 양성하는가? 일찍이 영국의 영화감독, 멘지스(William Menzies; 1896-1957)는 "정책 결정에는 필히 후세를 잊지 말라"고 했다. 한국의 교육정책을 두고 한 말 같다. 오늘날 한국의 문교정책 기조가 무엇인가? 백년대계(百年大計)의 일관성 없는 수험위주, 수능위주, 대학졸업, 취직위주의 시험공부에 불과하지 않은가? 국가교육 정책 중에 제일 중요한 것이 무엇인가? 인간화, 사회화, 국가화 교육이다. 사람들이 사람답게 살아가 가는 인성화 정의사회화, 민주국가화 교육이 제일 중요하다. 반하여 한국교육의 실태는 어떠한가? 시험공부 위주에 학교에 학원공부, 대학입시 위주에 수능시험공부, 취직위주에 대학공부 뿐이다. 얄팍한 지식공부만 시킨다는 점이다. 이에 오늘 한국인들은 거짓과 위선, 부정과 불의, 사기가 만연한 고질적 불신국민성이 됐다. 불신국민성에 국민성이 황금 만능주의에 한탕주의, 한탕주의에 우월주의, 이기주의에 배타주의, 사치허영에 오락쾌락 주의로 부실사회가 됐다. 불신국민성에 사회가 거짓사회, 가짜사회가 되어 가짜식품, 가짜제품, 가짜광고, 먹튀사기, 가짜서류, 가짜대출, 표절에 가짜논문까지 난무하는 불신사회가 됐다. 무엇이 잘못 되었나? 국민교육의 잘못이다. 국가교육이 최소한 국민교육, 사회교육, 국가교육이 주가 돼야 하기 때문이다.

장기간의 인간교육이 무엇인가? 대답은 한 마디로 "범국민적 교육": 인성화, 도덕화, 교양화, 실용화, 자유민주화, 민주법치화, 정의사회화, 민주국가화 교육이 바로 국가발전에 인간교육이다. 인간과 사회와 국가를 위한 근본적 필수교육이기 때문이다. 이를 설명해 보면, 예컨대, ① 첫째가 인성화(人性化)와 도덕화(道德化), 전인화(全人化), 교양화(敎養化)이다. 인간이 인간다운 기본 자질(基本資質)을 갖추게 하는 교육이기 때문이다. ② 둘째가 자유민주화, 민주법치화, 선거정치화 교육이다. 국가를 위한 국민민이 배우고 지켜야할 교육이기 때문이다. ③ 셋째는 정의사회화, 국가민주화 교육이다. 개개인이 스스로의 사회와 국가를 위한 국민교육이기 때문이다. 예컨대, 주적(主敵)인 북한의 핵탄을 머리 위에 이고 살면서 왜 성주지역민들은 국가 통치행위, "사드배치"에 죽기 살기로 반대만 하는가? 잘못된 교육에 잘못된 지역주민들이다. 국가가 있어야 주민도 존재하는 것이 아닌가? 헌법의 자유도 국가위해 존재하는 것이 아닌가? ④ 넷째가 개인화(個人化), 전문화(專門化), 능력화(能力化) 교육이다. 개인 각자가 공동사회에서 삶과 생활을 위해 필요한 실용적 교육이기 때문이다. 자본주의, 경쟁주의에서 살아남기 위한 교육이기 때문이다. ⑤ 다섯째

가 경제대국에 걸맞는 선진의식, 선진교육이 절대적이다. 경제
대국이라 해서 선진국민인가? 아니다. 한국은 경제대국에 걸맞
지 않게 선진적 국민수준(민도)이 낮다. 아직도 60년 전, 1960년
대에 머물러 있다. 그러니 오늘 19대 문정권이 낮은 국민수준을
이용하여 손쉽게 좌익정부, 좌익정치, 반역정치를 하고 있지 않
는가? 문정권이 종북정치에 국방과 안보를 파괴해도, 좌익정치
에 부정선거를 해도, 대법원이 126지역의 선거무효 소송들을 묵
살해도, 2021.6.28에 인천연수(을) 재검에서 부정 투표지들이 다
발로 나왔어도 부정선거를 묵살하지 않는가? 어리석은 국민은
이에 수수방관만 하여 스스로의 민주주의 조국을 말살하고 있지
않은가? 국민이 특히 신세대들이 배웠다는 "교만심"에, 경제대
국이란 "자만심"에, 문명국이라 "자존심"에, 또한 국민은 민족 세
습 국민성; "과묵성, 회피성, 방종성"에 정치 무관심(Don't care 문
화/ 나와 상관없는)으로 수수방관만 하여 스스로의 국가를 망국케 하
고 있지 않은가? 그래서 오늘 금수저 신세대들은 먹방, 노래방,
오락방, 놀이방, 여행방 등의 유흥문화에 소비문화로 경제대국
이란 곳간만 탕진하고 있지 않은가? 이게 어찌 교육된, 미래지향
적 국민이라 말할 수가 있겠는가?

오늘날 잘못된 한국교육의 현실이 무엇인가? 국가교육 정책은
가정과 학교, 사회와 국가가 혼연일체가 되어야 하는 국민교육
이다. 그래야 국가교육 목표가 성취된다. 오늘 한국교육의 현실
은 어떠한가? 한 마디로 수험공부에 무질서 지식공부 뿐이다. 가
정은 돈에 돌아 바쁘고 지쳐 자녀들의 양육과 훈육에 관심이 없

다. 학교는 도덕과목마저 실종되며 험악한 시대에 올바른 인성화, 도덕화 교육이 실종됐다. 국가는 경제성장만을 외치며 백년대계의 인성화, 도덕화, 전인화, 교양화, 사회화, 국가화 교육이 없다. 와중에서 국민교육은 시험성적과 수능시험이 교육목표가 되어 국가교육의 질(質)이 매몰됐다. 그래서 오늘 한국가정과 사회, 국가가 심히 혼탁하고 혼란하다. 미래가 오리무중(五里霧中)이다. 스스로의 민주주의 국가가 좌익정부에 좌익정치가 돼도, 민주정부가 좌익정부로 사회주의 공산화 사회가 돼 가도, 그래서 좌익정부가 자유민주 스스로의 국가를 파멸해도, 부정선거를 민주주의를 사멸시켜도, 대법원이 부정선거를 묵살해도, 북한이 핵탄과 미사일로 "불바다"하며 위협해도, 국민은 수수방관만 한다. 좌익국가는 빈자위주로 국민혈세를 퍼주어 이제 국가총부채가 5,000조가 되어 국민 1인당 1억씩이 빚이다. 그래도 어리석은 국민들은 수수방관만 한다. 그래서 스스로의 자유민주 조국을 망국케 하고 있지 않은가? 잘못된 국민교육에 국민은 인성과 도덕, 양심과 상식이 매몰되었다. 대신 거짓과 위선, 부정과 불의, 사기가 만연한 불신국민성이 되어 불신국민성에 황금만능주의, 한탕주의, 우월주의, 이기주의, 배타주의, 사치허영, 오락쾌락, 수수방관주의가 대세를 이루며, 사회는 가짜식재, 짝퉁제품, 가짜광고, 먹튀사기, 가짜서류에 가짜대출, 가짜이력, 가짜논문이 판치는 가짜사회, 거짓사회가 됐다. 그래도 대 이어 금수저 신세대들은 먹방, 노래방, 오락방, 놀이방, 쾌락방, 여행방등의 흥에 취해 경제대국을 허물고 있다. 이에 대이어 빈곤한 흙수저 신세대들은 라면으로 한 끼니를 때우고 일자리 찾아 거리를 헤매며 사회적 소외감, 박탈감에 가슴을 친다. 어찌 이것이 성경에 나오는 "소돔과 고모라"의 시대, 오늘 사악한 한국사회가 아니란 말인가? 오죽하면 전화에 발신자 이름이 뜨지 않으면 보이스피싱(voice fishing)이라 단정지으며 아예 전화를 꺼버리는 말세가 돼 있지 않은가? 그래서 사회는 십대들이 성추행, 성폭행을 하고, 십대들이 아이를 낳아 쓰레기통에 버리고, 불량한 젊은이가 경제대국에 희생한 조부모(70세 이상)들, 노인 경비원을 두들겨 패 죽이고, 불량한 젊은 부부들이 양육이 귀찮다하여 어린아이를 방바닥에 패대기쳐 죽이는 사건들이 오늘 한국사회의 방송뉴스가 되어 험악한 사회로 변하지 않았는가? 이게 어찌 한국교육의 잘못이 아니란 말인가?

도대체 한국교육의 문제가 무엇들인가? 예컨대, ① 첫째, 정부의 장기적 교육목표가 부재(不在)한 점이 문제다. 범국민적 교육: "인성화, 도덕화, 교양화, 자유민주화, 민주법치화, 선거정치화, 정의사회화, 국가민주화 교육"이 전혀 없었다는 점이다. 경제대국에 맞지 않는 교육의 역행이다. ② 둘째, 한국사회에 진정한 교육 지도자, 교사들이 없다는 점이 문제다. 교사들이 학생들을 훈육조차 못하는 험악한 교육환경이 문제다. 월급만 챙기는 교사들이 됐다. 정신교육 사멸에 육신 교육화(肉身敎育化)가 돼 버렸다. ③ 셋째, 치열한 생존경쟁적 교육환경이 문제다. 부모들의 삶의 경쟁, 자식들의 공부경쟁, 대학 졸업자들의 취직경쟁, 빈부격차에 빈부경쟁으로 한국인들은 사회경쟁의 노예로 산다는 점이 문제다. ④ 넷째, 학벌주의가 문제다. 일류대학을 졸업해야 취직이 될 수 있다는 학벌주의 고정관념이 문제다. 학벌이 취직과 사회 진출을 좌우하는 학벌주의가 문제다. ⑤ 다섯째, 대학졸업은 필수라는 국민의식이 문제다. 대학을 졸업해야 경쟁에서 살아남을 수 있다는 국민의식이 문제다. 배우지 못했던 부모세대의 한(恨)이다. 대학을 졸업했다 하여 오늘날 취직이 보장되는가? OECD가 한국을 가르켜 문맹률이 1% 미만인 세계최고 학력국가에 국민이라 했다. 그러나 OECD는 OECD 국가들 중 한국인들의 "삶의 질이 꼴찌"라 하지 않는가? 왜 그런가? 그 만큼 배웠지만 오늘 경쟁사회에서 삶과 생활에 피곤하고 불안정하게 산다는 것을 의미한다. 더하여 오늘 19대 문정권이 민주헌정을 "반역하여" 좌익정치, 좌익정부로 자유민주를 파멸하며 국민들이 탄압받고 있으니 한국사회가 얼마나 사악하고 살벌하며, 혼탁하고 혼란스러운가? 서울대 교수에 청와대 핵심, 몇 일간 법무장관을 했던 국가 최고의 지성인 엘리트(elite)가 자식 대학입학에 "표창장"까지 위조하는 한국사회가 돼 있지 않은가? 어찌 망국교육에 망국사회, 국가위기가 아닌가?

잘못된 교육이 사회와 국가에 미치는 영향들이 무엇인가? 한마디로 불신정치, 불신국민, 불신사회를 만든다. 예를 들어 보자. 예컨대, ① 불신교육이 불신국민성을 만들었다. 특히 오늘 젊은이들이 "배웠다는 교만심에, 경제대국이란 자만심에, 문명국이란 자존심"에 너무 일찍 샴페인을 터트린 한국이 아닌가? 오늘 19대 문정권에 임하여 한국경제는 이미 10위권에서 20위권으로 추락됐다는 소문도 있다. ② 불신정치가 더욱 불신국민성을 사악하게 만들었다. 이에 불신사회, 불신국가가 됐다. OECD 가 한국인들의 삶의 질이 꼴찌라 했듯이 오늘 한국인들의 불신국 민성이 한국인들의 삶과 생활을 위협하고 있다. ③ 불신국민성에 동방예의지국(東方禮義之國)이 타락국(墮落國)이 되었다. 예의도덕이 실종된 사회가 아닌가? 오늘날 부자간(父子間), 형제간(兄弟間), 이웃 간에 툭하면 불화에 싸우고, 척하면 소송하고 이혼하는 소송천국이 돼 있지 않은가? 툭하면 돈과 재산, 보험에 부부간, 부자간, 이웃 간에 불화에 척하면 살인까지 하는 말세가 돼 있지 않은가? ④ 불신국민성에 국민들이 황금만능주의에 한탕주의, 우월주의, 배타주의, 사치허영, 오락쾌락, 방만주의로 산다는 점이다. 배웠다는 얄팍한 잔머리 지식에 불로소득적 한탕주의로 빈부격차를 심화시켜 "내로남불" 사회가 됐다. 오죽하면 최근 광명시, 시흥시 3기 도시개발에서 LH 공직자들이 내부정보 유출로 청와대 직원이, 국회의원들이, 고위층들이, 공직자들이 땅투기로 줄줄이 감옥을 가겠는가? ⑤ 불신국민성이 극단적 이기주의가 되어 국가와 사회통치를 불능케 만든다. 예컨대, 북한의 핵탄들을 머리에 두고 살면서 "성주 지역민"들은 국가통치에 사드배치를 죽기로 반대하지 않는가? 어찌 국가없이 스스로가 존재한단 말인가? 교육부재로 무질서한 국가혼란을 뜻한다. ⑤ 불신국민성에 노동기피, 자립기피로 금수저 신세대들은 먹방, 노래방, 오락방, 여행방 등의 유흥에 취해 국부(國富)만 탕진하고, 흙수저 신세대들은 이들의 오락쾌락 유흥과 소비에 소외감, 박탈감을 가져 신구세대 간, 신세대 간 불만에 분열, 망국사회, 국가위기를 자초하고 있다. ⑥ 국민불신성에 배웠다는 젊은 신세대들이 혼족에 비혼(非婚)으로 책임없는 남녀 동거생활로, 심지어 반인륜적 동성연애, 동성결혼까지 하여 비인간적 삶과 생활로 인간사회 자체를 위협하고 있다. ⑦ 불신국민성에 "Don't care 문화(상관없다)"로 속물주의, 속세주의가 되어 인간이, 사회가 서로 "상관없다"는 무관주의자(無關主義者)들로 가정과 사회, 국가가 "될 대로 되라"는 식으로 파괴되고 있다는 점이다. 그래서 오늘 19대 문정권이 민주정부, 민주정치를 손쉽게 좌익정부, 좌익정치로 국가를 장악하여 스스로의 조국, 자유민주를 파멸하고 있지 않은가? 국민들의 무관주의에 국가가 망해도, 독재공산국가가 돼도, "상관없다"는 잘못된 관습으로 스스로의 사회와 국가를 파멸시키고 있지 않은가? ⑧ 불신국민성에 민족세습 정치성; "독재성과 분열분쟁성"에 더하여 민족세습 국민성; "과묵성, 회피성, 방종성"에, 설상가상(설상가상)으로 교육부재로 불신국민, 불신사회, 불신국가의 관념화가 가중화, 가속화 되가고 있다는 점이 심각하다. 망국현상이다. 더하여 배웠다는 지성인 정치인들이 더욱 정치 "독재성"에 분열분쟁성에 국가정치가 사색당파 정쟁당쟁 정치, 당리당략에 트집정치, 쌈질정치로, 국민성의 수수방관성으로 자유민주 대한민국이 사망되고 있지 않은가? ⑨ 더하여 국민의 정치의식, 정치수준(민도)가 낮아 불신정치를 낳고 불신정치에 스스로의 국가정치를 후진국 3류정치로 추락케 한다는 점이 심각하다. 국민의 선거의식을 보자. "말을 잘한다. 앵커다, 현역이다, 인기있다, 유명하다, 연고다, 힘있는 당이다. TV에서 얼굴을 보았다" 등등으로 후보들을 아무렇게나 뽑는다. 그래서 불신정치가 고질화 됐다. 국민의 선거의식과 행위가 아무에게나 표를 주는 후진국적 선거의식에 행위가 아닌가? 마지막으로 ⑩ 불신 정치인들의 불신 정치행위가 문제라는 점이다. 정치가 대출세직으로 알고 특권정치, 특혜정치, 과시허세 정치만하여 불신정치를 초래하지 않는가? 스스로 부자격화, 부자질화된 정치인들이 아닌가? 머슴들, 정치인들인 주제에 무려 25가지 특혜들을 국민무시, 스스로 정하여 특권과 특혜정치만 하고 있지 않은가? 비행기와 KTX 등, 1등석만 타고 다니며 과시허세 정치만 하고 있지 않은가? 이제 정치인들이 양심과 상식마저 버린 불신정치에 상식화, 습관화 되어 고질적 후진국 정치만 고집하고 있지 않은가? ⑪ 불신국민성에 배웠다는 국민마저 이제 좌익, 우익으로 국민이 분열되어 아직도 끝나지 않은 6·25전쟁을 하고 있지 않은가? 이에 오늘 19대 문정권이 약삭빠르게 민주헌정을 "반역하여" 좌익정부, 좌익정치, 반역정치로 국가를 좌익화로 장악하고 스스로의 조국, 대한민국의 민주주의를 파멸하고 있지 오늘 대한민국은 교육부재에 몸살을 앓으며 국가 총체적 위기에 봉착해 있다.

한국교육의 미래 지향적 대책은 없는가? 신속한 교육대책이 있어야 대한민국이 망하지 않는다. 신속히 가정과 사회, 국가가 진정한 자유민주 국가교육으로 거듭나야 한다. 이를 위해, ① 첫째, 백년대계의 교육목표를 인간화에 두어야 한다. ② 둘째, 올바른 국민성을 위해 범국민교육: "인성화, 도덕화, 교양화, 선거정치화, 자유민주화, 민주법치화, 정의사회화, 국가민주화 교육"을 의무화, 정례화 시켜야 한다. ③ 셋째, 시험공부, 수능위주 지식공부를 지양하고 개인화, 능력화, 전문화로 교육을 개발해야

한다. 삶과 생활에 실용화 교육에 집중해야 한다. ④ 넷째, 정의
사회화, 민주국가화 교육을 의무화, 정례화시켜 선진국민적 국
민성을 제고시켜야 한다. 교육이 곧 국가다.

질서파괴 근성

"질서는 곧 만물의 기초다."

— 에드먼드 버크(Edmund Burke; 1729–1797, 영국의 정치가)

[공공질서 파괴의식]

쓰레기통 설치없다 여기저기 막버리고

소각장이 무슨소용 우리동네 상관없네

화장터가 무슨상관 다른동네 설치하게

국가존망 상관없네 사드배치 하지말게

좌익독재 부정선거 제멋대로 정치하니

국민들이 열불나서 거리시위 항거하네

차벽세워 탄압하고 코로나를 핑계대니

좌익독재 국민탄압 민주주의 끝장내네

질서파괴와 공공집행

1. [경찰독립], 자체선거로 수장선출, 해임하며 독립운영 실시하라.
2. [공권확립], 통치에 반대하는 자유행위는 불법, 공권을 확립하라.
3. [질서파괴], 통치위반 시위자들, 중형에 처하여 기강을 바로 하라.
4. [공권집행], 엄중한 공권집행에 공공질서파괴자들 연행, 벌주라.
5. [노사분규], 엄격한 사전허가제, 불법노사분규, 시위를 엄벌하라.
6. [노사협의], 정부개입 금하고 노사 간 해결은 법정에서 해결하라.

한국인들의 왜 공공질서 유지와 환경보호 의식이 희박한가? 영국 정치가, 버크(Edmund Burke; 1729-1797)는 "질서는 곧 만물의 기초다"라 말했다. 질서가 유지되는 국가는 선진국에 선진국민이다. 헌법의 자유도, 법도, 공권도, 질서문란행위도 모두 국가통치에 구속된다. 국가통치가 우선이기 때문이다. 국가가 존재해야 국민도 존재하지 않는가? 그래서 헌법도, 법도, 규제도, 규정도 모두 국가를 위해 존재하기 때문이다. 한국인들의 공공질서 유지와 환경보호 의식은 어떠한가? 후진국적 방종에 방관주의이다. 줄 서기는 안정화 됐으나 공공질서, 환경보호, 국가기강 의식은 아직도 후진국 수준이다. 예컨대, 연일연속 계속되는 노사분규 시위가 그렇다. 노사 간의 문제를 왜 공공거리에 나와 공공질서 파괴로 사회와 국민에 폐단을 끼치나? 왜 산란기에 물고기들을 싹쓰리로 잡아 물고기 종족번식을 말살하는가? 미국과 같은 선진국에서의 공공의식, 선진의식을 보자. 예컨대, 민물낚시, 바다낚시 각각 허가증이 있어야 한다. 1인 1대 낚싯대만 허용한다. 이를 지키지 않으면 100만 원씩 벌금이 부과된다. 이것이 무슨 의미인가? 자연보호를 위한 법이다. 사람만이 종족이 아니란 말이다. 한국은 어떠한가? 허가증도 없다. 1인에 수십의 낚싯대로 180도 방향으로 펼쳐 놓고 멋대로 낚시질 한다.

준하여 공공질서에 대한 관치관행은 어떠한가? 구태의연한 관치관행이 복지부동이다. 예나 제나 그대로다. 공공장소에 쓰레기통 하나가 없다. 쓰레기통이 없으니 사람들이 아무데나 쓰레기를 버리고 담배 꽁초를 버린다. 그리고 관청은 멋대로 규제를 정하여 쓰레기 투척에 과태료만 물리는 관치를 한다. 몰상식한 의식이다. 어불성설(語不成說)이다. 관공서가 스스로 시민을 위해 해야 할 책무는 하지 않고 법과 규제, 규정을 내세워 무조건 과태료만 물게 하는 행정작태다. 사정이 이러한데 어찌 국민들의 불평이 없겠는가? 왜 지자체마다 지역에 맞는 특유한 "조례"들을 만들어 지역에 합당한 공공질서와 자연보호를 규제하지 않는가? 지자체가 지역에 필요한 조례에 규제를 만들어 지역에 따라 효율적인 지역행정과 행정집행을 해야 하는 것이 바로 지자체, 행정에 관청이다. 어째서 지자체는 "법과 규제가 없다"며 중앙정부 규제와 국회법만 찾으며 구태의연한 관치관행에 복지부동한 것인가?

국민들의 환경보호, 공공질서의식은 어떠한가? 한 마디로 국민 각자가 멋대로다. 콜라를 마시고 또 담배를 피우고 아무데나 던져 버린다. 그래서 유흥지, 해수욕장, 산골짜기는 쓰레기 투척장이다. 양심은 있는지 보이지 않게 감춰 버린다. 서울 전철역 입구, 주위를 보라. 담배꽁초 쓰레기장이다. 꽁초를 버릴 수 있는 쓰레기통들은 아예 없다. 지자체가 해야 할 의무를 하지 않고 단속에 과태료만 물리는 격이다. 규제만 있고 대책과 책무는 없다. 국민들은 방임주의, 방종주의, 방관주의에 공공질서, 환경보호, 자연보호 의식이 희박하다. 국민들의 시위행위는 어떠한가? 한 마디로 비합리적, 비현실적, 비양심적, 비도덕적, 비인간적이다. 국민무시, 국가무시로 헌법만 주장하며 자유를 외친다. 자유에 책임이 없는 행위를 한다. 그래서 서울 광화문 거리는 시위장이 돼 버렸다. 시위행위도 과격적이다. 경찰들을 밀치고 때리고 과격한 시위를 한다. 경찰차가 물대포를 쏘지만 시위대들은 선동적인 폭도로 변하며 경찰차를 때려 부수며 시위현장이 아수라장이 된다. 그 사이 시위 책임자는 종교건물로 몸을 숨긴다. 그리고 후에 물대포에 "백XX 씨"가 죽었다며 국가보상을 청구하는 시민단체들이다. 국가는 없다는 엉터리 주장이다. 법원판단도 덩달아 시민단체 요구대로 국가가 보상하라는 선고한다. 공공질서 파괴, 국가기강을 파괴한 자들에 국가가 보상해 주라는 판단이다. 국민혈세를 눈먼 돈으로 알고 도적질 하는 꼴이다. "똥 낀 놈이 흉내 내는 격"이 아닌가? 국민들도, 공권들도 공공질서 의식이 없다. 한국인들은 헌법자유에 자유와 이권만 주장하지 자유에 책무가 없다. 미국과 같은 선진국 민주주의 아래선 공공질서, 환경파괴 행위는 중죄로 다스린다. 헌법의 자유도 국가위해 존재하기 때문에 자유가 있으나 자유가 없는 나라다. 한국과 정반대다. 한국인들은 왜 책임이 없는 자유에 헌법을 운운하며 자유에 이권만 주장하는 것인가? 헌법에 명시된 자유도 인권도 모두 국가를 위해 존재한다는 사실을 왜 한국인들은, 경찰들은, 검찰들은, 사법부의 판관들은, 변호사들은, 정치인들은 모른다 하는가? 법부차관이 권력에 택시기사를 두들겨 패는 나라가 한국이 아닌가? 그러니 나라위해 국군이 죽으면 갯값, 3천만 원을 주고, 세월호에 여행가다 죽으면 유족들에게 금값, 8-10억씩을 주는 나라가 됐다. 오죽하면 좌익국회가 5·18법을 만들어 "5·18을 헐뜯으면 3천만 원 벌금에 5년 징역형을 살아야 하는 독재법도 만들지 않는가? 공권들은 시위에도 미온적 방어적이고 공공질서를 파괴하는 국민 시위자들은 공공연한 모습에 오히려 과격적이다. 환경보호나 자연보호를 위해 의식하는 국민이나 공직자들이 아니다. 그래서 사회가 혼탁하고 혼란하다.

반하여 선진국, 예컨대, 미국인들의 공공질서 의식은 어떠한가? 너무 철저하다. 철저하다 못해 독재공산국 같다. 한 마디로 미국인들은 "자유가 있으나 자유가 없는 국가"다. 대표적인 예가 "로드니 킹 교통 질주사건"이다. 질주하는 로드니 킹에게 미국경찰이 사방에서 압축하며 정차한 로드니 킹을 차 안에서 나오라 명령한다. 나오지 않는 로드니 킹을 경찰들이 달라붙어 구타한다. 이 사건에 흑인들이 폭동하여 LA 한인사회를 시위꾼들이 불을 질러 한인상가들이 초토화 됐다. 엉뚱한 한인들만 망한 격이다. 미국 경찰이 달아나는 흑인들을 뒤에서 총으로 쏘아 사살하는 장면을 뉴스에서 한두 번 보아 왔는가? 다반사로 본다. 그렇다고 경찰이 사살했다고 경찰을 해고하는가? 법정마저 공공치안, 경찰편이다. 이렇듯 미국은 흑백갈등에 흑백싸움이 자유롭지 않다. 미국은 인간의 생명보다 민주주의 수호를 더 중히 여기는 나라다. 그래서 민주의 모범국이다. 이에 국민은 민주통치에 자유가 있다하나 자유가 없다. 국가통치가 모든 자유를 우선하기 때문이다. 이에 반하여 한국은 어떠한가? 무법천지다. 광화문 거리에서 국가가 보상하라는 시위가 몇 달, 몇 년을 한다. 세월호가 그랬다. 그래서 세월호 유족에게 8-10억씩을 보상하지 않았는가? 통치자가, 국가가 개인들에게 세월호 타고 제주도 여행을 가라 했는가? 어째서 나라위해 전사하면 갯값, 3천만 원을 주고, 어째서 일반인이 세월호 침몰로 죽으면 8-10억씩을 주는 이상한 법들을 국회에서 만들어 국가질서, 공공질서는 물론 국민혈세까지 눈먼 돈으로 취급하며 망국정치를 하는 것이냐?

한국인들의 공공질서, 환경보호 무관주의, 무시의식이 무엇인가? 무슨 이유인가? 예를 들어 생각해 보자. 예컨대, ① 첫째, 국민수준이 낮기 때문이다. 왜 그런가? 건국 이래 범국민 교육: "인성화, 도덕화, 교양화, 선거정치화, 자유민주화, 민주법치화,

정의사회화, 국가민주화 교육"이 있었던가? 없었다. 그래서 무시의식이 대중화 됐다. ② 둘째, 민족세습 국민성이 "과묵성, 회피성, 방종성"에 수수방관성 때문이다. "Don't care(상관무) 문화"로 나오는 상관 없다는 잘못된 의식의 결과다. 교육부재의 결과다. ③ 셋째, 더하여 오늘날 불신정치에 불신국민성, 불신사회성으로 국민 무시의식이 가중화, 가속화 된 경우다. ④ 넷째, 국민의 극단적 이기주의 때문이다. 그래서 공공질서, 환경보호 의식이 파괴된 세상꼴, 사람 꼴이 아닌가?

자치관행 근성

이상한 미국 지자체의 법규들:

[플로리다주]: 수영복을 입고 노래하면 안 된다

[아칸소스주]: 1달에 한 번 남편은 아내를 때려도 된다

[유레카시]: 콧수염 남자는 여성에 키스하면 안 된다

[오클라호마주]: 개 앞에서 인상 쓰면 벌금형, 구속이 가능하다

[유타주]: 병원 구급차 안에서 섹스를 금한다

[메사추세츠주 살렘시]: 결혼한 부부도 셋집에서 벌거벗고 못 잔다

[FOCUS] 지자체 구습 관치관행 문제

왜 지자체의 관치관행은 여전히 복지부동인가?

---

① 왜 지자체장까지 중앙당이 공천하여 지역을 좌익, 우익화 하는가?

② 왜 지자체는 지역에 맞는 조례들을 자체개발, 자체시행치 않고 중앙정부의 규제와 법만 의존하는가?

③ 그래서 왜 경찰은 "법이 없다"며 범죄 혐의자들을 방치하는가?

④ 왜 지자체장들이 복지부동, 구습 관치관행에 아직도 관료적인가?

⑤ 왜 부서에 무용한 규정, 규제가 많은데 왜 폐지, 수정없이 그대로인가?

⑥ 왜 지자체가 예산확보에 쪽지가 오가며 다음 예산확보를 위해 기를 쓰며 예산소진인데 왜 모기약, 마스크까지 주며 혈세탕진하나?

[대책]

① [무당적에 무공천제]: 지역별 국회의원, 지자체장, 지방의회 의원들의 중앙당 공천폐지, 출생지 후보등록제한, 자유경선, 당선 후 당적자유케하라.

② [주민소환 평가, 징계제]: 국회의원, 지자체장, 지역의원을 시군단위 주민소환으로 소환, 청문, 토론, 징계, 고발케 하라.

③ [규제철폐]: 비현실적 불필요한 규제, 규정들을 폐지, 수정하라.

④ [정의사회구현]: 교육, 계몽, 홍보화를 의무화, 정례화하라.

왜 한국의 지자체 공무원들은 중앙정부의 규제와 규정, 국회법만 의존하며 때로는 "법이 없다며, 규제가 없다며" 속수무책, 민폐에 대책없이 방관적인가? 왜 경찰이 "법이 없다며" 혐의자를 방치, 방면하여 범죄를 키우는가? 도대체 지자체가 무엇인가? 지방자치제란 소정부다. 중앙정부의 간섭을 받지 않고 스스로 독립하여 운영하는 지방자치 정부씨스템(system)을 지자체라 한다. 미국 지자체의 경우다. 독립된 소정부, 완전 지자체다. 그러나 한국적 지자체는 중앙정부의 역할을 지점식으로 파견된 관치행정에 업무집행에 불과하다. 마치 분점(分店) 운영역할과 같다. 지자체장들을 뽑기 위한 선거만 할 뿐, 지방자체의 운영씨스템이

아니다. 불완전한 지자체다. 완전 지자체는 중앙정부가 3권 분립체제를 갖추고 국정을 운영하듯이 지자체도 독립된 지방 소정부로 3권 분립체제를 갖추고 지방을 운영하는 것이 완전 지자체다. 한국의 경우는 부분적 역할을 하는 불완전 지자체다. 지자체가 중앙정부처럼 재판부, 검찰부, 경찰부, 소방부, 병원 등의 의료시설까지 갖추고 완전 지방정부 기능과 역할을 다 하는 것이 완전 지자체다. 그러나 한국적 지자체는 중앙정부의 부속적 역할인 불완전한 지자체다. 미국의 경우, 연방정부, 주(州)정부와 상관없이 지자체가 완전한, 온전한 지방자치제를 시행한다. 예컨대, LA시 지자체를 보자. 독립된 지자체다. 완전한 소정부 기능과 역할을 다 한다. 행정부, 입법부, 사법부, 지자체 경찰과 소방부서까지 지방정부가 스스로 갖추고 지방조직화, 소정부로 독립화 지방을 자치한다. 그래서 지방지자체가 지방특색에 맞는 조례(條例)나 규제, 규정 등을 자체적으로 만들어 지방 특색에 맞게 지방 소정부에 지방을 스스로 운영한다. 그래서 LA시 지자체는 시 자체의 법원, 경찰, 검찰, 소방서와 같은 정부기능을 갖고 있다. 이에 비하면 한국적 지자체는 반쪽짜리 지방기능, 지자체다. 검찰, 법원, 경찰, 소방서 등등의 기능을 갖고 있지 않기 때문이다. 미국의 경우, 50개 주를 대표하는 연방정부; USA(United States of America)가 있고, 그 밑에 50개의 각 주(州)마다 주정부가 있고, 주정부 밑에 완전 지자체, 시정정부들이 있다. 예컨대, 미연방정부 밑에 남가주라는 칼리포니아(California) 주정부가 있고 칼리포니아 주안에 370개의 완전지자체, 각시정부, 소정부들이 있다. 그 중에 한 시정부(市政府)가 바로 한국인들이 대거 몰려 사는 LA시

지자체 정부다. 미국은 광대한 나라다. 한국의 98배, 9.8억 ha 을 갖은 광대한 국토다. 50개 주가 합쳐 미합중국, 연방정부가 된다. 비하여 한국은 고작 서울특별시와 6개 광역시를 가진 작은 나라다. 경기도를 비롯한 8개도(道)를 합쳐도 고작 1천만 ha의 작은 국토, 아주 작은 나라다. 숙고하면 한국의 지차체는 명목상의 지자체일 뿐 실질적으로는 중앙정부가 다 하는, 지자체가 중앙정부의 업무와 집행을 대행하는 지방 행정지역, 지자체에 불과하다. 문제는 지자체에 속한 지방의회도 지방특색에 맞는 조례, 규제 등을 만들어 지방을 지방특색화, 지방을 효율적으로 운영해야 하는데 한국 지자체들은 그렇지 못하다. 중앙정부가 예산을 배정하여 지방 지자체들이 그 예산에 지자체를 운영해야 하기 때문이다. 그래서 국회에서 다음 해의 국가 예산심의 시, 지방관리들이 국회에 출두하여 "쪽지예산"을 지역구 국회의원에게 주며 지방예산 증액에 안달을 한다. 불완전한 지자체이기 때문이다. 한국의 경우, 지방의회가 있다하나 지방특색에 맞는 조례, 규제하나 제대로 만들지 못하는 이유가 바로 중앙집권식 지자체이기 때문이다. 한국의 지자체는 완전 지자체인 미국의 경우와 다르다. 예컨대, LA시정부는 LA지역에 맞는 지진대비, 화재대비 다른 지자체가 없는 건축조례나 규제로 지진대비, 화재대비 지자체 시행령, 규제들이 있다. 이것이 지자체의 주요역할이다. 그래서 앞 표안에서 보듯 미국의 지자체마다 "이상한 규제"들이 많다. 미국의 지자체들이 한국의 지자체들고 다른 점이 이런 점들이다.

 법과 규제, 규정이 무엇인가? 법과 규정, 규정은 지자체 의회나 혹은 국가 국회가, 또는 중앙정부가 만드는 법, 규제, 규정들을 말한다. 국회통과에 전국적 시행령이면 "법"이고, 지자체마다 지역에 맞게 특수한 규제를 지방의회 조례나 행정부서가 자체 규제, 규정용으로 만들면 규제, 규정들이다. 또한 예컨대, "수산청"이 철따라 산란기에 "어떤 물고기"를 잡으면 안 된다는 규제를 만들어 중앙관서, 해양수산부에 제출하여 국무회의에 통과하면 그것이 규제가 된다. 규제나 규정도 전국적 시행을 위해서는 국회통과를 거쳐야 한다. 법으로 전국적으로 시행되기 때문이다. 규제는 주로 대민관계를 위한 규제이고, 부서 내 운영에 따른 것이 주로 규정들, 룰(rules)들이다. 법과 규제가 서로 다른 의미와 차이가 있다. 행정부, 입법부, 사법부 등의 각 행당 부서마다, 또는 산하부서마다 대민관계상의 규제가 필요할 때 자체 부서들이 규정, 규제를 만들어 상부에 제안한다. 법과 규제, 규정이 서로 다른 의미가 있다. 예컨대, 기후 온난화를 방지를 위해 전국적으로 전기에너지 절약정책으로 태양광과 같은 국책사업을 지원한다. 국가정책이다. 또 다른 예로, 최근 코로나19 전염병 방지를 위해 전국적으로 통제되는 행위는 국가 질병청(CDC)의 국가규제다. 대개의 경우, 법과 규제(規制), 규정(規定)들이 많이 갖고 있는 국가일수록 선진국에 속한다. 적을수록 후진국에 속한다. 이유는 선진정치, 선진행정, 선진집행을 위해서는 세세한 규제, 규정들까지 정부가 통치구속을 해야 하기 때문이다. 그래서 미국과 같은 민주 모범국은 실제 "자유가 있다하나 실제 자유가 없다." 시정부, 주정부, 연방정부의 법과 규제, 규정들이 많기 때문에 사실 자유가 많지 않다는 점을 의미한다.

지자체와 주정부, 연방정부의 운영상에서 법과 규제, 규정들의 상충관계는 어떻게 시행되고 유지되는가? 미국은 연방법이 있고 50개주마다 주법들이 있고 또한 각시정부마다 조례(법)와 규제, 규정들이 수도 없이 많다. 예컨대 미 연방정부 밑에 칼리포니아(California) 주법이 있고, 칼리포니아 주 밑에 무려 370개의 시정부 규제들이 존재한다. 그래서 이들이 주법, 연방법과 서로 상충하는 경우가 많다. 그러나 연방정부와 주정부 법보다 더 우선하는 법들이 바로 지자체 조례로 입법화된 지자체 법, 규정. 규제들이 더 우선하고 우세하다. 뿐만 아니라 연방법, 주법, 지자체법의 성격과 차이가 있어 쉽게 구별되고 효율적으로 3자가 잘 운영된다. 예컨대, 마약법, 간첩법, 선거법과 같이 전국적 시행상에는 연방정부에서 운영되며 연방법에 따라 재판도 받는다. 또한 주정부법은 주로 주전체가 해당되는 예컨대, 부동산법, 변호사법, 이혼법 등들이 주정부 소관이고 주정부 재판에서 이들을 집행한다. 그 외 지자체에서 우선하는 규제와 규정들이 예컨대, 그 지방에 맞는, 특별한 규제들, 예컨대, 화재법, 지진법, 재난법 등등으로 지방에서 자주 발생되는 소지의 규제나 규정들이다. 그래서 지자체 법들이 주정부, 연방정부와 중복되지 않고 중복이 된다 할 지라도 지방정부 법들이 법적효력을 더 우선적, 우세적으로 실시된다. 그래서 위 표안에 소개된 각 지자체의 "이상한 법들"이 많다. 예컨대, "수영복을 입고 노래하면 안된다"는 특이한 플로리다 지자체 법도 있지 않은가? 또 다른 예로, 한인들이 대거 몰려 사는 LA 시정부 지자체 규제를 예로 들어 보자. LA시(市)는 지진과 화재가 많은 지역이다. 그래서 LA시 건축법(조례)은 지진대비 4층

이하의 건물들이 많다. 대개 거의 다 목조건물들이다. 지진대비 때문이다. 또 LA는 화재다발 지역이다. 그래서 집을 구입할때는 은행의 필수조건이 화재보험이다. 화재보험이 없이는 은행대출 도 받을 수 없다. LA시 특이한 건축규제로 "도로 기증법(highway dedication law)"이란 게 있다. 도로변의 땅주인이 도로변 땅에 건축 을 하려면 우선 "미래 도로확장용" 땅을 무상으로 LA시에 기증 해야 한다. 시정부에 도로무상 기증법이다. 도로변 땅주인이 도 로변에 건축할 경우는 반드시 LA시에 도로를 우선 기증하고 그 에 따른 건축허가를 받아야 한다. 언뜻 보기에는 마치 공산국가 가 "토지 몰수"하는 것과 유사하다. 그러나 미국인들은 공공도로 확장을 위해 시정부에 기증하는 행위는 국민과 미래 후손들의 교 통편의를 위한 백년대계의 도로계획에 속한다. 만약에 이런 강제 무상 기증법이 한국에 있다면 "왜 사유지를 국가가 강제로 뺐느 냐?"며 아마 한국인들은 시위에 난리가 날 일이다. 그러나 미국 인들은 공공적 공익을 위해 선뜻 도로확장용으로 무상으로 땅을 시정부에 기증한다. 선진의식과 후진의식의 차이다.

왜 한국인들은 규제, 규정, 법들에 불평이 많은가? 그 이유가 무엇인가? 그 이유는 ① 첫째, 범국민 교육부재로 자유민주와 민 주통치를 구별치 못하기 때문에 그렇다. ② 둘째, 교육부재에 국 민수준이 낮아 국민이 규제, 규정, 법에 대한 상식이 부족하기 때문이다. 규제, 규정, 법이 무엇인지 구별조차 못하는 국민이 대다수일 듯싶다. ③ 셋째, 한국은 불필요한 법들과 규제들이 많 기 때문에 불평이 많다. 현실과 맞지 않는, 비상식적, 비합리적,

비현실적인 규제와 법들이 많기 때문이다. ④ 넷째, 필요치 않은 규제와 법들을 개정 내지 수정없이 구태의연하게 그대로 존재하기 때문이다. ⑤ 규제와 법들이 비합리적, 비현실적이어서 실천하기가 어렵기 때문에 불평이 많다. ⑥ 규제와 법들이 때로는 국민편의 위주가 아닌 행정위주로 만들어져 있기 때문에 불평이 많다. 예를 들어보자. 정부가 에너지 절약책 정책으로 정부지원에 태양광설치 장려책 썼다. 그런데 전기를 많이 쓰는 가구에 우선 혜택을 주어야 태양광 설치로 전기에너지가 절약될 수가 있지 않는가? 불구하고 한국 정책은 "현재 전기를 많이 쓰는 집들이 태양광을 설치 하려면 설치비의 80% 이상을 내야한다." 이는 태양광 장려책이 아니고 억제책이다. 이유는 전기를 많이 쓰지 않는 집은 설치비의 20%만 내면 정부가 태양광설치 지원을 다 해주기 때문이다. 장려가 아닌 억제책이다. 전기를 많이 쓰는 집들은 설치비를 80% 다 내야 하는데 누가 태양광을 설치 하겠는가? 한국의 정책들은 이같이 비현실적, 비합리적, 탁상공론적 규제, 규정 법들이 많다. 이를 알고도 역으로 시행하는 것이 한국의 정치인들, 공직자들, 관료들이다. 이들이 어찌 무능하다 말하지 않겠는가? 우둔한, 어리석은 국민들만 당할 뿐이다. 그러니 19대 문정권도 국민무시, 민저정치를 반역하여 멋대로 좌익정부, 좌익정치를 하지 않는가? 이에 어리석은 국민들은 무식한 체 수수방관만 하고 있지 않은가?

5장

교양과 상식,
성찰의 산책

나는 누구인가?

"인간은 생각하는 갈대다."

(Man is no more than a reed, the weakest in nature. But he is a thinking reed)

— 파스칼(Pascal: 1623–1662, 프랑스 철학자)

"나는 우주(宇宙) 속, 한 마리 개미"

— 저자(著者)

[Tennyson의 시(詩): "사조를 넘어(Crossing Bar)"]

해는 지고 저녁별 빤짝이는데, 날 부르는 맑은 음성 들려오네. 나 바다 향해 머나먼 길 떠날 적에, 속세의 울음소리 없기를 바라네. 움직여도 잠자는 듯 고요한 바다, 소리거품 일기에는 너무 가득해, 끝없는 거품에서 솟아난 물결, 다시금 본향 찾아 돌아갈 적에 황혼에 들려오는 저녁 종소리, 그 뒤에 밀려오는 어둠들이여, 떠나가는 내 배에 닻을 올릴 때, 이별의 슬픔일랑 없길 바라네. 시간과 공간의 한계를 넘어, 파도는 나를 멀리 싣고 갈지니, 내주님 뵈오리 직접 뵈오리, 하늘나라 그 항구에 다다랐을 때에.

(Twilight and evening stars and once clear call for me! And may here be no moaning of the bar when I put to sea. But such a tide as moving seems asleep, too full for sound and foam that which drew from out the boundless deep turn again home, Twilight and even bell and after that the dark! And may there be no sadness of farewell when I embark, For tho' from out our borne of time and place the flood may bear me far, I hope to see my pilot face to face when I have cross the bar.)

나는 누구인가? 나의 존재(存在)가 무엇인가? 궂은 날, 후미진 구석을 보자. 수만 마리 개미떼가 줄지어 간다. 그중에 한 마

리가 "나"라는 생각이 든다. 뭉개면 떼죽음, 순식간에 지상에서 영원으로 사라질 아주 작고 힘없는 생명, 개미의 존재가 "내 존재"가 아닌가? 어찌 존재하고 어찌 생명이 있다 하겠나. 인간들이 마천루(摩天樓)를 쌓고 음속(音速)의 비행기로 지구를 가르지만 어찌 광속의 비행기로 250억 년의 우주를 갈 수가 있다 하겠나? 어찌 오늘 내가 문명의 노예로 사는가? 아인슈타인 (Albert Einstein: 1879-1955)이 "상대성 이론"에서 질량을 갖은 물체는 절대 광속의 비행체를 만들 수 없다고 하지 않는가? 그렇다면 어찌 인간이 문명의 노예로 살면서 어찌 인간은 만물의 영장(靈長)이라 말할 수가 있겠는가? 인간들이 하늘을 찌르는 마천루를 세운들, 권력과 권세로 세상을 잡았다 한들, 유명과 인기가 세상을 울린다 한들, 어찌 인간이 천리(天理)를 역행하며 불가능을 가능케 할 수가 있겠는가? 개미같은 인간일 수밖에 없지 않은가? 진시황제가 불로초를 구해 천년만년 살았는가? "모든 길은 로마로 통한다"던 로마제국이 아직도 건재한가? 그래서 프랑스의 철학자, 파스칼(Pascal: 1623-1662)은 "인간은 생각하는 갈대(Man is no more than a reed, the weakest in nature. But he is a thinking reed)"라 말하지 않는가? 바람에 휘날리는 약한 갈대, 약한 갈대에 생각하는 갈대가 인간이 아닌가?

나의 수명(壽命)이 얼마인가? 주어진 시공간(視空間)에 개미같은 "내 존재"의 수명이 얼마인가? 고작해야 백 수내(白壽內), 어찌 인간이 광속 비행기에 250억 광년을 나를 수가 있겠는가? 개미 같은 존재에 어찌 내가 살아 있다, 권력 있다, 유명하다, 인기있다,

금수저다로 허세를 떨 수가 있겠는가? 어찌 개미 같은 내 존재에 교만과 욕심에 "내가 위다, 아래다, 금수저다, 흙수저다, 잘났다, 못났다"로 속세의 속물주의로 살 수가 있겠는가? 그래서 2천여 년 전, 이미 세네카(Lucius Seneca: B.C.5~A.D.65, 로마의 철학자)는 "인생은 짧고 예술은 길다(Life is short, Art is long)"라고 말하지 않았는가? 그 예술들이 무엇인가? 속세의 속물들이 아닌가? 지구의 온난화로 내 존재의 내일을 모르는데 그 속물주의에 예술들이 무슨 의미가 있겠는가? 그래서 일찍이 성경(약4:14)은 내 존재를 "아침에 잠깐 보이다 없어질 안개"라 말하지 않았는가? 그래서 또 일찍이 서산대사(1520~1604, 승병장)도 생야일편부운기(生也一片浮雲起), 사야일편 부운멸(死也一片浮雲滅)이라며 내 존재가 잠시 잠깐 하늘에 떠 있는 한 조각 구름이고 그 구름이 삽시간에 사라지는 것이 내 존재라 말하지 않았는가? 어찌 이 광대한 우주 속에 내 삶의 존재가 존재한다 하겠는가? 어찌 속세의 속물주의자들이 "잘났다, 못났다, 금수저다, 흙수저다, 불의(不義)다, 정의(正義)다, 우익이다, 좌익이다, 민주다, 공산이다"로 혹세(惑世)에 혹세무민(惑世誣民)으로 스스로 존재를 말할 수가 있겠는가? 그래서 일찍이 성경(전1:1)은 "모두 다 헛되고 헛되며 헛된 것"이라 알려주지 않는가?! 잠시 쉬다 지상에서 영원으로 사라질 내 존재가 아니던가?!

내 인생에 내 행복이 무엇인가? 태어남 자체가 고생(苦生)이고 삶 자체가 고행(苦行)인데 어찌 지나친 세월들이 서럽다 하는가? 살다 보니 핏줄에 연줄이 생기며, 잠시 쉬다가는 내 존재의 시공간(視空間)인데, 나만의 희로애락(喜怒愛樂)인데, 어찌 내존재의 인생이 "행복하다, 불행하다"를 말할 수가 있겠는가? 내 인생에 낭만이, 추억이, 회한이 잠시 생각하는 갈대와 같을진대 어찌 내 존재에 내 인생이 "존재한다, 이렇다, 저렇다"를 말할 수가 있겠는가? 먹기 위해 살았고, 먹다보니 살았고, 살다보니 내 존재, 내 인생이 아니었는가? 갈대 같은 하잘픈 내 인생이 무엇을 위해, 누구를 위해 더 배우고, 더 일하며 고뇌 속에 살아야 했는가? 왜 스스로의 인생을 노심초사(勞心焦思)로 살았는가? "보일 듯 허공이고(색즉시공/色即是空), 잡힐 듯 허공(공즉시색/空即是色)(반야경/般若經)"인데 무엇을 잡으려고 혹세의 혹세무민으로 스스로 속으며 속세를 살았는가? 어찌 1,500년 소크라테스(B.C.470-B.C.399, 고대 그리스 철학자)가 일찍이 "나 자신을 알라" 했던 그 말을 모르고 살았는가? 개미 같은 작고 하잘픈 내 인생이 무엇을 위해, 누구를 위해, 무엇에 쫓기며, 무엇에 바둥대며 살아야 했는가? 내 인생에 무엇이 행복이고 무엇이 불행인지를 모르는데 어찌 내 존재, 내 인생을 안다고 할 수가 있었겠는가? "행복은 네 곁에 있다"고 괴테(Goethe: 1749-1832, 독일문인)가 말했는가? 어찌 개미같은 내 존재에 내 인생에 그 말을 알았겠는가? 그래서 일찍이 푸쉬킨(Pushkin: 1799-1837, 소련귀족 시인)이 내 삶에 "삶이 나를 속일지라도 참고 견디면 즐거운 날이 온다고----." 내게 말을 했던가? 속세(俗世)의 속물(俗物)인 내가 어찌 그 말을 알아 들을 수가 있었겠는가? "누구를 위해 종을 울리지 말라" 했던 존단(John Donne: 1572-1631, 영국시인)의 시구(詩句) 한 마디가 오늘 나를 울리나니, 이제 곧 개미같은 내 존재가 지상에서 영원으로 사라질진대 누가 나를 위해 종을 울리겠는가?! 누구든 나를 위해 종을 울리지 말라. 차라

리 대신 테니슨(Tennyson, Alfred: 1809–1892, 영국시인)의 시(詩) 한 수
를 나에게 읊어 다오. 지상에서 영원한 먼 바다를 향해 떠날 적
에 속세의 신음소리가 들리지 않도록 테니슨의 송별시(送別詩) 한
수를 나에게 읊어다오.

문화란 무엇인가?

"문화란 표현키 어려운 단어;
철학적, 학문적, 역사적, 민속적, 예술적, 문명적 의미의 단어다;"

— 윌리암스(Raymond Williams; 1921–1988, 영국의 사회학자)

[문화정의]

걸핏하면 문화언급 문화뜻이 무엇이오
모든말들 모든행동 모든글들 문화이고
모든전통 모든습관 모든생활 문화이니
문화정의 무엇인가 삶자체가 문화일세

가정생활 사회생활 모든모습 문화이고
정치경제 법치재판 모든행위 문화이며
미풍양속 고전문물 예의도덕 문화이니
문화알고 문화답게 말과행동 조심하세

걸핏하면 말하는 진정한 문화의 뜻은 무엇인가? 사람들은 왜 흔히 고전문화, 전통예술, 미풍양속 등만을 문화라 착각하는가? 문화란 삶과 생활의 모든 언행이, 먹고 자고 일하는 모든 것들이, 정치, 경제, 사회, 문화, 외교, 재판, 유흥, 오락, 쾌락, 모든 행위들이 문화다. 어찌 문화를 착각하는가? 오늘날 왜 젊은이들은 왜 은어, 속어, 혼어, 저질어, 외래어들의 저속문화로 한민족의 고유한 문화를 변질화 시키는가? 왜 지성인들, 방송인들조차 혼어, 속어, 은어, 영어 등을 섞어 쓰며 유식한 체, 잘난 척, 멋대로 방송하여 왜 속물주의 문화로 국민을 혼동케 하는가?

문화란 무엇인가? 한마디로 정의하기가 어렵다. 그래서 영국의 사회학자, 윌리암스(Raymond Williams; 1921~1988)는 "문화란 표현할 수 없는 가장 어려운 단어, 철학적, 학문적, 역사적, 민속적, 문명적 의미의 단어다"라 말했다. 문화란 말하는 것, 행동하는 것, 배우는 것, 보는 것, 고유한 민속 등등의 모든 생활과 삶의 모습들이 다 문화다. 민족성, 국민성, 철학성, 학문성, 역사성, 민속성, 문명성 등등이 모두 다 문화다. 재언하면, 문화란 어느 한 시공간에서 일어나는 사람들의 삶, 생활, 전통, 관념, 관습, 정치, 경제, 법, 행정, 인문, 과학, 가정생활, 사회생활, 모든 것들이 다 문화다. 예컨대, 정치, 경제, 법과 행정을 보자. 그 때 그 시절, 그 사람들만이 행하는 고유한 정치, 경제, 행정, 사법, 재판들이 아닌가? 그래서 그것들이 다 문화다.

문화의 광의적(廣意的) 분류는 ① 윤리, 도덕, 관습, 전통분야 모두, ② 가정, 교육, 직장, 사회 생활분야 모두, ③ 인문, 사회, 과학, 예술, 학문분야 모두, ④ 정치, 경제, 사법, 행정, 법치, 조례, 규제. 국가운영상의 모두 다 문화다. 그 시대, 그 지역 사람들이 하는 모든 것들이 다 문화다. 문화란 국가적, 국민적 정신과 사상, 관행과 관습, 전통과 양속, 삶과 생활 모습, 말과 행동 모두가 고유한 문화로 창조되고 성장되고, 발전되기 때문이다. 사람들은 흔히 문화를 고전적인 민속, 전통, 예술, 음악, 서예, 조각, 풍습, 풍속. 사상, 철학 등등만이 문화인 줄로 착각 하지만 이 역시 틀린 것이 아니고 좁은 의미의 문화다. 따져보면, 그 시대, 그 공간의 사람들의 모든 모습들이 다 문화다. 예컨대, 한국인들이 2021년 오늘, 이 시간, 이 공간에서 하는 모든 생활과 삶의 모습, 사회현상, 정치현상, 좌익정부, 좌익정치 현상들 모두가 한국문화인 것이다.

동서양의 문화차이는 어떤가? 예컨대, 꼭 집어 밥상문화를 보자. 서구인들의 밥상문화는 학교에서, 직장에서, 사회에서 각기 떨어져 있다가 저녁 한때 밥상에 가족들이 다 모여 밥을 먹으며 긴 시간에 잡담과 토론들이 오간다. 그것이 서구인들의 밥상문화다. 반하여 한국인들의 현대문명 이전의 전통밥상 문화는 어떠했는가? 노청(老靑)이 분리되어 젊은 사람들은 말없이 빨리 먹고 자리를 뜨는 것이 밥상문화였다. 오늘의 밥상문화는 어떠한가? 전자화 신문화를 맞아 서구인들의 밥상문화에 근접해 있다. 그러나 아직도 대가족제 가정에서는 옛 밥상문화가 진행 중이다. 그러나 핵가족화된 오늘날 밥상문화는 "아이들 중심" 밥상문화가 됐다. 애들이 보물단지, 노인들은 천덕꾸러기 문화의 영향이다. 동서양 밥상문화의 차이가 무엇인가? 서구 밥상문화는 만민평등, 공평의식, 합리적 사상에 기반을 둔다. 그래서 밥상문화는 어린 아이도 인격적으로 대하며 토론문화가 밥상문화다. 반하여 동양의 밥상문화는 유교주의적 유교사상과 사대부사상에 근거하여 젊은이들은 말없이 빨리 먹고 자리를 뜨는 것이 동양의 밥상문화였다. 어른들의 말만 듣고 빨리 먹고 나가는 것이 고전적 동양의 밥상문화였다.

오늘 한국적 신구세대 간의 문화의 차이들이 무엇들인가? 문화의 변화성(變化性), 결합성(結合性), 창조성(創造性)은 어떻게 변하고 있는가? 신구세대의 문화의 차이는 정적(靜的)과 동적(動的)인 차이다. 구세대일수록 문화의 변화성, 결합성, 창조성이 느리고 변하지 않는 정적문화다. 반하여 신세대일수록 문화의 변화성, 결합성, 창조성이 빠르고 변화무쌍한 동적문화다. 선대들의 문화는 변함이 없었던 세습화, 전통화된 문화가 주가 됐고 오늘 신세대일수록 동서 신문화, 신문명에 접촉이 빠르고 변화무쌍한 동적문화가 주다. 예컨대, 오늘날 K-pop에 BTS 창작문화가 그 예들이다. 전자문명 발달로 오늘 한국의 신세대 문화가 세계를 제패하고 있지 않은가? 초속으로 접촉되는 정보통신 신문명의 혜택 때문이다. 지구 끝에서 끝으로 문화와 정보들이 접속되고 교신되고 있지 않은가? 그래서 신세대 문화의 특징은 변화성, 결합성, 창조성적인 동적(動的)문화란 말이다. 그 결과 한류문화가 세계를 돌며 "기생충, 미나리" 영화가 영화계의 심장, 미국의 할리우드에서 부상되어 세계에서 각광을 받고 있지 않은가?

동서 문화적 충돌에서 발생되는 이질문화(異質文化) 현상들은 어떠한가? 보수와 진보의 양상으로 변질되고 있다. 예컨대 한국의 정치문화를 보자. 서구문화의 정치관은 합리적 평등성, 공정성, 정의성에 자유와 민주다. 비하여 동양문화 정치관은 독재성, 분열성, 분쟁성에 권력과 독재다. 신시대, 신문화, 신문명이 동서양을 통해 초속으로 접속되는 오늘, 서구문화 정치관이 동양의 정치관에 어떤 영향을 끼쳤는가? 그 결과는 어떠했는가? 그 결과를 살펴보자. 예컨대, ① 서양의 자유민주 제도의 정치관을 알고, 받아들이고 있지만 아직도 많은 동양국가들은 독재성에 독재정치를 한다는 점이다. 북한의 독재세습 공산국가는 제외하고라도 중국 등 동남아 아시아 국가들은 여전히 "독재정치"를 한다는 점이다. 유럽 서양국가들의 정치행태와 아시아 국가들의 정치행태가 다르다는 점이다. ② 처음부터 서양적 정치관에 따라 건국(1948)한 대한민국의 자유민주, 민주헌정 국가의 정치행태는 어떠한가? 서양유럽 국가들처럼 자유민주 민주정치가 정착되었는가? 정착되지 않았다. 국가통치 이념과 체제가 자유민주에 3권분립 민주체제였지만 과거 72년간 역대 정권들은 동양적 민족세습 "정치독재성"에 민주헌정을 "배반한" 제왕정치만 했고, 민족세습 "정치분열성과 분쟁성"에 사색당파, 당리당략 작당정치, 트집정치, 쌈질정치로 후진국적 불신정치만 해왔다. 오늘은 어떠한가? 설상가상(雪上加霜)이다. 19대 문정권이 좌익들과 민주헌정을 "반역한" 좌익정치, 좌익정부로 서양적 자유민주 정치관을 역행하며 국가존망의 국가위기를 자초했다. 무엇을 뜻하는가? 비록 서양정치관 문화가 한국에 이전됐지만 한국은 민족세습성에 여전히 서양문화의 자유민주 정치를 수용치 않고 있다는 점이다. 그래서 정치인들은 입으로만 자유민주, 민주정치를 찾지만 실제는 독재정치를 하고 있다는 점이다. 동서양의 민족세습성 "이질문화(異質文化)"의 차이다.

불구하고 왜 BTS에 K-Pop 한류풍은 서구사회에서 열풍에 환호하는가? 이들의 노래와 댄스들이 결합된 노래들은 원래 서구사회 신세대들의 신세대성, 국민성과 일치하기 때문이다. BTS와 K-Pop 노래들이 원래부터 한국 고유의 전통적 노래문화였는가? 아니다. 전통국악성이 아닌 원래 서양문화에 근거한 노래들이기 때문이다. 원래 서양노래 문화를 더욱 창의적으로 개발하여 더욱 서양 문화적, 감각적, 율동적, 창의적으로 동적문화(動的文化)로 반전시켰기 때문이다. 4차원적 지능화 산업문화에 서구문화를 접목시켜 더욱 발전시켰기 때문에 한류풍이 서구사회에서 유행하는 것이다. 이렇듯 오늘 4차원적 신문화, 신문명시대라 할지라도 동서문화의 완전융합은 불가하다. 원천적 민족성에 국민환경성이 다르기 때문이다. 일본이나 싱가포르와 같은 동양적 선진국들조차 정치만은 독재성이 개입되며 온전한 서구적 자유민주 정치로 완전히 동화될 수 없는 이유다. 구태의연한 민족독재성 정치를 서구적 민주정치를 위해 최대 지양하고 최대 모방할 뿐이다.

정치인과 각료차이

[FOCUS] 정치인과 각료차이

왜 사람들은 흔히 각료(장관)들을 정치인들이라 착각하나? 장관들은 행정부 부서장들이다. 관할부서(管轄部署) 국정운영자, 고위 공직자들이다. 정치활동을 하는 정치가들이 아니다. 통치와 정치는 대통령과 국회 정치인들이 하기 때문이다. 입법 활동이 곧 정치다. 대법관들과 사법부의 공직자들 역시 공직자들이지 정치자가 아니다. 각료들과 정치인들의 차이다.

왜 한국인들은 장관들을 정치인들로 착각하는가? 각료(장관)들과 정치인들의 차이는 무엇인가? 흔히 한국인들은 정치인들과 각료들을 혼돈한다. 장관(각료)들이 소속분야에서 정책수립을 하는 것을 보고 흔히 정치인들이라 착각한다. 그러나 장관들의 정책입안과 국회에서 국회 정치인들의 입법화 정치활동은 다르다. 장관이 입안한 정책이 국회에 보내져 국회에서 통과되어야 비로소 법이 되어 전국적으로 시행된다. 장관의 정책입안 자체는 정책입안이지 정치가 아니다. 장관들은 정책입안자, 행정가들이다. 예컨대, 법무부 장관은 법무부의 법무행정의 수장이지 정치가가 아니다. 불구하고 예컨대, 법무장관이 검찰개혁 등의 입법정치와 관여되어 번번히 국회 정치인들과 충돌한다. 이에 언론방송에서 법무사안이 발표되며 국민들은 이에 법무장관도 정치인인 줄로 착각을 한다. 그러나 대통령이 임명한 각료들은 모두 행정 장관들이지 정치가는 아니다. 장관들이나 공관장들은 관련부서의 국정업무를 기획, 운영, 관리하며 국정운영을 담당하는 행정가들이다. 관할 행정부서의 효율적 운영을 위해서 행정규제와 규정들을 수립하여 부서를 운영하는 자들이다. 그러나 이들 부서가 제정한 규제나 규정들이 전국적인 시행을 원할 때 이 규제나 규정들을 국회로 보내 국회에서 이들이통과돼야 비로소 국법이 되어 전국적으로 시행하는 효력을 갖는다. 그래서 장관들이나 국가 기관장, 해외 공관장, 또는 고위 공직자들은 정치인들이 아니다. 행정가들일 뿐이다. 또한 사법부 재판관들도 마찬가지다. 국회에서 제정된 법률들이, 국정운영상에서 수행되는 규제들의 헌법 또는 불법 여부를 판가름하는 것이 사법부의 업무다. 이들은 사법부에 속한 판관들이지 정치가들이 아니다. 그렇다면 지자체장들은 정치인들인가? 정치가들이 아니다. 지방행정관들이다. 정치인은 오직 대통령과 국회 정치인들 뿐이다.

민주주의 국정운영상에서 국가공직자 서열순서가 어떻게 되나? 대통령이 통치권자로서 서열 1위다. 국회의장이 2위, 대법원장이 3위다. 대통령은 자유민주, 민주헌법에 따라 국가통치를 하고, 그에 따른 국정운영의 계획과 운영, 관리를 총괄하는 지휘하는 국가통치 지도자다. 국정통치와 국정운영을 위해 수시로 정치인들과 소통, 토론, 화합, 협치정치를 하기 때문에 대통령은 정치가다. 국회의원 정치인들 역시 비록 여당, 야당으로 분리돼 있지만 민안(民案)에 따라 국회 각 분과 위원회에 소속되어 있으며 발의된 법안들을 분과위원회에서 토의 통과시킨 후 국회 본회의에서 다수가결 원칙에 최종통과 혹은 부결시킨다. 그래서 국회의원들은 정치인으로 입법화 사안들을 수시로 국민들과 시민단체, 정치인들과 대통령과 토론하고 소통하고 협치를 해야 하는 정치인들이다. 그렇다면 이들 통치자와 정치인들의 국가사명과 소명은 무엇인가? 사명(死命)은 국가헌신이고, 소명(召命)은 국민봉사다. 또한 이들 정치인들의 정치기본 철학은 한 마디로 "대의정치(代議政治), 정도정치(正道政治), 소신정치(所信政治)"다. 미국의 16대 대통령, 링컨이 말한 민주정치의 기본: "국민을 위해, 국민에 의해, 국민의 정치"와 같은 맥락의 뜻이다.

한국 정치인들의 정치실책(政治失策), 불신정치의 근거와 원인들은 무엇인가? 예를 들면, ① 첫째, 주제파악을 모르는 정치를 하기 때문이다. 대통령을 포함한 모든 정치인들은 국민의 머슴들이다. 머슴들인 주제에 주제파악(主題把握)을 못 하고 국회의원이 대출세직으로 오판하여 특권정치, 특혜정치, 권력에 과시허세 정치를 한다는 자체가 불신정치다. 사색당파 당쟁정쟁 정치, 당리당략에 작당정치, 술수정치, 트집정치, 쌈질정치 이 모든 자체가 불신정치, 적폐정치다. ② 둘째, 민족세습 정치성; "독재성"에 제왕적 권력독재정치, 또 오늘 19대 문정권이 민주헌정을 "반역한" 좌익독재정치의 독재성 때문이다. 역대정권들이 무소부지(無所不至), 무소불위(無所不爲)적 제왕적 권력독재 정치로 독재통치, 독재정치를 하기 때문이다. 그래서 한국정치를 후진국 3류정치로 추락시켰기 때문이다. 더하여 오늘 19대 주사파 문정권은 자유민주를 "반역하며" 민주정부를 좌익정부로, 민주정치를 좌익정치로 스스로 조국의 민주주의를 파멸시키지 않는가? ③ 셋째,

민족세습 정치성; "분열분쟁성" 때문이다. 건국이래 과거 72년 간, 정치기본인 대의정치, 정도정치, 소신정치가 있었는가? 분열에 분쟁성; 사색당파 정쟁과 당쟁정치, 파벌정치에 작당정치, 당리당략에 트집정치, 쌈질정치인 고질적 불신정치만 해 왔다. 그러니 어찌 한국정치가 소인배(小人輩), 모리배(謀利輩), 시정잡배(市井雜輩) 정치가 아니고 무엇인가? ④ 넷째, 한국 정치인들의 오만방자한 권력정치, 특권정치, 특혜정치, 과시허세 정치 때문이다. 어째서 머슴들이 주인무시, 스스로 무려 25@ 가지가 넘는 특혜들을 스스로 정하여 권력정치, 특권정치, 특혜정치, 과시허세 정치를 하는가? 이 어찌 오만방자한 한국의 정치인들이 아닌가? 불신정치만 하는 정치인들이다. ⑤ 다섯째, 한국 정치인들은 국가사명과 소명정치는 고사하고 기본 정치활동도 하지 않는다는 심각성 때문이다. 국가사명과 소명정치가 무엇인가? 국가헌신과 국민봉사다. 기본정치 활동이 무엇인가? 대의정치, 정도정치, 소신정치다. 건국 이래 과거 72년간 한국 정치인들에게 이러한 정치사명감, 소명감이 있었던가? 이러한 정치기본 철학이 있었던가? 있었다면 왜 고질적 불신정치가 토착화 됐는가? ⑥ 여섯째, 한국 정치인들의 권력에 줄서기, 아부정치 때문이다. 한국 정치인들은 역대 정권들마다 정권에 아부떨며 정권 줄서기가 바빴다. 민주정부 3권분립의 권력수장들이 하나 같이 모두 대통령 권력에 아부정치를 해 오지 않았는가? 어찌 한국 정치인들에게 공정한 정치, 정의로운 정치가 존재할 수가 있겠는가? 오죽하면 지나가는 관광차 안에서 관광객들이 국회의사당을 가르키며 "도적놈 소굴, 빨갱이들 소굴"이라며 비웃지 않는가?

준하여 선진국, 미국의 국회의원들의 정치행위는 어떠한가? 한국 정치인들과 비교해 보자. 예컨대, ① 미국 국회의원들은 어떠한 경우에도 민주정치 정통성을 사수(死守) 한다. 오늘날 19대 주사파 문정권이 민주헌정 "반역"에 좌익정부, 좌익정치를 미국에서 했다 가정하자. 미국인들은, 미국정치인들은, 코로나 전염병이 아니라 어떤 위기상태라도 좌익정부 항거에 시민들이 길거리에 모두 나와 국가전복을 하늘에 소리칠 것이다. 그만큼 미국은 세계적 민주주의의 모범국가란 말이다. 오죽하면 미국의 일반인들도 미국 시민권 시험에서 공산주의 사상 여부를 구두로 물으며 사상확인을 하지 않는가? 그래서 미국의 민주주의는 요지부동이다. 한국과 같이 반민주주의 행태에 용서치 않는다. 오늘 19대 한국의 대통령은 스스로 조국의 민주헌정을 반역하며 좌익정부, 좌익정치로 스스로의 조국, 민주주의를 파멸하고 있지 않은가? ② 미국의 정치인들은 국가사명과 소명에 충실 한다. 그래서 미국 정치인들은 국가헌신과 국민봉사를 위해 정치인이 된다. ③ 미국정치인들은 민주정치의 기본정치; "대의정치, 정도정치, 소신정치"를 다한다. 그래서 미국의 민주정치에는 한국과 같이 사색당파, 당리당략적, 작당정치, 술수정치, 트집정치, 쌈질정치가 정치역사에 없다. 국민을 위한 정책대립의 정치토론이 주다. ④ 미국 정치인들은 절대 권력정치, 특권정치, 특혜정치, 과시허세 정치를 하지 않는다. 비행기도 3등칸을 탄다. 싸구려 지하 아파트에서 자전거로 출퇴근 하는 의원들이 많다. 시골의 빈곤한 정치인들은 국회의원 회관에서 먹고 자고 정치를 한다. 점심식사도 일반인들과 같이 줄서서 사서 먹는다. 이렇듯 미국 정치인들은 서민정치, 민주정치, 국가헌신과 국민봉사 정신으로 정치한다.

정부와 지자체 차이

[FOCUS] 정부와 지자체 차이

한국의 지자체는 반쪽기능인 불완전(不完全) 지자체다. 완전 지자체는 행정부, 입법부, 사법부에 경찰청, 검찰청, 법원, 국세청, 소방서 등등이 있는 소정부, 지자체다. 반쪽기능, 즉 중앙 집권제의 분점역할을 하는 것이 한국적 지자체다. 불완전 지자체. 한국 지자체는 지방의회가 있으나 있으나 마나다. 지방특색에 맞는 조례, 규제제정에 소홀하다. 한국지자체는 중앙분산 행정부다. 중앙정부가 지방예산을 책정하고 지자체가 예산집행을 하기 때문이다. 미국은 시정부, 주정부, 연방정부가 모두 완전독립 지자체다.

한국인들은 왜 지자체(지방자치 체제)가 중앙정부 집권제에 중앙정부 운영분산, 지방행정제도를 "지자체"라 부르나? 지자체장과 지자체의원들을 지역주민이 선거로 뽑는다고 지자체라 부르는가? 이는 잘못된 인식의 지자체다. 원래 지자체란 중앙집권식 중앙정부 운영분산식 지자체가 아니라 소정부적 지자체; 정부조직과 같이 행정부, 입법부, 사법부, 국방군, 경찰, 검찰, 법원, 소방서 등등의 정부조직 완전 체제기능을 갖고 지방을 자치운영하는 것이 지자체라 한다. 일개 소정부로서 정부기능을 다 갖추고 독립적으로 운영되는 것이 지자체다. 그러나 한국 지자체의 경우,

지자체가 중앙정부의 조직구조를 갖추지 못한 중앙집권제에 중앙정부 분산운영체제다. 불안전 지자체다. 이런 점에서 볼 때 한국적 지자체는 독립된 지방자치제가 아닌 중앙집권식 중앙정부 업무집행 분점식 지자체다. 그 이유는 한국의 지자체가 중앙정부 각부서적, 산하부속적 조직체가 없을 뿐더러 또한 지자체가 중앙정부로부터 지시되고 하달되어 운영되고 있기 때문이다. 그래서 한국적 지자체는 단체장과 의회의원들만 뽑을 뿐 "반쪽형 불완전한 지자체다. 예컨대, 법집행을 두고도 중앙정부, 국회법에 의존해야 하나를 고려해 볼 때도 연방법, 주정부법, 시정부 지자체법이 모두 독립화하기 때문이다. 예컨대, 한국과 같은 불완전 지자체는 지자체 자체에 법원, 검찰, 경찰, 소방 등등이 없어 중앙정부에 의존하는 지역 행정처 역할만 하기 때문이다. 예를 들으면, 교통위반, 이혼, 부동산, 예산배정 등등의 모든 행정절차에 집행과정이 중앙정부 소속행정에 의뢰되어 처결되기 때문이다.

한국형 지자체의 문제점들은 무엇인가? 예컨대, ① 지자체의 예산소진 행태가 혈세낭비의 근원이 된다는 문제다. 배정받은 예산액을 다 소진해야 다음예산액이 삭감되지 않고 동일 혹은 예산증가를 받을 수 있기 때문에 지자체가 배당된 예산을 전부 소비하는 경우다. 혈세낭비의 근원처인 셈이다. 지자체의 알뜰예산에 알뜰지출로 알뜰살림을 기대할 수 없다는 것이 문제다. 그러니 배정받은 예산소진을 위해 지자체가 제공치 않아도 될 모기약, 마스크까지 지역민에게 주는 혈세낭비 태도가 문제다. 지자체가 알뜰살림에 예산이 남으면 공적(功績)으로 치하와 보상하기는커녕 오히려 다음예산이 깎이는 불공정한 예산배당상의 문제다. ② 지자체의 예산확장에 예산증액이 행태가 문제다. 국회에서 예결심의시, 지역행정 대표가 국회에 나가 "쪽지예산"을 지역대표 국회의원에게 전하는 모순된 행위와 이에 지역대표 국회의원이 지방예산 증액을 위해 "예산 빼돌리기" 쟁탈전 국회행태가 문제다. ③ 지자체장들의 구습적 관료의식과 관습화된 관치관행이 문제다. 지자체장들의 여전한 구태의연한 관료의식과 권위주의가 문제다. 신문화, 신문명이 도래했지만 실상 지자체장들은 여전히 구습적, 비민주적, 비합리적, 비현실적이란 점이다. ④ 지자체의 구습관행적, 복지부동적 관치관행이 문제다. 규정과 규제, 관치관행이 여전히 구습에 복지부동 현상이 문제다.

미국의 완전 지자체와 한국의 불완전 지자체를 비교해 보자. 미국의 시(市)정부 지자체는 중앙정부와 완전히 분리된 완전 지자체 독립운영 체제다. 해당 지역주민들이 직접선거로 시장(市長)과 시의원, 경찰, 사법, 검찰수장들을 뽑는다. 지자체 정부가 행정계획, 재정계획을 세우며, 지방의회가 예산과 집행을 의결하고 또한 지방에 필요한 조례들, 규제, 규정들을 의결한다. 지방경찰이 조사와 수사를 하고 이를 지방검찰에 넘긴다. 검찰이 사건들을 법원에 기소하고 지방법원이 이 사안들을 판결하다. 지자체가 마치 한 개의 정부와 똑같은 역할을 한다. 그래서 미국의 지자체는 완전 소정부식 지자체다. 시정부에 입법부, 지방의회가 있어 지방특색에 맞는 조례(법)과 규정과 규제를, 예컨대, 지방특색에 맞는 "건축법, 소방법, 재난구조법" 등등을 중앙정부와 상관없이 만들어 운영하고 집행한다. 그래서 미국은 주정부, 시정부마다 이상한, 고유한, 특색있는 법들이 많고 다양하다. 예컨대, 매세츄세주, 살렘시의 법(조례)은 "결혼한 부부는 셋집에서도 벌거벗고 못 잔다, 아칸소스주 법은 남편은 한 달에 한 번씩 아내를 때려도 된다, 또는 유레카시는 콧수염 기른 남자가 여성에게 키스하면 안 된다"는 등등의 요상한 법들이 많다. 이유는 지방특색에 맞게 지자체 자체가 발의하여 입법부, 지방의회가 통과한 법들이기 때문에 시마다, 주마다 모두 법이 다르다. 숙고해 보면 미국생활의 자유민주와 자유를 구속하는 법들이 대부분이다. 한국 같으면 난리 북새통이 날 법한 법들도 많다. 지자체 법들을 보면 대개 지방특유의 법들이다. 지방통치에 필요한 통치상의 자유구속법들이 많다. 소수의 자유가 다수를 위해 통치에 구속되며 희생되는 경우다. 반하여 한국인들의 자유는 자유 방임주의적이다. 멋대로 노사분규에 시위를 하지 않는가? 이제 여성들도 여권신장에 툭하면 거리에 나와 시위하는 한국사회가 아닌가? 한국단체들의 시위는 무질서적 방관적이지만 그러나 미국에서의 시위행위는 엄격하다. 사회 공공질서와 안전에 위반되는 시위는 수만명의 주정부 방위군을 동원해서라도 모두 체포에 연행된다. 자유가 통치에 구속되는 경우다. 이에 비하면 한국은 이현령, 비현령식이다. 국군이 전사하면 갯값, 일반인의 세월호 여행참사에는 금값을 주지 않는가? 이런 경우, 미국은 갯값조차 없다. 회사상대로 법원에서 투쟁해야 한다. 국가가 관리에 책임이 있다 하더래도 법원판결은 언제나 국가편으로 고작 10% 보상정도 판결이 최고에 최대판결이다. 이렇듯 민주주의 국가 운영상 미국과 한국의 차이는 크다.

참고삼아 미국의 조세제도를 예를 들어 미국과 한국의 조세제도상의 민주주의적 운영과 집행과정을 비교해 보자. 미국의 조세제도는 합리적, 현실적이다. 개인들은 일 년에 한 번, 4월 15일을 기준, 종합 소득세를 신고한다. 연방정부의 종합 소득세를 작성하면 주정부 소득세도 세금과표에 의거 자동적으로 주정부 세금도 계산되어 나온다. 이에 개인은 연방소득세와 주정부 소득세를 각각 따로 지불해야 한다. 연방소득세는 연방 조세청에 내고 이에 연방정부가 국가세원을 책정하고 예산을 짜고 예산을 집행한다. 주정부 역시 주정부 소득세를 내면 주정부 세원이 되고 이에 주정부 예산을 짜고 예산을 집행한다. 한국의 종득세제도와 미국의 종득세제도를 언급한 이유는 양국의 민주주의 운영방식이 비록 조세제도이지만 서로 다른 점을 지적하기 위해서 구태여 조세제도를 예로 들었다. 그렇다면 조세제도의 민주주의 운영방법이 어떻게 서로 다른가? 예를 들어 설명해 보자. 예컨대, 납세자가 직장에서 1억, 부동산 임대에서 1억, 부동산 양도에서 1억으로 종합 3억의 소득발생이 되었자 치자. 이 경우, 미국의 종합 소득 납세액 결정은 민주적, 합리적, 현실적이다: 예컨대 3억 소득에서 각종 운영상의 비용을 제하고 2억이 순소득이라 가정하자. 이 경우, 미국의 과세율은 연방정부에 약 20%, 주정부에 약 10%를 내야 한다. 이 경우, 한국의 과세율은 어떠한가? 종합소득세 따로, 양도소득세 50% 따로, 증여세 50% 따로식으로 비민주주의적, 비합리주의적, 비현실주의적으로 "따로 따로" 내야한다. 반하여 미국의 경우는 민주주의적, 합리주의적, 현실주의적으로 "따로 따로"가 아닌 종합 계산하에 약 30%(20%+10%) 과세액에 한 번으로 끝난다는 점이 다르다. 비근한 예로 양국의 조세제도를 비교설명한 이유는 한국과 미국이 같은 민주주의적 국가운영이지만 서로 다른 민주주의 개념으로 국가운영을 한다는 점을 강조하기 위해 구태어 조제제도를 예로 들었다. 같은 민주주의 국가이지만 민주주의의 운영방식이 서로 다르다는 점이다.

한국정치와 한국미래

"노병은 죽지 않고 사라질 뿐이다"

(Old soldiers never die, but just fade away"
– 맥아더 장군(Douglas MacArthur: 1880–1964, 인천상륙작전)

[한반도의 정치실상]

권력욕심 민주주의 집권욕심 공산주의
작고작은 한반도라 남북분단 분열하여
남쪽에선 당파싸움 북쪽에선 독재싸움
합치려니 쌈질이고 뭉치려니 분열일세

목숨거는 지도자는 이땅에는 없는건가
한반도의 조국운명 어찌이리 기구한가
수천년의 조국역사 언제까지 이럴건가
한도많은 이조국은 언제까지 망조인가

[FOCUS] 한국정치의 미래

이미 이 책의 2장과 4장에서 한국정치의 실상과 정치위기에 관하여 수차례 이슈화한 바다. 불구하고 민족세습 정치성; "독재성과 분열분쟁성"에 정치인들의 불신정치를 감안할 때, 또한 민족세습 국민성; "정치침묵, 정치회피, 정치방종성"에 국민들이 수수방관성을 감안할 때, 더하여 오늘의 한국인들의 불신국민성, 불신사회성을 감안할 때, 또한 오늘 19대 문정권이 민주헌정을 "반역한" 좌익정부, 좌익정치로 대한민국의 민주주의를 파멸을 생각할 때, 한국정치의 미래는 암울하다. 목숨 건 제2의 박정희 같은 국가 지도자가 절실하다. 대한민국의 밝은 정치, 미래가 있겠는가?

[국회정치 개혁제안]

1. 비례대표제를 원칙적으로 영구 폐기하라.

2. 공천제 폐지, 출생지제한 후보등록, 자유경선에 당선후 당적케 하라.

3. 의원들의 특권, 특혜 전면폐지, 하기 싫은 국회의원이 되게 하라.

4. 의원회관 사무원을 국가직, 중복방지 2년마다 순환윤직으로하라.

5. 사전선거 QR코드 투표지 폐지, 일련번호 기입식 투표제 하라.

5. 전산개표제 폐지, 사전투표와 당일투표를 1일 간격화 개표하라.

6. 국회의원 임기를 4년에 3선제로 제한하라.

7. 의원후보 검증제, 전과자(者) 등의 불량후보 등록을 금하라.

8. 청와대 직분 이임 후 3년내 국회의원 입후보 등록을 금하라.

9. 트집/쌈질정치 방지, 청문회, 국정감사의 오만불손 청문태도 바꿔라.

10. 공천유리, 얼굴팔기식 현직의원들의 방송출연을 금하라.

11. 지역의원, 지자체장, 지방의회 의원들, 소환, 감사, 청문, 징계하라.

13. 예결심의시 지역예산배당 쪽지행위 금지시켜라.

14. 매면 예산증액을 전년대비 0.01%로 제한하라.

15. 매년 예산의 0.01%를 실업, 출산, 양육에 고정 배정하라.

16. 매년 예산의 0.01%를 노인생계, 건강, 의료, 복지대책을 세우라.

오늘날 한국정치는 헌정 이래 과거 72년 간, 역대 정권들의 민족세습 정치성; "독재성과 분열분쟁성"에 민주헌정을 "배반한" 제왕적 권력정치와 사색당파 정쟁당쟁정치, 당리당략적 권모술수 작당정치에 트집정치, 쌈질정치로 불신정치를 낳아 국민성에 토착화 됐다. 그래서 한국정치가 후진국 3류정치로 추락됐다. 설상가상(雪上加霜)으로 오늘 19대 문정권이 민주헌정을 "반역한" 좌익독재 권력에 좌익정부, 좌익정치, 반역정치로 대한민국의 자유민주가 파멸되어 국가위기를 맞았다. 더하여 민족세습 국민성; "정치침묵성, 정치회피성, 정치방종성"에 국민들이 불신정치를 방관하고 좌익정부의 "부정선거"까지 방관하야 국가 최대 위기에 봉착했다. 그러나 불신국민성, 불신사회성으로 국민들은 국민궐기 업시 "부정선거"까지 묵과하고 묵살하여 스스로의 조국 민주주의가 말살됐다. 그 결과 지금 대한민국은 국가 총체적 위기를 맞았다. 19대 문정권의 좌익정부, 좌익정치가 무엇을 의미하나? "좌우 민족분열"이다. 끝나지 않은 좌우 6·25 쟁의 연장이다. 심각한 민족분열이다. 이미 2장에서 무려 27개 항목의 소재로한 국민근성을 고찰해 봤다. 이러한 원래적 다분한 불신적 국민근성에 좌우민족분열, 정상적인 국가라면 4·19학생혁명 같이 혁명이나 국민폭동이 일어날 징조에 처해 있다. 그러나 오늘은 깃발을 드는 학생도, 궐기하는 국민도 이 땅, 대한민국에는 더 이상 없다. 무엇을 뜻하나? 길가에 버려진 시체나 다름없는 대한민국 형국이다. 이러한 국가적 총체적 운명에 대한민국의 정치미래성이 있겠는가? 참으로 통절통탄(痛切痛嘆)할 일이다.

그렇다면 대한민국의 정치에 미래가 있겠는가? 오리무중(五里霧中)이다. 신세대들의 건전한 미래 정치성향에 달려 있다. 정치 역사는 늘 반복하기 때문이다. 비록 오늘 대한민국의 민주주의가 경제대국에 걸맞지 않는, 불신정치, 주사파 정권의 좌익정부, 좌익정치, 불신 국민성, 사회 불신성을 지녔다 하나 진정한 국가지도자, 애국에 목숨거는 카리스마(Charisma)적 지도자가 출현한다면 자유민주를 사랑하는 국민들과 함께 조국의 험난한 정치역경을 헤쳐 나가리가 굳건히 믿는다. 그런 조국, 대한민국의 미래정치가 있기를 기원한다. 물론 역대 정권들이 제왕적 권력독재 습성정치로, 오늘 망가진 문정권의 민주헌정을 반역한 좌익정부, 좌익정치로 민주주의 조국이 파멸돼 있지만 누군가 반드시 5천만 핏줄의 역사를 잇는 민족정기, 민족기풍, 민족저력에 또 다른 민족 지도자, 국가 구국자가 나타나리라 믿는다. "설마성"에 오늘 문정권의 좌익정부, 좌익정치, 부정선거에도 눈감아 왔던 국민들도 더 이상 총체적 국가위기에 처해있는 스스로의 조국이 막판에 이르렀을 때, "민주냐? 공산이냐? 망국말세에 이르러 반드시 구국하는 국민궐기가 있으리라 믿는다. 문제는 불신 정치성, 불신 국민성, 불신사회성이다. 이를 위해 정치개혁을 외치는 횃불과 함께 국민 스스로가 불신을 씻는, 스스로 살신(殺身)하는 피나는 노력과 희생으로 거듭나야 하는 건전국민성과 건정사회성이 반드시 있어야 한다.

불구하고 오늘 대한민국이 불신정치, 좌익정치로 대한민국의 정치가 후진국 정치로 추락된 이유가 무엇인가? 반복된 이슈겠

지만 다시 한번 미래정치를 위해 생각해 보자. 예컨대, ① 첫째
는 머슴들인 정치자들의 부정한, 불의한, 부자격적, 부자질적 정
치사상과 정신, 정치행위 때문이다. 스스로의 권력, 권세의식에
특권정치, 특혜정치, 과시허세 정치 때문이다. 이는 민족세습 정
치성; "독재성"과 "분열분쟁성" 때문이다. 그래서 역대 정권들
이, 민주헌정을 "배반하며" 또 "반역하며" 무소부지(無所不至), 무소
불위(無所不爲)적 독재권력정치로 정치부패를 초래했기 때문이다.
② 둘째는 민족세습 "민족분열성" 때문이다. 아직도 끝나지 않은
6·25전쟁, 자유민주 대한민국 내에서 마저 좌익과 우익으로 국
민이 분열되어 지금도 6·25전쟁 중에 있지 않은가? 이 6·25전쟁
의 한(恨), 좌익과 우익의 전쟁은 이제 19대 문정권의 좌익들의 좌
익화 정부, 좌익화 정치에서 멈추고 끝나야 한다. 그래야 5천년
연사의 조국과 민족, 오늘의 자유민주 대한민국과 국민이 산다.
언제까지 좌우싸움으로 오늘날 신시대, 신문화, 신문명을 허비
만 하겠는가? ③ 셋째는 이 땅에서 영원히 거짓과 위선적 정치인
들은 말살돼야 한다. 어째서 자유민주 국가에서 "배반정치, 반역
정치"가 있을 수 있으며, 어째서 자유민주에 주사파 좌익정치인
들이 득세(得勢)할 수가 있으며, 어째서 민주를 지켜야할 선관위가
좌익화, 감히 부정한 부정선거를 할 수가 있으며, 민주를 심판해
야 할 사법부의 최고 명예와 수장들이 감히 부정선거를 동조, 부
정선거를 묵살할 수가 있으며, 어째 감히 19대 문정권과 좌익들
이 감히좌익정부, 좌익정치로 스스로의 조국을 반역정치로 조국
을 망국케 할 수가 있겠느냐는 거짓자들, 위선자들의 정치인들을
말하는 바다. ④ 넷째는 불신 국민성과 불신 사회성이 문제다. 이

는 하루 아침에 건전성으로 바뀌어지는 일이 절대 아니다. 오랜 세월을 두고 국민성이 개조, 개혁돼야 한다는 말이다. 우선은 민족세습 국민성; "과묵성, 회피성, 방종성, 방관성"을 근절시켜야 한다. 정치에 무관심, 정치에 침묵, 정치에 방종, 정치에 방관하는 국민이 어찌 선진국에 선진인되기를 희망하는가?

그렇다면 보다 나은 한국적 미래정치를 위해서 어떤 국가적 전략이 있어야 하는가? 대충 생각해 보자. 예컨대 ① 첫째가 범국민 교육이다. 교육이 없이 어찌 보다 나은 정치머슴들, 국민들을 기대할 수가 있겠는가? 오늘 한국이 총체적 국가위기에 처한 동기가 바로 교육부재(不在) 때문이다. 건국 이래 과거 72년 간, 한국에 진정한 대국민, 범국민 교육; "인성화, 도덕화, 교양화, 선거정치화, 자유민주화, 민주법치화, 정의사회화, 국가민주화 교육" 있었는가? 교육이 있었어야 오늘 경제대국에 후진 국민성을 피할 수가 있었던 것이 아니었나? 경제선진에 국민성이 60여 년 전인, 1960년대에 머물러 있으니 어찌 경제대국에 후진국민이 아니겠는가? 누가 한국과 한국인들을 선진국에 선진국민이라 말하는가? 무식한 괴변(怪變)이다. 어찌 배웠다고 교만하고, 잘 먹고 잘 산다며 자만하고, 전자문명국이라 자존심만 있는 국민이 어찌 선진국민이라 감히 누가 주장할 수가 있단 말인가? 그래서 OECD가 한국인들은 문맹지수가 1% 미만, 세계최고 학력국민이고, 반하여 한국인들의 삶의 질은 OECD 국가들 중 꼴찌라 OECD가 말했지 않은가? 그런 스마트한 국민이 어찌 자유민주를 "배반한" 독재권력 정치를 하고, 어찌 자유민주를 "반역한" 좌익정부, 좌익정치, 반역정치를 하는가? 그런 국가가 어찌 자유민주 선봉에 있어야할 국가지도자들이 부정선거를 하고, 자유민주를 심판해야할 대법관들이 부정선거를 묵살하는가? ② 둘째가 애국 애족하는 국가지도자, 정치인들의 출현이 절실하다. 정치인들의 진정한 정신과 사상; 국가헌신과 국민봉사 하는 정신으로 정치철학 행위; 대의정치, 정도정치, 소신정치의 사명과 소명을 다하는 정치인들이 조국과 미래를 위해 절실하다. ③ 셋째가 국민의 정치지식 교양화와 선거의식을 위한 국민수준의 제고(提高)가 절실하다. 위에서 언급한 범국민교육으로 국민이 정신화되고 국민의 언행(言行)에 국민의 정치참여의식에 향상돼야 한다는 점이다. ④ 넷째가 정치지도자들에게 꾸준한 정치교육을 시켜야한다. 그래야 정치인의 품격과 정치인이 정치자질화 된다. ⑤ 다섯째가 범국민적 정의사회 구현운동, 계몽, 홍보가 절실하다. 국가와 국민이 공동노력하여 정의로운 사회구축이 된다는 말이다. 국민 스스로가 스스로의 공동사회를 정의롭게, 평화롭게 지킬 수 있는 정의사회 구현교육과 운동, 계몽과 홍보가 절실하다는 점이다.

일찍이 미래학자, 앨빈 토플러(Alvin Toffler: 928-2016)은 "제3의 물결"이란 책에서 "정치는 어떻게 이동하는가?"라는 내용으로 정치흥망을 예언했다. 급격히 변화하는 오늘, 극심한 사회갈등에서 대중적 각성에 새로운 정치 패러다임(paradigm)이 필요하다며 그는 이를 제 4의 물결이라 칭했다. 오늘날 19대 문정권과 좌익들의 민주주의 반역정치에 좌익정치, 이에 따른 남북 정세변화, 이들이 꿈꾸는 미래 한반도의 고려연방제, 남북한 동족이 꿈꾸는 통일 이전의 이산가족 해결 등들을 생각할 때 한반도의 미래는 불투명하고 불안정하다. 토플러가 말한 새로운 정치 패러다임, 한반도의 제4물결은 진정 무엇인가? 구시대적 발상의 정치 역행인가? 아니면 제4의 물결을 향한 전진인가? 이는 오늘날 신시대, 신문화, 신문명과 함께하는 한국 젊은이들의 몫이다.

예산확장과 국가부채

"All roads lead to Rome."

(모든 길은 로마를 통한다)

− 속담

[예산증가와 국가부채]

출산지원 양육지원 급식지원 교육지원
실업지원 보건지원 복지지원 생계지원
년년마다 예산증가 매년마다 재정적자
깨진독에 물붓기네 국가부채 오천조네

실업비를 준다하여 실업률이 낮아지나
출산비를 준다하여 산아율이 높아지나
주택지원 한다하여 결혼률이 높아지나
퍼주기만 한다하면 국가파산 어찌하오

[예산제한에 부채감소 정책]

1. [예산 제한책]: 추경포함 예산증가율 전년기준 0.01%로 제한하라.

2. [채무 상환책]: 현예산의 0.01%씩 할당, 국가 채무를 감소시켜라.

3. [주거 혜택제]: 양도소득의 0.01%를 할당, 저소득층 주거혜택펴라.

4. [빈민 지원제]: 상속세율의 0.01%를 할당, 빈민생계 대책지원하라.

5. [재산세 제한]: 공시가 0.001%로 제한 재산세인상, 폭등을 막아라.

6. [세제 개혁제]: 소득세,양도세,증여세 등을 선진국수준에 기준하라.

21세기 초, 2021년, 오늘날 19대 주사파 문정권의 좌익경제;
"소득주도(소주성) 경제성장 정책에 문제가 많다. 소득주도로 경제
성장이 아닌 소득분배, 소비위주로 경제역성장, 좌익경제다. 문
정권의 좌익정부, 좌익정치 이상으로 심각한 것이 문정권의 좌
익경제 문제다. 문정권의 경제정책은 "소득분배, 소비위주, 퍼주
기식 좌익경제 정책이다. 그 이유가 이렇다: 빈부격차 파괴에 빈
자위주 퍼주기(지원) 좌익경제로 ① 빈자위해 최저임금인상을 단

행했다. ② 퍼주기 세원확보에 세금을 대폭인상 시켰다. ③ 빈자위한 퍼주기 세원에 해마다 50여조씩 예산팽창하여 실업지원, 출산장려, 주택지원, 생계지원, 복지지원 등등에 퍼붓는 좌익경제였다. ④ 2020-2021년 예상치 않았던 코로나19 전염병에 재난구조로 4차추경에 화폐와 국채남발로 2921년초 기준 국가총부채가 위 표안에서 제시했듯이 무려 [5,685조]가 됐다. 불구하고 ⑤ 2022년 예산액을 2021의 558조에서 604조로 무조건 해마다 약 50조씩 늘린다. ⑥ 국가채무만 하더래도 역대 정권들은 20-40조 증가가 보통이였는데 문정권에 들어서 2019부터 무려 한 해에 120조씩 빚을 늘렸다. ⑦ 그래서 문정권의 좌익경제는 어떤 결과를 초래했나? ㉮ 최저임금 인상으로 알바생과 영세상인이 망했다. ㉯ 퍼주다 보니 예산부족에 세원확충을 위해 세금폭등으로 중소기업, 중산층이 망했다. ㉰ 실직지원에 퍼부었지만 여전히 실직자가 200만 명이다. ㉱ 출산장려에 출산비, 양육비, 휴가비, 심지어 기저귀 값까지 줬지만 출산률이 증가하기는커녕 출산률이 세계꼴찌, 가구당 한⑴ 아이도 낳지 않는 0.8이다. ㉲ 청년지원에 주택비까지 지원하지만 혼족에 핵가족만 부추겨 거주 수요증가로 "주택시세"만 천정부지(天井不知)로 올렸고 계속 올라가는 중이다. ㉳ 빈부격차를 위해 있는 자들의 부(富)를 뺏고 착취하여 없는 자(빈곤)들에 준다고 빈곤한 자들이 안정된 부(富)로 사나? 이런 좌익성 경제정책은 경제논리를 아는 학자라며 이는 순전히 "우는 아이 달래기"식 경제논리에도 없는 엉터리 경제정책이다. 청와대 어느 좌익분자가 이런 엉터리 경제정책을 수립했나?

오늘날 19대 주사파 문정권의 좌익 경제정책의 실태는 어떠한가? ① "알뜰살림 예산에 알뜰지출로 알뜰살림의 경제기조"가 없다는 점이 심각하다. 해마다 무조건 전년예산 대비, 무조건 약 10%씩 예산만 증액시킨다. 월 300만 원 버는 월급쟁이가 월 400만 원 소비하는 격이다. 이 가정의 가정파산은 불보듯 뻔한 것이 아닌가? ② 국가예산에 운영의 "세원확보"가 문제다. 민생고에 시달리는 국민에게 이제 어떤 명목의 세금을 신설하고, 또 어떤 명목의 부동산세금을 뜯어 내겠나? 양도세를 50%에서 75%로 올리는 나라는 세계에 어느 나라도 없다. 망조들린 문정권의 대한민국이다. 어이, 이 멍청한 문정권아, "문제는 경제야, 이 바보야." ③ 주택시세 앙등난리에 금융대란에 부동산 시장파탄이 예상되는데 이를 어찌 감당할 것인가? ④ 수출에서 경상수지가 문제다. 얼마나 오래 흑자를 올리느냐가 문제다. 수출에 효자인 애매한 삼성의 "이재용"만 잡아 넣는 머저리 좌익들, 문정권이 아닌가? "문제는 경제야, 이 멍청이들아." ⑤ 재벌탄압에 재벌산업들의 해외이전이 문제다. 고용산업이 침체되며 일자리가 줄어들어 누적되는 대학졸업자 수(數)에 누적되는 실직자 수(數)에, 더해 가는 치열한 취직경쟁에 빈민들이 폭동날 지경이다. ⑥ 재벌탄압에 동남아 국가들의 한국 산업추적; 반도체, 휴대폰, 수출산업의 추격이 문제다. 이미 중국은 휴대폰 점유율이 삼성을 앞질렀다. 재벌탄압하면 국민 1인당 소득(GDP)가 아마 현 3만 2천불에서 2만2천으로 추락될 것이 뻔하다. 왜 달면 삼키고, 쓰면 뱉는 항국적 재벌뇌물에 재벌탄압만 하나? ⑦ 더하여 코로나19 전염병 확산에 영세상인들이 한 집 걸러 문을 닫았다. 내수가 박살나는 경우다. ⑧ 문정권의 좌익경제로 재정적자에 화폐남발과 국채발행으로 날로 국가부채만 증가한다. 남미의 베네수엘라 국가처럼 국가부도가 코앞이다. 국민혈세가 눈먼 돈인가? ⑨ 이제 수출감소로 적자에 적자가 꼬리를 문다면? 갑작스런 외채상환 요구에 외환고가 고갈된다면? 더하여 전작권이 인수되고 주한미군이 철수된다면? 그래서 만약 북한이 핵탄과 인민무장으로 남침에 죽기 살기로 적화통일에 전쟁을 해 온다면? 대한민국의 미래는 어찌 되겠는가?

문정권의 경제정책 실패와 연관된 국가경제의 문제점들을 간략히 짚어보자. 한 마디로 경제위기에 국가위기다. 예컨대, ① 첫째, 매년 예산확장이 문제다. 예산확장에 세원확보를 어떻게 조달할 것인가? 해마다 부동산 조세항목에 과세과표만 늘리고 올릴 것인가? 부동산 대출에 부동산 난리로 금융대란이면 이에 어찌 대처할 것인가? 마구 돈만 찍어 국가파산할 것인가? ② 둘째, 누적되는 가계부채와 국가채무, 국가부채가 문제다. 이를 어찌 갚을 것인가? 후손에 떠넘길 것인가? 이에 경제충격은 어찌 감수할 것인가? ③ 셋째, 실업률 증가가 문제다. 2021년 기준, 여전히 청년 실업자들은 계속 200만명을 상회하고 있다. 재벌탄압에 재벌산업들이 해외이전한다면 고용산업의 상실은 어찌 대처할 것인가? ④ 넷째, 출산저조가 문제다. 2019년 12월, 여론조사(YTN방송)에 의하면 결혼할 뜻이 없는 청년들이 대충 60%로, 여자가 70%라는 통계다. 이에 혼족에 핵가족 증가로 주택수요가 늘어 주택시세가 천정부지로 오르는데 이에 부동산 공급대책은 있는가? 대선 후보들의 100만 호, 200만 호 공약남발은 모두 사기다. 지을 땅이 없는데 서울을 한적한 시골로 옮길 계획인가? ⑤ 다섯째, 실업자 증가에 신세대들의 노동기피, 자립기피가 문제다. 노동시장은 이미 외국 노동자들에 의해 점령됐고 이들이 일시에 귀국추세라면 누가 노동시장을 지키겠는가? ⑥ 여섯째, 서울인구 감소추세다. 10년 후 주택시세 폭락과 주택공실은 누가 어찌 막을 대책인가? ⑦ 일곱째, 부동산 정책이 문제다. 어찌 주택공급을 늘리 겠는가? 늘렸다가 10년 후 서울인구가 현 960만에서 860만으로 추락될 추세인데 그때 주책시세 와 임대 공실률 폭락은 누가 어떻게 막겠는가? ⑧ 여덟째, 문정권의 문정권의 탈원전 정책이 문제다. 어째서 탈원전 정책에 국내 전력공급 사정은 물론 원전기술의 수출길을 막는가? 어째서 어째서 남아도는 풀로토늄에 원자력 잠수함 등등의 전술무기화를 가로 막아 북한의 핵탄과 미사일 위협의 수모를 당하는가? ⑨ 아홉째, 빈부격차에 따른 신세대 간의 갈등이 문제다. 어떻게 대이어 금수저인 신세대들은 유흥문화 소비문화를 차단할 것이며 어떻게 라면으로 끼니를 때우고 일자리 좇아 헤매는 대이어 흙수저, 빈곤층들의 생활안정을 기할 것인가? 흙수저들의 사회적 소외감, 박탈감, 적대감들은 어떻게 무마할 것인가? 등등으로 한국사호, 한국은 해결해야 할 시급한 문제들이 적체(積滯)돼 있다.

준하여 선진국 미국의 알뜰예산, 알뜰지출, 알뜰국가 살림의 예들을 알아보자. 광대한 땅의 미국은 세계 제1의 경제대국이다. 남가주, 칼리포녀(California) 한 개주만 하더래도 남북한 합친 한국면적의 2.5배로 크다. 이런 주(州)들이 무려 50개가 뭉쳐 미 연방국을 이룬다(USA). 세계 어느 나라가 미국을 넘보겠는가? 그런 부자인 미국도 알뜰예산에 알뜰지출로 알뜰국가 살림이 제1의 국가기조다. 미국에 비하면 한국은 망하려고 작정한 나라 같다. 미국의 알뜰살림 기조를 예로 들어보자. 예컨대, ① 미국은 초등교 무료급식 제도도 제한적이다. 공립 초등교만 무료급식 한다. 이 역시 가구 소득별 차등 급식제도다. 그것도 딸랑 우유에 식빵, 한 쪽이다. 한국은 어떠한가? 고등학교까지 무료급식이다. 건방진 웃기는 나라다. ② 미국의 출산제도는 어떤가? 극빈자를 제외하고는 정부보조가 없다. 개인부담이다. 극빈자도 개인소득에 따라 차등제 정부지원이다. 한국은 어떠한가? 주택비, 출산비, 휴가비, 양육비에 심지어 기저귀 값까지 준다. 한국이 미국보다 부자인 나라인가? 이 역시 건방진 웃기는 꼴이다. 매표행위에 시장잡배 건달들이 하는 짓이다. ③ 미국 실업지원 제도를 보자. 실업지원의 제한이 6개월이다. 실업자는 매일 취업활동을 서식보고를 해야 한다. 정부는 보고서를 근거, 실업자의 취업일지를 철저히 조사한다. 거짓보고 시 평생 실업지원 명단에서 제외된다. 한국은 어떠한가? 실업자에 주택보조, 실업비, 생계보조비까지 준다. 실업지원금에 실업청년들이 아예 취직할 생각은 않고 여유돈이 생겼다며 유유자적(悠悠自適)에 정부지원을 탕진한다. ④ 국회의원들의 혈세낭비 현상은 어떠한가? 미국의 국회의원들은 특혜들, 특권이 없다. 가난한 국회의원들은 워싱톤 시가지 지하 아파트에서 자전거로 국회출퇴근 한다. 한국 국회의원들은 아예 25@가지가 넘는 특혜들을 국민 무시하고 멋대로 만들어 비행기, KTX 등을 1등칸만 골라타며 권력과시 허세정치를 한다. 국회의원 한 사람에 일년에 무려 11억이상으로 국고지출된다. 건방진 무식쟁이, 거지들이 아닌가? 월급 하나만 딸랑 줘야 국회의원이 하기 싫다며 진정한 국회의원이 출현한다. 이들의 국고낭비 태도는 눈먼혈세에 "don't care문화"(나와 상관없는)다. ⑤ 미국의 세금제도는 현실적, 합리적, 저세율적이다. 양도소득, 임대소득, 직장소득을 모두 합쳐 약 30%정도의 연방세금과 주정부 세금을 내면 끝이다. 한국은 어떤가? 양도세 따로, 취득세 따로, 소득세 따로, 증여세 따로에 "따로 따로 세금" 양도소득세만 50%에서 75%로 또 올렸다. 퍼주기 예산확대에 세금확대에 세금폭등만 일삼는다. 한국사회의 폭동을 일으킬 잠재적 국가위기다. ⑥ 미국은 국가예산과 지출이 균형을 이룬다. 재정 균형정책을 기조로 한다. "알뜰예산에 알뜰지출, 짠돌이 알뜰살림"을 기조로 하기 때문이다. 한국은 어떠한가? 문정권의 좌익정치, 좌익경제에 투표겨냥 매표행위, 퍼주기식 경제확장 정책이다. 나가라 거덜나는 판국이다. ⑦ 미국은 혈세낭비가 전혀 없다. 과세기준도 국제기준 낮은 편이다. 한국은 어떠한가? 주지 않아도 될 모기장, 마스크까지 통반장이 무료로 돌린다. 이에 정부가 예산팽창에 세원확대로 과세율이 세계에서 최고로 높다. 참으로 망국징조다. ⑧ 미국은 지자체도도 법적파산을 한다. 파산하면 연방정부가 저리 장기대출 상환조건으로 지자체 담보로 지원하며 구조조정을 한다. 무슨 뜻인가? 정부살림도 개인살림처럼 파산하는 경우다. 한국은 어떠한가? 그저 장부상의 국가채무, 국가부채로 숫자만 채우면 된다. 미친나라에 미친 위정자들이다.

한국경제 실태가 이러한데 한국경제의 미래가 있겠는가? 이에 독일의 사회주의학자, 칼 마르크스(Karl Marx: 1918-1983)는 자본주의 병폐현상을 지적하여 사회주의를 제창했다. 또한 자본주의적 폐단에 대안정책(代案政策)으로 미국의 경제학자, 로스토우(Rostow W. World: 1916-2003)는 경제대국이 추락하는 5단계를 개발하고 제시했다. 경제성장의 정점, 4단계가 되면 추락한다는 이론이다. 정점에 이르면 국민정신의 희석과 대량 소비(mass consumption stage)로 국가경제가 타국에 밀리며 5단계에서 국가가 망한다는 이론이다. 옛부터 한국이 그랬다. 조부모가 부자를 만들어 놓으면 손자가 탕진하여 가문을 파산시키는 것이 한국적 가계경제 통계화였다. 오늘날 한국의 신세대들이 어떤가? 경제대국이란 "자만심"에, 배웠다는 "교만심"에, 문명국이란 "자존심"에 오늘 한국정치가, 한국경제가 추락하고 있다. 사정이 이러한데 정치인들은 재벌마저 토사구팽(兎死拘烹) 짓을 한다. 툭하면 뇌물 받고 척하면 감옥에 집어 넣는 것이 한국 정치인들이다. 양심도 상식도 팽개친 정치인들이다. 재벌들이 수출하고 세금내어 국민 1인당 소득을 3만2천 달러로 만들어 놓았다. 이들의 사회기증이 또 얼마인가? 최근 삼성에서 기증한 미술품에 골동품들의 가치만도 수십조원에 해당한다. 이제 정치인들이 재벌까지 탄압하여 국민소득 3만2천 불을 2만2천 불로 추락시킬 요량인가? 속민 한국의 정치인들이다. 망국징조에 국가위기다.

물가인상과 민생고충

[민생고와 물가인상]

들쑥날쑥 물가인상 국민밥상 울쌍이네

국민들의 월급봉투 년년마다 그쭉인데

달아나는 밥상물가 어찌하면 붙잡을꼬

집안살림 줄려가며 민초들이 한숨짓네

국가경제 추락으로 민초소득 바닥이면

올라가는 물가고를 무엇으로 막아볼꼬

잘먹으며 잘사는게 화중지병 아니든가

퍼주기식 좌익경제 통곡할날 머지않네

[FOCUS] 물가인상 대책

왜 물가(物價)는 들쑥날쑥 하는가? 왜 주택시세는 천정부지로 뛰기만 하는가? 왜 문정권은 퍼주기 좌익경제로 빚더미 국가로 망국케 하는가? 왜 문정권의 23번의 부동산 정책에도 불구하고 왜 집값은 1년에 5억씩이나 오르게 했나? 언제까지 예산확장에 부채국가로 국가파산을 면할 것인가? 예산증액에 세원확보를 위해 얼마나 더 부동산 세금을 인상하여 시장교란에 금융대란을 맞을 것인가? 세금인상, 재산세인상, 공시가인상, 거래제신고로 얼마나 더 좌익정치에 좌익경제로 국가경제를 추락시킬 것인가?

[주택 시세앙등 대책]

1. 서울인구, 강남인구, 분산정책을 써라.

2. 강남의 학군과 학원을 재조정, 분산화하라.

3. 서울시내 전 유휴지, 유휴시설, 폐쇄된 건물들을 샅샅이 조사하라.

4. 조사된 정보에 최대한의 핵가족용 공공주택을 개발, 공급을 하라.

5. 10년 서울인구 감소에 따른 주거대책; 수요공급 대책을 세워라.

6. 공시가격지양, 점차 실거래가격제도로 장기소유 거주자를 보호하라.

물가는 왜 들쑥날쑥 하는가? 왜 금리가 오르고 내리고 하는가? 물가와 금리현상 등의 경제원리를 간략히 설명해 본다. 금리가 오르고 내리는 것은 시장에 나도는 화폐량 수급조절(需給調節)로 중앙은행(한국은행)이 한다. 시중에 돈이 많이 풀리면 물가가 오른다. 이에 물가를 내리기 위해 중앙은행은 금리를 올린다. 이자가 오르면 시중에 은행대출이 줄어들며 시중에 돌아가는 통화량이 줄어든다. 시중에 돈이 줄어들면 물가도 내린다. 반대로 시중에 돈이 적게 돌아가면 경제활동이 위축된다. 이에 또 중앙은행이 이자를 내려 시중에 돈이 돌게 하여 경제활동을 활성화시킨다. 준하여 시중 돈이 많이 늘면 시중에 화폐량이 많아지며 또 물가는 오른다.

이렇게 시중에 돈을 늘이고 줄이는 역할을 중앙은행이 맡아 한다. 이를 중앙은행(한국은행)의 "통화량 조절" 경제정책이라 한다. 한국은행은 금리를 조절하여 시중 통화량(通貨量)을 조정하고 시중 통화량에 따라 그 때 그때 물가를 조절한다. 준하여 또 다른 경제정책을 알아보자. 경제학에서 나오는 경제기본 원칙; "수요공급의 경제원리"다. 예컨대, 태풍에 과일수확 저조로 과일양이 줄어들면(공급), 과일값이 오른다. 과일값이 오르면 과일을 사는 사람들(수요)이 줄어 든다. 이렇게 공급과 수요에 따라 값이 오르고 내리는 현상이 경제학의 기본원리; "수요공급의 원리"라 한다. 이와 같이 한국은행이 이자가 오르고 내리는 현상에 따라 시중에 화폐량을 조절하고, 또 물품(재화)들의 적고 많은 수요공급의 경제원리에 따라 가정생활이나 기업행위, 국가운영의 예산이 계획되고, 그 예산에 따라 가정이, 기업이, 국가가 계획을 세우고 운영되는 것이 경제기본 원리다. 그래서 예컨대, 월급은 고작 300만 원인데 월 지출을 400만 원씩을 한다면 그 가정은 결국 파산하는 경우가 된다. 그렇다면 오늘 19대 주사파 문정권의 국가경제 살림은 어떠한가? 경제논리와 전혀 다른 방향이다. 빈부격차 파괴와 소득분배 정책(소득주도 경제성장: 소주성)에 의거 빈자위주로 빈자들의 임금을 올리고 빈자들에 퍼주기식 실업지원, 주택지원, 결혼지원, 출산지원, 양육지원, 심지어 기저귀 값까지 주며 국가예산을 소진시켜 추경에 추경으로 재정적자에 화폐남발하여 국가경제를 운영하는 것이 오늘 문정권의 좌익경제다. 이에 국가총부채가 5,000조가 훨씬 넘었다. 국가부도가 코앞에 있다. 월 300만 원 월급에 월 400만 원을 퍼주기식 소비하여 가정파산을 시키는 경우와 같다. 이러한 국가경제 운영으로 남미의 베네수엘라 국가는 결국 파산국가가 되어 경제빈국이 되었다. 그래서 한국도 선심정치에 선심경제, "표정치경제"를 지양하고 미국과 같이 "알뜰예산에 알뜰지출로 알뜰살림"을 해야 지속적 경제성장에 선진경제를 성취할 수 있다는 점이다.

오늘 19대 문정권의 좌익경제 행태는 어떠했는가? 한 마디로 영합의적 선동경제에 좌익경제로 국가경제를 추락시켰다는 점이

504

다. 빈부격차 파괴를 위해, 빈부간의 소득 재분배를 위해, 칭하여 소득주도(소주성) 경제정책을 세워 빈자위해 임금을 인상하고, 부자들의 부를 위축시키는 각종 과세종목을 늘리고 또한 과세율을 대폭인상시켜 결국 알바생, 영세상인, 중산층만 망하게 했다. 반하여 빈자청년 실업자들에 실업지원, 주택지원, 결혼지원, 출산지원, 양육지원, 생계지원으로 심지어 기저귀 값까지 퍼주기 지원을 했고, 또한 코로나19 전염병에 재난구조로 사상최대 예산 558조를 탕진하고 4차 추경까지 하는, 그래서 가계부채(개인대출)가 1,800조, 기업부채가 1,000조, 국가채무(국채, 연금사용등의 빚)가 1,000조, 국가부채(국가+지차체 빚)가 1,985조나 되는 국가총부채가 5,000조를 넘어 5,600조를 넘었다. 아이까지 포함, 국민 1인당 1억 불 이상이 빚이다. 어찌 이 빚을 갚을 수가 있겠는가? 후손들에 빚 국가를 물려주려 하는가? 문정권의 좌익경제가 어떤 결과를 초래 했는가? 최저임금 인상에 알바생, 영세상인, 중산층이 망했다. 실업지원에 실업률이 낮아졌나? 출산지원을 했다 하나 출산율이 올랐는가? 세계 최저 한 가정당 출산률이 고작 1명도 아닌 0.8이다. 문정권의 재벌탄압 정책에 재벌들의 해외이전으로 고용시장에 일자리가 줄어들며 해마다 증가되는 대학 졸업생 누적증가와 실업률 누적증가로 치열한 일자리 경쟁으로 한국사회가 비상이다. 혼족들의 핵가족 증가에 주택수요가 증가되며 주택시세가 1년 만에 무려 5억씩이나 올랐다. 어찌 주택이 없는데, 취업이 안 됐는데 결혼할 엄두가 나겠는가? 이제 젊은 남자들은 60%, 여자들은 70%가 결혼을 거부한다 하지 않는가? 서울의 아파트 시세가 강남, 강북 모두가 25평 기준, 1년에 약 5억씩이 올라 평균가가 강남이 25억, 강북이 11억이 됐다 한다. 이에 놀란 젊은이들이 영끌(영혼까지)대출에 영끌주식투자로 한몫 잡아 내집마련에 골몰하여 3개월간 Kospi 주가가 무려 1,700원에서 3,200원까지 뛰는 동학개미 군단들의 주식투기 결과를 초래했다 한다.

오늘 19대 문정권의 경제실책으로 서민들의 물가인상에 민생고는 어떠한가? 한 마디로 경제위기다. 달걀 값, 채소 값들이 2배로 오르며 문정권의 좌익경제에 가정들이 파산직전이다. 오늘 문정권에 임하여 경제사정을 살펴보자. 예컨대. ① 첫째가 코로나19 전염병이 세계적 경제불황과 한국경제의 불황을 초래 했다는 점이다. 2020년 02월에 중국 우환에서 시작된 코로나19 전염병은 그간 세계경제를 침몰시켰다. 한국도 오늘 2021년 8월 기준, 코로나19 델타변이 바이러스가 90%를 돌파했다 한다. 매일 하루 확진자 수가 1,500명-2,000명 수준으로 방지대책 4단계에 돌입했다. 와중에서 영세상인들의 업소폐쇄가 한 집 걸러 두 집이 됐다. 와중에서 어찌 경제성장이 있겠는가? 날로 느는 실업자에 한 집 걸러 파산이니 국가 대 경제위기다. 불구하고 문정권은 좌익경제에 퍼주기에 세금만 올렸다. ② 둘째는 문정권의 소득주도(수주성) 좌익경제 정책; 빈부격차 파괴에 소득이전에 소득분배 좌익경제에 최저임금 인상, 세금인상으로 알바생, 영세상인, 중산층이 망했고, 또한 빈자위주(貧者爲主) 퍼주기식 각종지원에 국가총부채가 무려 5,000조가 넘어 5천만 명의 국민 한 사람이 1억씩을 내야 하는 빚을 지고 산다. 국가부도와 가계파산이 코앞이다. ③ 셋째는 주택시세 앙등으로 부동산 시장교란과 금융대란이 예상된다. 핵가족 증가(수요)에 주택 공급부족(공급)으로 주택시세만 계속 오른다. 아파트 값이 1년 사이 무려 5억씩 오르는 부동산 시장교란을 맞았다. ④ 넷째는 한탕주의 투기행위에 공직부패 사회와 국가가 됐다는 문제다. 광명시, 시흥시의 제 2기 도시개발에 LH에서 내부정보가 누출되며 청와대, 고위 공직자, 국회정치인들의 투기행위에 나라안이 벌떼다. 줄줄이 수사되며 감옥행이다. ⑤ 다섯째, 빈부격차의 가속화로 이제 금수저 흙수저 간의 신세대간의 갈등과 차별로 한국사회의 불안이 갈수록 불안정하며 신세대들의 미래가 오리무중(五里霧中)이다. 한반도의 반쪽, 작은 국토에 적정인구가 4천 명이다. 오늘 5천만 명의 인구가 아닌가? 인구과잉에 일자리 부족으로 얼마나 치열한 삶을 오늘 신세대들이 겪고 있는가? 한국경제의 미래 불확실성이다.

한국경제의 경제기반

재벌이 있는 곳에는 반드시 불평이 있다.
한 사람의 부자에 500명의 빈자가 있어야 한다.
— 아담스미스(Adam Smith: 1723-1790, 국부론, 영국 경제학자)

[정경유착]
재벌들이 떡값주고 정경유착 결탁하니

떡값받은 나리들이 기업들에 사업주고
열개백개 사업벌려 주고받고 사업하다
관리들과 기업들이 줄줄이들 감옥가네

나라관리 돈을받고 재벌들에 특혜주니
골목까지 파고들어 영세상업 다죽이네
탄핵정치 보복정치 괘씸죄에 걸려들며
떡값내논 재벌들이 줄줄이들 감옥가네

[FOCUS] 한국경제기반 구축

건전한 국가의 경제기반 구조는 중소기업육성에 산업기반이 원칙이다. 한국은 중소기업위주가 아닌 정경유착적 재벌산업위주의 경제기반이다. 고로 재벌들이 망하면 중소기업들도, 국가도 망한다. 오늘 한국은 재벌산업들 덕분에 단기간 내 경제대국이 됐다. 그러나 재벌산업 중심에 중소기업 기반구조 취약에 국가경제가 취약하다. 더하여 오늘 19대 문정권은 자유민주 시장경제에 반하는 좌익경제로 국가 총부채가 5,000조를 넘어 남미의 베네수엘라 국가처럼 국가부도가 코앞이다. 왜 문정권은 어려운 이 시기에 재벌까지 탄압하는가? 왜 하필 코로나 전염병에 난리통에 경제난국인가?

도대체 경제(經濟)란 무엇인가? 인간의 삶과 생활에 필요한 물건들을 노동과 써비스(용역)로 생산하고(재화/생산품), 그 용역에 소득(노임)을 벌고, 벌은 그 소득(노임)으로 생활에 필요한 물건들(재화들)을 사고, 팔고 거래하고, 소비하고, 생산하는 모든 활동들이 곧 경제활동이다. 이러한 경제활동을 연구하고 분석하고, 공부하고 익히는 것이 곧 경제학이다. 요약하면 노동(용역)으로 생산에 돈을 벌고(소득), 그 소득으로 생활에 필요한 물건들(재화)을 사

고, 또 생산자는 생산품을 팔아 그 돈으로 다시 원자재를 사서 생산하는 모든 과정들이 경제활동이고 경제활동에 따른 경제성(經濟性)들을 따져보고, 연구해 보고, 분석해 보는 것이 곧 경제학이다. 예컨대, 밥그릇(생산품)을 만들기 위해 공장에서 노동자가 노동하여(용역) 노임을 벌고, 그 번 돈으로 생활에 필요한 물건들(재화/밥그릇)을 구입하고(거래), 거래된 돈(재화)으로 다시 공장은 밥그릇 원자재(생산재)를 사서 다시 생산하여 파는 그 모든 과정이 경제활동이다. 이렇게 한 분야의 경제활동을 면밀히 연구해 보는 것이 미시경제(微示經濟)라 말하고, 전체적 경제활동, 즉 미시경제를 합친, 국가전체의 국가경제를 분석하고 연구하는 것이 곧 거시경제(擧示經濟)다. 재화(財貨)란 무엇인가? 삶과 생활에 필요한 모든 물건들(돈, 식재, 생산품)이 재화다. 물건가치를 창출하는 것들이 다 재화다. 주로 돈으로 표시되는 화폐가치다. 용역(用役)이란 또 무엇인가? 돈을 벌기위해 제공되는 노동과 서비스가 다 용역이다. 예컨대, 농사지은 노동과 대가, 제품을 생산한 제품대가, 택배를 나르는 대가, 이 모두가 용역이다. 예컨대, 농사짓는 노무의 대가는 쌀 수확이고, 쌀이 재화의 가치를 지닌다. 농사짓고 쌀을 팔아 또 다른 생활에 따른 경제활동을 하지 않는가?

경제활동이 왜 필요한가? 경제활동은 삶과 생활을 위한 생활수단이기 때문이다. 예컨대, 의사는 서비스, 용역을 제공하여 돈을 벌고, 그 돈으로 생활을 한다. 이 역시 경제활동이다. 이러한 노동의 가치를 연구하는 것이 "노동 가치설"이다. 이는 이미 19세기 영국의 경제학자, 리카도(David Ricardo: 1772-1823)가 노동의 대가로 얻은 임금과 이윤이 자본가, 지주, 노동자간에 어떻게 거래되고 어떤 영향을 끼치는 가를 연구한 것이 바로 "리카도의 노동가치설"이다. 예컨대, 돈주고 땅을 사서, 노임(勞賃/勞動)을 주고 건축하여 완공 후 건물에서 나오는 임대료(建物利潤)로 재화(화폐)를 얻고, 세금을 내고 또한 이윤으로 생활을 하는 이러한 모든 것들이 다 경제활동들이고 곧 경제다. 이에 노동의 가치를 연구한 것이 노동가치설이다. 이러한 경제활동은 가정이나 기업이나 국가나 경제활동에 경제이론은 다 같다. 칭하여 가정경제, 기업경제, 국가경제라 부른다. 그래서 예부터 경세제민(經世濟民)이 곧 정치라 말한다. "세상을 경영하여 백성을 구한다"는 말이 아닌가?

국가 경제 성장론이란 무엇인가? 국가경제 발전의 성장이론이다. 국가경제발전을 어떻게 어느 분야에 중점하여 경제를 성장시킬 것인가? 하는 점이다. 예컨대, 대기업 재벌산업화냐? 아니면 중소기업 산업화냐?에 근간을 두고 국가경제성장과 경제발전을 시키는 것이 국가 경제성장론이다. 예컨대, 경제개발 5개년 계획 같은 프로젝트(project)다. 1960년대 전쟁으로 황폐화된 한국경제를 故박정희 대통령은 경제구축과 기반을 수출에 목표를 두었다. 이에 전국에서 수출품을 부산항에 집결하여 위해 "경부고속도로"를 건설했다. 그리고 부산항을 개발하여 부산항에서 전국 수출품들을 해운으로 전세계에 수출 했다. 그 결과 한국은 국가발전의 성장모델이 대기업 중심에 수출주도, 수출제품들로 경제기반을 구축했다. 이와 같이 국가 경제성장 발전의 기반을 대기업의 기반에 두느냐? 아니면 중소기업의 기반에 두느냐?에 따라 국가경제의 성장이 좌우된다. 이것이 바로 국가경제 기반구축이다. 한국은 대기업 중심의 산업육성과 수출주도로 예컨대, 조선산업, 철강산업, 반도체 산업, 자동차 산업, 의류산업, 등이 수출산업의 주력산업이 돼 왔다. 이 수출산업들이 단기간 고속성장을 이룩하여 "한강의 기적"을 낳고 오늘 경제대국이 됐다. 수출호조에 재벌들이 성장하며 재벌들이 전문화, 기술화, 품질 향상화에 성공하며 대기업들이 세계수출에 성공하고 잉여자금으로 계속 "한국적 문어발 방계산업들"을 개발하고 발전시켜 오늘에 이르렀다. 그래서 오늘 삼성이나 현대와 같은 세계적 대기업들이 탄생했다. 예컨대, 대재벌 삼성을 보자. 삼성물산, 삼성반도체, 삼성중공업, 삼성자동차, 삼성생명 등등으로 얼마나 큰 산업재벌이 되었는가? 이러한 대기업의 산업생산 기반구축이 오늘날 한국경제의 기반구축이 돼 한국경제가 발전해 왔다. 대기업 산업 중심으로 한국경제의 성장과 발전을 시켜 왔다는 점이다. 그 결과 삼성이 반도체, 휴대폰, 가전제품들을 세계적 상품들이 되어 오늘 세계시장을 석권하고 있지 않는가? 이제 한국 대기업들의 제품들이 고가품질로 세계시장에서 인정받는 한국 제품들이 많다. 현대의 자동차, 삼성의 휴대폰과 가전제품들이 바로 그 예들이다. 이렇듯 오늘 한국 국민의 1인당 소득이 3만 3천불이 됐다. 이들 한국 대기업들이 국민소득의 40%를 기여하고 있는 셈이다. 불구하고 오늘 19대 문정권의 좌익정치는 재벌탄압에 삼성의 이재용 부회장까지 박근혜 전정권의 국정농단에 묶어 2.6년씩이나 감옥살이를 시키지 않는가? "달면 삼키고 쓰면 뱉는 것이" 역대 정권들의 적폐정치의 악행들이 아닌가?

대기업위주, 산업육성이 국가 경제발전에 어떤 영향을 미치는 가? 그 장단점들을 생각해 보자. 우선 장점들로는, ① 첫째, 수출제품화, 수출시장화 대처능력이 빠르고 효율적이다. 자금동원력이 있고 쉽고 빠르기 때문이다. ② 둘째, 수출제품의 고품질화, 시장침투화가 빠르고 용이하다. ③ 셋째, 수출 품질화, 경쟁화에 유리하다. 수출 경쟁화 때문이다. ④ 넷째, 수출제품 대처화, 시장대책화가 용이하고 빠르다. ⑤ 다섯째, 정부 수출진흥정책과 정부 수출전략에 수출실적의 향상속도가 빠르고 단축된다 ⑥ 여섯째, 수출전략 산업화 정책에 제품과 품질, 가격 면에서 경쟁력을 가지며 시장침투와 시장점유하기가 용이하고 빠르다. 예컨대, 삼성반도체, 휴대폰, 가전제품들이 그렇다. 수출전략 상품으로 고품질에 합당한 가격에 세계제품들과 경쟁력을 갖게 되어 세계시장의 점유율이 30%를 초과하지 않는가? ⑦ 일곱째, 단기간 내에 국가경제 고속성장을 성취할 수가 있다는 점이다. 이에 오늘 한국이 60년 전, 6·25전쟁 당시 세계 최빈국에서 오늘 세계 경제대국 11위로 우뚝 서 있지 아니한가? 이게 어찌 "잘 살아보세"에 "새마을 운동"에 피와 땀, 눈물을 흘렸던 선친 2세대(70세 이상)들과 5·16국사혁명에 나라위해 목숨 걸었던 故박정희 대통령의 덕분이 아니겠는가?

반하여 대기업위주, 재벌산업육성의 국가경제에 미치는 단점들은 무엇인가 대충 살펴보자. 예컨대, ① 첫째, 중소기업 산업기반을 취약케 한다. 대기업에 밀려 중소기업의 국가경제 기반 취약을 초래한다. ② 둘째, 중소기업 경제기반 취약에 국가경제의 산업과 생산균형을 잃는다. 경제발전의 비균형적 성장을 말한다. ③ 셋째, 국내시장에서 중소기업들의 제품대량화, 다양화, 경쟁화가 취약케 된다. 대기업의 독점적 대량생산성, 제품우수성에 밀려 중소기업의 생산활동과 경쟁력을 둔화시킨다. ④ 넷째, 정경유착 현상으로 부정부패, 비리현상이 초래되며 적폐정치, 국정농단을 초래한다. 예컨대, 18대 박근혜 정권 때 삼성이 박정권요청에 "미르/K스포츠 재단"에 기증을 하고도 뇌물 증여죄에 걸려 오늘 삼성의 이재용 부회장이 2.6년 옥살이를 하지 않는가? "달면 삼키고 쓰면 뱉는" 부정한 정치세력이 툭하면 손 내밀고, 척하면 토사구팽(兎死拘烹)시키는 정치작태들이 얼마나 비겁하고 치졸한가? ⑤ 다섯째, 거대자금 동원에 대기업들이 동네상권까지 침투하여 동네 영세상인들을 고사시키는 결과를 초래한다. ⑥ 여섯째, 대기업, 재벌산업의 호불황에 국가경제가 역시 호불황을 초래한다는 점이다. 등등으로 대기업, 재벌산업들이 국가경제에 미치는 영향이 크다.

한국경제와 한국미래

"돈을 빌리지도 빌려주지도 말라, 그리하면 돈과 친구 모두를 잃는다"

– 세익스피어(William Shakespeare: 1564-1616, 햄릿에서)

[한국경제의 위기]

피땀으로 수출하여 한국경제 대국됐네

반도체에 휴대폰이 경제발전 효자로세

개도국들 쫓아오면 이마저도 기약없네

지능산업 개발하여 한국경제 앞서가세

수출해야 먹고사는 한국경제 어찌할꼬

코로나에 재난구조 흥청망청 주고나면

가계부채 국가부채 나라살림 쪽박차네

술술새는 혈세막아 나라경제 살려보세

[FOCUS] 한국경제의 실상과 위기

오늘 한국경제는 코로나19 재난구조, "소주성(소득주도)" 소득분배, 빈자위주(貧者爲主) 실업, 출산, 복지, 생계지원 재정확대, 좌익경제로 국가총부채 가 5,000조를 넘었다. 국가부도 상태다. 국민 1인당 빚이 1억원 이상이다. 2인 가족이면 2억이다. 더하여 코로나에 영업손실 보상까지 더욱 빚더미 국가가 됐다. 세원확보에 세금폭등으로 민생고가 울상이다. 한국경제의 미래가 불확실하다.

[알뜰예산, 알뜰지출에 알뜰국가살림 정책]

1. [예산 제한책]: 추경포함 예산증가율 전년기준 0.01%로 제한하라.

2. [채무 상환책]: 현예산의 0.01%씩 할당, 국가 채무를 감소시켜라.

3. [주거 혜택제]: 양도소득의 0.01%를 할당, 저소득층 주거혜택펴라.

4. [빈민 지원제]: 상속세율의 0.01%를 할당, 빈민생계 대책지원하라.

5. [재산세 제한]: 공시가 0.001%로 제한 재산세인상, 폭등을 막아라.

6. [세제 개혁제]: 소득세, 양도세, 증여세 등을 선진국수준에 기준하라.

21세기 초, 19대 문정권의 좌익정치, 좌익경제를 맞아 한국경제는 전성기의 전환점을 맞았다. 그래서 한국경제의 미래가 불확실하다. 한국경제의 전성기, 오늘을 보자. 한국경제는 오늘 경제대국 11위, 수출실적 세계 6위국이다. 국방력도 세계 6위다. 어떻게 단기간에 한국경제가 이렇게 성장 했는가? 과거 2세대(70세 이상) 선친들의 피와 땀, 눈물의 결과다. "새마을 운동"에 "잘 살아보기"에 희망을 걸고 서독의 땅굴 속에서, 베트남 전쟁의 총알받이로, 중동사막의 땀방울로 단 기일, 60여 년 만에 한국은 고속 경제성장에 경제대국이 됐다. 그 결과 오늘 한국상품 등이 세계화 됐다. 세계1등급 상품들이 160여개나 된다. 반도체, 휴대폰, 냉장고, TV, 세탁기, 모자, 오토바이 헬멧, 도어락(door lock), 내비게이션, CCTV, LED, 지하철, 인천공항, 라면 등등으로 셀 수도 없다. 자동차, 철강, 타이어 등은 세계 4대강국이고, 전철, 원자로, 건축기술은 세계 최고다. 이제 KF-21 초음속 전투기까지 수출하는 나라가 됐다. 초코파이는 연 5천억 원 이상이 수출되고 한국인들의 휴대폰 사용도 3천만 명에 이른다. 가구당 자동차 소유도 1.5대다. 한국이 북한보다 45배나 더 잘사는 나라가 됐다. 불구하고 오늘 한국경제는 코로나19 전염병 확산에 재난구조와, 문정권의 빈부격차 파괴목적 "소주성" 경제정책에 예산확장에 퍼주기식 국가지출로 국가총부채가 이미 5,000조를 훨씬 넘었다(5,600조). 문정권의 소득주도 경제성장 정책은 경제성장이 아니라 "빈자위주(貧者爲主) 소득이전, 소득분배"에 예산확장에 예산초과 지출로 빚더미 국가 경제정책이었다. 성장아니 역성장, 빚더미 국가경제 정책이였다. 가계부채가 1,756조, 국가채무가

1,000조, 기업부채가 1,2330조, 국가부채가 1,985조로 국가총부채가 5,000조(5,600조)를 넘었다. 국가파산이 코앞에 있다. 국민 1인당소득 3만 2천불이 이제 2만 2천불로 추락될 조짐에 있다. 한국경제의 불안성에 한국경제의 미래 불확실성이다. 이 또한 국가경제 위기다.

한국경제 불안정성의 문제들이 무엇인가? 예컨대, ① 코로나19 전염병 퇴치가 문제다. 조속한 백신접종과 치료제가 나타나지 않는 한 한국 영세사업과 기업몰락을 면치 못 할 것이다. 내수경제의 활성화가 급선무다. ② 코로나19 전염병 확산 중에 최저임금 인상과 세금폭등으로 알바생, 영세상인, 중산층이 망했다. 한국은 자영업 비율이 26%로 미국의 4배, 일본의 2배다. 2020년 말 기준, 영세 상업들이 무려 20여만 개나 코로나 사태로 파산했다는 통계다. 영세상인들과 중산층의 줄도산에 사업파산들이 문제다. ③ 주택시세 앙등에 주택공급 부족으로 부동산시장의 교란과 이에 따른 금융대출의 대란예고가 문제다. 주택시세의 계속된 앙등으로 좌익 집권당의 좌익성 부동산3법등, 예컨대, 거래보고, 월세보고, 보증금보험 가입 등등의 좌익성 독재법들이 민생고를 가중시켜 국민경제가 탄압받고 있다는 게 문제다. ④ 매년 예산확대와 이에 세원확보 위한 과표증가와 과세율에 세금폭등이 문제다. 부동산 산업의 교란과 금융산업의 가성적 대란예고가 문제다. 재산세, 공시가, 보유세, 종부세 등등이 들쑥 날쑥하며 민생고가 울쌍이다. ⑤ 가파른 국가부채 확대가 문제다. 재난지원, 실업지원, 출산지원, 생계지원, 복지지원 등의 퍼주기식 재정지원에 재정적자로 화폐남발, 국채발행등, 증가되는 가계부채, 기업부채, 국가채무, 국가부채 등이 심각한 문제다. ⑥ 정부의 균형적 "알뜰예산, 알뜰지출, 알뜰 정부살림"의 부재(不在)가 큰 문제다. 무조건 예산확대에 지출확대로 고질적 재정적자가 문제다. 실속과 성장없는 경제에 계속 퍼주기식 지원들로 국가 총부채만 증가되는 것이 큰 문제다. ⑦ 재벌탄압이 문제다. 국가 경제성장기반인 대기업, 재벌산업을 문정권의 좌익정치, 좌익경제로 이들을 탄압하여 이들이 줄줄이 해외이전하며 고용시장이 축소되는 게 문제다. 이는 곧 실업증가와 국민소득 하락에 세원 확보에 문제를 야기한다. ⑧ 경제성장의 위축으로, 재벌산업의 탄압으로 국민총생산(GDP)의 40%를 담당하는 재벌소득의 국내 성장 위축으로 국민 1인당 국민소득, 3만2천 불이 이제 곧 2만2천불로 추락될 조짐이다. 효자상품, 삼성의 반도체 수출이 세계 수출량의 22.5%를 차지하는 중요한 경우에서 삼성의 총수, 무고한 이재용을 2.6년이나 감옥살이를 시키는 자체가 좌익정치다. 정경유착에 왜 달면 삼키고 왜 쓰면 뱉는가? 왜 대기업들을 탄압하며 토사구팽(兎死拘烹) 하는가? ⑨ 국가총부채, 5,000조 초과가 문제다. 이를 어떻게 감소시킬 것인가? 이 빚을 후손에 물려줄 것인가? OECD의 통계에 의하면 가계부채는 가처분 소득대비 186%로 미국의 109%, 일본의 107%, 독일의 95%보다 훨씬 위험한 수치가 한국수준이다. 이제 국민연금, 공무원연금, 군인연금도 향후 5년 내로 바닥날 국가채무 형편이다. 외채비중도 40%로 1997년 IMF와 같은 국가위기 수준이다. 국가총부채와 외채들을 어찌 갚을 것인가? 부채들의 감소가 관건이다. ⑨ 국민혈세의 누수현상(漏水現狀)이 문제다. 왜 국민혈세를 눈 먼 돈으로 알고 국정운영에 예산확대로 혈세탕진에 국고낭비를 하는가? 왜 주어도 않될 심지어 모기약, 마스크 등등까지 국민에 공짜로 주며 예산확대에 국고탕진을 하는가? 어째서 세계 제1의 부자나라, 미국의 국교생들도 가정소득차등에 따라 무료급식도 하는데 왜 한국이 부국강국도 아니면서 심지어 고교생들까지 무료급식제로 혈세를 낭비하는가? 그러니 어찌 알뜰예산에 알뜰지출로 알뜰국가 살림을 할 수가 있겠는가? ⑩ 문정권의 주택정책 실패가 문제다. 작은 나라에 적정인구는 4천만명이 최대다. 그래서 오늘 코로나19 전염병 재난과 실업자 증가, 출산저조로 치열한 사회경쟁이 말이 아니다. 와중에서 혼족에 핵가족 증가에 따른 주택공급의 부족으로 문정권이 무려 23차례에 걸친 부동산 정책을 썼지만 모두 실패를 거듭했다. 이제 문정권 재임 1년간 무려 5억씩이나 주택시세가 앙등되어 오늘 한국사회는 부동산 대란에 사회대란을 겪고 있다. 이 부동산 대란문제를 어찌 해결할 것인가? 하는 점이 문제다. ⑪ 출산저조에 노동기피가 문제다. 오늘 젊은 여성들의 70%가, 젊은 남성들의 60%가 결혼기피를 한다. 이에 출산률이 세계 꼴찌, 가정당 1명도 출산치 못하는 0.8이다. 출산위기다. 향후 국가경쟁력을 위한 생산효율화는 누가 지킬 것인가? 마지막으로 가장 중요한 ⑫ 좌익, 우익과 빈부격차, 금수저와 흙수저의 국민분열이 제일 심각하다. 19대 주사파 문정권의 좌익세력이 오늘 한국 정계를 좌익정부, 좌익정치로 점령했다. 이에 끝나지 않은 좌익과 우익의 대립전쟁으로 한국은 아직도 6·25전쟁 중이다. 더하여 오늘 한국사회의 신구세대간, 빈부격차에 따른 신세대 간의 금수저, 흙수저의 싸움, 적대대립이 얼마나 큰 문제로 등장 하는가? 한국사회, 한국정치, 한국경제, 한국의 총체적 국가위기다.

  그렇다면 한국경제의 추락에 대비책들은 없는가? 위에서 이미 문제들을 언급했고 또 앞에서 "표"로 대책을 제시했다. 불구하고 몇 가지 중요대책을 생각해 보자. 예컨대, ① 소정부 경제지향이 대책이다. 매년 예산증액, 예산소진, 국가부채증가를 막고 국가 소정부화; "알뜰예산, 알뜰지출, 알뜰살림"으로 국가총부채들을 장기안목에서 감소시켜야 한다. ② 코로나19 전염병에 항구적 대비책이 세워져야 한다. 백신은 물론 치료제 개발이 시급하다. 외제 백신의존으로 국고지출이 얼마인가? ③ 10평형 결혼용 주택공급이 시급하다. 그래야 결혼과 출산을 유도할 수 있고 주택시세 안정을 도모할 수가 있다. ④ 부동산 투기근성을 영구화 근절시켜야한다. 옆집 시세들이 올랐다 하여 장기소유에 장기 거주자에게까지 부동산 세금, 대폭인상은 불안정한, 불형평성 부동산 정책으로 이를 근절해야 한다. ⑤ 범국민적 교육; "인성화, 도덕화, 교양화, 선거정치화, 자유민주화, 민주법치화, 정의사회화, 국가민주화 교육"으로 국민수준을 향상시켜 불신국민성을 근절시켜야 한다. 그래야 불신사회성도 점차 제거될 수가 있다. ⑥ 배웠다는 국민 교만성, 경제대국이란 국민 자만성, 문명국이란 국민 자존성을 근절시켜 "교만과 욕심성"을 개개인이 성찰하고 반성해야 한다. 국민성 건강이 제일이다. ⑦ 배웠다는 체면에 지성인들의 노동회피, 자립기피, 태만주의 근성을 근절시켜야 한다. ⑧ 문정권의 좌익정부, 좌익정치에 언론방송의 탄압을 근절해야 한다. 언론방송의 자유화, 독립화로 오늘 탄압에서 벗어나 언론방송이 국민주권; 언론방송권력으로 부정부패, 불의를 불식시키는 건전한 언론방송 문화로 발전시켜야 한다. 언론방송의 편파방송을 근절시켜야 한다. ⑨ 정의사회 구현교육과 운동, 계몽과 홍보를 집중하여 불신사회성을 근절해야 한다. ⑩ 노동분쟁에 노사분규에 정부개입을 근절하고, 노사문제는 법정 판결에 맡겨야 한다. 노사분규에 시위행동은 국가경제를 망국케 하는 바보행태다. ⑪ 미래지향적 AI지능화 전자산업에 집중투자, 집중기술화, 세계화 수출산업화 해야 한다. ⑫ 국가경제기반을 대기업 중심에서 점차 중소기업 위주로 바꾸어 나가야 한다. 그래야 국가경제 구축의 건전한 기반이 된다. ⑬ 내수위주와 수출위주의 산업을 양대 전략화시켜 국가 경제활동을 활성화 시켜야 한다. ⑭ 세계적 수출기술; 원전기술, 국방기술, 전철기술, 조선기술 등을 전략산업화하여 세계시장을 공략해야 한다. ⑭ 신세대, 신문화, 신문명적 지능개발, 산업개발, 제품산업, 자원개발로 4차원의 산업발전에 집중해야 한다. ⑮ 국가근간이념과 체제, 자유민주에 민주주의 정치회복이 급선무다. 19대 문정권의 좌익정부, 좌익정치에서 조속히 벗어나 건전한 자유민주 국가확립에 만전을 다해야 한다. 그래서 5천년의 한민족(韓民族)의 민족기상과 민족정기를 지켜야 한다.

독도소유와 후손전쟁

[명심전언: 銘心傳言]

"일본은 일어난다, 소련은 쏜다, 미국을 믿지 마라,

고로 조선은 조선의 힘으로, 조선을 구하라"

– 일제 시 선친들의 말

[독도 영유권과 국민 단합운동]

독도는 신라 512년 우산국에 부속시켜 그 이후 우리 땅이 되었다. 고려 초 공납물도 바쳤고, 고려 중기 관원이 왕래했고, 고려 말에는 내륙인들도 왕래했다. 1454년에는 김인우를 안무사(按撫使)로 보내 울릉도와 독도를 관할케 했다. 일제 강점 시 1905년에 일본영토로 강제 편입되어 다케시마로 명명됐다. 1945년 일본이 항복하고, 1951년 샌프란시스코조약에 미일협약에 울릉도외 독도의 소유권 협약이 없었다. 그 후 일본은 독도가 자국영토라 교과서까지 등재하며 일본학생들에게 세뇌화 교육까지 시킨다. 세뇌화된 일본인들이 만약 50년 후, 독도가 일본 땅이라며 전쟁을 걸어온다면? 한일간 전쟁이다. 정부는 왜 세계에 독도를 알리는 역사적 증거와 함께 독도광고와 홍보에 미온적인가? 독도의 날을 제정, 전국민 독도를 성토하라.

> ### [FOCUS] 후손의 독도전쟁
> 성신여대 서경덕 교수와 후원자들이 한때 미국 NY Times에, 뉴욕 Time Square의 전광판에 독도광고를 내어 큰 호응을 받은 적 있다. 독도가 한국령인 독도의 역사 고증문헌(삼국사기와 세종실록)도 있다. 왜 정부는 일본과 입

씨름만 하나? 독도 영유권 문제 미국도 책임이 있다. 미국에 항의도 해야 한다. 1951년 샌프란시스코 비밀조약에서 왜 미국은 독도를 한국령이라 지정치 않았는가? 일본은 독도가 일본땅이라며 교과서에 세뇌화 한다. 50년 후쯤 세뇌된 일본후손들이 한국후손들에 독도전쟁을 도전해오면 후손들에 전쟁을 대물림할 참인가? 왜 한국은 고증문서를 영문번역하여 세계를 향해 홍보와 외침이 없는가? 독도대책이 시급하다.

독도는 누구의 땅인가? 고증문헌(考證文獻)에 의하면 1,500년간 독도는 신라의 땅, 한국의 땅이었다. 그러나 왜 일본은 독도가 일본 땅이라며 고집하는가? 그 이유가 대체 무엇인가? 두② 가지 관점이 있다: ① 하나는 1951년 미일 간 샌프란시스코 협상에서 미국의 잘못된 독도 소유권 미정(未定) 때문이다. 울릉도가 한국령이면 바로 옆에 독도도 한국령임은 지나가는 개도 다 안다. 왜 미국은 어물쩍 넘어가 그래서 결국 미국이 한일 간의 독도쌈질을 부추긴 셈이다. 어째서 이에 한국정부는 고증문헌을 미국에 제시하며 미국에 항의치 않는가? 왜 일본은 독도소유를 고집하는가? ② 또다른 하나는 독도가 일본 영토라면 일본해역이 독도로부터 12해리가 더 울릉도 쪽으로 확대되어 일본의 새 전략지가 되며 어원자원을 확보케 되는데, 그래서 일본은 어떻게 해서라도 독도를 일본령으로 삼으려 안달하는 이유다. 불구하고 왜 한국은 독도에 우리 국민, 한국인이 거주한다 안심하며 독도가 한국령토임을 미국과 일본, 세계만방에 공포를 하지 않는가? 일본인들은 참으로 양심도, 상식도 없는 사람들이 아닌가? 과거 36년간(1909-1945), 일본이 한국을 침략, 한국을 강점하여 그들이 얼마나 많은 수난을 선친들에 주었으며 또 얼마나 많은 한국자원들을 수탈해 갔는가? ③ 위안부와 징용자들을 전쟁의 노예로 삼으며 온갖 악행을 저지른 일본은 한국에 수백 번이래도 빌고 또 빌며 사과 해야할 일이다. 불구하고 일본은 독일과 달리 끝까지 오리발이다. 잘못된 일본인들이다. 천인공노(天人共怒)할 이들의 악행(惡行)을 어찌 용서할 수가 있겠는가? 어린 소녀들을 일본군의 성(性) 노리개 위안부로, 젊은 청년들을 일본의 부역 노예자로 징용하여 그들이 일본땅에서 얼마나 통절(痛切)하며 죽어 갔는가? 선친들의 밥상에서 놋쇠 수저, 놋쇠 그릇들까지 수탈 해 가서 미국과의 전쟁준비로 비행기를 만들은 그들이 아닌가? 그래서 하와이 진주만을 폭격한 후 미국의 원자폭탄 투하에 망한 일본이 아닌가? 그들이 행한 한국인 학살이 도대체 얼마 이였는가? 그래서 한국인들의 가슴엔 일본이 철천지원수(徹天之怨讎)로 남아 있다는 민족의 한(恨)을 왜 오늘 한국정부와 한국인들은 이를 모른 척, 감추려 하는가? ④ 이열치열(以熱治熱)이란 말도 있지 않은가? 일본에겐 강한 외교로 본때를 보여줘야 하지 않겠는가? 그들이 오늘 한국에 일방적으로 무역단절을 하고 한국을 무시하는데 한국정부는 무엇이 무서워 일본에 굽실대는가? 어째서 문정권은 한일간 축구전에서 보듯, 비겁한 일본인들을 상대로 축구래도 반드시 이겨야 한다는, 그래서 일본인들을 짓밟아야 한다는 우리 국민들의 대일본 민족감정에 적대감을, 그래서 죽어라 응원하는 우리 국민 심정을 모른 체하며 일본에 저자세로 할 말을 못하는가? 불구하고 아직도 일본은 사죄(謝罪)는커녕 변명에 변명으로 한국을 적대하고 있지 않은가? 똥긴놈이 흉내 낸다고 죄지은 놈들이 왜 한국을 향해 똥을 껴대며 못된 근성, 큰소리를 하는가? 조선조, 14대 선조왕시절 일본이 임진왜란으로 우리 민족에게 수난을 주고 수탈을 했듯이, 또 조선조 말, 일본이 한일합방에 침략하여 우리 선친들에 36년간 수난을 주고 수탈을 했듯이, ⑤ 역사에 언제 우리 민족이 일본을 침략하여 일본인들을 수난과 수탈을 한적 있었던가? 왜 우리 민족, 한민족은 매번 일본으로부터 당하기만 했는가? 왜 이를 문정권은 일본에 단호히 말하지도 않고 어물쩍 당하기만 하는가? 그것이 잘난 외교인가? 매번 당하기만 하는 거지 같은 외교가 이세상 어느 나라가 그렇게 하던가? 세계적인 위인, 영국의 처칠장군에 수상은 "내가 조국, 영국에 할 수 있는 것은 오직 피와 땀, 눈물과 고생이외는 아무것도 할 수 없다"며 애국에 토로한 그런 국가 지도자는 왜 이 나라, 이 땅, 대한민국에는 없는 것인가? ⑥ 한국을 몇 번이나 침략하고 선대들을 괴롭힌 흉악한 일본과 일본인들에게 어째서 역대 정권들은, 오늘 19대 문정권은 그들을 미온적으로 대하며 우리 민족의 한(恨)에 수수방관만 한단 말인가? 왜 문정권은 일본을 우호적 외교로 대하며 오늘 한국인의 자존심을 꺾기만 하는 것인가? 외교가 그리도 중한가? 우리 민족의 대일본 적대감정을 왜 무시하는가? 그래서 왜 일본에 우호적인가? 미국 때문인가? 선친들은 "일본은 일어나고, 소련을 쏘기를 잘하고, 미국은 믿지 못할 나라"라고 말했다. ⑦ 어째서 미국의 패권주의에 미국은 일본편에서 일본만 두둔하는가? 6·25전쟁에 희생된 미국, 미군의 희생이 무려 3.7만이 아니가? 미국령, 하와이 진주만을 폭격한 일본이 한때 미국의 주적(主敵)이 아니었는가? 패권주의, 미국은 오늘날 일본을 동양패권의 전략지로 삼아 왜 일본을 우선주의로 한국을 무시하며 외교행위를 하나? 왜 한국정부는 미국과 일본에 당당하지 못한 것인가? 사생결단에 남북분단으로 사는 한민족은 왜 사대주의 사상에 민족자결 자존심이 없는가? 독도에 한해서는 최소한 대일본, 대미국 강경외교로 일본을 제압해야할 것이 아닌가? 미국에 항의할 한국의 국가지도자가 진정 이렇게 없단 말인가? 어째서 한민족은 5천년 역사가 그랬듯이 사대주의 사상에 핵탄 하나 개발치 못하는 나라가 되었는가?

독도가 한국 땅임을 증명하는 고증문헌들이 무엇인가? 왜 한국정부는 고증문서로 일본과 미국에 맞서며 독도가 고유한 한국령임을 당당하게, 과감히 주장을 못하나? 삼국사기에 독도는 신라 지증왕 13년 6월(서기 512년)에 우산국(울릉도)을 편입시켰다는 기록이 있지 않은가? 그리고 1454년 세종실록의 "지리지"에 의하면 세종이 김인우를 우산도(울릉도)와 무릉도(독도)에 안무사(按撫使)로 보내어 이 두 섬을 다스리게 했다는 고증더 있지 않은가? 안무사(按撫使)란 조선조 함북 경성 이북의 고을을 다스리게 한 외관직(外官職) 공직자다. 이같이 김인우를 외관직으로 임명하여 우산도(울릉도)와 무릉도(독도)를 다스리게 하여 서기 512년 이후 울릉도와 독도가 한국 고유영토가 돼 왔는데 어째서 한국정부는 이를 못하며 일본과 미국에 당당하지 못한 채 왜 미온적 외교만 하나? 도대체 독도가 일본땅이란 일본고증 문서가 무엇인가? 일본이 한국을 일제강점을 했다 하여 독도가 일본땅이라 우기는 이유인가? 샌프란시스코 미국과 일본의 비밀조약에서 왜 미국은 울릉도 옆, 독도만 한국 소유권으로 인정치 않았는가? 어물쩍 일본

을 봐 준격이 아닌가? 그래서 한일간의 독도 쌈에서 미국이 얻고
자 하는 것은 무엇이었나? 한국이 샌프란시스코 조약에 참석했
다면 한국은 고증에 독도의 한국령을 심하게 주장했으리라 상상
한다. 어째서 미국과 일본은 주권국, 한국을 무시하고 독도를 일
본땅이라 근거없이 좌지우지하며 또 일본이 그렇게 하게 만들었
는가? 왜 한국을 우습게 보며 한국을 무시한 것인가? 미국이 원
자탄으로 일본을 박살냈던 미안함 때문이었나? 그래서 오늘 미
국이 한국을 마다하고 일본을 동남아 전략기지로 삼는 것인가?
어찌 미국은 독도가 한국령임을 불구하고 어물쩍 독도 소유권
을 유보하여 오늘 일본편에 서 한일간의 독도전쟁을 구경만 하
고 있는가? 미국은 2차 대전시 일본을 원폭으로 잿더미를 만든
후 1951년 샌프란시스코 일본과의 조약에서 왜 한국참여의 통
보도 없이 일방적으로 한반도의 섬으로 제주도, 거문도, 울릉도
등 3,167개의 섬들을 한국령으로 지정하면서 왜 일부러 울릉도
바로 옆 독도 소유권만은 어물쩍 넘어 갔는가? 그래서 왜 미국
은 일본이 독도가 일본땅이라 끊임없이 도발하는 이유를 만들었
는가? 한국역사의 삼국사기와 세종실록에 독도가 한국령임이 고
증돼 있지 않은가? 불구하고 왜 한국과 미국은 일본의 일방적 독
도소유 주장에 미온적이고 미온적 외교인가? 미국은 지금이래도
한국역사의 고증에 독도를 한국령임을 일본을 입증시켜 설득해
야 할 책임이 있다. 불구하고 왜 미국은 독도에 침묵하는가?

　문제는 독도 소유권으로 인한 한국의 후손들과 일본의 후손들
이 독도전쟁을 일으킬 소지가 많다. 2019년 11월 07일자 YTN

뉴스보도에 의하면 일본내각이 조사한 여론조사에서 "18세 이상의 젊은 일본인 78%가 독도가 일본 땅으로 믿고 있다고 교토신문이 보도했다" 했다. 더욱 심각한 것은 일본은 독도가 일본 땅임을 일본의 초등교 교과서에까지 등재하여 독도소유권을 세뇌화(Brain-wash)시킨다는 점이다. 마치 북한이 6·25전쟁은 남한이 북침했다고 세뇌화 교육시키는 것과 똑같다. 어째서 문정권과 한국인들은 일본의 초등교 교과서의 독도세뇌화 교육을 무시하는가? 세뇌화가 얼마나 무서운 적인가? 설령 50년 후, 세뇌화된 일본의 후손들이 장성하여 독도가 일본땅이라며 전쟁도발을 해온다면 한국의 후손들은 어쩔수 없이 전쟁을 해야 하는 심각한 국면에 봉착한다. 어째서 오늘 한국정부와 한국인들은 독도로 인하여 후손들에게 전쟁을 물려 주려 하는가? 오늘 한국정부가, 한국인들이 독도가 한국령임을 확실하게 해놓지 않는다면 후손들은 독도로 인하여 일본과의 전쟁을 회피할 수가 없다. 우리 국민이 독도에 거주한다 해서 안심하는가? 어찌 그게 안심할 수 있는 보장조건이 되는가? 왜 한국정부는 독도가 한국령임을 고증서류와 함께 국제사법 재판소에 제소치 않는가? 그래야 후손들이 전쟁을 면할 수가 있는 것이 아닌가?!

끊임없는 독도분쟁, 차라리 핵탄으로 독도를 침몰시키고 싶다는 국민들도 있을 것 같다. 그러나 어찌하겠는가? 일본과 끊임없이 싸워야 한다. 이를 위해 한국은 카리스마적 국가 지도자가 나서 독도문제를 완결시켜야 한다. 온 국민은 지금부터래도 "독도의 날"을 선포하고 그날에 전국민이 연례행사로 성토대회를 열어야 한다. 일본에 본때를 보여줘야 한다. 과거 36년 간, 일본이 한국에 준 수모와 수탈, 수난을 독도를 빌미로 되 돌려 줘야 한다. 최후의 수단으로 증거와 함께 국제사법재판소에 독도영토를 제소하여 후대들에게 떳떳한 독도를 대물려 줘야 한다. 그렇지 않으면 독도 소유권 주장에 후손들이 일본과의 전쟁도 불사하는 처지가 된다. 무엇이 두려워 한국정부는 일본과 독도문제로 입씨름만 하는가? 차라리 독도로 인한 싸움을 한국인 오늘 당대에서 해결하는 것이 백번 옳고 낫다. 후손들에 대물린 독도전쟁은 원치 않는다.